高等院校"十三五"工商管理类课程规划教材

金融企业会计学（第二版）

主　编　何亚玲
副主编　王生荣　宫业兴

Accounting of Finacial Institutions

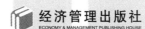

经济管理出版社
ECONOMY & MANAGEMENT PUBLISHING HOUSE

图书在版编目（CIP）数据

金融企业会计学/何亚玲主编 . —2 版 . —北京：经济管理出版社，2017.5
ISBN 978 – 7 – 5096 – 5135 – 3

Ⅰ . ①金… Ⅱ . ①何… Ⅲ . ①金融企业—会计—高等学校—教材 Ⅳ . ①F830.42

中国版本图书馆 CIP 数据核字（2017）第 117037 号

组稿编辑：王光艳
责任编辑：许 兵
责任印制：黄章平
责任校对：赵天宇

出版发行：经济管理出版社
　　　　　（北京市海淀区北蜂窝 8 号中雅大厦 A 座 11 层 100038）
网　　址：www. E – mp. com. cn
电　　话：（010）51915602
印　　刷：玉田县昊达印刷有限公司
经　　销：新华书店
开　　本：787mm×1092mm/16
印　　张：26
字　　数：585 千字
版　　次：2018 年 1 月第 1 版　　2018 年 1 月第 1 次印刷
书　　号：ISBN 978 – 7 – 5096 – 5135 – 3
定　　价：68.00 元

前　　言

　　随着我国金融企业业务的不断创新及相关财务规则的补充和完善，金融企业会计的内容需随之推陈出新。

　　本书在第一版的基础上，为感谢读者对本书的大力支持，现对本书进行再版。在再版的过程中，编者严格按照新会计准则和行业会计制度，尽可能对原书中的一些笔误、过时的内容及课后实务训练进行了修订。

　　再版图书主要修订内容分为四个部分：金融企业会计理论、商业银行业务的核算、非银行金融机构业务的核算、共性业务的核算及财务会计报告。

　　本书特色如下：结构合理、内容新颖、重点突出、通俗易懂。既适合财经类专业学生用作教材，也可作为金融企业从业人员学习金融企业会计知识的参考用书。

　　本书结合新的财务规则，在每章节后增加了课外思考题，并对第一版的课后配套实务训练进行更新、整理和调整，使读者能及时巩固理论知识，并测试对知识掌握的具体情况。

　　由于编者的水平所限，书中难免出现错误和疏漏，恳请读者批评指正。

编者

2018 年 1 月 1 日

目　　录

第一篇　金融企业会计理论

第二篇　商业银行基本业务核算

第三篇　非银行金融机构业务的核算

第四篇　共性业务的核算及财务会计报告

第一篇 金融企业会计理论

第一章

金融企业会计概论

【学习内容与要求】了解金融企业的分类、金融企业会计的特点；学习金融企业会计核算的基本假设，掌握金融企业会计核算的一般原则；学习金融企业会计对象及要素，了解金融企业会计计量属性。

第一节　金融企业与金融企业会计

随着我国金融体制改革不断深化和发展，目前我国金融体系的格局是中央银行（即中国人民银行）、政策性银行、商业银行和其他金融机构，形成了以商业银行为主体，银行、证券、保险、租赁、信托、典当、担保、资产管理等业务齐全，多种金融机构分工竞争的金融体系。

一、金融企业

金融企业是一个特定的企业范畴，有其自身的经营特点和业务范围。在我国，金融企业由在中华人民共和国境内依法成立的商业银行和非银行金融机构组成，中央银行和政策性银行由于不以营利为主要经营目的，因此不属于金融企业的范围。

1. 商业银行

商业银行是指依照公司法设立的，以吸收公众存款、发放贷款、办理结算为主要业务，以营利为主要经营目标的企业法人。能够吸收活期存款，创造信用货币是其最显著的特征。

商业银行是我国金融机构体系的主体，以效益性、安全性、流动性为经营原则，实行自主经营、自担风险、自负盈亏、自我约束。按照《中华人民共和国商业银行法》的规定，我国商业银行可以全部或者部分经营的业务如下：①吸收公众存款；②发放短期贷款、中期贷款和长期贷款；③办理国内外结算、票据承兑与贴现；④发行金融债券；⑤代理发行、兑付、承销政府债券，买卖政府债券；⑥从事同业拆借；⑦买卖、代理买卖外汇；⑧提供信用证服务及担保；⑨代理收付款项及代理保险业务；⑩提供保管箱服务及经国务院银行业监督管理机构批准的其他业务。

2. 非银行金融机构

非银行金融机构是指除银行以外，依法定程序设立的各种经营金融业务的金融机构，包括证券公司、基金管理公司、期货公司、保险公司、租赁公司、信托投资公司、信用合作组织、财务公司等，是我国金融机构体系的重要组成部分。

非银行金融机构的业务主要包括以下内容：①证券业务，如证券自营业务；证券承销业务；代理客户买卖证券、代理客户兑付证券、代理客户保管证券等业务；经国务院证券监督管理机构核定的其他证券业务；②基金业务，如证券投资基金的发行与赎回；以投资组合方式管理和运用证券投资基金进行股票、债券等金融工具的投资等；③期货业务，如经纪业务、期货自营、期货结算、期货资产管理、境外期货等；④保险业务，如财产保险业务，具体包括财产损失保险、责任保险、信用保险等；人身保险业务，具体包括人寿保险、健康保险、意外伤害保险等；⑤租赁业务，如直接租赁、回租、转租赁、委托租赁等融资性租赁业务；经营性租赁业务；接受法人或机构委托租赁资金；接受有关租赁当事人的租赁保证金；向承租人提供租赁项下的流动资金贷款等；⑥信托投资业务，如信托业务、委托业务、代理业务、咨询业务等。

【课外思考 1 -1】 典当行的发展及主要业务是什么？

二、金融企业会计

金融企业会计是会计的一个分支，是根据金融业务的特点而制定的特种会计。它是以货币为主要计量单位，按照会计学的基本原理，采用专门的会计方法，对金融企业的经营活动进行准确、完整、连续、综合的核算和监督，为金融企业经营者及其有关方面提供财务状况、经营成果和现金流量等会计信息的一种管理活动。

由于金融企业具有行业特殊性，与其他企业相比，其业务具有自身的特点。所以，金融企业会计同其他行业会计相比有不同的特点。具体来说，金融企业会计的特点表现在以下几个方面。

1. 金融会计核算内容的社会性

由于金融企业的会计核算主要是金融企业在处理与国民经济各部门、各企业、各单位以及广大的储户、保户、股民、期货投资者、基金持有者等发生的经济业务时引起的，因而具有广泛的社会性，由此决定了金融企业会计核算对象的社会性特征。

2. 金融会计核算方法的独特性

由于金融企业经济业务的特殊性，这就决定了金融企业会计核算方法在凭证的填制、账户的设置与登记、表单的设置与编制、账务处理程序与账务核对程序等方面都与其他部门会计存在明显的差异。

3. 金融会计核算与业务的同步性

会计反映的同步性是指金融企业的会计核算与其业务处理同步进行。由于金融的业务活动主要表现为货币流，很少涉及物流，而一切货币资金的收付都需要通过会计具体办理核算，这就使其业务处理与会计核算具有不可分离的特点。即引起金融企业货币资金收付行为的经济业务发生后，其进行业务处理的过程也就是金融企业会计进行反映与监督的过程。

4. 金融会计监督的政策性

会计监督是对经济活动的合法性、合理性进行的监督。在我国，会计监督主要是依据国家有关的方针、政策、法令、制度、计划和财经纪律进行的。目前，我国对金融企业是通过分业立法进行管理的，如《中华人民共和国商业银行法》《中华人民共和国证券法》《中华人民共和国证券投资基金法》《中华人民共和国保险法》《中华人民共和国信托法》等，因此，金融企业经营的业务本身就具有极强的政策性。

5. 内部控制的严密性

金融企业在国民经济中具有举足轻重的地位和作用，要求金融会计必须做到准确、及时、真实、完整，为此，金融企业必须建立、健全科学有效而严密的内部控制制度，以确保其会计核算的质量及资金运行的安全与效率。

6. 金融会计核算的电子网络化

金融会计核算的业务量大，会计凭证种类繁多，要求处理及时，当天业务当天应该处理完毕。因此，金融会计工作任务越来越艰巨。为适应金融业务的发展，满足会计核算的需要，在会计核算中广泛应用电子计算机联网操作。为此，实行计算机网络化是现代金融企业会计工作的重要标志之一。

【课外思考1−2】请举实例说明金融企业会计的特殊性。

第二节　金融企业会计核算的基本假设和一般原则

金融企业会计核算的基本假设概括了现代会计的基本先决条件，是会计理论最基础的组成部分，对会计实务中确定会计核算对象、选择会计处理程序和方法等具有直接的指导意义，而会计核算的一般原则作为指导金融企业会计工作的基本准则，是对金融企业会计核算提供会计信息质量的基本要求。

一、金融企业会计核算的基本假设

金融企业会计核算的基本假设，是指为实现会计目标，满足会计确认、计量、记录和报告的需要，是对会计核算所依赖的基础条件所作的合理设定。会计核算的基本假设包括会计主体假设、持续经营假设、会计分期假设、货币计量假设，这四个基本假设也同样适用于金融企业会计。

1. 会计主体假设

会计主体是指会计为之服务的特定单位或组织。金融企业会计核算应以金融企业发生的各项交易或事项为对象，而会计主体假设明确了金融企业会计工作的空间范围。

会计主体不能等同于法律主体。尽管法律主体一定是会计主体，但会计主体不一定是法律主体。比如对金融企业来讲，会计主体既可以是由若干家企业通过控股关系组织起来的金融企业集团，也可以是金融企业内部独立核算的部门或单位。此外，在证券投资基金会计核算中，由于每家基金管理公司往往管理多只基金，而每只基金的权益由不同的基金持有人所拥有，因此基金管理公司证券投资基金的会计核算是以每只基金为会计核算主体，对其单独建账，以反映每只基金的资产、负债、收入、费用及基金单位净值情况，为基金投资者买卖基金提供依据。

2. 持续经营假设

持续经营是指会计主体在可以预见的将来能够按照既定的目标持续不断地正常开展经营活动。

金融企业会计核算应当以会计主体持续、正常的经营活动为前提，假设其在可以预见的将来不存在清算、解散、破产的可能。会计主体持续经营假设明确了金融企业会计工作的时间范围。会计主体确定后，只有在这一假设下，金融企业会计人员才可以此为基础选择会计原则、会计处理程序和方法。

3. 会计分期假设

会计分期，又称会计期间，是指将会计主体持续不断的经营活动人为地划分为一定的期间。会计期间分为年度和中期。中期是指短于一个完整的会计年度的报告期间，一般分为半年度、季度、月度。在我国，年度、半年度、季度、月度会计期间的划分都与公历起讫日期一致。

根据持续经济假设，金融企业会计核算应以会计分期为前提，按期结算账目和编制财务会计报告，以便为会计信息使用者及时提供反映会计主体财务状况、经营成果、现金流量的信息。会计分期假设是对金融企业会计工作时间范围的具体划分。会计主体持续经营产生了对会计分期的需要，持续经营的会计主体也只有在会计分期的前提下才能实现会计的目标，发挥会计的职能，满足会计核算的需要。

4. 货币计量假设

货币计量是指会计在计量、记录和报告会计主体的经营活动时，应以货币为计量单位。金融企业会计核算应以货币计量为前提。该前提明确了金融企业会计核算的计量尺度。

货币一经产生便自然成为会计核算的计量手段，这是由货币本身的属性所决定的。货币作为固定充当一般等价物的商品，是衡量和表现其他一切商品价值的共同尺度。由于金融企业特别是商业银行本身就是经营货币资金的特殊法人，其业务主要表现为货币流，从这方面来看，货币也就自然成为金融企业会计核算的计量单位。

但是，货币计量这一假设也有其局限性，这主要表现如下：其一，货币计量假设是以币值稳定为基础的，只有币值稳定，不同期间的经济活动才具有可比性。但现实生活中，币值变动时有发生，有时甚至发生持续的恶性通货膨胀，导致货币购买力严重下降。在这种情况下，就需要考虑币值变动的因素，采用特殊的会计程序和方法，以弥补货币计量假设的不足。其二，货币计量假设使得金融企业会计报表所列报和提供的仅限于货币化的会计信息，而对于那些不能用货币来计量但对金融企业财务状况、经营成果和现金流量有重要影响的非货币化信息，则无法在会计报表中进行反映。为了弥补货币计量假设在这方面的缺陷，那些非货币化但对会计信息使用者决策，有重要影响的信息是以会计报表附注的形式进行披露。

二、金融企业会计核算的一般原则

金融企业会计核算的一般原则集中体现在整个金融会计准则体系中，是我国会计核算工作应遵循的最基本的原则性规范。根据《中华人民共和国会计法》、《企业会计准则——基本准则》、《金融工具确认和计量》、《金融工具列报》等具体准则的规定，金融企业会计核算的基本原则包括以下内容：

1. 可靠性原则

可靠性原则要求金融企业应当以实际发生的交易或者事项为依据进行会计确认、计量和报告，如实反映符合确认和计量要求的各项会计要素及其他相关信息，保证会计信息真实可靠、内容完整。

可靠性原则可以从三个方面加以衡量，即真实性、可验证性和中立性。真实性是会计信息的基本质量要求，是指一项记录或叙述与其所要表达的现象和状况一致或吻合，每一笔会计记录，都要有合法的依据，都要以客观事实为依据，不能弄虚作假。可验证性是指会计信息应经得起符合和验证，一般来说，就是指具有相近背景的不同个人，分别采用同一计量方法对同一事项加以计量，能得出相同的结果。中立性是指企业不应偏重某一规则，企业会计人员不能为了想要得到的结果和诱致特定行为的发生，而将信息加以歪曲或选用不适当的会计准则。

2. 相关性原则

相关性原则要求金融企业提供的会计信息应当与会计报告使用者的经济决策需要相关，要求金融企业提供的信息应当能反映金融企业财务状况、经营成果和现金流量，有助于会计报告使用者对金融企业过去、现在或者未来的情况作出评价或者预测。

必须注意，相关性与前述的可靠性之间有时会存在矛盾，这就需要金融企业会计人员在两者的重要性之间进行权衡。

3. 可理解性原则

可理解性原则要求金融企业提供的会计信息应当清晰明了，便于会计报告使用者理解和使用。可理解性是金融企业会计报告使用者和会计信息有用性的连接点。要使会计信息对会计报告使用者有用，首先必须了解会计信息的内涵，要求金融企业会计核算提供的信息应当清晰明了，简单易懂，对于比较复杂或需要解释的问题应作必要的说明，以便于会计报告使用者理解和运用应能被会计报告使用者所理解。在会计核算工作中坚持明晰性原则，必须做到以下原则：会计记录准确、清晰；填制会计凭证和登记会计账簿依据合法、账户对应关系明确、文字摘要简明清楚、数字金额准确；编制会计报表时项目完整且勾稽关系清楚、数字准确。

4. 可比性原则

可比性原则要求金融企业在会计核算中，对于同一企业不同时期发生的相同或者相似的交易或者事项，应当采用一致的会计政策，不得随意变更。确需变更的，应当在附注中说明。同时，对于不同企业发生的相同或者相似的交易或者事项，应当采用规定的会计政策，确保会计信息口径一致、相互可比。

5. 及时性原则

及时性原则要求金融企业对于已经发生的交易或者事项，应当及时进行会计确认、计量和报告，不得提前或者延后。

由于会计信息具有时效性，不及时的会计信息会使其相关性完全消失，从而对会计信息使用者的决策毫无价值。因此，金融企业在会计核算中贯彻及时性原则，就要求在经济业务发生后，及时取得原始凭证并及时进行账务处理，定期及时结账、编制和提供会计报告，以确保会计信息在失去影响决策的能力之前提供给信息使用者。

6. 实质重于形式原则

实质重于形式原则要求金融企业应当按照交易或者事项的经济实质进行会计确认、计量和报告，不应仅以交易或者事项的法律形式为依据。当交易或事项的外在法律形式或人为形式与其经济实质不一致时，金融企业会计核算就应忠实交易或事项的经济实质进行会计处理，而不能仅仅以其法律形式为依据。

7. 重要性原则

重要性原则要求金融企业提供的会计信息应当反映与企业财务状况、经营成果和现金流量等有关的所有重要交易或者事项。对不重要的会计事项可以简化核算。这一原则要求金融企业会计核算贯彻重要性原则要求，对金融企业资产、负债、损益等有较大影响，进而影响会计报告使用者做出合理判断的重要会计事项，必须按照规定的会计方法和程序进行处理，并在会计报告中予以充分、准确的披露；对于次要的会计事项，在不影响会计信息的真实性和不至于误导会计报告使用者作出正确判断的前提下，可适当简化处理，在会计报告中合并反映。

8. 谨慎性原则

谨慎性原则亦称稳健原则或审慎原则，要求金融企业对交易或者事项进行会计确认、计量和报告应当保持应有的谨慎，不应高估资产或者收益、低估负债或者费用。金融企业在会计核算中运用谨慎性原则，要求采用那些少计或推迟确认资产和收益，或者多计或提前确认负债和费用的会计程序和方法，而不是相反。

第三节　金融企业会计对象及其要素

金融企业会计对象是指金融企业会计反映和监督的内容，也就是金融企业的资金运动。金融企业会计要素是对金融企业会计对象按照其经济特征所作的基本分类，是设定金融企业会计报表结构和内容的依据，也是进行确认和计量的依据。

一、金融企业会计对象

从总体上看，金融企业会计对象是金融企业的资金运动，但由于金融企业在国民经济中的地位和业务活动的特点，决定了金融企业的资金运动形式具有其特殊性。我们以银行为例，银行的资金运动形式表现为：社会货币资金→银行信贷资金→社会货币资金。

银行的资金运动，是社会再生产过程中资金运动的综合反映，银行的基本职能是聚集资金和运用自己，经营资金，采取有偿方式吸收社会上暂时闲置的货币资金，并通过有偿的方式运用这些资金，即吸收存款和发放贷款，为社会扩大再生产和商品流通服务，满足它们的资金需求；为社会发展和改善人民生活服务。银行在经营其业务活动中，同时会产生银行的经营业务收入与支出等，因此，银行的资金运动不仅表现为在聚集和运用货币资金的增减变化,同时也表现为银行的收支及财务成果的形成,这些都是银行会计的核算对象。

二、金融企业会计要素

金融企业会计要素主要包括资产、负债、所有者权益、收入、费用和利润。其中,资产、负债、所有者权益是构成资产负债表的主要内容,反映金融企业的财务状况;收入、费用、利润是构成利润表的主要内容,反映金融企业的经营成果。

1. 资产

资产是指企业过去的交易或者事项形成的、由企业拥有或者控制的、预期会给企业带来经济利益的资源。

(1)资产的特征。根据资产的定义,资产具有以下特征:资产是由过去的交易或者事项形成的;资产应为企业拥有或者控制的;资产预期会给企业带来经济利益。

(2)资产的确认条件。将一项资源确认为资产,需要符合资产的定义,同时还得满足以下两个条件:其一是与该资源有关的经济利益很可能流入企业;其二是该资源的成本或者价值能够可靠地计量。

(3)金融资产的划分。金融资产应当在初始确认时划分为四类:①以公允价值计量且其变动计入当期损益的金融资产,包括交易性金融资产和指定为以公允价值计量且其变动计入当期损益的金融资产;②持有至到期投资;③贷款和应收款项;④可供出售金融资产。

2. 负债

负债是指企业过去的交易或者事项形成的、预期会导致经济利益流出企业的现时义务。

(1)负债的特征。根据负债的定义,负债具有以下特征:负债是由过去的交易或者事项形成的;负债必须是企业目前仍然承担的义务;负债的清偿预期会导致经济利益流出企业。

(2)负债的确认条件。将一项现时义务确认为负债,需要符合负债的定义,还应当同时满足以下条件:其一是与该义务有关的经济利益很可能流出企业;其二是未来流出的经济利益的金额能够可靠地计量。对于符合负债定义和负债确认条件的项目,应当列入资产负债表;对于符合负债定义,但不符合负债确认条件的项目,不应当列入资产负债表。

(3)金融负债。金融负债应当在初始确认时划分为下列两类:一类是以公允价值计量且其变动计入当期损益的金融负债,包括交易性金融负债和指定为以公允价值计量且其变动计入当期损益的金融负债;另一类是其他金融负债。

3. 所有者权益

所有者权益是指企业资产扣除负债后由所有者享有的剩余权益。公司的所有者权益又称为股东权益。

（1）所有者权益的特征。根据所有者权益的定义，它具有以下特征：①通过所有者权益所筹集的资金可供企业长期使用，除非发生减资、清算，企业没有归还的义务；②所有者权益体现为一种剩余财产求索权，在企业清算时，清算财产扣除清算净亏损，并偿还了所有负债后剩下的清算净资产，即剩余财产，才能分派给所有者；③一般情况下，所有者只是参与企业税后利润的分配，而不像债权人那样，可以从企业取得固定的利息收入。

（2）所有者权益的确认条件。所有者权益体现的是所有者在金融企业中的剩余权益，因此，所有者权益的确认主要依赖于其他会计要素，尤其是资产和负债的确认；所有者权益金额的确定也取决于资产和负债的计量。

金融企业所有者权益的来源主要包括所有者投入的资本、直接计入所有者权益的利得和损失、留存收益等，通常由实收资本（或股本）、资本公积（含资本溢价或股本溢价、其他资本公积）、盈余公积、一般风险准备和未分配利润构成。

4. 收入

收入是指企业在日常活动中形成的、会导致所有者权益增加的与所有者投入资本无关的经济利益的总流入。

（1）收入的特征。根据收入的定义，收入具有如下特征：收入是在企业的日常活动中形成的，不属于日常活动所形成的经济利益的流入，不能确认为企业的收入；收入会导致企业所有者权益的增加；收入是与所有者投入资本无关的经济利益的总流入。收入只包括本企业经济利益的总流入，不包括为第三方或者客户代收的款项。

（2）收入的确认条件。收入的确认至少应当符合以下条件：①与收入相关的经济利益应当很可能流入金融企业；②经济利益流入金融企业的结果导致资产的增加或者负债的减少；③经济利益的流入额能够可靠计量。

金融企业收入主要包括利息收入、保费收入、租赁收入、手续费及佣金收入、汇兑收益、投资收益、其他业务收入等。

5. 费用

费用是指企业在日常活动中发生的、会导致所有者权益减少的、与向所有者分配利润无关的经济利益的总流出。

（1）费用的特征。根据费用的定义，费用具有如下特征：①费用是在企业的日常活动中发生的，不属于日常活动所发生的经济利益的流出，不能确认为企业的费用；②费用所导致的经济利益的流出，可能表现为企业资产的减少，或者负债的增加，或者同时引起资产的减少和负债的增加；③费用会导致企业所有者权益的减少。

（2）费用的确认条件。确认条件除了应当符合费用的定义外，还应当至少符合以下条件：①与费用相关的经济利益应当可能流出金融企业；②经济利益流出金融企业的结果会导致资产减少或者负债增加；③经济利益的流出额能够可靠计量。

金融企业费用主要包括利息支出、金融企业往来支出、手续费及佣金支出、卖出回购证券支出、汇兑损失、提取未到期责任准备金、提取保险责任准备金、退保金、保单红利支出、分出保费、分保费用投资损失、公允价值、资产减值损失、变动损失、营业税金及附加、业务及管理费、资产减值损失、其他业务成本等。

6. 利润

利润是指企业在一定会计期间的经营成果。利润包括收入减去费用后的净额、直接计入当期利润的利得和损失等。其中，直接计入当期利润的利得和损失，是指应当计入当期损益、会导致所有者权益发生增减变动的、与所有者投入资本或者向所有者分配利润无关的利得，或者损失。利润金额取决于收入和费用、直接计入当期利润的利得和损失金额的计量。

【课外思考 1-3】按照现行企业会计准则，金融资产和金融负债的划分标准已由流动性转变为持有目的和功能性，为什么？

三、金融企业会计要素的计量

为确保会计要素金额能够取得并可靠计量，金融企业在对会计要素进行计量时，应按照规定的会计计量属性进行计量。计量属性是指给予计量的某一要素的特性方面，如楼房的面积、桌子的长度等。从会计角度来看，计量属性反映的是会计要素金额的确定基础，主要包括历史成本、重置成本、可变现净值、现值、公允价值。

1. 历史成本

历史成本又称实际成本，是指取得或制造某财产物资时所实际支付的现金或现金等价物。在历史成本计量下，资产按照其购置时支付的现金或现金等价物的金额，或者按照购置资产时所付出的对价的公允价值计量。负债按照其因承担现时义务而实际收到的款项或者资产的金额，或者承担现时义务的合同金额，或者按照日常活动中的偿还负债预期需要支付的现金或者现金等价物的金额计量。

2. 重置成本

重置成本又称现行成本，是指按照当前市场条件，重新取得同样一项资产所需支付的现金或现金等价物金额。在重置成本计量下，资产按照现在购买相同或者相似资产所需支付的现金或者现金等价物的金额计量。负债按照现在偿付该项债务所需支付的现金或者现金等价物的金额计量。在实务中，重置成本多用于盘盈固定资产的计量等。

3. 可变现净值

可变现净值，是指在正常生产经营过程中，以预计售价减去进一步加工成本和预计销售费用以及相关税费后的净值。在可变现净值计量下，资产按照其正常对外销售所能收到现金或者现金等价物的金额扣减该资产至完工时估计将要发生的成本、估计的销售费用以及相关税费后的金额计量。可变现净值通常应用于存货资产减值情况下的后续计量。

4. 现值

现值，是指对未来现金流量以恰当的折现率进行折现后的价值，是考虑货币时间价值的一种计量属性。在现值计量下，资产按照预计从其持续使用和最终处置中所产生的未来现金流入量的折现金额计量。负债按照预计期限内需要偿还的未来现金流出量的折现金额计量。现值通常用于非流动资产可收回金额和以摊余成本计量的金融资产价值的确定等。

5. 公允价值

公允价值，是指市场参与者在计量日发生的有序交易中，出售一项资产所能收到或者转移一项负债所需支付的价格。公允价值计量的相关资产或负债可以是单项资产或负债（如一项金融工具、一项非金融资产等），也可以是资产组合、负债组合或者资产和负债的组合（如《企业会计准则第8号——资产减值》规范的资产组、《企业会计准则第20号——企业合并》规范的业务等）。企业是以单项还是以组合的方式对相关资产或负债进行公允价值计量，取决于该资产或负债的计量单元。①

按照现行会计准则的有关规定，金融企业可以使用历史成本和公允价值两种方法来计量不同类别的资产和负债。但随着金融工具创新及金融资产和金融负债在企业资产和负债中比重的提高，历史成本不可能是财务会计唯一的计量属性。特别是在金融工具创新的环境下，由于大多数衍生金融工具表现为一种合约、期权、合同等，它只产生相应的权利和义务，而交易事项并未发生，自然无实际成本可言，因此，实际成本计量属性显得无能为力，需要运用公允价值作为金融企业会计计量属性。按照现行企业会计准则（22）号第三十条规定，对银行的金融资产和金融负债的初始确认要按公允价值进行计量，并按照公允价值对金融资产进行后续计量。对于金融企业而言，公允价值计量属性已成为一种最主要的计量属性。

①　计量单元，是指相关资产或负债以单独或者组合方式进行计量的最小单位。相关资产或负债的计量单元应当由要求或者允许以公允价值计量的其他相关会计准则规定，但现行会计准则第十章规范的市场风险或信用风险可抵消的金融资产和金融负债的公允价值计量除外。

实务训练

一、单项选择题

1. 下列银行会计中属于金融企业会计的是（　　）。

A. 中国人民银行会计　　　　　　　　B. 中国进出口银行会计

C. 中国工商银行会计　　　　　　　　D. 中国农业发展银行会计

2. 融资租赁资产的所有者权益不属于承租人，但承租人却将其作为资产核算，其依据的会计原则是（　　）。

A. 谨慎性原则　　　B. 重要性原则　　　C. 真实性原则　　　D. 实质重于形式原则

3. 以取得资产时实际发生的成本作为入账价值，在处置前保持其入账价值不变。这遵循的是（　　）会计原则。

A. 可比性　　　　　B. 历史成本　　　　C. 一贯性　　　　　D. 配比

4. 会计期末，应当按照成本与可收回金额孰低法对于各项资产进行计价，这是遵循（　　）会计原则。

A. 重要性　　　　　B. 可比性　　　　　C. 及时性　　　　　D. 谨慎性

5. 各商业银行系统内的制度、办法，由（　　）。

A. 各总行自己制定　　　　　　　　　B. 由分行制定，报各自总行备案

C. 各行自行制定　　　　　　　　　　D. 各总行制定，报人民银行总行备案

6. 资产应当能够给企业带来经济利益并且是（　　）。

A. 过去的交易、事项形成并由企业拥有的经济资源

B. 过去的交易、事项形成并由企业控制的经济资源

C. 过去的交易、事项形成并由企业拥有或控制的经济资源

D. 未来的交易、事项形成并由企业拥有或控制的经济资源

7. 下列各项属于金融企业资产的是（　　）。

A. 再贷款　　　　　　　　　　　　　B. 吸收存款

C. 存放中央银行准备金　　　　　　　D. 实收资本

8. 下列属于金融企业负债的是（　　）。

A. 同业存放　　　B. 存放同业　　　C. 投资　　　　D. 票据贴现

9. 下列应当确认为收入的是（　　）。

A. 出纳短款收入　　　　　　　　　　B. 空头支票罚款收入

C. 手续费收入　　　　　　　　　　　D. 结算凭证工本费收入

10. 下列不应当确认为费用的是（　　）。

A. 出纳短款支出　　　B. 印刷费支出　　　C. 利息支出　　　D. 手续费支出

二、多项选择题

1. 金融会计的特点表现有（　　　）。

A. 计算机网络化　　　B. 社会性　　　　　C. 宏观性

D. 严密的内部控制　　　　　　　　　　E. 与业务活动密切联系

2. 下列可以是会计主体的是（　　　）。

A. 独立核算单位　　B. 法人企业　　　　C. 子公司

D. 企业集团　　　　　　　　　　　　E. 个体企业

3. 会计分期是指将持续不断的经营活动划分为连续相等的期间，以计算各期盈亏，编制财务会计报表分为（　　　）。

A. 年度　　　　　　B. 短期　　　　　　C. 月度

D. 半年度　　　　　　　　　　　　　E. 季度

4. 以下关于会计主体表述不正确的是（　　　）。

A. 会计主体与法律主体相同　　　B. 法律主体必然是会计主体

C. 会计主体不一定是法律主体　　　D. 会计主体可以是非法人企业

E. 会计主体必须是法人

5. 以下关于持续经营的表述正确的是（　　　）。

A. 企业按照当前的规模和状态无限期地延续下去

B. 在可预见的未来不会破产

C. 指的是企业集团

D. 假定在一年当中不再分期

E. 法律规定不会破产

三、判断题

1. 所有金融会计都是金融企业会计。（　　　）

2. 金融企业会计的核算同金融企业各项业务的处理紧密联系在一起，金融会计核算过程就是金融业务处理过程。（　　　）

3. 只有以持续经营为前提，才能将资产分为流动资产、长期资产、资产也才能采用历史成本原则。（　　　）

4. 金融企业的资产按计量不同可分为金融资产和非金融资产。（　　　）

5. 货币计量是指以人民币作为会计计算单位。（　　　）

6. 实质重于形式就是法律实质重于经济形式。（　　　）

7. 对非金融资产的计量应按其公允价值进行计量。（　　　）

8. 所有者权益是所有者在企业自筹中享有的经济利益，其金额是资产加上负债后的合计。（　　　）

9. 收入是企业在持续经营中的经济利益总流入。（　　　）

10. 费用是企业在持续经营中的经济利益总流出。（　　　）

第二章

金融企业会计核算方法

【学习内容与要求】了解金融企业会计科目及其分类；掌握金融会计核算的记账方法；了解金融企业各种凭证的基本要素及其格式；学习金融企业会计核算形式。

金融企业会计核算方法是根据会计方法的一般原理，结合金融企业的业务特点和经营管理的要求而采取的一种具有行业特点的会计核算方法。主要包括设置会计科目、确定记账方法、填制与审核会计凭证、设计账务组织和编制会计报表等项内容。它是金融企业会计的核心，对金融企业的业务核算和正确处理起重要作用。

第一节　会计科目

会计科目是对会计对象进行科学分类的一种方法，是设置账户、归集和记载各项经济业务的依据，也是确定会计报表项目的基础。金融企业会计科目既是对金融企业会计对象具体内容即会计要素所作的进一步分类，也是金融企业会计核算的重要工具和手段。

一、金融企业会计科目的含义及设置原则

金融企业日常发生的经济业务十分频繁、复杂，每发生一项经济业务都会引起会计要素有关项目发生增减变动。为了全面、系统地反映和监督各项会计要素的增减变动情况，分门别类地为会计报告使用者提供有助于其做出经济决策所需的会计核算资料，就必须根据国家会计规范的要求和金融企业自身的经营特点以及管理需要，对金融企业的资产、负债、所有者权益、收入、费用、利润等会计要素，按经济内容作进一步的分类，即设置金融企业会计科目，每一个会计科目都应明确反映特定的经济内容。

设置会计科目是正确组织会计核算的一个重要条件，金融企业在设置会计科目时应遵循以下原则：第一，必须结合金融企业经营活动的特点，既能全面、系统地反映会计对象的内容，又不相互包含；第二，既要适应金融企业经济业务发展的需要，又要保持相对的

稳定性；第三，既要满足外部会计报告使用者的要求，又要符合金融企业内部经营管理的需要；第四，在满足会计核算要求，保证会计核算质量的前提下，会计科目的分类要做到简明、适用，不宜过于繁复。此外，金融企业会计科目的设置，还应符合国际惯例，并遵循统一性与灵活性相结合的原则，使提供的会计信息既具有可比性，便于对比、分析和汇总，又能适应不同金融企业具体会计核算和经营管理的需要。

二、会计科目的分类

根据新《企业会计准则——基本准则》、《金融工具确认和计量》、《金融工具列报》等具体准则的规定，结合金融业务活动的特点，对金融企业会计科目可按不同的标准进行分类。

1. 按经济内容分类

金融企业会计科目按其所反映的经济内容的不同，可以划分为资产类、负债类、资产负债共同类、所有者权益类、损益类五大类。

（1）资产类。反映金融企业资金的占用和分布，包括各种财产、债权和其他权利。

（2）负债类。反映金融企业各种债务性资金的取得和形成渠道，包括吸收存款、借款、拆入资金、应付款项等。

（3）资产负债共同类。反映金融企业日常核算中资产负债性质不确定，其性质需视科目的期末余额而定。期末，此类科目的借方余额，表现为资产；贷方余额，表现为负债。

（4）所有者权益类。反映金融企业各种所有者权益性质资金的取得和形成渠道，包括所有者投入的资本、直接计入所有者权益的利得和损失、留存收益等。所有者权益类会计科目可分为实收资本、资本公积、盈余公积、一般风险准备、本年利润、利润分配和库存股七个科目。

（5）损益类。反映金融企业一定时期内的财务收支及经营成果情况，包括各项收入、费用、利得、损失等科目。

2. 按与资产负债表的关系分类

金融企业会计科目按其与资产负债表的关系，可以分为表内科目和表外科目。

（1）表内科目。表内科目是指用以反映涉及金融企业资金实际增减变动的会计事项，从而纳入资产负债表内的会计科目。上述按经济内容划分的五大类会计科目均属于表内科目。

（2）表外科目。表外科目是指用以反映不涉及金融企业资金实际增减变动的重要业务事项，从而不纳入资产负债表内的会计科目。包括或有事项、承诺事项以及重要的有价单证和财产的保管等经济业务事项。比如，商业银行于资产负债表日计提贷款利息时，对发生减值的贷款按合同本金和合同利率计算确定的应收利息，应设置"应收未收利息"

表外科目进行核算；承兑银行办理银行承兑汇票业务应设置"银行承兑汇票应付款"表外科目进行核算；对于空白重要凭证、有价单证、未发行债券以及代为客户保管的物品，应相应设置"空白重要凭证""有价单证""未发行债券""代保管有价值品"等表外科目进行控制。

三、金融企业主要会计科目（表内科目）一览表

根据我国新企业会计准则规定，同时考虑金融企业经济业务的特殊性设置了会计科目，其中有一部分会计科目是专门针对金融企业而设置，为金融企业专用。金融企业主要会计科目如表2－1所示。

表2－1　金融企业主要会计科目（表内科目）一览表

顺序号	编号	会计科目名称
一、资产类		
1	1001	库存现金
2	1002	银行存款
3	1003	存放中央银行款项
4	1011	存放同业
5	1021	结算备付金
6	1031	存出保证金
7	1101	交易性金融资产
8	1111	买入返售金融资产
9	1131	应收股利
10	1132	应收利息
11	1201	应收代位追偿款
12	1211	应收分保账款
13	1212	应收分保合同准备金
14	1221	其他应收款
15	1231	坏账准备
16	1301	贴现资产
17	1302	拆出资金
18	1303	贷款
19	1304	贷款损失准备
20	1311	代理兑付证券
21	1321	代理业务资产
22	1431	贵金属

续表

顺序号	编号	会计科目名称
23	1441	抵债资产
24	1451	损余物资
25	1461	融资租赁资产
26	1501	持有至到期投资
27	1502	持有至到期投资减值准备
28	1503	可供出售金融资产
29	1511	长期股权投资
30	1512	长期股权投资减值准备
31	1521	投资性房地产
32	1531	长期应收款
33	1532	未实现融资收益
34	1541	存出资本保证金
35	1601	固定资产
36	1602	累计折旧
37	1603	固定资产减值准备
38	1604	在建工程
39	1605	工程物资
40	1606	固定资产清理
41	1611	未担保余值
42	1701	无形资产
43	1702	累计摊销
44	1703	无形资产减值准备
45	1711	商誉
46	1801	长期待摊费用
47	1811	递延所得税资产
48	1901	待处理财产损溢
二、负债类		
49	2001	短期借款
50	2002	存入保证金
51	2003	拆入资金
52	2004	向中央银行借款
53	2011	吸收存款
54	2012	同业存放
55	2021	贴现负债
56	2101	交易性金融负债
57	2111	卖出回购金融资产款

顺序号	编号	会计科目名称
58	2201	应付手续费及佣金
59	2211	应付职工薪酬
60	2221	应交税费
61	2231	应付利息
62	2232	应付股利
63	2241	其他应付款
64	2251	应付保单红利
65	2261	应付分保账款
66	2311	代理买卖证券款
67	2312	代理承销证券款
68	2313	代理兑付证券款
69	2314	代理业务负债
70	2401	递延收益
71	2502	应付债券
72	2601	未到期责任准备金
73	2602	保险责任准备金
74	2611	保户储金
75	2621	独立账户负债
76	2701	长期应付款
77	2702	未确认融资费用
78	2801	预计负债
79	2901	递延所得税负债
三、共同类		
80	3001	清算资金往来
81	3002	货币兑换
82	3101	衍生工具
83	3201	套期工具
84	3202	被套期项目
四、所有者权益类		
85	4001	实收资本
86	4002	资本公积
87	4101	盈余公积
88	4102	一般风险准备
89	4103	本年利润
90	4104	利润分配

续表

顺序号	编号	会计科目名称
91	4201	库存股
五、损益类		
92	6011	利息收入
93	6021	手续费及佣金收入
94	6031	保费收入
95	6041	租赁收入
96	6051	其他业务收入
97	6061	汇兑损益
98	6101	公允价值变动损益
99	6111	投资收益
100	6201	摊回保险责任准备金
101	6202	摊回赔付支出
102	6203	摊回分保费用
103	6301	营业外收入
104	6403	营业税金及附加
105	6411	利息支出
106	6421	手续费及佣金支出
107	6501	提取未到期责任准备金
108	6502	提取保险责任准备金
109	6511	赔付支出
110	6521	保单红利支出
111	6531	退保金
112	6541	分出保费
113	6542	分保费用
114	6602	业务及管理费用
115	6701	资产减值损失
116	6711	营业外支出
117	6801	所得税费用
118	6901	以前年度损益调整

【课外思考2-1】金融企业会计科目是如何分类的？

第二节　记账方法

记账方法是以货币为计量单位，采用记账符号，根据一定的记账原理和规则将发生的经济业务按会计科目进行整理、分类和登记会计账簿的一种专门方法。记账方法是否科学，对经济业务的反映，资金活动的来龙去脉有重大影响。

一、记账方法的种类

按记录方式的不同，记账方法一般分为单式记账和复试记账。金融企业记账对反映资产运动的表内科目，采用复式记账法，对表外科目采用单式记账法。

1. 单式记账

单式记账法是一种比较原始的记账方法。它对所发生的每一笔经济业务一般只在一个账户中进行登记。例如，用现金支付费用，只反映现金的减少，而不反映费用的增加；用银行存款购买材料，只反映银行存款的减少，对材料的增加则不予反映。

单式记账法手续简单，主要是对现金、银行存款以及债权债务方面发生的经济业务进行单方面记账。因此，单式记账法没有一套完整的账户体系，账户之间不存在对应关系，既不能反映所有经济业务的全貌，也无法对经济业务的会计记录进行试算平衡。

2. 复式记账

复式记账法是指对于发生的每一笔经济业务，同时在两个或两个以上相互联系的账户中，以对应相等的金额进行登记，全面反映经济业务来龙去脉的记账方法。例如，用现金支付费用，一方面反映现金的减少，另一方面反映费用的增加；用银行存款购买材料，在反映银行存款减少的同时对材料的增加也予以反映。

复式记账方法主要有借贷记账法、增减记账法和收付记账法。当前世界通行的复式记账法是借贷记账法。在金融企业会计中，对涉及表内科目增减变动的会计事项，采用借贷记账法进行记录。

二、借贷记账法的运用

借贷记账法是以"借""贷"为记账符号，根据复式记账原理，按照"资产＋费用＝负债＋所有者权益＋收入"会计等式，依据一定的记账规则，在账户中记录和反映各项会计要素增减变化及其结果的一种记账方法。借贷记账法的基本内容主要包括记账符号、账户设置、记账规则和试算平衡。

【例2-1】某商业银行东岗营业部发生如下业务：

（1）某股份有限公司签发现金支票，支取备用现金30 000元。编制会计分录：

借：吸收存款——活期存款（民百股份有限公司户）　　　　　30 000

　　贷：库存现金　　　　　　　　　　　　　　　　　　　　　　　30 000

（2）给兰新机械制造厂发放贷款一笔，金额240 000元，期限3个月，年利率5.22%。编制会计分录：

借：贷款——短期贷款（兰新机械制造厂户）　　　　　　　240 000

　　贷：吸收存款——活期存款（兰新机械制造厂户）　　　　　240 000

（3）计算并现金支付个人储蓄存款利息1 500元。编制会计分录：

借：应收利息　　　　　　　　　　　　　　　　　　　　　　1 500

　　贷：库存现金　　　　　　　　　　　　　　　　　　　　　　1 500

（4）支付现金12 000元，收兑黄金一份。编制会计分录：

借：贵金属——黄金　　　　　　　　　　　　　　　　　　　12 000

　　贷：库存现金　　　　　　　　　　　　　　　　　　　　　　12 000

（5）收到开户单位天美集团公司签发的转账支票一张，金额36 000元，向其另一开户单位美嘉电器股份有限公司支付购货款，款项转入收款单位账户。编制会计分录：

借：吸收存款——活期存款（天美集团公司户）　　　　　　　36 000

　　贷：吸收存款——活期存款（美嘉电器股份有限公司户）　　　36 000

（6）经批准，将资本公积80 000元转增资本金。编制会计分录：

借：资本公积　　　　　　　　　　　　　　　　　　　　　　80 000

　　贷：实收资本　　　　　　　　　　　　　　　　　　　　　　80 000

将上述六笔经济业务的会计分录编制试算平衡表，如表2-2所示。

表2-2　发生额及余额试算平衡表　　　　　　　　　单位：元

会计科目	期初余额		本期发生额		本期期末余额	
	借方	贷方	借方	贷方	借方	贷方
库存现金				43 500		
贵金属			12 000			
贷款			240 000			
应收利息			1 500			
吸收存款				210 000		
实收资本				80 000		
资本公积			80 000			
合计			333 500	333 500		

第三节　会计凭证

　　会计凭证是金融企业记录经济业务，明确经济责任的书面证明，也是登记账簿的依据。填制与审核会计凭证，是金融企业会计核算的一项重要的基础工作。每发生一笔业务，金融企业应按规定的程序和要求，由经办人填制或取得会计凭证，并在凭证上签名或盖章，明确会计凭证真实性和正确性的责任。

一、会计凭证的种类

　　金融企业的会计凭证，按照其填制程序和用途，分为原始凭证和记账凭证。下面以商业银行为例介绍会计凭证的相关内容。

　　1. 原始凭证

　　原始凭证按其来源不同，分为自制原始凭证和外来原始凭证。自制原始凭证是金融企业自行制作，并由本企业内部经办业务的部门或人员，在执行或完成某项经济业务时所填制的会计凭证，如利息结算清单，供收、付款填制的特种转账借贷方凭证等。外来原始凭证是金融企业在业务发生或完成时，直接从企业外部取得的凭证，如客户签开的支票、各种结算凭证、从其他银行收到的收付款通知等。

　　在商业银行会计核算中，除某些业务需要根据原始凭证编制记账凭证外，大多采用银行对外办理业务时所受理的原始凭证，以及银行根据业务事实自行编制的原始凭证，直接代替记账凭证，作为登记账簿的依据。

　　2. 记账凭证

　　记账凭证是金融企业根据审核无误的原始凭证或业务事实编制的，或对外发生业务时受理的，可以直接作为记账依据的会计凭证。在商业银行会计实务中，由于需要将记账凭证在不同部门、柜组之间传递记账，因此，商业银行的记账凭证又称为"传票"。

　　（1）记账凭证按照其形式的不同可分为单式记账凭证和复式记账凭证。

　　单式记账凭证，又称为单科目记账凭证。它要求将金融企业某项经济业务所涉及的所有科目，分别填制在记账凭证上，每张记账凭证上只填列一个会计科目，一张凭证只作为一个科目、一个账户的记账依据。这样形成的借方记账凭证和贷方记账凭证记录各自的账户。由于商业银行的业务量大，采用单式记账凭证便于凭证在各柜组之间传递、分工记账和按会计科目汇总发生额。因此，商业银行一般采用单式记账凭证来记账。

　　复式记账凭证，又称为多科目记账凭证。它要求将金融企业某项经济业务所涉及的所有会计科目，集中填制在一张记账凭证上。目前，除商业银行外，其他金融企业一般采用复式记账凭证。

（2）金融企业的记账凭证按照其格式和使用范围不同可分为基本凭证和特定凭证。

基本凭证，又称通用凭证，是根据有关原始凭证及业务事实自行编制，用作记账依据，具有统一格式的凭证。基本凭证主要有以下几种：①现金收入传票；②现金付出传票；③转账借方传票；④转账贷方传票；⑤特种转账借方传票；⑥特种转账贷方传票；⑦表外科目收入传票；⑧表外科目付出传票。如表2-3至表2-10所示。

特定凭证，又称专用凭证，是根据某项业务的特殊需要制定的，具有专门格式和用途的凭证。这类凭证一般由银行统一印制，由单位、企业、客户填写，交给银行受理审核并凭以记账。如各种结算凭证、贷款凭证、金银占款凭证等（凭证格式见后面章节）。

表2-3 银行（　　）

现金收入传票

铜牌或对号单 第　号

| 总字第　号 |
| 字　第　号 |

（贷）　　　　　　　　　　　　　　　　　　年　月　日
（借）　库存现金

户名或账号	摘要	金额
		(位数)

（白纸红油墨）　附件　张

会计　　　　　出纳　　　　　复核　　　　　记账

表2-4 银行（　　）

现金付出传票

铜牌或对号单 第　号

| 总字第　号 |
| 字　第　号 |

（贷）　库存现金　　　　　　　　　　　　　　年　月　日
（借）　　　　　　　　

户名或账号	摘要	金额
		(位数)

（白纸黑油墨）　附件　张

会计　　　　　出纳　　　　　复核　　　　　记账

表 2-5 银行（   ）
转账借方传票

年 月 日

| 总字第   号 |
| 字 第   号 |

科目（借）		对方科目		（贷）
户名或账号	摘 要		金 额	
			（位数）	

会计   出纳   复核   记账

（蓝纸黑油墨） 附件   张

表 2-6 银行（   ）
转账贷方传票

年 月 日

| 总字第   号 |
| 字 第   号 |

科目（贷）		对方科目		（借）
户名或账号	摘 要		金 额	
			（位数）	

会计   出纳   复核   记账

（浅蓝纸黑油墨） 附件   张

表 2-7 银行（　　）

特种转账借方凭证

年　　月　　日

总字第　　　号
字　　第　　　号

付款单位	全称				收款单位	全称			
	开户银行		行号			开户银行		行号	
金额	人民币（大写）							金额	
								位数	
原凭证金额		赔偿金		科目（借）＿＿＿＿＿＿					
原凭证名称		号码		对方科目（贷）＿＿＿＿＿					
转账原因									
			银行盖章	会计　　　复核　　　记账					

（白纸紫油墨）

附件　张

表 2-8 银行（　　）

特种转账贷方凭证

年　　月　　日

总字第　　　号
字　　第　　　号

付款单位	全称				收款单位	全称			
	开户银行		行号			开户银行		行号	
金额	人民币（大写）							金额	
								位数	
原凭证金额		赔偿金		科目（贷）＿＿＿＿＿＿					
原凭证名称		号码		对方科目（借）＿＿＿＿＿					
转账原因									
			银行盖章	会计　　　复核　　记账					

（白纸蓝油墨）

附件　张

表 2-9　银行（　　）

××银行××分行表外科目收入传票

年　　月　　日

| 总字第　　号 |
| 字　　第　　号 |

户名	摘要	表外科目代号	金额										
			亿	千	百	十	万	千	百	十	元	角	分
	合计												

附件　　张

会计　　　　　　出纳　　　　　　复核　　　　　　记账

表 2-10　银行（　　）

××银行××分行表外科目付出传票

年　　月　　日

| 总字第　　号 |
| 字　　第　　号 |

户名	摘要	表外科目代号	金额										
			亿	千	百	十	万	千	百	十	元	角	分
	合计												

附件　　张

会计　　　　　　出纳　　　　　　复核　　　　　　记账

二、金融企业会计凭证的基本要素

金融企业会计凭证虽然种类繁多，格式各异，用途有别，具体内容不尽相同，但凭证都必须具备以下一些基本要素：年、月、日（以特定凭证代替记账凭证使用时，还应注明记账日期）；收、付款人的户名和账号；收、付款人开户银行的名称和行号；人民币或外币符号和大小写金额；款项来源、用途或摘要、附件张数；会计分录和凭证编号；客户按照有关规定加盖的印章；经办金融企业及有关人员的印章。

三、金融企业会计凭证的处理

金融企业会计凭证的处理是指会计人员从填制或受理会计凭证开始，通过凭证的审核、传递、记账、整理、装订、保管整个过程。其中重点是凭证的填制、审核、传递和记账。对会计凭证的处理反映了金融企业货币资金运动的全过程，是金融企业会计核算的基本内容。

1. 会计凭证的填制或受理

填制或受理会计凭证，是会计核算工作的起点。正确填制会计凭证才能如实地记录业务，明确责任，是金融企业会计核算的基础。为此，金融企业填制会计凭证要求：要素齐全；内容完整；反映真实；会计科目及数字正确；手续完备；填制及时；字迹清楚；不得涂改，力求标准化、规范化。金融企业会计一般采用单式记账凭证，因此一张凭证只作为一个科目的账户来记账，涉及现金收、付业务，只填制现金对应科目的凭证，对转账业务应该分别填制借方、贷方有关科目的借方凭证和贷方凭证，且借贷平衡。在金融企业经济业务中其对应关系有时是一借一贷或一借多贷，有时甚至是多借多贷。

2. 会计凭证的审核

由于金融会计要直接办理门市业务，经常采用单位和客户提交的各种会计凭证来记账，因此必须根据会计规范和有关业务的具体要求，进行认真审核，以保证金融企业会计核算的质量。

在审核会计凭证的过程中，审核的内容除对凭证基本要素进行审核外，金融企业会计人员应坚持原则，认真履行职责。对内容不全、手续不备、数字差错的会计凭证，应当退回补填或更正；对不真实、不合法的会计凭证，应拒绝受理，并向金融企业负责人报告。会计凭证经审核无误后，应及时处理和科学传递。

3. 会计凭证的传递

金融企业会计凭证经过审核以后，通过凭证的编号可以进行传递记账，输入计算机，登记各种账户。

金融企业会计凭证的传递，必须迅速、准确、科学、严密、合理。本着先外后内，先急后缓的原则，处理好凭证的传递。除有关业务核算手续另有规定外，一律通过邮局或金融企业内部自行传递，不得交客户代为传递，以免造成资金的损失和账务混乱。同时，为了维护资金安全，经办人员在办理现金收入业务时，应先收款后记账；办理现金付出业务时，应先记账后付款；办理转账业务时，应先记付款人账、后记收款人账；代收他行票据，应收妥后抵用。

4. 会计凭证的装订

由于金融企业的业务量大，会计凭证应按期整理装订。每日营业终了，对已办完核算手续的会计凭证应集中整理，按"先表内科目，后表外科目"的顺序排列。表内科目按科目编号"先小号，后大号"的顺序进行整理。同一科目下按"现金传票在前、转账传票在后，借方传票在前、贷方传票在后"依次排列。表外科目按收入、付出顺序排列。原始凭证及有关单证附于记账凭证后面，并加盖"附件"戳记。科目日结单装订在该科目各明细记账凭证的前面，传票销号单则附在最后一并装订。装订前应检查科目日结单的张数、各科目日结单下明细账记账凭证的张数是否完整齐全，如发现不符，应及时更正补齐。装订时要将凭证整理整齐，另加封面和封底，将装订日期、号码、册数、传票总张数和附件张数等填于封面上。装订成册的会计凭证，应由指定的会计人员负责妥善保管，年度终了，应移送财会档案室登记归档。

第四节　账务组织

账务组织，又称为会计核算形式，是指金融会计账簿的设置、记账程序和核对方法的有机结合。金融企业会计的账务组织包括明细核算系统和综合核算系统。

一、明细核算系统

明细核算系统是在每个金融企业会计科目下按照具体对象和单位，设立分户账进行详细记录和核算。其核算程序是：根据会计凭证登记分户账或登记簿；根据分户账的期末余额，编制余额表；最后与总账进行余额核对。所以，明细核算系统由分户账、登记簿、余额表共同构成。

1. 分户账

分户账是明细核算的主要形式，它是按照银行会计科目的具体经济内容设立，是对会计科目内容的详细记录。它是金融企业办理业务及与客户进行内外账务核对的重要工具。分户账的格式，除依据业务需要规定的专用格式外，一般设有甲、乙、丙、丁四种。

（1）甲种分户账。甲种分户账设有借方、贷方发生额和余额三栏，适用于不计息或用余额表计息的账户。甲种分户账，又称为分户式账页。如表 2 - 11 所示。

（2）乙种分户账。乙种分户账设有借方发生额、贷方发生额、余额、积数四栏，适用于在账页上计息的账户。乙种分户账，又称为计息式账页。其格式如表 2 - 12

所示。

（3）丙种分户账。丙种分户账设有借方、贷方发生额和借方、贷方余额四栏，适用于借、贷双方同时反映余额的账户。其格式如表2－13所示。

（4）丁种分户账。丁种分户账设有借方发生额、贷方发生额、余额、销账四栏，适用于逐笔记账、逐笔销账的一次性业务的账户。其格式如表2－14所示。

表 2－11　银行（　　　）
账

本账总账数
本户第　张

账号：　　　　　　　户名：　　　　　　　领用凭证记录_____

××××年		摘要	凭证号码	对方科目代号	借方（位数）	贷方（位数）	借或贷	余额（位数）	复核盖章	（白纸绿油墨）
月	日									

会计　　　　　　　　　　　　　　　　记账

表 2－12　银行（　　　）
账

本账总账数
本户第　张

账号：　　　　　　　户名：　　　　　　　利率1.8%_____

××××年		摘要	凭证号码	对方科目代号	借方	贷方	借或贷	余额	日数	积数	复核盖章
月	日										

会计　　　　　　　　　　　　　　　　记账

表 2 - 13　银行（　　）

账

	本账总账数
	本户第　张

账号：　　　　　　　　户名：

××××年		摘要	凭证号码	对方科目代号	借方	贷方	借方余额	贷方余额	复核盖章
月	日								

会计　　　　　　　　　　　　　　　　记账

表 2 - 14　银行（　　）

账

	本账总页数
	本户页数

××××年		账号	户名	摘要	凭证号码	对方科目代号	借方（位数）	销账			贷方（位数）	借或贷	余额（位数）	复核盖章	（白纸绿油墨）
月	日							年	月	日					

会计　　　　　　　　　　　　　　　　　记账

会计　　　　　　　　　　　　　　　　记账

2. 登记簿

登记簿是明细核算系统的另一种形式，它是为了满足某些业务需要而设置的辅助性账簿。一些分户账中未能记载而又需要考查的业务，可以用登记簿进行逐笔登记控制。其格式可以根据具体业务的需要而自行设计。

3. 余额表

余额表是明细核算的重要组成部分，它根据各分户账当日最后的余额逐户转抄编制，既是核对分户账余额而编制的专用统计表，也是准确计算利息的重要工具。按照对科目是否计息，余额表分为计息余额表和一般余额表。

表 2 – 15　计息余额表

科目名称_____　　科目代号_____　　　　　年　月　　　　利率：　　共　　页第　　页

账号 户名 日期				合计	复核盖章
1	⋮	⋮	⋮	⋮	⋮
⋮					
10					
10 天小计					
11	⋮	⋮	⋮	⋮	⋮
12					
⋮					
20					
20 天小计					
21	⋮	⋮	⋮	⋮	⋮
22					
⋮					
30					
31					
本月合计					
至上月底未计息积数					
应加应减积数					
至本月底累计未计息积数					
结息时计算利息数					

会计　　　　　　　　　复核　　　　　　　　　记账

　　计息余额表适用于计息的各种科目。其编制方法如下：每日营业终了，根据各科目分户账当日最后余额抄列，当日没有发生额的账户，应根据上一日的最后余额填列。其格式如表 2 – 15 所示。

　　一般余额表用于不计息的各科目，按各分户账当日的最后余额编制。

二、综合核算系统

　　综合核算系统是金融企业账务组织的另一个重要组成部分，它综合、概括地反映金融企业各项资金增减变化情况，是明细核算的综合概括，对明细核算起控制作用。综合核算系统由科目日结单、总账、日计表构成。其核算程序如下：先编制科目日结单，然后根据日结单登记总账，最后编制日计表。

1. 科目日结单

科目日结单是控制明细核算的发生额、记账凭证张数和轧平当天账务的工具：对当天各科目借贷发生额以及凭证张数汇总记录，核算当天各科目的借方发生额合计与贷方发生额合计，并使之相等。其格式如表 2 - 16 所示。

当日全部科目日结单的借方合计数加总与贷方合计数加总必须相等。

表 2 - 16　银行（　　）
科目日结单　　　　　　　　　　　　　　　　　　年　月　日

类别	日期	借方															贷方															经办员：
		传票张数	附件张数	金额													传票张数	附件张数	金额													
				百	十	亿	千	百	十	万	千	百	十	元	角	分			百	十	亿	千	百	十	万	千	百	十	元	角	分	
转账																																
小计																																
现金																																
合计																																

2. 总账

总账是综合核算系统的主要形式，是对各科目的总括记录。它是总分核对和统驭分户账的主要工具，也是金融企业编制会计报表的重要依据。其格式如表 2 - 17 所示。

总账的登记方法如下：每日营业终了，根据各科目日结单的借方、贷方发生额合计数分别填列总账，并结出余额。10 天一小计，每月终了，应加计本月的借、贷发生额和本年累计发生额。

3. 日计表

日计表是反映当日全部金融业务活动的会计报表，也是轧平当日全部账务的主要工具。日计表中的会计科目按其代号顺序排列，设有借方、贷方发生额和借方、贷方余额四栏。其格式如表 2 - 18 所示。

表 2 – 17　银行（　　）

总账

科目名称　　　　　　　　　　　　　　　　　　　　　　　　　　第　号

年　　月	借方		贷方	
	(位数)		(位数)	
上年底余额				
本年累计发生额				
上月底余额				

日期	发生额		余额		核对盖章
	借方	贷方	借方	贷方	复核员
	(位数)	(位数)	(位数)	(位数)	
1					
2					
3					
⋮					
10 天小计					
11					
12					
13					
⋮					
15					
16					
17					
18					
⋮					
20 天小计					
21					
22					
23					
⋮					
月计					
自年初累计					
本期累计计息积数					
本月累计未计息积数					

（白纸绿油墨）

表 2 - 18 银行（   ）

日 计 表

年 月 日

共 页第 页

科目代号	科目名称	昨日余额		本日发生额		本日余额		科目代号
		借方	贷方	借方	贷方	借方	贷方	

（白纸黑油墨）

行长   会计   复核   制表

日计表登记方法如下：每日营业终了，其发生额和余额应根据总账当日各科目发生额和余额填记，各科目借方发生额合计数应与各科目贷方发生额合计数相等；各科目借方余额合计数应与各科目贷方余额合计数相等。

三、账务处理

金融企业账务处理包括明细核算系统的账务处理程序、综合核算系统的账务处理程序和与账务核对三个方面。金融企业账务组织采用双线核算、双线核对模式。具体如图2 - 1所示。

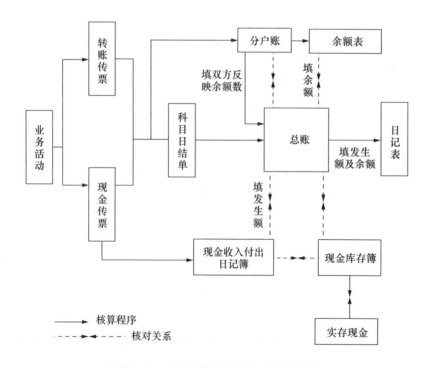

图 2 - 1 金融企业双线核算、双线核对

对上述程序说明如下：①根据经济业务受理、审核或填制传票；②根据传票逐笔登记分户账、登记簿和现金收入、付出日记簿；③根据分户账编制余额表；④根据传票，按科目编制科目日结单，轧平当日所有科目的借方和贷方发生额；⑤根据科目日结单登记总账；⑥根据总账编制日计表；⑦总账与分户账或余额表核对；⑧总账与现金收入、付出日记簿和现金库存簿核对；⑨现金库存簿与实存现金核对。

【课外思考 2 - 2】 金融企业会计核算方法包括哪些内容？

实务训练

一、单项选择题

1. 下列科目中，不属于金融企业负债类科目的是（　　）。

A. 存放中央银行准备金　　　　　　B. 单位活期存款

C. 活期储蓄存款　　　　　　　　　D. 定期储蓄存款

2. 金融企业核算的起点是（　　）。

A. 编制审核会计凭证　　　　　　　B. 确定会计科目

C. 登记会计账簿　　　　　　　　　D. 运用借贷记账法

3. 货币兑换科目属于（　　）。

A. 资产类科目　　　　　　　　　　B. 负债类科目

C. 资产负债共同类科目　　　　　　D. 所有者权益类科目

4. 设置借方、贷方、余额和积数四栏的分户账是（　　）。

A. 分户式账页　　B. 计息式账页　　C. 销账式账页　　D. 付款式账页

5. 统驭明细分户账，进行综合核算与明细核算相互核对的主要工具是（　　）。

A. 余额表　　　　B. 科目日结单　　C. 日计表　　　　D. 总账

6. 银行会计凭证中基本凭证和特定凭证是按（　　）划分的。

A. 格式的不同　　　　　　　　　　B. 格式和使用范围的不同

C. 核算方式的不同　　　　　　　　D. 表面形式的不同

7. （　　）是反映当天全部业务活动情况的重要工具和轧平当天全部账务的会计报表。

A. 科目日结单　　B. 总账　　　　　C. 日计表　　　　D. 余额表

8. 借记"存放中央银行准备金"为（　　）。

A. 负债的增加　　B. 资产的增加　　C. 负债的减少　　D. 资产的减少

9. 各科目总账的发生额应于每天营业终了根据（　　）填列。

A. 分户账各账户发生额合计　　　　B. 余额表各户余额合计

C. 各科目传票加计发生额合计   D. 科目日结单借贷方发生额合计

10. 明细核算账务系统的构成是（   ）。

A. 分户账、登记簿、总账、科目日结单

B. 余额表、日计表、现金收付日记簿、登记簿

C. 分户账、总账、登记簿、科目日结单

D. 分户账、登记簿、余额表

二、多项选择题

1. 综合核算是按科目核算的，其由（   ）组成。

A. 科目日结单   B. 总账   C. 日计表

D. 余额表   E. 分户账

2. 下列科目中，属于流动负债的是（   ）。

A. 应付工资   B. 活期存款   C. 应付利息

D. 同业存放款项   E. 存放同业款项

3. 商业银行会计凭证传递的基本要求是（   ）。

A. 先原始凭证后记账凭证   B. 现金付出业务先记账后付款

C. 代收他行票据收妥抵用   D. 转账业务先记付款后记收款

E. 现金收入业务先收款后记账

4. 银行会计科目按资金性质可分为（   ）。

A. 资产类   B. 负债类   C. 所有者权益类

D. 损益类   E. 资产负债共同类

5. 下列凭证中属于基本凭证的是（   ）。

A. 特种转账借方传票   B. 特种转账贷方传票

C. 现金缴款单   D. 现金支票

E. 转账贷方凭证

三、判断题

1. 金融会计在核算上具有严密的内部监督机制和管理控制制度。   （   ）

2. 银行的现金收入传票、现金付出传票、现金缴款单、现金支票属于基本凭证。

（   ）

3. 现金收入业务必须"先收款，后记账"。   （   ）

4. 在借贷记账法下，账户借方登记资产的增加、权益的减少、费用及支出的增加、收入的减少。   （   ）

5. 特种转账借方传票、特种转账贷方传票属于特定凭证。   （   ）

6. 汇出汇款属于负债类科目。   （   ）

7. 现金收入日记簿的发生额合计应与现金科目贷方发生额核对相符。   （   ）

8. 发生转账业务，每笔都要编制转账借方传票和转账贷方传票；发生现金收入、付

出业务，每笔都要编制现金收入传票和现金付出传票。　　　　　　　（　　）

9. 分户账是根据科目日结单逐笔连续记载，以具体反映每个账户的资金活动情况。

（　　）

10. 现金科目日结单系根据"现金"科目传票，分别加计借方、贷方发生额合计填列。　　　　　　　　　　　　　　　　　　　　　　　　　　　　　　（　　）

四、业务题

1. 练习会计科目的使用

（1）某企业在商业银行开立活期存款账户，银行应当使用（　　）科目核算。

（2）商业银行从某超市存款账户收取贷款利息，对收取的利息应当记入（　　）科目。

（3）某企业向商业银行取得期限在一年以内的贷款，商业银行应当使用（　　）科目核算。

（4）商业银行从某超市存款账户收取贷款利息，但某超市存款账户中没有资金支付，商业银行应当记入（　　）科目。

（5）客户李某将现金 8 000 元存入储蓄存款，期限 1 年。商业银行应当记入的会计科目是（　　）。

2. 练习借贷记账法

某商业银行当日发生下列业务，据以做出会计分录，并按科目汇总发生额。

（1）卖出黄金，收取现金 18 000 元。

（2）储户李某送存现金 2 000 元，存入活期储蓄存款。

（3）华联超市从存款账户中支取现金 8 000 元。

（4）永昌公司取得 6 个月期限的贷款 200 000 元，转让存款账户。

（5）永昌公司从存款账户转账支付 14 600 元，划入华联超市存款账户。

（6）华联超市归还贷款本金 260 000 元，同时支付利息 7 230 元，全部从存款账户支付。

（7）从当年利润中提取盈余公积 58 000 元。

（8）向永昌公司支付本季度存款利息 5 516 元，转让其存款账户。

（9）向人民银行送存现金 100 000 元。

（10）向人民银行取得贷款 500 000 元。

各科目发生额汇总（代科目日结单）
20××年　　月　　日

科目名称	本日发生额	
	借　方	贷　方
现金		
贵金属		
存放中央银行准备金		
短期贷款		
个人活期储蓄存款		
单位活期储蓄存款		
向中央银行借款		
利润分配		
盈余公积		
利息收入		
利息支出		
合计		

第二篇　商业银行基本业务核算

第三章

商业银行存款业务的核算

【学习内容与要求】了解商业银行存款业务的意义及种类；掌握单位活期存款、定期存款业务的核算，熟悉单位存款利息的计算方法；掌握个人活期储蓄存款、定期储蓄存款业务的种类与核算，熟悉个人储蓄存款利息的计算与核算。

第一节　存款业务概述

存款是指银行以信用的方式吸收单位和居民个人闲置资金的筹资活动。存款是商业银行主要的负债业务，也是其筹集信贷资金的主要来源，是银行生存和发展的基础。

一、存款的种类

开展存款业务，首先要了解和熟悉存款种类，然后才能制定和采用相应的核算方式。为满足与方便存款户，银行设置了不同种类的存款。一般而言，较常见的存款分类方法有以下几种：

1. 按存款期限分为活期存款和定期存款

活期存款是存入时不约定存期，可随时存取，按结息期计算利息的存款，其利率较低，资金成本也低，主要包括单位活期存款和活期储蓄存款；定期存款是在存入时约定存期，到期支取本息的存款，其利率高于活期存款利率，故其资金成本也较高，主要包括单位定期存款和定期储蓄存款。

2. 按存款对象分为单位存款和储蓄存款

单位存款是商业银行吸收的企业、事业、机关、部队和社会团体等单位暂时闲置的资金形成的存款；储蓄存款是商业银行吸收的城乡居民个人生活节余或待用的资金形成的存款。

3. 按存款的资金性质分为财政性存款和一般存款

财政性存款是商业银行经办的各级财政拨入的预算资金、应上缴财政的各项资金以及财政安排的专项资金形成的存款，这部分款项属于金融机构代理中国人民银行业务，是中国人民银行基础货币的组成部分，应全部上缴中国人民银行；一般存款是商业银行吸收的企事业单位、机关团体、部队及个人存入的并由其自行支配的资金形成的存款，这部分存款应按一定比例上缴中国人民银行，形成存款准备金。财政性存款一般不计付利息，而一般存款则应计付利息。

4. 按存款产生的来源分为原始存款和派生存款

原始存款，也称现金存款或直接存款，即企事业单位或个人将现金或现金支票送存商业银行而形成的存款。派生存款，又称为转账存款或间接存款，是商业银行以贷款方式自己创造的存款。派生存款的增加，会导致全社会货币供应量的增加。

5. 按存款币种分为人民币存款和外币存款

人民币存款是商业银行吸收客户的人民币资金形成的存款。外币存款是商业银行吸收客户的外汇资金形成的存款。

二、银行存款账户的种类

银行应按规定为存款人开立各种结算账户。存款账户按管理要求的不同划分为基本存款账户、一般存款账户、专用存款账户和临时存款账户。

1. 基本存款账户

基本存款账户是存款人因办理日常转账结算和现金收付需要开立的银行结算账户。基本存款账户是存款人的主办账户。存款人日常经营活动的资金收付及其工资、奖金和现金的支取，应通过该账户办理。

2. 一般存款账户

一般存款账户是存款人因借款或其他结算需要，在基本存款账户开户银行以外的银行营业机构开立的银行结算账户。该账户用于办理存款人借款转存、借款归还和其他结算的资金收付。存款人可以通过该账户办理现金缴存，但不得办理现金支取。

3. 专用存款账户

专用存款账户是存款人按照法律、行政法规和规章，对其特定用途资金进行专项管理和使用而开立的银行结算账户。

4. 临时存款账户

临时存款账户是存款人因设立临时机构、从事异地临时经营活动或因注册验资等临时需要，在规定期限内使用而开立的银行结算账户。临时存款账户的有效期最长不得超过2年。

三、存款业务会计科目的设置

为了核算商业银行存款业务，必须设置相应的会计科目。主要有"吸收存款""应付利息""利息支出""应交税费"等科目。

1. "吸收存款"科目

该科目为负债类科目，核算商业银行吸收的除同业存放款项以外的其他各种存款，包括单位存款（企业、事业、机关、社会团体等单位）、个人存款、信用卡存款、特种存款、转贷款资金和财政性存款等。该科目可按存款类别及存款单位分"本金""利息调整"等项目进行明细核算。

商业银行收到客户存入的款项时，应按实际收到的金额，借记"存放中央银行款项"等科目，贷记"吸收存款——本金"科目，如存在差额，借记或贷记"吸收存款——利息调整"科目。

资产负债表日，应按摊余成本和实际利率计算确定的存入资金的利息费用，借记"利息支出"科目，按合同利率计算确定的应付未付利息，贷记"应付利息"科目，按其差额，借记或贷记"吸收存款——利息调整"科目。实际利率与合同利率差异较小的，也可以采用合同利率计算确定利息费用。

支付的存入资金利息，借记"应付利息"科目，贷记"吸收存款"科目。支付的存款本金，借记"吸收存款——本金"科目，贷记"存放中央银行款项""库存现金"等科目，按应转销的利息调整金额，借记或贷记"吸收存款——利息调整"科目，按其差额，贷记或借记"利息支出"科目。

本科目期末贷方余额，反映商业银行吸收的除同业存放款项以外的其他各项存款。

2. "应付利息"科目

该科目为负债类科目，核算商业银行按照合同约定应支付的利息，包括吸收存款、发行债券等应支付的利息。该科目可按存款人或债权人进行明细核算。

资产负债表日，商业银行应按摊余成本和实际利率计算确定的利息费用，借记"利息支出"等科目，按合同利率计算确定的应付未付利息，贷记"应付利息"科目，按其差额，借记或贷记"吸收存款——利息调整"等科目。实际利率与合同利率差异较小的，也可以采用合同利率计算确定利息费用。

实际支付利息时，借记"应付利息"科目，贷记"吸收存款"等科目。

该科目期末贷方余额，反映商业银行应付未付的利息。

3. "利息支出"科目

该科目为损益类科目，核算商业银行发生的利息支出，包括吸收的各种存款（单位存款、个人存款、信用卡存款、特种存款、转贷款资金等）、与其他金融机构（中央银行、同业等）之间发生资金往来业务、卖出回购金融资产等产生的利息支出。该科目可按利息支出项目进行明细核算。期末，应将该科目余额转入"本年利润"科目，结转后该科目无余额。

4. "应交税费"科目

该科目处于负债类，核算金融企业按照税法规定应交纳的各种税费，包括增值税、消费税、营业税、所得税、资源税、土地增值税、城市维护建设税、房产税、土地使用税、车船税、教育费附加、矿产资源补偿费等。该科目可按类别和单位或个人设置明细账进行明细核算。银行代扣代缴的个人所得税等，也通过本科目核算。

【课外思考 3 –1】如何理解"吸收存款"科目？

第二节　单位存款业务的核算

单位存款，是指企事业单位、机关团体、部队和个体经营者等在金融机构存入的对公款项。根据国家现金管理制度的规定，各单位暂时闲置的资金，除核定的库存现金限额外，其余的现金应全部缴存银行。在各单位的经济往来中，除了在国家现金管理制度规定的现金使用范围内，可以支付现金外，其他款项的支付，均应按规定通过各单位在银行开立的账户办理转账结算。

单位存款主要包括单位活期存款、单位定期存款、单位通知存款、单位协定存款等。本节主要以单位活期存款和单位定期存款业务核算为主。

一、单位存款账户的开立与管理

为加强对存款及其结算账户的管理，各存款单位应按规定在银行开立各种结算账户。存款人申请开立账户时，应填制一式三联"存款账户开户申请书"，连同有关证明文件一并送交经办行。经办行审核开户申请书是否填写正确、相关资料是否齐全、手续是否完备。审查无误后，由存款人向开户行填制印鉴卡，预留银行印鉴。经办行根据存款人的账户性质，确定会计科目，编制账号，设置账簿，登记"开销户登记簿"。单位存款账户一经开立，银行必须加强对账户的管理，各单位通过银行办理资金收付，必须遵守银行的有关规定。

二、单位活期存款业务的核算

单位活期存款存取的方式主要有存取现金和转账存取两种。其中转账存取需采用一定的结算方式，运用一定的支付结算工具进行，本节只介绍现金存取业务中支票现金存取的核算。

1. 存取现金的核算

（1）存入现金的核算。单位存入现金时，应填制一式两联现金缴款单，连同现金交银行出纳部门。出纳部门审查凭证无误，并点收现金后，登记现金收入日记簿。经复核、签章后，在第一联加盖"现金收讫"章，作为回单退给存款单位，第二联传递给会计部门，代现金收入传票登记存款单位的分户账。编制会计分录：

借：库存现金

　　贷：吸收存款——单位活期存款——××户（本金）

（2）支取现金的核算。单位支取现金时，应签发现金支票，并在支票上加盖预留印鉴，由收款人背书后送交银行会计部门。银行会计部门收到现金支票后，应重点审查以下内容：支票是否超过提示付款期限；大小写金额是否一致；支票上的签章与预留印鉴是否相符；出票人账户是否有足够的款项支付；有无收款人背书等。经审核无误后，银行会计部门以现金支票代现金付出传票登记单位的分户账。编制会计分录：

借：吸收存款——单位活期存款——××户（本金）

　　贷：库存现金

登记入账后，将出纳对号单交取款人，凭此单到出纳部门取款。会计人员在记账后的现金支票上签章，交复核人员进行复核签章后，将现金支票传递给出纳部门。出纳人员根据现金支票登记现金付出日记簿，配款复核后，凭对号单向取款人支付现金。

2. 单位活期存款利息的核算

存款利息的计算和核算是单位活期存款业务核算的主要内容。其核算内容如下：

（1）资产负债表日，商业银行按计算确定的存入资金的联系，借记"利息支出"科目，贷记"应付利息"科目。编制会计分录：

借：利息支出——单位活期存款利息支出户

　　贷：应付利息——单位活期存款应付利息户

（2）按规定，单位活期存款按日计息，按季结息，计息期间遇利率调整分段计息，每季度末月的 20 日为结息日。结出的利息于结息日次日入账。编制会计分录：

借：应付利息——单位活期存款利息户

　　贷：吸收存款——单位活期存款——××户

（3）积数计息法。单位活期存款由于存取频繁，存款余额经常发生变动，因此，一般采用积数计息法计算利息。积数是指将计息期内，各存款账户每天余额的逐日累计数，一般采用余额表计息法和分户账页计息法。

第一，余额表计息法。余额表计息法，是指每日营业终了，将各利息分户账的最后余额，抄至计息余额表各账户栏内（当日余额未变动的，照抄上日余额）。余额表上各户余额逐日相加之和，即为累计日积数。若遇利率调整，则应分段计算累计日积数。发生错账，进行冲正时，应在余额表的"应加积数"或"应减积数"栏内调整计息积数。结息日，计算出本计息期累计计息积数后，乘以适用的日利率（或分段累计计息积数分别乘以适用的日利率后求和），即为本计息期计算的利息。对于经常发生存取款业务，存款余额变动频繁的单位，适合采用余额表计息。其计息公式如下：

若计息期间无利率调整，则利息计算：利息 = 累计计息（日）积数 × 日利率。

若计息期间遇利率调整，则利息计算：利息 = $\sum$（分段累计计息（日）积数 × 日利率）。

> ◇ 日利率与年利率、月利率之间的换算公式如下：
>
> 日利率 = 年利率（％）÷360
>
> 日利率 = 月利率（‰）÷30
>
> 月利率（‰）= 年利率（％）÷12
>
> ◇ 累计计息积数以元位起息，元位以下不计息，计算的利息保留到分位，分位以下四舍五入。

【例3-1】某商业银行2015年9月计息余额表中甲公司活期存款余额如表3-1所示。

甲公司活期存款至上月末未计息积数（即6月21日至8月31日的累计计息积数）为6 128 000元，9月1~20日的计息积数为1 822 000元，本季度应加积数为16 000元，应减积数为22 000元，所以第三季度的计息积数（即上期结息日至9月20日止的累计应计息积数）为7 944 000元（1 822 000 + 6 128 000 + 16 000 - 22 000）。

结息日（9月20日）计算利息数 = 至结息日累计计息积数 ×（月利率÷30）= 7 944 000 ×（0.72‰）÷360 = 158.88（元）

9月21日编制"利息清单"，办理利息转账，编制会计分录：

借：应付利息——单位活期存款利息户   158.88

  贷：吸收存款——单位活期存款——甲公司户   158.88

资产负债表日（9月30日）计提利息费用 = 至本月末累计未计息积数 × 日利率 = 1 330 000 × 0.72‰ ÷ 360 = 26.60（元）

编制会计分录：

借：利息支出——单位活期存款利息支出户   26.60

  贷：应付利息——单位活期存款应付利息户   26.60

表 3 − 1　××银行计息余额表①

2015 年 9 月

科目名称：吸收存款　　　　　　　　利率：0.72%　　　　　　　共　　　页第　　　页

日期 ＼ 户名、账号	甲公司活期存款户		合计
1	96 000		
2	102 000		
3	130 000		
4	104 000		
5	86 000		
6	74 000		
7	96 000		
8	134 000		
9	166 000		
10	160 000		
10 天小计	1 148 000		
⋮			
本月合计	3 152 000		
至上月末未计息积数	6 128 000		
应加积数	16 000		
应减积数	22 000		
至结息日累计应计息积数	7 944 000		
至本月末累计未计息积数	1 330 000		
结息日计算利息数	26. 60		

　　第二，分户账页计息法。分户账页计息法，是指当存款人账户发生资金收付，引起单位存款账户的余额发生变动时，除登记本次发生额并结出余额外，还应算出上次余额的实存天数，记入账页上相应的"日数"栏内，并将上次余额与实存天数的乘积，记入账页上对应的"积数"栏内。若遇利率调整，应分段计算"日数"与"积数"。其中，实存天数按"算头不算尾"的方法计算，但若遇"尾"为结息日，在计算实存天数时则应"算头又算尾"。至结息日，将上季度末月 21 日起至本季度结息日止的日数和积数累计起来（或分段累计起来），求出该计息期的累计日数（应与日历天数相符）与累计计息积数（或分段累计日数与分段累计计息积数）。如遇错账冲正，应调整积数。以积数乘以适用的日利率，即可计算出本计息期的利息。对于不经常发生存取款业务，存款余额变动不频繁的单位，适合采用分户账页计息。结息日计算出的利息，于次日办理转账的处理与余额表计息相同。

_____

　　①　李海波. 金融会计［M］. 北京：立信会计出版社，2009：57 − 58.

【例 3 - 2】 某商业银行开户单位 N 公司 9 月的分户账如表 3 - 2 所示。①

9 月 1 日的计息日数为两格,"72"表示从 6 月 21 日至 8 月 31 日的天数,设累计积数为 3 691 400 元,第二格的"6"表示为 9 月 1 日至 7 日共 6 天,故积数为 336 000 元(56 000 × 6),其余依次类推。至结息日的累计计息积数为 4 835 400 元(即 3 691 400 + 336 000 + 184 000 + 140 000 + 310 000 + 174 000)。

表 3 - 2 分户账

户名:N 公司　　　　　　　　　　账号　　　　　　　　　　利率:0.72%

20××年		摘要	凭证号	借方	贷方	贷或借	余额	日数	积数	复核盖章
月	日									
9	1	承前页				贷	56 000	72	3 691 400	
								6	336 000	
	7	汇出		10 000		贷	46 000	4	184 000	
	11	转收			24 000	贷	70 000	2	140 000	
	13	转付		8 000		贷	62 000	5	310 000	
	18	汇出		4 000		贷	58 000	3	174 000	
	21	结息转出			96.71	贷	58 096.71			

结息日(9 月 20 日)计算利息数 = 至结息日累计计息积数 × 日利率 = 4 835 400 × 0.72% ÷ 360 = 96.71(元)

9 月 21 日编制"利息清单",办理利息转账,并结出新的存款余额。编制会计分录:

借:应付利息——单位活期存款应付利息户　　　　　　　　96.71

　　贷:吸收存款——单位活期存款——A 公司户　　　　　　96.71

三、单位定期存款的核算

单位定期存款是存款单位在存入款项时与银行约定期限,到期支取本息的存款。单位定期存款的起存金额为 1 万元,多存不限,存期分为 3 个月、半年、1 年、2 年、3 年、5 年六个档次。

1. 单位定期存款存入的核算

单位向商业银行存入定期存款时,应按存款金额签发活期存款账户转账支票,在支票用途栏填明"转存单位定期存款"字样,并注明存期后提交银行。银行按规定审查无误,填制一式三联单位定期存款存单。经复核后,以存单第一联代转账贷方传票,以转账支票代转账借方传票,办理转账。存单第二联加盖"单位定期存款专用章"和经办人员名章

---

① 李海波. 金融会计 [M]. 北京:立信会计出版社,2009:59 - 60。

后，作为定期存款凭据交存款单位；第三联作定期存款卡片账留存，并据以登记开销户登记簿后，按顺序排列保管。如果单位要求凭印鉴支取，应在存单第一联、第二联上加盖预留印鉴，并在存单第二联注明"凭印鉴支取"字样。编制会计分录：

借：吸收存款——单位活期存款——××户（本金）

贷：吸收存款——单位定期存款——××户（本金）

如上述分录借方、贷方存在差额，则应将差额借记或贷记"吸收存款——单位定期存款——××户（利息调整）"科目。

【例3-3】N公司2015年8月25日签发转账支票100 000元，转为定期存款1年，存入时挂牌的1年期定期存款利率为1.98%。则N公司2015年8月25日签发转账支票存入定期存款时，编制会计分录：

借：吸收存款——单位活期存款——N公司户（本金）　　　　　　　100 000

贷：吸收存款——单位定期存款——N公司户（本金）　　　　　　　100 000

2. 单位定期存款利息的计算

单位定期存款利息的计算采用逐笔计息法，即在存款到期日支取本金的同时一并计付利息，利随本清。

（1）计息期为整年或整月时，计息公式：

利息＝本金×年（月）数×年（月）利率

（2）计息期有整年或整月，又有零头天数时，计息公式：

利息＝本金×年（月）数×年（月）利率＋本金×零头天数×日利率

（3）将计息期全部化为实际天数计算利息时，计息公式：

利息＝本金×实际天数×日利率

注意：上述（1）和（2）公式中的年（月）数，按对年、对月、对日计算；（2）公式中的零头天数，按"算头不算尾"的方法计算实际天数；（3）公式中的实际天数，即每年为365天（闰年366天），每月为当月公历实际天数。

3. 单位定期存款支取的核算

单位持存单支取单位定期存款时，只能以转账方式将存款转入其基本存款账户，不得将定期存款用于结算或从定期存款账户中提取现金。

（1）到期支取的处理。定期存款到期，单位持存单支取款项时，银行应抽出该户卡片账，与存单核对户名、金额、印鉴等无误后，并按存入日（开户日）挂牌公告的利率计算出利息（存期内遇利率调整，不分段计息），填制利息清单，并在存单上加盖"结清"戳记。以存单代定期存款转账借方传票，卡片账作为附件，另编制三联特种转账传票，其中一联作转账借方传票，一联作转账贷方传票，另一联作收账通知，连同利息清单一起交存款单位。同时，销记开销户登记簿。编制会计分录：

借：吸收存款——单位定期存款——××户（本金）

　　应付利息——定期存款应付利息户

贷：吸收存款——单位活期存款——××户

若"吸收存款——利息调整"科目有余额，应予以转销。转销时，借记或贷记"利息支出"科目，贷记或借记"吸收存款——利息调整"科目。

【例3-4】 某商业银行收到N公司交来当日到期的存单一张，填明金额100 000元，存期1年，1年期定期存款利率为1.98%，要求将存款本息转入活期存款账户，经审核无误。

计算应付利息：

利息 = 100 000 × 1 × 1.98% = 1 980（元）

编制会计分录：

借：吸收存款——单位定期存款——N公司户（本金）   100 000

     应付利息——单位定期存款应付利息户   1 980

       贷：吸收存款——单位活期存款——N公司户   101 980

（2）提前支取的处理。提前支取是指单位可以一次全部或部分提前支取定期存款，但是，若办理部分提前支取，则以一次为限。

其一，全部提前支取。在办理单位定期存款全部提前支取时，银行应按支取日挂牌公告的活期存款利率计算利息（不分段计息），并在卡片账、审查无误的存单上加盖"提前支取"戳记，其余手续和账务处理与单位定期存款到期支取相同。

其二，部分提前支取。在办理单位定期存款部分提前支取时，若剩余定期存款不低于起存金额，银行按支取日挂牌公告的活期存款利率计算提前支取部分本金利息（不分段计息），填制利息清单，并采取"满付实收、更换新存单"的做法，即视同原存单本金一次全部支取，对实际未支取部分按原存期、原利率和到期日另开具新存单一式三联，新存单上注明"由××号存单部分转存"字样与原存入日，在原存单及卡片账上注明"部分支取××元"字样，同时，在开销户登记簿上作相应注明。以原存单代定期存款转账借方传票，原卡片账作为附件，以新存单第一联代定期存款转账贷方传票，另编制三联特种转账传票，一联作转账借方传票，一联作转账贷方传票，办理转账。新存单第二联加盖"单位定期存款专用章"和经办人员名章后，作为定期存款凭据，与利息清单及作收账通知的特种转账传票一起交存款单位，新存单第三联作定期存款卡片账留存，并按顺序保管。编制会计分录：

借：吸收存款——单位定期存款——××户（本金）（全部本金）

     应付利息——单位定期存款应付利息户（提前支取部分利息）

       贷：吸收存款——单位活期存款——××户（本金+提前支取部分利息）

借：吸收存款——单位活期存款——××户（未支取本金）

       贷：吸收存款——单位定期存款——××户（未支取本金）

【例3-5】 沿用**【例3-3】**的资料，假设N公司急需资金，于2016年的2月1日支取30 000元，假定2016年2月1日银行挂牌的活期存款利率为0.72%，其他资料同上。

2016年2月1日部分提前支取时：

利息 = 30 000 × 160 × 0.72% ÷ 360 = 96（元）

借：吸收存款——单位定期存款——N 公司户（本金）　　　　　　100 000
　　　　应付利息——单位定期存款应付利息户　　　　　　　　　　　　　　96
　　　　　贷：吸收存款——单位活期存款——N 公司户　　　　　　　　100 096
　　借：吸收存款——单位活期存款——N 公司户　　　　　　　　　　 70 000
　　　　　贷：吸收存款——单位定期存款——N 公司户　　　　　　　　 70 000

　　（3）逾期支取的处理。办理单位定期存款若逾期支取，银行除计算到期利息外，对逾期部分应按支取日挂牌公告的活期存款利率计算利息（不分段计息）。其办理手续和账务处理与单位定期存款到期支取相同。

　　【例 3-6】 沿用 **【例 3-3】** 的资料，A 公司于 2016 年 9 月 1 日来行支取，支取日银行挂牌的活期存款利率为 0.72%，其他资料同上。

　　2016 年 9 月 1 日逾期支取时：

　　利息 = 100 000 × 1 × 1.98% + 100 000 × 7 × 0.72% ÷ 360 = 1 994（元）

　　借：吸收存款——单位定期存款——A 公司户　　　　　　　　　　100 000
　　　　应付利息——单位定期存款应付利息户　　　　　　　　　　　　 1 994
　　　　　贷：吸收存款——单位活期存款——A 公司户　　　　　　　　101 994

　　【课外思考 3-2】 如何理解积数计息法？

第三节　储蓄存款业务核算

　　储蓄存款是指个人所有的存入在中国境内储蓄机构的人民币或外币存款。它是商业银行通过信用方式吸收广大居民的个人闲散或节余的货币资金的一种重要形式。大力开展储蓄存款业务对社会再分配和扩大国民生产具有重要的意义。

一、储蓄存款分类及其原则

　　随着我国银行储蓄业务的发展，业务品种不断创新，形成了能够满足城乡居民需要的储蓄业务种类。同时，有效地加强储蓄存款的管理也是储蓄存款业务发展的基础之一。

　　1. 储蓄存款的分类

　　我国储蓄业务按其期限不同，分为活期储蓄和定期储蓄。其中，定期储蓄可分为整存整取、零存整取、整存零取、存本取息、定活两便、教育储蓄存款、协议储蓄存款以及个人通知储蓄存款等。如果储蓄存款按币种不同，还可分为人民币储蓄存款与外币储蓄存款。

　　目前，随着计算机记账代替手工记账，我国商业银行在大多数城市已基本实现了电脑储蓄。电脑储蓄也应遵守"钱账分管""现金收入业务先收款后记账""现金付出业务先记账后付款"等基本规定。

2. 储蓄存款的原则

为加强储蓄管理，商业银行严格执行国务院颁发的《储蓄管理条例》，实行"存款自愿、取款自由、存款有息、为储户保密"的原则。

（1）存款自愿。它是指储蓄必须出于存款人的自愿，存款存多少，存期长短，存入哪家银行，存款种类都应完全由存款人自己决定，任何单位和个人均不得以任何方式干涉存款个人的这种自由。

（2）取款自由。它是指为保护存款人财产所有权的重要原则，存款人既可以根据需要随时支取部分或全部存款，也可按规定手续办理提前支取，保证存款人以个人意愿支配自己的储蓄。

（3）存款有息。它是指按国家规定利率，银行对存款人的各种储蓄存款，按金额的大小、期限的长短付给一定的利息，存款人有取得存款利息的权利。

（4）为储户保密。它是指银行有责任对存款人的存款情况保守秘密。它是保障存款人合法权益的又一项重要原则。存款人的户名、账号、存款金额、期限、地址等个人隐私，银行有义务保守秘密。

二、活期储蓄存款业务核算

活期储蓄是零星存入，随时存取，每年计付一次利息的储蓄。活期储蓄存款分为支票户和存折户两种。此处只介绍存折户活期储蓄的核算。

1. 开户

储户申请开立时，应填写"活期储蓄存款凭条"相关内容，连同本人有效身份证件、现金一并交于银行。银行审查凭条、验明身份证件并点收现金无误后，登记开销户登记簿，编列账号，开立分户账和签发存折。若储户要求凭印鉴或密码支取的，应在分户账上预留印鉴或密码，并在分户账和存折上注明"凭印鉴（密码）支取"字样，并以存款凭条代现金收入传票入账。编制会计分录：

借：库存现金

　　贷：吸收存款——活期储蓄存款——××户

经复核凭条、存折及分户账各项内容并复点现金无误后，在存款凭条上加盖"现金收讫"章和名章后留存，分户账加盖复核名章后专夹保管，存折加盖业务公章和名章后与身份证件一并交储户。

2. 续存

储户续存时，应填写"活期储蓄存款凭条"，连同现金、存折一并提交银行。银行审查存折、凭条和点收现金无误，并核对账折相符后，登记分户账和存折，结出本次余额。会计分录与开户时相同。按存入金额查应计利息数，结出本次利息余额，然后核点账款无误盖章，凭条留存，将存折退给储户。

3. 支取

储户持折来行取款时，应填写"活期储蓄取款凭条"，连同存折一并提交银行。凭印鉴支取的，应在取款凭条上加盖预留印鉴；凭密码支取的，应由储户输入预留密码。若大额支取还应出示身份证件。银行审查存折、凭条并核对账折无误后，登记分户账和存折，结出本次余额。根据支取金额配款，将现金和存折交储户，在取款凭条上加盖"现金付讫"章及名章后，代现金付出传票留存。编制会计分录：

借：吸收存款——活期储蓄存款——××户

贷：库存现金

4. 销户

若储户支取全部存款不再续存时，称为销户。储户应按存款余额填写"活期储蓄取款凭条"，银行凭以记账，并结出利息的最后余额，填写在凭条上，同时应填制一式两联利息清单，一联连同本息一起交储户，另一联留存，于营业终了后，汇总编制"应付利息"科目传票。同时，在取款凭条、存折和分户账上加盖"结清"戳记，存折作为取款凭条的附件，分户账另行保管，并销记开销户登记簿。编制会计分录：

借：吸收存款——活期储蓄存款——××户

应付利息——活期储蓄应付利息户

贷：库存现金

按规定，银行还应按储户利息所得的一定比例代扣储蓄存款利息所得税，编制会计分录：

借：库存现金

贷：应交税费——应交利息税户

5. 利息计算与核算

按规定活期储蓄存款按季结息，每季末月 20 日为结息日，按结息日挂牌公告的活期存款利率计息，计息期间遇利率调整不分段计息。未到结息日清户时，按清户日挂牌公告的活期存款利率计息，利息算至清户的前一日止。

活期储蓄存款存取频繁，余额经常发生变动，因此，利息的计算一般采用积数计息法，其计算公式和具体计算方法与单位活期存款基本相同，即结息日，将各储户活期储蓄存款本计息期的累计计息积数，乘以当日挂牌公告的活期存款利率，即计算出每一储户本计息期的利息。同时采取由银行向储户结付利息时代扣代交的办法，按利息所得的一定比例交纳个人所得税。编制会计分录：

借：应付利息——活期储蓄应付利息户

贷：吸收存款——活期储蓄存款——××户

应交税费——应交利息税户

三、定期储蓄存款业务的核算

定期储蓄存款是指存入时约定存款期限，一次或分次存入本金，到期一次或分次支取本金和利息的一种储蓄方式。按存取方式的不同，主要分为整存整取、零存整取、整存零取、存本取息四种。

1. 整存整取定期储蓄存款的核算

整存整取定期储蓄存款是本金一次存入，约定期限，到期一并支取本息的储蓄存款。此种储蓄 50 元起存，存期分 3 个月、6 个月、1 年、2 年、3 年、5 年六个档次。

（1）开户存入的核算。储户来银行开户时，应填写"整存整取定期储蓄存款凭条"，连同身份证件和现金一并提交银行。银行审查凭条、验明身份证件并点收现金无误后，填制一式三联"整存整取定期储蓄存单"，第一联代现金收入传票办理收款；第二联加盖业务公章后作存单交储户收执；第三联作卡片账由银行留存，按顺序保管。编制会计分录：

借：库存现金

贷：吸收存款——定期储蓄存款——整存整取××户

同时，登记开销户登记簿后。若储户要求凭印鉴支取，则应在第一联、第三联存单上预留印鉴，各联均应加盖凭印鉴支取戳记和经办人名章。

【例 3－7】储户李某 2015 年 6 月 10 日存入整存整取定期储蓄存款 40 000 元，假定定期 1 年，挂牌公告年利率 2. 25% 。

2015 年 6 月 10 日：

借：库存现金   40 000

贷：吸收存款——定期储蓄存款——整存整取李某户   40 000

（2）支取的核算。储户支取定期储蓄，按支取方式可分为：到期支取、提前支取和逾期支取三种情况。

到期支取。储户持存单支取款时，银行应抽出该户卡片账，与存单核对账号、户名、金额、印鉴或由储户输入密码等无误后，按规定计算利息，制作利息清单和代扣利息所得税传票，在存单和卡片账上填写利息金额，并加盖"结清"戳记，同时销记开销户登记簿。经复核无误后，银行将本金及税后利息合计金额的现金连同一联利息清单交储户，以存单代现金付出传票，与代扣利息所得税传票及另一联利息清单一起办理转账。编制会计分录：

借：吸收存款——定期储蓄存款——整存整取××户

应付利息——定期储蓄应付利息户

贷：库存现金

应交税费——利息税

整存整取定期储蓄存款到期支取利息按开户日挂牌公告的利率计算，存期内遇利率调整，不分段计息。

　　【例3－8】承【例3－7】，该档利率2016年2月21日调至1.99%，该储户2016年6月10日到期支取。

　　应付利息＝40 000×2.25%＝900（元）

　　借：吸收存款——定期储蓄存款——整存整取李某户　　　　　　　　40 000
　　　　应付利息——定期储蓄应付利息户　　　　　　　　　　　　　　　　900
　　　　贷：库存现金　　　　　　　　　　　　　　　　　　　　　　　　　40 900

　　过期支取。储户存单过期支取时，其处理手续与到期支取相同，只是在计算利息时，除了计算到期利息外，还应按规定计算过期利息。其超过原定存期的部分，除按约定转存或自动转存的外，一律按支取日挂牌公告的活期储蓄存款利率计付利息。

　　提前支取。若储户急需资金，可凭本人有效身份证件办理全部或部分提前支取，若办理部分提前支取，则每张存单以一次为限。

　　全部提前支取时，向银行提交未到期存单的同时，还应交验本人有效身份证件。银行查验无误后，将证件名称、号码、发证机关记录在存单背面，并在存单和卡片账上加盖"提前支取"戳记，按提前支取规定计付利息。其余处理手续与到期支取相同。全部提前支取时，按支取日挂牌公告的活期储蓄存款利率计付利息。

　　部分提前支取时，银行查验存单和身份证件无误，依照"满付实收、更换新存单"的做法，按规定办理相关手续。其利息计算时，提前支取部分，按支取日挂牌公告的活期储蓄存款利率计付利息，其余部分到期时，按原开户日挂牌公告的整存整取定期储蓄存款利率计付利息。编制会计分录如下：

　　借：吸收存款——定期储蓄存款——整存整取××户（全部本金）
　　　　应付利息——定期储蓄应付利息户（提前支取部分利息）
　　　　贷：库存现金
　　　　　　应交税费——利息税
　　　　　　吸收存款——定期储蓄存款——整存整取××户（续存本金）

　　2. 零存整取定期储蓄存款的核算

　　零存整取定期储蓄存款是存款时约定期限，每月固定存入一定数额本金，到期一次支取本息的一种储蓄存款。5元起存，多存不限，存期分1年、3年、5年三个档次。这种存款每月存入一次，中途如漏存一次，应在次月补存，未补存者或漏存次数在一次以上者，视同违约，并在存折上打印违约标志，对违约后存入的部分，支取时按活期存款利率计息。

　　（1）开户和续存。储户申请开户时，应填写"零存整取定期储蓄存款凭条"，连同现金、身份证件一并提交银行。银行审查凭条、验明身份证件并点收现金无误后，登记开销户登记簿，编列账号，开立分户账和签发存折。其他手续与整存整取定期储蓄存款开户相同。编制会计分录：

借：库存现金

　　贷：吸收存款——定期储蓄存款——零存整取××户

续存时，应将存折与分户账核对相符后，再按与开户手续相同程序办理。

（2）支取。储户持存折来银行支取款时，账折见面，计算利息，在存折和分户账上填记本金、利息和本息合计数，同时填写利息清单，销记开销户登记簿。编制会计分录：

借：吸收存款——定期储蓄存款——零存整取××户

　　应付利息——定期储蓄应付利息户

　　贷：库存现金

　　　　应交税费——利息税

零存整取定期存款业务的过期支取、提前支取，比照整存整取。

（3）利息的核算。零存整取定期储蓄利息的计算，主要有固定基数法和月积法。

固定基数法是指事先算出每元存款利息基数，到期乘以存款余额的计息方法。这种方法只能适用于储户逐期存入，中间无漏存且储户每期存入金额固定不变的情况，不适用提前支取的计息情况。计算公式：

应付利息 = 每元利息基数 × 最后余额

$$每元利息基数 = \frac{1元 \times （1 + 存期月数）}{2} \times 月利率$$

【例3 - 9】储户张某于2015年1月1日存入零存整取定期储蓄，存期1年，每月存入1 000元，中途无漏存。于2016年1月1日到期支取。开户日挂牌公告的1年期零存整取定期储蓄存款年利率为1.98%。则：

应付利息 = [1 × （1 + 12） ÷ 2 × 1.98% ÷ 12] × （1 000 × 12） = 128.7（元）

月积数法是根据等差数列公式，将分户账上的每月余额计算累计余额积数，再乘以月利率，即为当期的应付利息。其计算公式为：

应付利息 = （首次余额 + 末次余额） × 存款次数 ÷ 2 × 月利率

【例3 - 10】储户张某采用零存整取方式，每月存入100元，存期1年。月利率为0.14%。则：

应付利息 = （100 + 100 × 12） × 12 ÷ 2 × 0.14% = 10.92（元）

3. **存本取息定期储蓄存款的核算**

存本取息定期储蓄存款是指本金一次存入，在约定存期内分次支取利息，到期支取本金的一种储蓄存款。存款以5 000元起存，多存不限，存期分为1年、3年、5年三个档次。

（1）开户。储户办理存本取息定期储蓄存款开户时，应填写定期存本取息储蓄存款存单，注明每次取息日期，连同身份证和现金交经办人员。签发存单时，银行人员应根据存入金额、存期、利率和取息次数，计算出每次应付利息金额，填入存单。

编制会计分录：

借：库存现金

贷：吸收存款——定期储蓄存款——存本取息××户

（2）分次支取利息。储户按约定时间分次来行支取利息时，应填写"定期存本取息储蓄取息凭条"，银行审查无误并核对账单相符后，登记存单和卡片账，以取息凭条作应付利息科目传票入账。编制会计分录：

借：应付利息——定期储蓄应付利息户

贷：库存现金

应交税费——利息税

（3）利息的核算。存本取息定期储蓄存款每次取息的金额，应在开户时按挂牌公告的利率计算出到期应付利息总额，除以约定的取息次数计算得出。其公式为：

每次取息额 ＝（本金×存期×利率）÷取息次数

储户提前支取全部本金时，应按支取日挂牌公告的活期储蓄存款利率计算利息，并在办理付款时，应将已付给储户的利息扣回；过期支取本金时，其超过原定存期的部分，按支取日挂牌公告的活期储蓄存款利率计付利息，但利息不计复利。

【例3－11】储户张某与2015年5月10日存入本金100 000元，存期1年，月利率1.65‰，每3个月支取一次。

每次支取利息数 ＝（100 000×12×1.65‰）÷4 ＝495（元）

4. 整存零取定期储蓄存款的核算

整存零取定期储蓄存款是指本金一次存入，约定存期，分次支取本金，到期支取利息的一种储蓄方式。一般以1 000元起存，存期分1年、3年、5年三个档次，整存零取定期储蓄存款的核算手续与存本取息基本相同，开户时应在存单内填写支取本金次数和每次支取数额。整存零取定期储蓄存款的利息，可采用本金平均法和月积数计息法进行计算。本金平均法的计算公式：

到期应付利息 ＝（全部本金＋每次支取本金额）÷2×存期×利率

【例3－12】储户赵某一次存入本金15 000元，一年定期，每月支取1 250元，最后一次支取日为到期日，连本带息一次支付。月利率为1.65‰。

到期应付利息（15 000＋1 250）÷2×12×1.65‰＝160.88（元）

四、定活两便储蓄存款业务核算

定活两便储蓄是本金一次存入，不约定存期，可随时支取本息，利率随存期长短而变动的一种介于活期和定期之间的存款方式。它既有活期存款随时可支取的灵活性，又具有达到一定期限可享有同档次定期储蓄一定折扣利率的优惠。它以存单为存取款凭证，50元起存，多存不限。存单可分为记名和不记名两种。记名的可以挂失，不记名的不可以挂失。记名式定活两便储蓄存款的会计核算手续基本上同整存整取定期储蓄。不记名式存单一般为固定面额，分50元和100元两种，可以在约定范围内通存通兑。

定活两便储蓄存款的利息，根据实际存期同档的整存整取定期储蓄利率按一定的折扣计算。不满规定存期的按活期利率计算。具体规定：存期不满 3 个月的，按支取日挂牌公告的活期利率计算；存期 3 个月（含 3 个月）以上不满半年的，整个存期按支取日挂牌公告的整存整取 3 个月定期储蓄存款利率打六折计息；存期半年（含半年）以上不满 1 年的，整个存期按支取日挂牌公告的整存整取半年定期储蓄利率打六折计息；存期在 1 年（含 1 年）以上的，无论存期多长，整个存期一律按支取日整存整取 1 年期定期储蓄利率打六折计息。

五、通知储蓄存款业务

个人通知储蓄存款是一次存入本金，由银行发给存折，不约定存期，支取时需提前通知银行（提前 1 天或 7 天），约定支取时间和金额，一次或多次提取存款的储蓄。

个人通知储蓄存款的起存金额为 5 万元，最低支取金额为 5 万元，存款人需一次存入，一次或分次支取。利率以取款当日中国人民银行公告的利率为准。

六、教育储蓄

教育储蓄存款是银行为学生提供服务的一个理财产品。凡小学四年级（含四年级）至高中的在校学生持本人（学生）户口簿或居民身份证都可以参加教育储蓄存款。

教育储蓄存款为零存整取定期储蓄存款，最低起存金额为 50 元，每月固定存款额，分月存入，中途允许漏存，应在次月补存，未补存者按零存整取储蓄存款的有关规定办理。存期可分为 1 年、3 年和 6 年三个档次，每一账户本金合计最高限额为 2 万元。

教育储蓄存款到期后，凭存折及相应证明一次支取本息。1 年和 3 年期的教育储蓄存款利率按两个档次开户日中国人民银行公告的同期整存整取定期储蓄存款的利率计付利息；6 年期教育储蓄存款利率按开户日中国人民银行公告的 5 年期整存整取定期储蓄存款的利率计付利息。此外，取款时能提供"证明"的储户可以享受免除利息税的优待。

七、存款的后续计量

商业银行的吸收存款属于金融负债中的其他金融负债，即没有划分为以公允价值计量且其变动计入当期损益的金融负债。因此，对其后续计量，应当采用实际利率法，按摊余成本进行计量。

1. 存款的摊余成本

商业银行吸收存款的摊余成本，是指该金融负债的初始确认金额，经下列调整后的结果：扣除已偿还的本金；加上或减去采用实际利率法将该初始确认金额，与到期日金额之间的差额进行摊销形成的累计摊销额；扣除已发生的减值损失（仅适用于金融资产）。

2. 实际利率法

所谓实际利率法，是指按照金融资产或金融负债（含一组金融资产或金融负债）的实际利率计算其摊余成本及各期利息收入或利息费用的方法。

实际利率，是指将金融资产或金融负债在预期存续期间或适用的更短期间内的未来现金流量，折现为该金融资产或金融负债当前账面价值所使用的利率。在确定实际利率时，应当在考虑金融资产或金融负债所有合同条款（包括提前还款权、看涨期权、类似期权等）的基础上预计未来现金流量，但不应当考虑未来信用损失。金融资产或金融负债合同各方之间支付或收取的、属于实际利率组成部分的各项收费、交易费用及溢价或折价等，应当在确定实际利率时予以考虑。金融资产或金融负债的未来现金流量或存续期间无法可靠预计时，应当采用该金融资产或金融负债在整个合同期内的合同现金流量。

3. 定期存款的后续计量举例[1]

【例3－13】中国工商银行某分行吸收客户存款10 000元，存期2年，当时名义利率为5%，到期一次性支取本金和利息。按插值法计算其实际利率为4.88%。

该项定期存款的初始计量与后续计量如表3－3所示：

表3－3 定期存款的初始计量与后续计量 单位：元

时间	初始成本	按实际利率计量的利息费用	实际支付利息费用	期末摊余成本
第一年	10 000	488	0	10 488
第二年	10 488	512	0	11 000

（1）第一年账务处理。

第一年初，银行编制会计分录：

借：库存现金　　　　　　　　　　　　　　　　　　　　　10 000

　　贷：吸收存款——定期存款（本金）　　　　　　　　　　　　　10 000

如有差额，借记或贷记：吸收存款（利息调整）

第一年末（资产负债表日），银行编制会计分录：

借：利息支出　　　　　　　　　　　　　　　　　　　　　488

　　吸收存款——定期存款（利息调整）　　　　　　　　　12

　　贷：应付利息　　　　　　　　　　　　　　　　　　　　　500

　　　　支付存入资金利息：

借：应付利息　　　　　　　　　　　　　　　　　　　　　500

　　贷：吸收存款——定期存款（本金）　　　　　　　　　　　500

（2）第二年末，银行编制会计分录：

---

[1] 王允平. 金融企业会计学［M］. 北京：经济科学出版社，2011：57.

借：利息支出　　　　　　　　　　　　　　　　　　　　　　512

　　贷：吸收存款——定期存款（利息调整）　　　　　　　　　　12

　　　　应付利息　　　　　　　　　　　　　　　　　　　　　500

支付存入资金利息：

借：应付利息　　　　　　　　　　　　　　　　　　　　　　500

　　贷：吸收存款——定期存款（本金）　　　　　　　　　　　500

支付存款本息：

借：吸收存款——定期存款（本息）　　　　　　　　　　11 000

　　贷：库存现金　　　　　　　　　　　　　　　　　　11 000

如"吸收存款——定期存款（利息调整）"有余额，应与利息支出转销。

如果有客观证据表明该金融负债的实际利率与名义利率相差很小，也可以采用名义利率摊余成本进行后续计量。

【课外思考3-3】 2014年中国银监会、财政部、中国人民银行联合发布《关于加强商业银行存款偏离度管理有关事项的通知》，要求商业银行月末存款偏离度不得超过3%。什么是月末存款偏离度？为什么要设立商业银行存款偏离度指标？

实务训练

一、单项选择题

1. 存款人办理日常转账结算和现金收付的需要而开立的银行结算账户是（　　）。

A. 基本存款账户　　B. 一般存款账户　　C. 专用存款账户　　D. 临时存款账户

2. 存款人因借款或其他结算需要，在基本存款账户开户银行以外的银行营业机构开立的银行结算账户是（　　）。

A. 基本存款账户　　B. 一般存款账户　　C. 专用存款账户　　D. 临时存款账户

3. 存款人的工资、奖金等现金支取通过（　　）办理。

A. 基本存款账户　　B. 一般存款账户　　C. 专用存款账户　　D. 临时存款账户

4. 单位定期存款的金额起点是（　　）。

A. 5 000元　　　　B. 1万元　　　　C. 5万元　　　　D. 10万元

5. 下列不同情况的通知存款，（　　），其利息按支取日挂牌公告的相应档次的利率计算。

A. 存款人未提前通知而支取的

B. 存款人按规定提前通知，并于通知期满支取确定金额的

C. 已办理通知手续而又提前支取的

D. 支取金额低于最低支取金额的

6. 一笔单位定期存款，金额 200 000 元，2011 年 3 月 10 日存入，定期 1 年，存入时 1 年期存款利率 1.98%，活期存款利率 0.72%。该单位于 2012 年 3 月 20 日支取该笔存款本息，2011 年 10 月 29 日 1 年期存款利率调整为 2.25%，利息计算时，（　　　）。

A. 存期内分段计息，过期部分利率 0.72%

B. 存期内利率 1.98%，过期部分利率 2.25%

C. 存期内利率 2.25%，过期部分利率 0.72%

D. 存期内利率 1.98%，过期部分利率 0.72%

7. 活期储蓄存款利息不是逐步计算，而是定期结息，下列说法正确的是（　　　）。

A. 按年结息，每年 6 月 30 日为结息日

B. 按年结息，每年 12 月 31 日为结息日

C. 按季结息，每季末月 20 日为结息日

D. 按季结息，每季度末日为结息日

8. 银行应按"满付实收、更换新存单"的做法进行处理的储蓄存款业务是（　　　）。

A. 零存整取提前支取　　　　　　　　B. 整存整取部分提前支取

C. 存本取息提前支取　　　　　　　　D. 整存零取部分提前支取

9. 储户李某 2011 年 3 月 20 日存入定期整存整取储蓄存款 10 000 元，存期 1 年，2012 年 5 月 20 日支取。存入时 1 年期存款利率 1.98%，活期存款利率 0.72%，2011 年 10 月 29 日 1 年期存款利率调整为 2.25%。扣除利息所得税后，实际应向储户支付利息（　　　）。

A. 168.16 元　　　　　B. 189.76 元　　　　　C. 188.90 元　　　　　D. 172.50 元

10. 关于单位通知存款，下列说法错误的是（　　　）。

A. 每次支取的最低金额为 10 万元

B. 起存金额为 50 万元

C. 按实际存期长短划分为 1 天通知存款和 7 天通知存款两个品种

D. 按存款人提前通知的期限长短划分为 1 天通知存款和 7 天通知存款两个品种

二、多项选择题

1. 活期储蓄存款的特点有（　　　）。

A. 存款有息　　　　　B. 1 元起存　　　　　C. 多存不限　　　　　D. 随时存取

E. 不定期限

2. 存款账户按管理要求不同划分为（　　　）。

A. 基本存款账户　　　B. 一般存款账户　　　C. 专用存款账户

D. 外币存款账户　　　E. 临时存款账户

3. 下列说法错误的是（　　　）。

A. 一个单位可以选择一家商业银行的多个营业机构开立基本存款账户

B. 由于开户实行双向选择，因此存款人可以选择多家商业银行开立基本存款账户

C. 单位开立各种账户，应凭当地人民银行分支机构核发的开户许可证办理

D. 存款人的账户只能办理本身业务，不允许出租和出借他人

E. 基本存款账户实行核准制

4. 关于单位活期存款利息计算，下列说法正确的是（　　）。

A. 采取定期结息的做法　　　　　　　B. 按日计息，按年结息

C. 按日计息，按季结息　　　　　　　D. 计息期遇到利率调整分段计息

E. 计息期遇到利率调整不分段计息

5. 关于单位协定存款，下列说法正确的是（　　）。

A. 协定存款必须由结算存款户存款人与开户行签订《协定存款合同》后才能办理

B. 协定存款户的款项收支一律经过结算户

C. 银行对协定存款账户按协定存款利率单独计息

D. 银行对协定存款账户按定期存款利率单独计息

E. 结算户留存额度最低为人民币 10 万元

三、判断题

1. 一般存款账户是存款人因临时经营活动需要而开立的账户。　　　　（　　）

2. 由于我国制定的存款利率是长期高于短期，所以一般对银行来说活期存款成本最低，定期存款期限越长，成本越高。　　　　　　　　　　　　　　　（　　）

3. 单位定期存款应在到期时一次支取，如到期不取，其过期部分按活期存款利率计算利息。　　　　　　　　　　　　　　　　　　　　　　　　　　（　　）

4. 单位通知存款部分支取后留存的部分高于最低起存金额的，应予以清户。（　　）

5. 单位定期存款采用逐笔计息法，将计息期全部化为实际天数计算利息时，每年为 365 天（闰年 366 天），每月为当月公历实际天数。　　　　　　　　（　　）

6. 活期储蓄存款是按季结息，以每季末月的 20 日为结息日，按当日挂牌活期存款利率计算，并把利息并入存款本金起息。　　　　　　　　　　　　（　　）

7. 定期储蓄存款原定存期内的利息，应按存入日的利息计算。　　　　（　　）

8. 零存整取储蓄存款是开户时约定期限，存期内按月存入，中途漏存，仍可续存，未存月份不再补存，到期一次支取本息的储蓄存款。　　　　　　　　（　　）

9. 定活两便储蓄存款，实际存期 1 年以上，不论存期多长，整个存期一律按支取日整存整取 1 年期存款利率打一定折扣计算。　　　　　　　　　　　（　　）

10. 商业银行对单位活期存款按日计息，按年结息，每年 6 月 20 日为结息日。

（　　）

四、业务题

目的：练习商业银行存款业务相关计算及编写会计分录。

资料：

（1）客户李某存入现金 20 000 元办理活期储蓄。

（2）客户赵某存入 80 000 元办理 3 年期定期储蓄，利率为 1.98%。

（3）某企业存入销货收入现金 62 000 元。

（4）某企业签发现金支票，支取备用现金 10 000 元。

（5）某企业将活期存款户转存定期存款 250 000 元。

（6）为下列存款账户计算积数并计算利息、办理利息转账。

利息 =

户名：××企业　　　　　　　　账户：　　　　　　　　　　月利率：0.6‰

20××年		摘要	借方	贷方	借或贷	余额	日数	积数
月	日							
6	1	承前页			贷	80 000	72	3 211 000
	2	转借	2 000		贷			
	4	转贷		5 000	贷			
	9	现收		1 100	贷			
	11	现付	45 000		贷			
	14	转贷		2 900	贷			
	17	转借	4 000		贷			

（7）储户李某 5 月 2 日开户活期储蓄存款 1 500 元；5 月 5 日续存 200 元；5 月 10 日支取活期储蓄存款 500 元。请写出存取款的会计分录、登记分户账、计算计息积数，于 5 月 20 日结息并写出利息入账的会计分录（活期储蓄存款利率 0.72%）。

活期储蓄存款分户账

储户印鉴		账号：			户名：	

20××年		摘要	借方（位数）	贷方（位数）	存款余额（位数）	积数（位数）
月	日					
5	2	开户				
	5	存入				
	10	支取				
	21	利息				

（8）某储户 2012 年 4 月 23 日存入定期 2 年的整存整取储蓄存款 2 000 元，于 2014 年 4 月 23 日支取。存入时 2 年期存款利率为 2.25%，1 年期存款利率为 1.98%，2012 年 10 月 29 日，2 年期存款利率调整为 2.70%，1 年期存款利率调整为 2.25%。

（9）某储户 2012 年 11 月 5 日存入 1 年期定期整存整取储蓄存款 2 000 元，于 2013 年

12 月 5 日来行支取。存入时 1 年期存款利率为 2.25%，活期存款利率为 0.72%，存期内无利率调整。

（10）某储户 2012 年 11 月 5 日存入定期 1 年整存整取储蓄存款 2 500 元，于 2013 年 1 月 15 日来行支取。存入日 1 年期存款利率为 2.25%，活期存款利率为 0.72%，存期内无利率调整。

（11）某储户 2012 年 3 月 20 日存入定期 3 年的整存整取储蓄存款 5 000 元，由于急需资金，储户于 2013 年 8 月 20 日要求全部提前支取。存入时 3 年期利率 2.70%，1 年期利率 2.25%，提前支取日活期储蓄存款利率 0.72%。2012 年 10 月 29 日 3 年期存款利率调整为 3.24%，1 年期存款利率调整为 2.25%（存期全部化为天数）。

（12）某储户 2012 年 11 月 15 日存入定期 2 年的整存整取储蓄存款 25 000 元，于 2013 年 9 月 15 日提前支取 10 000 元。存入时 2 年期利率 2.70%，1 年期存款利率调整为 2.25%，提前支取日活期储蓄存款利率 0.72%（存期按实际天数计算）。

（13）某商业银行吸收客户存款 20 000 元，存期 2 年，当时名义利率为 3%，到期一次支取本金和利息，按插值法计算其实际利率为 2.5%。要求分别编写第一年初、第二年末、第三年末会计分录，编写支取存款本息会计分录。

第四章

商业银行贷款业务的核算

【学习内容与要求】了解贷款的种类、风险控制的方法及风险管理的主要内容，掌握商业银行贷款业务会计科目的设置；掌握信用贷款、担保贷款核算内容及方法；掌握贷款减值准备的核算方法。

第一节　贷款业务的概述

贷款是指商业银行对借款人提供的、按照约定的利率和期限还本付息的货币资金。贷款业务既是商业银行主要资产业务之一，也是商业银行资金运用的主要途径和取得利息收入形成盈利的重要渠道。

一、贷款的种类

为满足商业银行的经营管理，对商业银行发放的贷款可以按照不同的标准进行分类。

其一，按贷款期限分为短期贷款、中期贷款和长期贷款。短期贷款是指贷款期限在 1 年以内（含 1 年）的贷款；中期贷款是指贷款期限在 1 年以上 5 年以下（含 5 年）的贷款；长期贷款是指贷款期限在 5 年以上的贷款。

其二，按贷款的保障条件，可以分为信用贷款和担保贷款。信用贷款是指仅凭借款人的信誉而无须提供抵押物或第三者而发放的贷款，此类贷款银行可收取较高利息，但承担风险较大；担保贷款是指银行以法律规定的担保方式（如财产或信用）作为还款保证的贷款。担保贷款依担保方式的不同，又可以分为保证贷款、抵押贷款和质押贷款。

其三，按贷款对象不同，可以分为公司贷款和个人贷款。公司贷款具体分为流动资金贷款、固定资产贷款、贸易融资、住房信贷和综合授信等信贷品种。个人贷款又可分为个人消费贷款和个人住房贷款，如个人质押贷款、个人汽车消费贷款、个人综合消费贷款、个人小额短期信用贷款和个人助学贷款（包括国家助学贷款和一般商业性助学贷款）等几大类个人消费贷款业务品种。

其四，按贷款的风险程度不同，分为正常贷款、关注贷款、次级贷款、可疑贷款和损失贷款。正常贷款是指借款人能够履行合同，有充分把握按时、足额偿还本息的贷款；关注贷款是指尽管借款人目前有能力偿还本息，但是存在一些可能对偿还产生不利影响因素的贷款；次级贷款是指借款人的还款能力出现了明显问题，依靠其正常经营收入已无法保证足额偿还本息的贷款；可疑贷款是指借款人无法足额偿还本息，即使执行抵押或担保也肯定造成一定损失的贷款；损失贷款是指在采取所有可能的措施和一切必要的法律程序后，本息仍无法收回或只能收回极少部分的贷款。

其五，按银行承担责任不同，可分为自营贷款、委托贷款和特定贷款。自营贷款是商业银行贷款业务的主要部分，指由商业银行自主发放、贷款本息自行收回、风险完全承担的贷款；委托贷款是指商业银行根据委托人指定的贷款对象、用途、金额、期限和利率代为发放、监督使用并协助委托人收回的贷款。银行在办理业务过程中只收取手续费，不承担贷款风险；特定贷款是指经国务院批准并对贷款可能造成的损失采取相应补救措施后责成国有独资商业银行发放的贷款。此类贷款具有政策性贷款的性质，但又不属于政策性贷款，如扶贫救灾贷款。

二、商业银行贷款风险的控制及其管理

商业银行开办贷款业务主要面临信用风险、市场风险和经济管理风险等。为合理、有效地防范风险，商业银行在办理业务过程中，必须严格按照《中华人民共和国商业银行法》《贷款通则》《商业银行资产负债比例管理办法》等法规的有关规定及银行业务处理程序的相关规定，积极做好贷款风险控制及管理工作。

1. 商业银行贷款风险的控制

贷款风险的控制是商业银行贷款政策中的主要方针。商业银行在贷款业务中，必须严格按照相关法规和规定，积极进行贷款风险防范。主要需做好借款人资信状况评价工作。借款人的资信状况直接关系到商业银行的贷款安全性，因此，商业银行在办理信用贷款时，应严格审查借款人的资信状况，了解客户履约还款的可靠程度，从而有针对性地加强贷款管理。

2. 商业银行贷款客户风险的管理

商业银行属于高风险行业，一般在贷款业务中实施信贷集中风险管理政策。信贷集中风险是指商业银行的贷款过分集中于一个或一组关系密切、风险特点相同的客户即借款人，由此给商业银行带来的额外风险。

商业银行针对不同客户的信贷风险特征，改变以往对客户不加区分的粗放管理，依据客户风险程度实行差别化管理，成为我国商业银行转型期发展客户风险管理的重要内容。客户分类管理是指商业银行按照一定的标准将客户进行适当的分类，按照信贷资源投入与

产出相配比的原则，针对不同的客户实行不同的营销、开发和风险管理策略，配合以不同的金融产品和服务。商业银行实行分类管理可以加强信贷风险管理的需要，明显提高管理的效果。

我国商业银行信贷客户风险分类管理主要内容如下：

（1）评级。

其一，信用评级的分类管理。当前我国商业银行对不同类别的客户进行分类评级。根据客户性质的不同，将公司客户与个人客户进行区分，分别建立不同的信用评价标准；根据客户规模和企业风险特征的不同，对大中型企业客户与微小型企业客户分别设立不同的评价指标进行信用评级；根据大中型客户分属行业的不同，按照行业设立不同的评价体系进行信用评级。

其二，按照评级结果确定客户信贷投放类别。依据客户评级结果确定客户信用等级是商业银行确定客户信贷投向的基本依据。国有商业银行一般都根据信用等级将客户确定为重点进入类客户、基本类客户和退出类客户等类别。①重点进入类客户，属于商业银行信贷业务的重点客户，原则上积极鼓励竞争。②基本类客户，为信贷业务设置了进入的一般标准，原则上低于这一信用等级的客户不得进入。③退出类客户，一般为信用等级较低或很差，风险较高的客户。

（2）授信。为了更切合授信对象的实际，我国商业银行一般按照项目法人客户、事业法人客户、房地产法人客户、退出类法人客户和综合类法人客户进一步细化了不同核定方法。

（3）按照资产质量分类进行贷后管理。客户贷后管理是客户风险管理的一个重要环节。贷后管理通过系统有效地跟踪、评估客户在融资期间的行为，对所能识别出的可能影响还款能力的风险做出有效的回应，对资产进行风险分析，达到防范化解风险的管理银行资产质量的目的。我国商业银行在实践中将五级分类认定和贷后管理工作结合起来。通过五级分类认定将贷后管理落到实处，既简化了流程，又保证了贷后管理的质量。

其一，对于正常类贷款客户，主要评估客户的经营状况、市场竞争能力、财务状况、融资能力和还款意愿等，分析其经营状况和财务状况下滑的可能性。

其二，对于关注类贷款客户，重点评估影响客户还款能力的相关因素以及担保是否合法、足值、有效。当客户的经营及财务状况出现问题，依靠第一还款来源可能无法保证及时、足额偿还贷款时，要切实加强对第二还款来源的管理，确保其还贷款本息的保障。至少每季度深入客户进行现场检查，出现异常情况的，至少要每月进行跟踪。

其三，从正常或关注类贷款变为不良贷款的客户，以及在不良贷款之间迁徙劣变的客户，应确定原因，分清责任，指定化解和清收不良贷款的措施。

三、贷款业务的核算要求

商业银行发放贷款应遵循安全性、流动性和效益性原则。在进行贷款核算时，尤其是中长期贷款核算时主要遵循以下原则：

1. 本息分别核算

商业银行发放中长期贷款时，期末，应当按照贷款本金和适用的利率计算收取的利息，并对贷款本金和利息分别进行核算。

2. 商业贷款和政策性贷款分别核算

商业性贷款是指商业银行自主发放的贷款；政策性贷款是指商业银行按照国家或有关政府部门规定，限定用途、贷款对象等条件而发放的贷款，如国家特定贷款、外汇储备贷款等。由于政策性贷款的发放与国际相关政策导向有密切相关性，而且政策性贷款在利率上通常具有一定的优惠，因此，商业银行应将商业性贷款与政策性贷款分别进行核算。

3. 自营贷款和委托贷款分别核算

自营贷款是指商业银行以合法方式筹集的资金自主发放额贷款，其风险由商业银行自己承担，并由商业银行收取本金和利息。委托贷款是指由委托人提供资金，商业银行受委托人委托，根据委托人确定的贷款对象、用途、金额、期限、利率等而代理发放、监督使用并协助委托人收回的贷款，其风险由委托人承担。商业银行只收取发放委托贷款的手续费。自营贷款和委托贷款在商业银行发放贷款的自主程度及风险承担上有很大差别，因此，必须进行分别核算。

4. 应计贷款和非应计贷款应分别核算

非应计贷款是指贷款本金或利息逾期 90 天没有收回的贷款。应计贷款是指非应计贷款以外的贷款。当贷款的本金或利息逾期 90 天时，应单独核算。当应计贷款转为非应计贷款时，应将已入账的利息收入和应收利息予以冲销。从应计贷款转为非应计贷款后，在收到该笔贷款的还款时，应首先冲减贷款的本金；当本金全部收回后，再收到的还款则确认为当期利息收入。

四、贷款业务会计科目的设置

商业银行办理贷款业务，主要应设置"贷款""利息收入""应收利息""贷款损失准备""资产减值损失"等科目进行核算。

1. "贷款"科目

该科目为资产类科目，核算商业银行按规定发放的各种客户贷款，包括质押贷款、抵押贷款、保证贷款、信用贷款等。

商业银行按规定发放的具有贷款性质的银团贷款、贸易融资、协议透支、信用卡透支、转贷款以及垫款等，在该科目核算；也可单设"银团贷款""贸易融资""协议透支""信用卡透支""转贷款""垫款"等科目核算。

商业银行接受企业委托向其他单位贷出的款项，应设置"委托贷款"科目核算。该科目可按贷款类别、客户，分为"本金""利息调整""已减值"等项目进行明细核算。其具体核算将结合后面的业务加以介绍。

该科目期末余额在借方，反映商业银行按规定发放尚未收回贷款的摊余成本。

2. "利息收入"科目

该科目为损益类科目，核算商业银行确认的利息收入，包括发放的各类贷款（银团贷款、贸易融资、贴现和转贴现融出资金、协议透支、信用卡透支、转贷款、垫款等）、与其他金融机构（中央银行、同业等）之间发生资金往来业务、买入返售金融资产等实现的利息收入。该科目可按业务类别进行明细核算。

资产负债表日，商业银行应合同利率计算确定的应收未收利息，借记"应收利息"科目，按摊余成本和实际利率计算确定的利息收入，贷记"利息收入"科目，按其差额，借记或贷记"贷款——利息调整"等科目。实际利率与合同利率差异较小的，也可以采用合同利率计算确定利息收入。期末，应将该科目余额转入"本年利润"科目，结转后该科目无余额。

3. "应收利息"科目

该科目为资产类科目，核算商业银行发放贷款、存放中央银行款项、交易性金融资产等应收取的利息。该科目可按借款人或被投资单位进行明细核算。

商业银行发放的贷款，应于资产负债表日按贷款的合同本金和合同利率计算确定的应收未收利息，借记"应收利息"科目，按贷款的摊余成本和实际利率计算确定的利息收入，贷记"利息收入"科目，按其差额，借记或贷记"贷款——利息调整"科目。

应收利息实际收到时，借记"存放中央银行款项"等科目，贷记"应收利息"科目。

该科目期末余额在借方，反映商业银行尚未收回的利息。

4. "贷款损失准备"科目

该科目为资产类科目，同时也是"贷款"科目的备抵科目，核算商业银行贷款的减值准备。该科目可按计提贷款损失准备的资产类别进行明细核算。

资产负债表日，贷款发生减值的，按应减记的金额，借记"资产减值损失"科目，贷记"贷款损失准备"科目。

对于确实无法收回的各项贷款，按管理权限报经批准后予以转销，借记"贷款损失准备"科目，贷记"贷款""贴现资产""拆出资金"等科目。

已计提贷款损失准备的贷款价值以后又得以恢复，应在原已计提的贷款损失准备金额内，按恢复增加的金额，借记"贷款损失准备"科目，贷记"资产减值损失"科目。

该科目期末余额在贷方，反映商业银行已计提但尚未转销的贷款损失准备。

5. "资产值损失"科目

该科目为损益类科目，核算商业银行计提各项资产减值准备所形成的损失。该科目可按资产减值损失的项目进行明细核算。

商业银行的贷款等资产发生减值的，按应减记的金额，借记"资产减值损失"科目，贷记"贷款损失准备"等科目。已计提减值准备的相关资产价值又得以恢复的，应在原已计提的减值准备金额内，按恢复增加的金额，借记"贷款损失准备"等科目，贷记"资产减值损失"科目。

期末，应将该科目余额转入"本年利润"科目，结转后该科目无余额。

【课外思考4-1】 如何理解《巴塞尔协议》？

第二节 信用贷款的核算

信用贷款是商业银行凭借借款人的信誉而发放的贷款，其特征是借款人无须提供抵押品或第三方担保，而以其与商业银行长期业务往来中的信誉取得贷款。目前，我国商业银行的信用贷款、担保贷款、抵押贷款多采用逐笔核贷方式发放。所谓逐笔核贷，是由借款单位向银行提出申请，银行根据批准的贷款计划，逐笔立据，逐笔审查，逐笔发放，约定期限，一次或分次归还贷款，按照规定利率计算利息的一种贷款核算方式。贷款利息一般由银行按季计收，个别为利随本清。

一、信用贷款发放的核算

借款人向银行申请贷款时，首先向银行信贷部门提交借款申请书，经银行信贷部门审核批准后，双方商定贷款的额度、期限、用途和利率等，并签订借款合同或协议。借款合同必须采取书面形式，必须由当事人双方的法定代表人或凭法定代表人的书面授权证明的经办人签章，并加盖法人公章。借款合同一经签订，即具有法律效力，银行和借款人必须共同履行。借款合同申请书格式如表4-1所示。

借款合同签订后，借款人需要用款时，应填写一式五联借款凭证，送信贷部门审批，其格式如表4-2所示。第一联为借方凭证，第二联为贷方凭证，第三联为回单，代收账知，第四联为放款记录，第五联为到期卡。由信贷部门审查同意后，在借款凭证上加注贷款编号、贷款种类、贷款期限、贷款利率等项目，并加盖"贷款审查发放专用章"后，送会计部门凭以办理贷款的发放手续。

表 4-1 借款合同申请书

借款人		账户		已借款金额	
申请贷款金额		还款日期		借款利息（月息）	
借款用途及理由					

借款方 借款单位（章） 负责人（章） 经办人（章）	借款担保方 担保单位（章） 负责人（章）	贷款方 贷款银行（章） 经办人（章）

银行审核意见

上列贷款按银行核定金额，双方商定如下合同，共同遵守：

1. 贷款方按核定的贷款用途，保证按计划通过贷款；否则应按规定给借款方违约金。

2. 借款单位保证按规定的用途使用贷款，未经贷款方同意，不得挪作他用。如转移贷款用途，贷款方有权进行处罚，收取罚息、提前收回贷款、停止发放新的贷款等信用制裁措施。

3. 上列借款，借款方应保证按期归还。如需延期使用，借款方最迟在贷款到期前3天提出延期使用申请，经贷款方同意办理延期手续。贷款方未同意延期或未办理延期手续的逾期贷款，按政策规定加收20%～50%的罚息。

4. 贷款到期一个月后，如借款方未按期归还贷款本息，由担保单位负责为借款方偿还本息和逾期罚息。

5. 本合同一式三份，借款方、贷款方、担保方各持一份。

表 4-2 银行（贷款）借款凭证（申请书代付出凭证）

单位编号： 　　　年　　月　　日 　　　　　银行编号：

收款单位	名称		借款单位	名称										
	往来户账号			放款户账号										
	开户银行			开户银行										
借款期限		利率		起息日										
借款申请金额		人民币（大写）		千	百	十	万	千	百	十	元	角	分	
借款原因及用途		银行核定金额		千	百	十	万	千	百	十	元	角	分	
银行审批		期限		计划还款日期			计划还款金额							
负责人	信贷部门主管	信贷员												

兹根据你行贷款办法规定，申请办理上述借款，请核定贷给。 　　此致 银行 （借款单位预留往来户印鉴）	会计分录：借 对方科目：贷 会计　　　复核　　　记账

会计部门收到借款凭证后，应认真审查部门的审批意见，审核凭证各项内容填写是否正确、完整，大小写金额是否一致，印鉴是否相符。审查无误后，以第一联、第二联借款凭证分别代替借方凭证和贷方凭证，办理转账。编制会计分录：

借：贷款——信用贷款——××户（本金）（贷款的合同本金）

　　贷：吸收存款——单位或个人活期存款——××户

如有差额，则按其差额，借记或贷记：贷款——信用贷款——××户（利息调整）（相关交易费用）。

第三联加盖转讫章后退还借款人，作为贷款入账的收账通知；第四联作为放款记录，会计部门加盖转讫章后送信贷部门留存；第五联到期卡由会计部门留存，按到期日排列保管，据已到期收回贷款。

【例4-1】工商银行某支行2015年5月10日收到信贷部门转来华联超市借款借据一份，发放期限6个月、利率为7.5%的短期贷款600 000元，会计部门于5月20日根据借款凭证编制贷款发放的转账分录。

5月20日发放的会计分录：

借：贷款——短期贷款——华联超市户　　　　　　　　　　　　　　600 000

　　贷：吸收存款——华联超市户　　　　　　　　　　　　　　　　600 000

二、信用贷款到期收回的核算

到期按时收回贷款既是商业银行防范风险的一项主要原则，也是贷款业务核算的主要内容。

1. 贷款到期收回的核算

借款人在贷款到期日或提前，以其存款户资金主动归还到期或将要到期的贷款时，应签发转账支票并填写一式四联的还款凭证。还款凭证格式如表4-3所示。

会计部门收到借款人的还款凭证后，应同贷款账簿进行核对，按照借款单位所填的原借款凭证上银行贷款的编号，抽出留存的原到期卡，核对无误后，于贷款到期日办理收回贷款的转账手续。在到期日转账时，应认真核对支票的印签，以转账支票作为借方凭证，以还款凭证作为附件，以还款凭证第二联作为贷方凭证办理转账。第三联还款凭证，转账后，由会计部门送信贷部门核销原放款记录。

第四联由会计部门在办妥还款转账手续后，在回单上加盖公章，交还借款单位，作为归还贷款的通知。如借款出分次归还，则应在原借据上做分次还款记录。编制会计分录：

借：吸收存款——单位或个人活期存款——××户（归还的金额）

　　贷：贷款——信用贷款——××户（本金）（归还的贷款本金）

　　　　应收利息——××户（收回的应收利息金额）

　　　　利息收入——发放贷款及垫款户（借、贷方差额）

表4-3 银行（贷款）还款凭证（借方凭证）

年 月 日 合同编号：

借款单位	名称		付款单位	名称	
	放款户账号			往来户账号	
	开户银行			开户银行	
还款日期	年 月 日		还款次序	第	次还款

偿还金额	人民币（大写）	亿	千	百	十	万	千	百	十	元	角	分

还款内容	
由我单位往来划转归还上述借款 （借款单位预留往来户印鉴） （银行主动收贷时免盖）	会计分录：借 对方科目：贷 会计　　复核　　记账

2. 贷款利息的核算

到期按时归还贷款除本金的核算外，利息的计算和核算也是主要业务内容之一。

（1）贷款利息的计算方法。商业银行发放的贷款，除国家有特殊规定外，均按照规定计收利息。贷款利息计算可分为定期收息和利随本清两种。

第一种，定期收息。对于定期收息的贷款，一般为按季结息或按月结息，每季末月20日或每月20日为结息日，结计的利息于结息日次日办理转账。其利息的计算采用余额表和乙种账两种工具计算累计计息积数。

应收利息 = 计息日积数 × （月利率÷360）

利息计算出来后，编制一式三联贷款利息清单，第　联作转账贷方传票，第二联作转账借方传票，第三联作回单交借款人，同时汇总编制应收利息科目传票办理转账。编制会计分录：

借：吸收存款——单位或个人活期存款——××户

贷：应收利息——××户

第二种，利随本清。即逐笔结息，是指银行按规定的贷款期限，在收回贷款的同时逐笔计收利息。利息计算的基本公式为：

贷款利息 = 贷款本金 × 时期 × 利率

在逐笔结息方式下，银行收回贷款本息时，应填制两借一贷特种转账传票，办理转账。其会计分录同贷款收回的账务处理。

（2）贷款利息的计提。资产负债表日，商业银行应按贷款的合同本金与合同利率计算确定的应收未收利息，借记"应收利息"科目，按贷款的摊余成本与实际利率计算确定的利息收入，贷记"利息收入"科目，按其差额，借记或贷记"贷款——利息调整"科目。合同利率与实际利率差异较小的，也可以采用合同利率计算确定利息收入。编制会计分录：

  借：应收利息——××户

  借或贷：贷款——××贷款——××户（利息调整）

    贷：利息收入——发放贷款及垫款

【例4-2】 接【例4-1】，华联超市于2015年11月20日按期归还贷款本息。

假定该行采取定期收息的方式核算贷款利息，则应于当年6月20日、9月20日和12月20日分别做以下计算：

6月20日的利息=（600 000×7.5%）÷12=3 750（元）

相应的会计分录：

借：应收利息——华联超市户		3 750
贷：利息收入		3 750
借：吸收存款——华联超市户		3 750
贷：应收利息——华联超市户		3 750

9月20日的利息=3750×3=11 250（元）

相应的会计分录：

借：应收利息——华联超市户		11 250
贷：利息收入		11 250
借：吸收存款——华联超市户		11 250
贷：应收利息——华联超市户		11 250

12月20日的计息分录与9月20日的计息分录相同，由于客户当日按期还款，因此可将最后一季度的利息与本金一并收回。会计分录：

借：吸收存款——华联超市户	626 250
贷：贷款——短期贷款——华联超市户	600 000
应收利息——华联超市户	15 000（已计提利息）
利息收入	11 250（最后一季度利息）

三、信用贷款展期和逾期的核算

由于客观情况发生变化，信用贷款可能存在到期不能按时归还的情况，借款人可通过展期和逾期两种方式进行处理。

1. 信用贷款展期的核算

贷款到期时，借款人经过努力仍不能还清贷款的，短期贷款必须于到期日10日以前，中长期贷款必须于到期日一个月以前，由借款人提出贷款展期申请，写明展期原因，银行信贷部门视具体情况决定是否展期。对同意的展期贷款，应在展期申请书上签注意见，然后将申请书交会计部门。

会计部门接到贷款展期申请书后，应对以下内容进行审查：信贷部门的批准意见及签章；展期贷款金额与借款凭证上的金额是否一致；展期时间是否超过规定期限，是否第一次展期；展期利率的确定是否正确。审查无误后，在贷款分户账、借据上都注明展期还款日期及利率，同时，将一联贷款展期申请书加盖业务公章后退借款人收存，另一联贷款展期申请书附在原借据之后，按展期后的还款日期排列保管，无须办理转账手续。

2. 信用逾期贷款的核算

贷款到期，借款单位事先未向银行申请办理展期手续，或申请展期未获得批准，或者已经办理展期，但展期到期日仍未能归还贷款的，即作为逾期贷款。银行应将贷款转入该单位的逾期贷款账户。银行的会计部门与信贷部门联系后，依据原借据，分别编制特种转账借方传票和特种转账贷方传票各两联，凭特种转账借方和贷方传票各一联办理转账，编制会计分录：

借：贷款——信用贷款——逾期贷款——××户

贷：贷款——信用贷款——××户

逾期贷款在计算利息时，按规定利率一般是在合同利率基础上加收一定比例的罚息；若贷款到期（含展期后到期）未收回，则从逾期之日起至款项还清前一日止，按规定的逾期贷款利率计息；对未收回的利息，应按逾期贷款利率计收复息；对纳入表外核算的"应收未收利息"，应按期计算复息，计算的复息也在"应收未收利息"表外科目核算。

逾期贷款，除了按前述规定利率计算到期利息外，还应按逾期贷款利率计算逾期利息。逾期贷款利息的计算公式为：

逾期贷款利息 = 逾期贷款本金 × 逾期期限 × 规定的利率 ×（1 + 加息率）

3. 逾期贷款转非应计贷款的核算

商业银行发放的各项贷款本金和利息逾期 90 天仍未收回时，应通过"非应计客户贷款"科目核算。本科目应按贷款种类设置一级科目再按借款人账户进行明细核算。期末借方余额，反映银行按规定发放的客户贷款余额。

应计贷款转为非应计贷款时，编制会计分录：

借：贷款——××贷款——非应计贷款——××户

贷：贷款——××贷款——逾期贷款——××户

同时，冲减原已入账但实际尚未收回的利息收入，编制会计分录为：

借：利息收入——贷款利息收入户

贷：应收利息——××户

期末，将超过逾期 90 天未归还的利息纳入"应收未收利息"表外科目以收付实现制核算。即：

收入：应收未收利息——××户

【课外思考 4 - 2】从账务处理的角度论述如何防范逾期贷款风险？

第三节　担保贷款的核算

担保贷款是指商业银行以法律规定的担保方式（第三人担保或财产担保）作为还款保障而发放的贷款。贷款到期时，若借款人不能按期归还贷款，应由保证人履行债务偿付责任或以财产拍卖、变卖的价款偿还贷款。担保贷款按保障程度可以分为保证贷款、抵押贷款和质押贷款。下面主要介绍抵押贷款核算和质押贷款核算的内容。

一、抵押贷款的核算

抵押贷款是指银行对借款人以一定财产作为抵押而发放的一种贷款。借款人若到期不能偿还贷款本息，银行有权依法处置其抵押品，并从所得价款中优先收回贷款本息。

经工商行政管理部门登记并具有法人资格的全民、集体工商企事业单位以及我国境内的中外合资经营企业、个体工商户及个人可以申请抵押贷款。

1. 抵押贷款发放的核算

抵押贷款由借款人提出申请，并向银行提交"抵押贷款申请书"，写明借款用途、金额，还款日期，抵押品名称、数量、价值、存放地点等有关事项，同时提交有权处分人的同意抵押（质押）证明或保证人同意保证的有关证明文件。

商业银行办理抵押贷款，首先确认抵押物的所有权或经营权，债务人只有拥有对财产的所有权，并具有最终处分权，才可以作为抵押人向银行申请抵押担保贷款。

商业银行选择的抵押物一般为具有变卖价值和可以转让的物品。没有交换价值，不具有独立性的物品，不能作为抵押物进行抵押。此外，抵押物必须是合法取得的，必须是可以流通的，易于变现和处分，抵押物的使用期必须长于借款期，贷款到期后，抵押物的变现价值应大于借款本息。

信贷部门审批同意后，签订抵押贷款合同，同时，借款人应将有关抵押品或抵押品产权证明移交银行。银行经审查无误后，签发"抵押品保管证"交借款人，出纳部门登记有关登记簿。同时，信贷部门应填制一式五联借款凭证，送会计部门凭以办理贷款的发放手续。会计部门收到借款凭证，经审核无误后进行账务处理。编制会计分录：

借：贷款——抵押贷款——××户（本金）（贷款的合同本金）

贷：吸收存款——单位或个人活期存款——××户

抵押贷款中流动资金贷款最长不超过1年，固定资产贷款一般为1～3年（最长不超过5年）。抵押贷款通常不是按抵押品价值全额贷放，而是按抵押品价值的一定比例贷放贷款。这个比率通常称为抵押率，抵押率的计算公式如下：

抵押率 =（1 - 抵押物预计贬值额/抵押物现值）×100%

商业银行在办理抵押贷款时，贷款率一般控制在80%以下，对于一些科技含量高、更新速度快的机器设备抵押率还会更低，一般控制在50%以下。

2. 抵押贷款到期收回的核算

抵押贷款应到期归还，一般不得展期。到期借款人应主动提交放款收回凭证或转账支票到银行办理还款手续。

会计处理与信用贷款相同。编制会计分录：

借：吸收存款——单位或个人活期存款——××户

　　贷：贷款——抵押贷款——××户（本金）

　　　　利息收入——抵押贷款利息收入户

同时销记表外科目，原抵押申请书作为表外科目付出传票的附件。

付出：代保管有价值品

【例4-3-1】工商银行某支行2015年3月15日收到信贷部门转来蓝星集团借款凭证一张及抵押贷款的有关单证，确认贷款金额300 000元，期限1年，年利率6.12%，经审核无误后，予以转账，编制会计分录：

借：贷款——抵押贷款——蓝星集团户　　　　　　　　　　　　300 000

　　贷：吸收存款——活期存款——蓝星集团户　　　　　　　　　　300 000

【例4-3-2】工商银行某支行2016年3月15日收到蓝星集团提交的还款凭证一张，金额300 000元，计算利息并编制贷款收回的会计分录。

应收利息 = 300 000 × 1 × 6.12% = 1 836（元）

编制会计分录：

借：吸收存款——单位或个人活期存款——蓝星集团户　　　　　　301 836

　　贷：贷款——抵押贷款——蓝星集团户　　　　　　　　　　　　300 000

　　　　利息收入——抵押贷款利息收入户　　　　　　　　　　　　　1 836

二、质押贷款的核算

质押贷款是指债务人或第三人将其动产移交债权人占有或将某项权利出质，以该动产和权利作为债权的担保。债务人不履行债务时，债权人有权依法规定的程序和方式以该动产或权利，折价或以拍卖，变卖该动产或权利的价款优先受偿的制度。质押分为动产质押和权利质押。

1. 动产质押

动产质押是指债务人或第三人将其动产移交债权人占有，将其动产作为债权的担保。在质押关系中，债务人或第三人为出质人，债权人为质权人，移交的动产为质物。出质人和质权人应以书面形式订立质押合同，质押合同自质物移交质权人占有时生效。质押合同应包括被担保的主债权种类、金额；债务人履行债务的期限；质物的名称、数量、质量状况；质押担保的范围；质物的处理方式及价格；质物移交的时间；质物毁损灭失的风险责任；当事人需要约定的其他事项。

动产的质押贷款与抵押贷款相比，主要存在两个优点：一是办理质押贷款时，商业银行可以直接占有质押物，可以有效防止质物的损坏或灭失；二是只要质物转移给质权人占有，质押合同即刻生效。当同一财产法定登记的抵押权与质押权并存时，抵押权人优先于质权人受偿。

2. 权利质押

可以办理质押的权利主要包括：汇票、支票、本票、债券、存款单、仓单和提货单；依法可转让的股份、股票；依法可转让的商标专用权、专利权、著作权中的财产权及可质押的其他权利。

以汇票、支票、本票、债券、存款单、仓单和提货单作质物的，应当在合同约定的期限内将权利凭证交付质权人。质押合同自权利凭证交付之日起生效。

以载明兑现或提货日期的汇票、支票、本票、债券、存款单、仓单、提单出质的，汇票、支票、本票、债券、存款单、仓单、提单兑现或提货日期先于履行期的，质权人可以在债务履行期届满前兑现或提货，并与出质人协议将兑现的价款或提取的货物用于提前偿还所担保的债权或者与出质人约定的第三人提存。如果兑现或提货日期后与所担保债权清偿期的质权人，可以于担保债权清偿期届满时，直接向债务人请求偿付，但以出质人担保的债权为限。

以依法可以转让的股票作质物的，应向证券登记机构办理出质登记；以有限责任公司的股份出质的，质押合同自股份出质记载于股东名册之日起生效；以依法可以转让的商标专用权、专利权、著作权中的财产权作质物的，应向其管理部门办理出质登记。以依法可以转让的商标专用权、专利权、著作权中的财产权作质物的，出质后，须经过出质人与质权人协商同意，才可以转让或许可他人使用，并且出质人所得的转让费、许可费，应当向质权人提前清偿所担保的债权，或向与质权人约定的第三人提存。

质押贷款发放和收回的处理与抵押贷款基本相同。质押贷款到期，若借款人不能归还贷款，银行可以处置质物，从价款中收回贷款本息。

第四节　贷款减值和转销业务的核算

为了提高商业银行抵御和防范风险的能力，正确核算其经营损益，各商业银行应当按照谨慎性原则的要求，在资产负债表日，对各项贷款的账面价值进行检查。如有客观证据表明该贷款发生减值的，应当计提减值准备。

一、资产减值的核算

商业银行按规定对发生减值的贷款和转销业务，应通过"贷款损失准备""资产减值损失"等科目进行核算。

1. 资产减值确认条件

企业应当在资产负债表日对以公允价值计量且其变动计入当期损益的金融资产以外的金融资产的账面价值进行检查，有客观证据表明该金融资产发生减值的，应当计提减值准备。

表明金融资产发生减值的客观证据，是指金融资产初始确认后实际发生的、对该金融资产的预计未来现金流量有影响，且企业能够对该影响进行可靠计量的事项。金融资产发生减值的客观证据，包括下列各项：

①发生方或债务人发生严重财务困难；②债务人违反了合同条款，如偿付利息或本金发生违约或逾期等；③债务人出于经济或法律等方面因素的考虑，对发生财务困难的债务人做出让步；④债务人很可能倒闭或进行其他财务重组；⑤因发行方发生重大财务困难，该金融资产无法在活跃市场继续交易；⑥无法辨认一组金融资产中的某项资产的现金流量是否已经减少，但根据公开的数据对其进行总体评价后发现，该组金融资产自初始确定以来的预计未来现金流量确已减少且可计量，如改组金融资产的债务人支付能力逐步恶化，或债务人所在国家或地区失业率提高、担保物在其所在地区的价格明显下降、所处行业不景气等；⑦债务人经营所处的技术、市场、经济或法律环境等发生重大不利变化，使权益工具投资人可能无法收回投资成本；⑧权益工具投资的公允价值发生严重或非暂时性下跌；⑨其他表明金融资产发生减值的客观证据。

2. 贷款减值的测试方法

商业银行对贷款进行减值测试，应根据本银行的实际情况分为单项金额重大和非重大的贷款。对单项金额重大的贷款，应单独进行减值测试；对单项金额非重大的贷款，可以单独进行减值测试，或者将其包含在具有类似信用风险特征的贷款组合中进行减值测试。单独测试未发生减值的贷款，也应当包括在具有类似信用风险特征的贷款组合中再进行减值测试。

商业银行进行贷款减值测试时，可以根据自身管理水平的业务特点，确定单项重大贷款的标准。比如，可以将本金大于或等于一定金额的贷款作为单项金额重大的贷款，此标准以下的贷款属于单项金额非重大的贷款。单项金额重大贷款的标准一经确定，不得随意变更。

商业银行对于单独进行减值测试的贷款，有客观证据表明其发生了减值的，应当计算资产负债表日的未来现金流量现值（通常以初始确认时确定的实际利率作为折现率），该现值低于其账面价值之间的差额确认为贷款减值损失。商业银行采用组合方式对贷款进行减值测试的，可以根据自身风险管理模式和数据支持程度，选择合理的方法确认和计量贷款减值损失。

3. 贷款减值业务的核算

商业银行按规定对发生减值的贷款计提的减值准备，应通过"贷款损失准备"科目进行核算。

（1）贷款损失准备的计提。贷款损失准备是指银行根据国家的有关规定，按照贷款余额的一定比例提取的、用于补充贷款呆账损失的准备金。计提贷款损失准备的资产是指商业银行承担风险和损失的资产。具体包括贴现资产、拆出资金、客户贷款、银团贷款、贸易融资、协议透支、信用卡透支、转贷款和垫款（如银行承兑汇票垫款、担保垫款、信用证垫款）等。

（2）贷款减值的账务处理。

贷款发生减值的核算。资产负债表日，贷款发生减值的，商业银行应当将该贷款的账面价值减记至预计未来现金流量现值，减记的金额确认为资产减值损失。按确定应减记的金额做相应账务处理。编制会计分录：

借：资产减值损失——贷款损失准备金户

　　贷：贷款损失准备——客户贷款户

同时，应将"贷款——本金""贷款——利息调整"科目余额转入"贷款——已减值"科目，编制会计分录：

借：贷款——××贷款——××户（已减值）

　　贷：贷款——××贷款——××户（本金）

　　　　贷款——××贷款——××户（利息调整）

其中，预计未来现金流量现值，应当按照该贷款的原实际利率折现确定，并考虑相关担保物的价值（取得和出售该担保物发生的费用应当予以扣除）。原实际利率是初始确认该贷款时计算确定的实际利率。对于浮动利率贷款，在计算未来现金流量现值时，则可采用合同规定的现行实际利率作为折现率。

【例4-4】工商银行某支行2015年12月31日各个贷款余额为正常100 000万元、关注贷款50 000万元、次级贷款10 000万元、可疑贷款5 000万元、损失贷款1 000万元。依行内规定，分类计提比例分别为2%、25%、50%、100%，贷款损失准备金年初余额为4 000万元，计提损失准备，其计算结果如下：

贷款损失准备应提金额=50 000×2% +10 000×25% +5 000×50% +1 000×100% =7 000（万元）

本年度应计提贷款损失准备金=7 000 -4 000 =3 000（万元）

编制会计分录：

借：资产减值损失——贷款损失准备金户　　　　　　　　　　　　　　30 000 000

　　贷：贷款损失准备——客户贷款户　　　　　　　　　　　　　　　　30 000 000

其一，计提减值贷款利息的核算。资产负债表日，应按减值贷款的摊余成本和实际利率计算确定的利息收入，借记"贷款损失准备"科目，贷记"利息收入"科目。同时，将按合同本金和合同利率计算确定的应收利息金额进行表外登记。编制会计分录：

借：贷款损失准备——××贷款户

贷：利息收入——贷款利息收入户

收入：应收未收利息——××户

其中，计算确定利息收入的实际利率，应为确定减值损失时对未来现金流量进行折现所采用的折现率。

其二，减值贷款价值恢复的核算。对以摊余成本计量的已计提贷款损失准备的贷款，如有客观证据表明该贷款的价值已恢复，且客观上与确认该减值损失后发生的事项有关（如债务人的信用评级已提高等），原确认的减值损失应当予以转回，计入当期损益。但是，该转回后的账面价值，不应当超过假定不计提减值准备情况下该贷款在转回日的摊余成本。编制会计分录：

借：贷款损失准备——××贷款户

贷：资产减值损失——贷款损失准备金户

其三，收回减值贷款的核算。收回减值贷款时，应按实际收到的金额，借记"吸收存款"等科目，按相关贷款损失准备余额，借记"贷款损失准备"科目，按相关贷款余额，贷记"贷款——已减值"科目，按其差额，贷记"资产减值损失"科目。编制会计分录：

借：吸收存款——单位或个人活期存款——××户（或存放中央银行款项）

贷款损失准备——××贷款户

贷：贷款——××贷款——××户（已减值）

资产减值损失——贷款损失准备金户

同时，销记表外登记的应收未收利息，编制会计分录：

付出：应收未收利息——××户

二、贷款转销业务的核算

商业银行对于已确定的呆账贷款，应按规定的条件和管理权限报经批准后，予以转销。

1. 贷款转销的条件和有关规定

对于贷款转销业务，必须首先确认呆账。凡符合下列条件之一的，商业银行可以将其确认为呆账：①借款人和担保人依法被宣告破产，经法定清偿后仍未还清的贷款；②借款人依法处置抵押物所得价款不足以补偿的贷款部分；③借款人遭受重大自然灾害或意外事故，损失巨大且不能获得保险赔款，确实不能偿还的部分或全部贷款，或经保险赔偿清偿后未能还清的贷款；④借款人死亡，或依照《中华人民共和国民法通则》的规定，宣告失踪或死亡，以其财产或遗产清偿后未能还清的贷款；⑤经国务院专案批准核销的贷款。

如借款人有经济偿还能力，但因某些原因不能按期偿还贷款，各级银行机构不得将其列作呆账，应积极组织催收。银行工作人员因渎职或其他违法行为造成贷款无法收回的，不得列作呆账，除追究有关责任人的责任外，应在银行的利润留成中逐年冲销。

2. 贷款转销的核算

贷款转销业务的核算主要包括呆滞贷款的转销和收回已转销的贷款等业务的核算。

（1）呆滞贷款转销的核算。对于需要转销的呆账贷款，银行要按规定的程序办理，申请转销呆账贷款时，填报"核销呆账损失申报表"并附详细说明，按规定的转销权限逐级报上级行审查。上级行收到"核销呆账损失申报表"后，组织信贷、法规、会计、稽核部门进行审查并签署意见。如符合规定条件，就可以冲减贷款损失准备。

按法定程序核销呆账损失时，编制会计分录：

借：贷款损失准备——××贷款户

　　贷：贷款——××贷款——××户（已减值）

按管理权限报经批准后转销表外应收未收利息，减少表外"应收未收利息"科目金额。编制会计分录：

付出：应收未收利息——××户

（2）收回已转销贷款的核算。已确认并转销的贷款以后又收回的，按原转销的已减值贷款余额，借记"贷款——已减值"科目，贷记"贷款损失准备"科目。按实际收到的金额，借记"吸收存款""存放中央银行款项"等科目，按原转销的已减值贷款余额，贷记"贷款——已减值"科目，按其差额，贷记"资产减值损失"目。编制会计分录：

借：贷款——××贷款——××户（已减值）

　　贷：贷款损失准备——××贷款户

同时：

借：吸收存款（存放中央银行款项）

　　贷：贷款——××贷款——××户（已减值）

　　　　资产减值损失——贷款损失准备金户

【课外思考4-3】对于商业银行贷款资产减值，相比计提贷款减值准备的五级分类法，采用未来现金流量折现法有何意义？对我国金融企业产生怎样的影响？

第五节　票据贴现贷款业务的核算

票据贴现是指持票人在商业汇票到期前，为取得资金，向银行贴付利息而将票据转让给银行的行为。票据贴现是融通资金的经济行为。通过票据贴现，持票人可提前收回垫支于商业信用的资金，贴现银行通过买入未到期票据的债券，使商业信用转化为银行信用。

一、票据贴现的概述

目前，我国商业银行办理贴现业务的票据主要是商业汇票。商业汇票按承兑人不同可分为商业承兑汇票和银行承兑汇票。商业汇票一律记名，允许背书转让，期限最长不得超过 6 个月。除以上规定外，商业汇票的贴现银行必须是贴现申请人的开户银行。

1. 贴现贷款和一般贷款的区别

票据贴现贷款与一般贷款都是商业银行的资产业务，是借款人的融资方式，商业银行都要计收利息。严格意义上讲，票据贴现业务属于贷款的一种，但两者在以下方面又存在着明显的区别：

（1）资金投放对象的不同。贴现贷款以持票人（债权人）为放款对象；一般贷款以借款人（债务人）为对象。

（2）体现的信用关系不同。贴现贷款体现的是银行与持票人、出票人、承兑人及背书人之间的信用关系；一般贷款体现的是银行与借款人、担保人之间的信用关系。

（3）计息的时间不同。贴现贷款在放款时就扣收利息；一般贷款则是到期或定期计收利息。

（4）资金的流动性不同。贴现贷款可以通过转贴现和再贴现提前收回资金；一般贷款只有到期才能收回。

2. 票据贴现贷款业务办理的要求

商业银行办理贴现业务时，应严格遵循相关规定办理相关业务。

（1）贴现业务申办基本条件及提交的主要材料。贴现申请人欲在商业银行办理贴现业务，必须具备以下基本条件：贴现申请人在贴现银行应开立基本存款账户；与出票人或直接前手之间具有真实的商品交易关系；能够提供与其直接前手之间的增值税发票和商品发运单据复印件；贴现贷款总量不应超过资产负债比例管理的相关比例；内部控制制度必须健全、有效。

贴现申请人办理贴现时应提交贴现申请书；贴现申请人的企业法人营业执照；已承兑未到期的要式完整的承兑汇票；能够证明汇票合法性的凭证；持票人与出票人或其直接前手之间的增值税发票和商品交易合同复印件；贴现申请人近期的财务报表。

（2）贴现商业银行对贴现申请人的审查。商业银行应按照规章制度的有关规定，严格审查贴现申请人的申办资格，以保证商业银行贴现贷款的安全。重点审查持票人是否为依法从事经营活动的企业法人以及其他经济组织；申请贴现的商业票据格式是否齐全、内容是否合法；申请贴现企业的资信状况和经营情况等。

商业银行在收到贴现申请人提交的贴现申请后，银行承兑汇票应以书面形式向承兑银行进行查询（目前商业银行主要办理银行承兑汇票贴现），核实汇票的真实性。未经查询的汇票一律不得办理贴现业务，同时注意，商业银行不得贴现本营业部承兑的商业票据。

二、票据贴现贷款业务的核算

票据贴现贷款业务的核算必须通过设置相应的会计科目，对办理贴现业务、贴现汇票到期银行收回票款、贴现贷款损失准备等业务进行核算。

1. 会计科目的设置

商业银行办理票据贴现业务，应设置"贴现资产"科目进行核算。"贴现资产"为资产类科目，核算商业银行办理商业票据的贴现、转贴现等业务所融出的资金。该科目可按贴现类别和贴现申请人，分"面值""利息调整"项目进行明细核算。

2. 贴现银行办理贴现的账务处理

持票人持未到期的商业汇票向开户银行申请贴现时，应填制一式五联贴现凭证（见表4-4）。第一联作贴现借方凭证，第二联作收款户贷方凭证，第三联作利息收入贷方凭证，第四联作收账通知，第五联作票据贴现到期卡。持票人在第一联上加盖预留印鉴后，连同汇票送交银行。

表4-4　贴现凭证（代申请书）

申请日期				年　　月　　日							第　　号		
贴现汇票	种类		号码		持票人票人		名称						
	出票日	年　月　日					账号						
	到票日	年　月　日					开户银行						
汇票承兑人		名称		账号			开户银行						
汇票金额	人民币（大写）							千	百	十	万 千	百 十 元	角 分
贴现率	‰	贴现利息	千 百	十 万	千 百	十 元	角 分	实付贴现金额	千 百	十 万	千 百	十 元	角 分
附送承兑汇票申请贴现，请审核。持票人签字		银行审核				负责人　　信贷员			科目：贷 对方科目：借 复核记账				

贴现申请人在第一联凭证上按规定签章后，将凭证及商业汇票一并送交银行信贷部

门。银行信贷部门对其进行审查后，填写《××汇票贴现审批书》，提出审查意见，按照贷款审批权限，报经相关部门审批。贷款决策部门审查同意后，应在《××汇票贴现审批书》上签署决策意见，并在贴现凭证"银行审批"栏签"同意"字样，并加盖有关人员印章后，送交会计部门。

会计部门接到汇票和贴现凭证后，经审核无误，按规定的贴现利率计算贴现利息和实付贴现金额。贴现利息的计算方法如下：

汇票到期值＝汇票票面金额＋汇票票面金额×年利率÷360

贴现利息＝汇票到期值×贴现天数×（月贴现率÷30）

实付贴现金额＝汇票到期值－贴现利息

公式中的"贴现天数"一般按实际天数计算，从贴现之日起算至汇票到期的前一日止。

将贴现率及计算的贴现利息和实付贴现金额填写在贴现凭证的有关栏目后，以贴现凭证第一联作转账借方传票，第二联、第三联作转账贷方传票，办理转账。编制会计分录：

借：贴现资产——票据贴现——××户（面值）

　　贷：吸收存款——单位或个人活期存款——××户

　　　　贴现资产——票据贴现——××户（利息调整）（按借贷方差额）

同时，按汇票金额登记表外科目：

收：代保管有价值品资产负债表日，按计算确定的贴现利息收入，编制会计分录为：

借：贴现资产——票据贴现——××户（利息调整）

　　贷：利息收入——发放贷款及垫款户

实际利率与合同约定的名义利率差异不大的，也可以采用合同约定的名义利率计算确定利息收入。

【例4－5】2015年3月5日，某工商银行收到客户N公司提交的银行承兑汇票，金额为300 000元，到期日为2015年5月10日。N公司申请贴现，某工商银行审定后同意按7.2%的贴现率贴现。计算结果如下：

贴现天数＝66（天）

贴现利息＝300 000×66×（7.2%÷360）＝3 960（元）

实付贴现金额＝300 000－3960＝296 040（元）

会计分录：

借：贴现资产——银行承兑汇票（面值）　　　　　　　　　　　　　　300 000

　　贷：吸收存款——单位活期存款——N公司户　　　　　　　　　　296 040

　　　　贴现资产——利息调整——N公司户（按借贷方差额）　　　　　3 960

3. 贴现汇票到期银行收回票款的核算

贴现银行应经常查看已贴现汇票的到期情况，对到期的贴现汇票，贴现银行应及时收回票款，并分以下两种情况进行处理。

（1）商业承兑汇票贴现到期收回的核算。商业承兑汇票贴现到期收回是通过委托收款方式进行的。贴现银行作为收款人，应于汇票到期前估算邮程，提前填制委托收款凭证，连同汇票一并向付款人开户行收取票款。在"委托收款凭证名称"栏注明"商业承兑汇票"或"银行承兑汇票"及其汇票号码连同汇票向付款人办理收款，将第五联贴现凭证作为第二联委托收款凭证的附件存放，并在表外科目"发出委托收款登记簿"中进行登记。付款人开户行收到委托收款凭证和汇票后，应于汇票到期日将票款从付款人账户付出。编制会计分录：

借：吸收存款——活期存款——××户
　　贷：贴现资产——商业承兑汇票——××户（面值）
借：贴现资产——利息调整
　　贷：利息收入——票据贴现利息收入户

同时销记"发出委托收款登记簿"。

如果付款人存款账户无款支付或不足支付，付款人开户行应将汇票和凭证退回贴现银行。如果付款人拒绝付款，付款人开户行应将拒付理由书、汇票和凭证退回贴现银行。

贴现银行收到划回的票款时，编制会计分录：

借：联行来账
　　贷：贴现资产——票据贴现——××户（面值）
　　　　利息收入——发放贷款及垫款户

存在利息调整金额的，也应同时予以结转。

如果贴现银行收到付款人开户行退回委托收款凭证和汇票时，对已贴现的金额应从贴现申请人账户中收取。编制会计分录：

借：吸收存款——单位或个人活期存款——××户
　　贷：贴现资产——商业承兑汇票——××户（面值）
　　　　利息收入——发放贷款及垫款户

存在利息调整金额的，也应同时予以结转。

如果贴现申请人存款账户不足支付票款，则不足部分作为逾期贷款。编制会计分录：

借：吸收存款——单位或个人活期存款——××户
　　贷款——逾期贷款——××户
　　贷：贴现资产——商业承兑汇票——××户（面值）
借：贴现资产——利息调整
　　贷：利息收入——发放贷款及垫款户

（2）银行承兑汇票贴现到期收回的核算。银行承兑汇票的承兑人是付款人开户银行，信用可靠，不会发生退票情况，贴现银行在汇票到期前，以自己为收款人，填制委托收款凭证，向对方银行收取贴现款项。

承兑银行收到贴现银行寄来的汇票和凭证，于汇票到期日或到期日后的见票当日，将票款划出。编制会计分录：

借：吸收存款或辖内上存款项或存放中央银行款项
　　贷：贴现资产——银行承兑汇票

借：贴现资产——利息调整

　　贷：利息收入

4. 贴现贷款损失准备的核算

期末，应对贴现进行全面检查，并合理计提贷款损失准备。对于不能收回的贴现应查明原因。确实无法收回的，经批准作为呆账损失处理，应冲销提取的贷款损失准备。编制会计分录：

借：贷款损失准备

　　贷：贴现资产——商业承兑汇票或银行承兑汇票

三、贷款的后续计量及其举例[①]

我国《企业会计准则第 22 号——金融工具确认和计量》第三十三条规定，金融企业应当采用实际利率法，按摊余成本对金融资产进行后续计量。

商业银行发放贷款的摊余成本是指该金融资产的初始确认金额，减去已偿还本金，加上或减去采用实际利率法将该初始确认金额与到期日之间的差额进行摊销所形成的累计摊销额，扣除已发生的减值损失。

【例 4 - 6】某工商银行 2012 年 1 月 1 日向某公司发放 5 年期贷款 5 000 万元。合同利率为 10%，初始确认该贷款时确定的实际利率为 10.53%，贷款每年收取利息 500 万元。每年末的贷款后续计量如下（以万元为单位）：

(1) 2012 年 1 月 1 日发放贷款成本 5 000 万元时。

借：贷款科目——本金　　　　　　　　　　　　　　　　　　　　　　5 000

　　贷：吸收存款——单位活期存款——××户　　　　　　　　　　　　5 000

2012 年末的贷款的摊余成本 = 5 000 + 5 000 × 10.53% - 500 = 5 026.50（万元）

同时，编制会计分录：

借：贷款科目——利息调整　　　　　　　　　　　　　　　　　　　　26.50

　　贷：利息收入　　　　　　　　　　　　　　　　　　　　　　　　26.50

每年利息收入、现金流入及年末摊余成本计算表　　　　　　　　　　单位：万元

年份	期初摊余成本(1)	实际利息按 10.53% 计算(2)	现金流入(3)	期末摊余成本(4) = (1) + (2) - (3)
2012	5 000	526.5	500	5 026.50
2013	5 026.50	529.29	500	5 055.79
2014	5 055.79	532.37	500	5 088.16
2015	5 088.16	535.78	500	5 123.94
2016	5 123.94	539.55	500	5 163.49

---

① 王允平. 金融企业会计学 [M]. 北京：经济科学出版社，2011：58.

（2）2013 年年初该贷款的摊余成本为 5 026.50 万元

2013 年年末该贷款的摊余成本 = 5 026.50 ×（1 + 10.53%）- 500

＝5 055.79（万元）

同时，编制会计分录：

借：贷款科目——利息调整 29.29

 贷：利息收入 29.29

（3）2014 年年初该贷款的摊余成本为 5 055.79 万元

2014 年年末该贷款的摊余成本 = 5 055.79 ×（1 + 10.53%）- 500

＝5 088.16（万元）

同时，编制会计分录：

借：贷款科目——利息调整 32.37

 贷：利息收入 32.37

（4）2015 年和 2016 年会计处理方法同 2012 年、2013 和 2014 年。

（5）2017 年 1 月 1 日收回该贷款时：

借：吸收存款或存放中央银行款项 5 163.49

 贷：贷款——本金 5 000

  ——利息调整 163.49

（6）假设 2016 年 12 月 31 日前银行有客观证据表明某公司该贷款发生减值 50 万元。编制会计分录（以万元为单位）。

1）发生减值时。

借：资产减值损失 50

 贷：贷款损失准备 50

同时：

借：贷款——已减值 5 113.49

 贷：贷款——本金 5 000

  ——利息调整 113.49

收回减值贷款 5 113.49 万元时：

借：吸收存款或存放中央银行款项 5 113.49

  贷款损失准备 50

 贷：贷款——已减值 5 113.49

  资产减值损失 50

2）如发生的减值贷款确实无法收回，经批准后作呆账转销时。

借：贷款损失准备

 贷：贷款——已减值

同时转销表外应收未收利息金额。

3）如发生减值的贷款以后又收回，按转销金额回复时。

借：贷款——已减值

贷：贷款损失准备

同时，按实际收到的金额入账：

借：吸收存款或存放中央银行款项

　　　　贷：贷款——已减值

　　　　　　资产减值损失（如有差额）

【课外思考4-4】什么是电子商业汇票贴现？与纸质商业汇票相比，电子商业汇票贴现具有哪些优势？

实务训练

一、单项选择题

1. 商业贷款的后续计量应采用（　　　）。

A. 实际成本　　　　　B. 重置成本　　　　　C. 摊余成本　　　　　D. 可变现净值

2. 贷款本金或利息逾期90天没有收回的贷款是（　　　）。

A. 应计贷款　　　　　B. 非应计贷款　　　　C. 逾期贷款　　　　　D. 展期贷款

3. 以借款人或第三人的财产作为抵押物发放的贷款是（　　　）。

A. 保证贷款　　　　　B. 担保贷款　　　　　C. 抵押贷款　　　　　D. 质押贷款

4. 中期贷款展期期限不得超过（　　　）。

A. 原贷款期限　　　　B. 原贷款期限的一半　　C. 1年　　　　　　　D. 3年

5. 下列不计提贷款损失准备的贷款有（　　　）。

A. 抵押贷款　　　　　B. 质押贷款　　　　　C. 保证贷款　　　　　D. 委托贷款

6. 核销贷款以后又收回的贷款先按核销金额恢复，其会计分录是（　　　）。

A. 借：贷款损失准备
　　　贷：贷款、贴现——已减值

B. 借：贷款、贴现——已减值
　　　贷：资产减值损失

C. 借：贷款、贴现——已减值
　　　贷：贷款损失准备

D. 借：贷款损失准备
　　　贷：资产减值损失

7. 作为贷款抵押的抵押品，其价值（　　　）。

A. 不能低于贷款数额　　　　　　　　B. 不能高于贷款数额

C. 必须等于贷款数额　　　　　　　　D. 不能等于贷款数额

8. 某商业银行年末"贷款损失准备"账户的期末余额为贷方1 000元，各类贷款的月合计为7 600 000元，其中关注类400 000元，次级类200 000元，可疑类100 000元，无损失类贷款，应计提贷款损失准备金（　　　）。

A. 108 000   B. 105 000   C. 102 100   D. 107 000

9. 银行以债权人为对象而发放的贷款是（　　　）。

A. 票据贴现   B. 质押（抵押）贷款

C. 保证贷款   D. 信用贷款

10. 抵押贷款逾期1个月不能归还贷款本息，银行可以按合同规定作价变卖处理抵押品，抵押品处理后取得的净收入低于贷款本息的，其低的部分（　　　）。

A. 由贷款损失准备金抵补   B. 不能高于贷款数额，列作银行的损失

C. 由借款人偿还   D. 转入逾期贷款账户

二、多项选择题

1. 贷款业务的核算要求是（　　　）。

A. 本息分别核算   B. 商业贷款与政策性贷款分别核算

C. 短期贷款与中长期贷款分别核算   D. 自营贷款与委托贷款分别核算

E. 应计贷款和非应计贷款分别核算

2. 下列贷款中属于担保贷款的是（　　　）。

A. 保证贷款   B. 票据贴现   C. 抵押贷款

D. 信用贷款   E. 质押贷款

3. 关系到商业银行贷款的安全性，应评价借款人的（　　　）。

A. 品质   B. 能力   C. 资本

D. 担保   E. 环境条件

4. 会计部门收到"贷款展期申请书"后，应审查（　　　）。

A. 展期贷款金额与借款凭证金额是否一致

B. 展期申请书是否经信贷部门批准并签章

C. 展期的期限是否符合规定

D. 展期的利率是否正确

E. 计算利息

5. 下列贷款可以计提贷款损失准备金的有（　　　）。

A. 委托贷款和代理贷款   B. 银行卡透支

C. 银行承兑汇票垫款及担保垫款   D. 拆出资金

E. 票据贴现

三、判断题

1. 贷款业务既是商业银行的主要资产业务之一，也是银行资金运用的主要形式。

（　　　）

2. 抵押贷款是保证贷款的一种常见的银行贷款。 （　）

3. 非应计贷款是指贷款本金或利息逾期 90 天没有收回的贷款。 （　）

4. 每一笔贷款只能展期一次。 （　）

5. 中长期贷款展期不得超过原贷款期限的一半，最长不得超过 3 年。 （　）

6. 办理抵押贷款的各种费用，包括鉴定、保险、运输等均由双方共同承担。（　）

7. 贷款损失准备的提取、冲减，通过"贷款损失准备"科目核算。提取贷款损失准备记贷方，核销贷款损失记借方，贷方余额表示结余的贷款损失准备。 （　）

8. 贷款利息采取定期结息方式一般应按季收取利息。 （　）

9. 短期贷款展期不得超过原贷款期限的一半。 （　）

10. 如果抵押品拍卖净收入大于贷款本息，其差额应作为利息收入入账。 （　）

四、业务题

目的：练习商业银行贷款业务的核算。

资料：某商业银行发生下列业务：

（1）某商业银行向华联超市发放 5 个月的短期贷款 80 000 元，利率为 5.04%办理贷款手续。

（2）对某公司发放 7 个月短期贷款 90 000 元，今日到期尚未归还办理转账。

（3）某公司采用一台设备申请抵押贷款，设备原价 15 万元。经信贷部门批准同意发放抵押贷款 10 万元，期限为 8 个月，利率为 5.31%。

（4）A 公司于 3 月 19 日申请贷款 300 000 元，期限 3 个月，合同月利率 5.1‰，经批准办理贷款发放手续。

该笔贷款于 6 月 19 日到期时只收回 100 000 元，剩余 200 000 元于 7 月 8 日归还（按季结息手续略；假设逾期贷款利率按合同利率加收 50%，请计算应计收逾期贷款利息）。

（5）发放给某公司的抵押贷款 13 万元，已逾期 2 个月，应收利息共计 5 294.25 元，银行经批准处理，将抵押品设备一台价值为 18 万元转作银行账务处理。

（6）以【例 4-5】为基础，银行实行拍卖抵押品收到货币资金 14 万元存入中央银行，收回贷款本息，剩余部分退还某公司。

（7）以【例 4-5】为基础，银行实行拍卖抵押品收到货币资金 133 000 万元存入中央银行，未收回利息部分在坏账准备中核销。

（8）以【例 4-5】为基础，银行实行拍卖抵押品收到货币资金 12 万元存入中央银行，收回贷款本息，未收回部分的本金和利息经批准由银行核销。

要求：根据以上业务编制会计分录。

第五章

支付结算业务的核算

【**学习内容与要求**】了解支付结算的概念及其相关规定；了解现金出纳的概念和分类、掌握现金收付业务的会计核算方法、掌握出纳错款的会计处理方法；掌握支票、银行本票、银行汇票和商业汇票的会计核算；熟悉委托收款结算方式的会计核算。

第一节　支付结算业务概述

支付结算是指单位、个人在社会经济活动中使用票据、信用卡和汇兑、托收承付、委托收款等结算方式进行货币给付及资金清算的行为。在日趋完善的市场经济中，支付结算已是货币给付的主要形式。在我国，除少数按照国家现金管理制度的规定可以使用现金结算外，大量的支付结算都必须通过银行办理转账结算。

一、支付结算的核算要求

结算原则是银行和客户在办理结算时必须遵守的基本准则。主要包括以下内容：

1. 恪守信用，履约付款

办理支付结算的当事人必须依法承担义务和行使权利，任何单位和个人办理结算时必须共同遵守合同的规定，履行各自的职责。

2. 谁的钱进谁的账，由谁支配

为保护客户对存款的所有权和自由支配权，银行必须按照收款人的账号及户名，准确、及时地为其收账；对客户支取的款项，必须根据付款人的委托办理付款。

3. 银行不垫款

银行在办理支付结算业务时的职责，只是接受客户的委托进行资金的划拨，而不承担垫款的责任。

二、支付结算管理体制

支付结算的管理体制，实行集中统一和分级管理相结合的办法。支付结算的有关制度和办法，由中国人民银行总行负责统一制定，并由中国人民银行组织、协调、管理和监督全国的社会支付结算工作，协调和处理银行之间的支付结算纠纷。

商业银行是办理支付业务的主体，应严格按照《中华人民共和国票据法》（以下简称《票据法》）、《支付结算办法》和账户管理的规定进行支付结算。

三、支付结算方式的种类

我国商业银行的结算方式几经变革，目前主要有银行汇票、商业汇票、银行本票、支票、汇兑、托收承付、委托收款和信用卡等方式。其中，银行汇票、商业汇票、银行本票和支票属于票据结算；汇兑、托收承付和委托收款属于结算方式。按照收付款项的地区不同分为同城使用的结算方式、异地使用的结算方式、同城异地均可使用的结算方式。支票和银行本票属于同城使用的结算方式；银行汇票、汇兑和托收承付属于异地使用的结算方式；商业汇票、委托收款和信用卡属于同城异地均可使用的结算方式。

第二节　现金出纳业务的核算

现金出纳是专指银行的本币、外币现钞、有价单证、贵重物品等的收付及保管工作。它的服务对象是与其有往来关系的客户。一方面通过为客户办理现金结算，使其经济活动正常进行；另一方面还担负执行国家货币政策、落实货币发行和回笼计划，调剂市场的比例等重要工作，是银行及金融机构的一项基础业务。

一、现金出纳业务概述

现金是流动性较强的货币资金，因此，对现金出纳进行合理的分类，并遵守现金出纳工作的基本原则是现金出纳业务核算的第一步。

1. 现金出纳业务的分类和任务

（1）现金出纳的分类。按照与货币发行的关系，现金出纳可分为中央银行货币发行和商业银行现金出纳两个部分。

中央银行货币发行工作在货币流通过程中处于中心环节，它既是货币发行的起点，又是货币回笼的终点。其发行方式不是直接向社会投放货币而是间接地通过商业银行将发行基金（未发行的货币）投入流通领域实现货币发行。

商业银行现金出纳在现金流通循环过程中，是货币流通的桥梁和纽带，它既向社会经济活动供应现金，又不断将社会现金汇集起来。商业银行通过其现金支付活动将货币资金投向社会，在实现其货币发行职能后，又相继通过商业银行出纳将汇集起来的现金，经过整理、筛选再缴回到央行发行部门，实现货币回笼，重新成为货币发行基金的一部分，构成了货币发行与现金流通的桥梁和纽带。

（2）现金出纳的任务。现金出纳任务如下：①贯彻执行中华人民共和国的金融法令和有关规章制度；②办理现金收付、整点、保管和调运业务，做好现金回笼和供应工作；③办理人民币兑换和挑残业务，调剂好市场流通人民币券别比例；④接受委托代理人民银行货币发行部分业务，代理其他银行及金融机构的部分现金收付款业务；⑤做好爱护人民币，维护人民币信誉的公众宣传工作，做好本币、外币反假、反破坏工作；⑥经人民银行授权，承担对社会公众残损人民币和外币兑换，假人民币和外币的最终鉴定工作。

2. 现金出纳工作的基本原则

商业银行现金出纳工作具有直接高风险的特性，它既琐碎繁杂，占用服务时间长，又是客户要求高效服务的业务。

（1）钱、账分管原则。管钱的不管账，管账的不管钱，做到钱账分管、责任分明，以便相互核对和互相监督，保证账款相符。

（2）收付分开原则。收款业务和付款业务必须由不同的人员完成，不得由一人既收款又付款，实行收支两条线，以确保收付款业务的正确完成。

（3）双人经办原则。双人经办原则是指在现金出纳工作中，坚持双人管库、双人守库、双人押送。这样便于相互监督，防止差错和意外事故的发生。

（4）先收款后记账，先记账后付款原则。收入现金时，必须先经出纳人员收妥后才能给缴款单位记账；支付现金时，必须先替支款单位记账后方能付款。

（5）复核制度原则。收款要专人复点，付款要专人复核。在一人临柜时，经办人要自行复点和复核。

（6）交接手续和查库原则。款项交接或出纳人员调换时，须办理交接手续，分清责任。库房管理须坚持双人管库、双人守库，与此同时，还应定期或不定期进行查库，确保账实相符。

二、现金收付款业务的核算

现金收付款业务主要指人民币、外币现钞的收付和兑换业务，其包括柜面现金收付、内部现金调拨、差错处理等内容。银行在受理此类业务时，必须坚持现金收入"先收款后记账"、现金付出"先记账后付款"的原则。

现金收付款业务核算的要求是实行操作间隔离，全方位监控纳入计算机系统核算，实行事权划分，凭证、印章控制，确保安全；大额款项必须换人复核；未经复点的款项不得调出、存入人民银行对外支付。

银行设置"库存现金"对出纳业务进行核算时，应按现金类别设置明细账户核算。

1. 现金收入业务的核算

收到客户交存的现金及存款凭证，认真审查存款凭证是否合法、有效。即凭证上填写的日期、户名、账号、开户行、金额、券别明细、款项来源等要素是否完整、准确，有无涂改；大小写金额是否相等；各联张数是否齐全，内容是否套写一致；审查无误后，根据存款凭证相关项目登记存款人账号、存款金额及相关要素；清点现金实物。按券别顺序由大到小核对大数（整把、捆）、逐张清点零张数，并按券别、张数录入终端；款项清点无误后打印存款凭证（一式二联），加盖业务清讫章及收款员名章，回单联交客户，记账联作为轧账依据留存，客户的存款凭证作为记账联附件，现金归位入箱。编制会计分录：

借：库存现金
    贷：吸收存款——单位或个人活期存款——××户——本金

商业银行收入外币现钞时，应根据规定的业务凭证办理。注意分清币种，当面点清，一笔一清；在办理外币现钞收入时，注意流通期、托收期、最低收兑面额和钞票的质量，发现不合要求的钞票一律不得办理收款业务。

【例5-1】工商银行某支行收到华联超市交来的现金交款单一张及现金 85 800 元，经审核无误，编制会计分录：

借：库存现金   85 800
    贷：吸收存款——单位活期存款——华联超市户   85 800

2. 现金付出业务的核算

收到客户提交取款凭证后，审查凭证是否合法、有效；有无涂改；大小写金额是否相符，预留印鉴是否相符，支付密码账户是否填写了支付密码等；将收款人的账号、金融及相关要素录入终端；按凭证金额由大到小顺序逐位进行配款，并依次按实物录入终端；配妥后，重新加计所配款项进行自复平衡，无误后放开对外支付。支付大额款项，经有权人授权，并加盖印章；配款和系统操作无误后，打印取款信息，并在取款凭证上加盖业务清讫章，取款凭证作为轧账依据。编制会计分录：

借：吸收存款——单位或个人活期存款——××户
    贷：库存现金

商业银行在支付外币时，必须参照人民币操作程序。认真审查付出是否经外管局批准、付出凭证要素是否齐全；凡一次性从外币现汇户中解付外币现钞或兑换人民币等值1万美元（含）以上、5万美元以下的，必须要求提取人出示真实身份证明记录备案，并索取存款人的有关收入证明复印件。此外，支付5万美元（含）以上的外币时，除符合以上条件外，还需索取外汇局的核准件。注意分清币种，当面点清，一笔一清。

【例 5 - 2】工商银行某支行收到华联超市交来的现金支票一张，金额 65 800 元，用途为发放工资，经审核无误，同意支付，编制会计分录：

借：吸收存款——单位活期存款——华联超市户   65 800

    贷：库存现金   65 800

3. 营业终了现金收付的汇总核对

营业终了时，商业银行收款员应将当天所收的现金及现金的付出进行汇总核对，并登记"款项交接登记簿"，将现金交库管人员核对入库。具体如下：

（1）柜员清点。柜员清点整理本外币库存现金、有价证券、各种凭证，做好日终结账前的准备工作。

（2）办理入库手续。打印相关凭证，柜员签章后，将本外币现金实物交管库员办理入库手续。

（3）账账核对、账实核对。核对当日现金业务活动的现金汇总结数表与相应的会计科目借贷方发生额，查证当日现金收付款业务是否正确；核对库存现金保管登记簿当日库存余额与相应科目余额，查证库存现金是否正确。

4. 出纳现金错款的核算

出纳现金错款，指对外营业机构在与外部客户的现金收付业务中，日终结账所发生的现金溢出或现金短缺。现金溢出又称为"长款"；现金短缺又称为"短款"。发生长、短款是应遵循"长款补得寄库，短款不得空库，长短款不得互补"的原则，及时查找原因，如确实无法查明原因，应按规定处理。

（1）出纳长款的核算。发生长款时，如当日未能查明原因，应由出纳部门出具证明，经会计主管批准后，由会计部门填制现金收入凭证，编制会计分录：

借：库存现金

    贷：待处理财产损益——待处理流动资产损益

查明原因后，视情况不同而处理。属于客户多交或银行少付的，应及时退回原主，编制会计分录：

借：待处理财产损益——待处理流动资产损益

    贷：库存现金

经查找，如确实无法归还时，报经批准，可以将长款列为银行的收益，编制会计分录：

借：待处理财产损益——待处理流动资产损益

    贷：营业外收入——出纳长款收入

（2）出纳短款的核算。发生短款时，如当日未能查清和找回，应由出纳部门出具证明，经会计主管批准后，由会计部门填制现金付出凭证，编制会计分录：

借：待处理财产损益——待处理流动资产损益

    贷：库存现金

查明原因后，追回短款时，编制会计分录：

借：库存现金

　　贷：待处理财产损益——待处理流动资产损益

经认真查找，短款确实无法收回，属于技术性短款或一般责任事故的，按规定的审批手续予以报损，编制会计分录：

借：营业外支出

　　贷：待处理财产损益——待处理流动资产损益

5. 库房管理和款项运送管理

银行出纳现金库房是人民银行发行基金保管库（简称发行库）和金融机构的出纳现金业务库（简称业务库）的统称。出纳现金库管理工作是保障货币发行、现金流通正常进行和维护银行资金安全的重要工作。库房管理应符合下列要求：设置专用库房、实行双人管库共同负责制度、严格执行出入库制度、业务库和发行库分开制度、严格查库制度。

各行处现金收入和付出，有时会出现不能均衡的情况，需要在有关行处之间进行调剂，于是形成了款项运送业务。银行运送现金，应由两人以上负责押送，同时由保卫人员携带武器护送，以确保库款的安全。

【课外思考 5 – 1】我国金库设置的账簿有哪些?

第三节　票据业务的核算

票据是指由出票人签发，出票人自己或委托他人在见票时或在票据到期日，无条件支付给收款人或持票人确定金额的有价证券。

《中华人民共和国票据法》规定的票据主要是指支票、银行本票、银行汇票和商业汇票。

一、银行支票的核算

支票是出票人签发的，委托办理支票存款业务的银行或其他金融机构在见票时无条件支付确定的金额给收款人或者持票人的票据。

支票是一种委托式信用证券，可分为现金支票、转账支票和普通支票三种。现金支票只能用于支取现金；转账支票只能用于转账；普通支票既可以用于支取现金，也可以用于转账；划线支票只能用于转账，不得支取现金。

下面主要以转账支票为例，依持票人和出票人开户行的关系，介绍支票结算业务的主要内容。

1. 持票人与出票人在同一行处开户的处理

（1）银行受理持票人交存的支票。银行接受持票人交来的支票和两联进账单时，应对其内容进行严格的审核。

经审核无误后，支票作借方凭证，第二联进账单作贷方凭证，办理转账。编制会计分录：

借：吸收存款——××存款（出票人户）
　　贷：吸收存款——××存款（持票人户）

第一联进账单加盖转讫章交给持票人作收账通知。

（2）银行受理出票人送交的支票。出票人向银行送交支票时，应填制三联进账单，银行受理后第一联进账单加盖转讫章作回单交给出票人，第三联进账单加盖转讫章作收账通知交给收款人，第二联进账单作贷方凭证与支票办理转账，会计分录同上。

【例5-3】工商银行某支行收到华联超市交来的委托收款进账单和在本行开户的永安商厦转账支票各一张，金额为65 000元，审核无误后，编制会计分录：

借：吸收存款——永安商厦　　　　　　　　　　　　　　65 000
　　贷：吸收存款——华联超市　　　　　　　　　　　　　65 000

2. 持票人与出票人不在同一行处开户的处理

（1）持票人开户银行受理持票人交存的支票的。持票人开户行，接到持票人送交的支票和两联进账单时，应按有关规定认真审查无误后，在进账单上按票据交换场次加盖"收妥后入账"的戳记，将第一联加盖转讫章交给持票人。支票按照票据交换的规定及时提出交换。提出支票时，编制会计分录：

借：存放中央银行款项
　　贷：吸收存款——××存款（持票人户）

出票人开户银行收到交换提入的支票，也应当按照上述规定对支票的内容进行审核，审核无误后，以支票作为借方凭证，办理转账，编制会计分录：

借：吸收存款——××存款（出票人户）
　　贷：存放中央银行款项

若支票发生退票，持票人开户银行应将其作为"其他应付款"处理；出票人开户银行则作为"其他应收款"处理。

【例5-4】工商银行A支行收到华联超市交来的委托收款进账单和在工商银行B支行开户的宏峰公司签发的转账支票各一份，金额为60 000元，经审核无误。

票据交换后，收到同城票据交换资金清算凭证，编制会计分录：

借：存放中央银行款项　　　　　　　　　　　　　　　　60 000
　　贷：吸收存款——活期存款——华联超市　　　　　　　60 000

（2）出票人开户行受理出票人交存的支票。出票人开户行，接到出票人交来的支票和三联进账单时，按有关规定认真审查无误后，支票作借方凭证入账。编制会计分录：

借：吸收存款——××存款（出票人户）

　　贷：存放中央银行款项

第一联进账单加盖转讫章作回单交给出票人，第二联、第三联进账单加盖业务公章后，按照同城票据交换的规定及时提出交换。

收款人开户行的处理。收款人开户行，收到交换提入的第二、第三联进账单，经审查无误后，第二联进账单作贷方凭证，办理转账。编制会计分录：

借：存放中央银行款项

　　贷：吸收存款——××存款（收款人户）

第三联进账单加盖转讫章作收账通知交给收款人。

二、银行本票的核算

银行本票是由银行签发的，承诺自己在见票时无条件支付确定的金额给收款人或者持票人的票据。银行本票由银行签发，保证兑付，而且见票即付，信用高，支付功能强。

1. 银行本票结算业务概述

商业银行根据银行本票的基本规定和基本流程进行结算业务的核算。

（1）基本规定。银行本票的基本规定如下：①单位和个人在同一票据交换区域需要支付各种款项，均可以使用银行本票。②银行本票可用于转账，注明"现金"字样的银行本票只能到出票银行支取现金；注明"转账"字样的银行本票可以背书转让。③银行本票可分为定额本票和不定额本票两种。定额银行本票面额有1 000元、5 000元、1万元和5万元四种，不定额银行本票由各商业银行签发和兑付，其记载的金额起点为1 000元。④银行本票的出票人，为经中央银行当地分支行批准办理银行本票业务的银行机构。⑤银行本票的提示付款期限自出票日起最长不得超过2个月，否则代理付款人不予受理。代理付款人是指代理出票银行审核支付银行本票款项的银行。⑥在银行开立账户的收款人或持票人向开户银行提示付款时，应在银行本票背面签章，签章须与预留银行印鉴相符。未在银行开立账户的收款人或持票人，凭填明"现金"字样的银行本票向付款人支取现金，应在银行本票背面签章，注明本人身份证件名称、号码及发证机关，并交验本人身份证件。⑦银行本票丧失，失票人可以在提示付款期满后1个月确认未被冒领时，凭借法院出具的其享有票据权利的证明，向出票银行请求付款或退款。

（2）流程。银行本票流程如下：①申请人向申请人开户银行申请签发本票；②申请人开户银行审核无误后出票；③申请人持本票前往收款人（背书人）处进行结算；④收款人（背书人）或通过背书转让的被背书人提示持票人开户银行；⑤收款人（持票人）开户银行为收款人或被背书人代理付款入账；⑥持票人开户银行与出票人开户银行之间清算资金。

2. 银行本票的会计核算

银行本票的核算主要有出票、兑付、结清和退票等业务的处理。

（1）银行本票出票的核算。申请人使用银行本票，应向银行填写"银行本票申请书"，填明收款人名称、申请人名称、支付金额、申请日期等事项并签章。申请人和收款人，均为个人需要支取现金的，应在"支付金额"栏，先填写"现金"字样，后填写支付金额；申请人或收款人为单位的，不得申请签发现金银行本票。

申请书一式三联：第一联为存根，第二联为借方凭证，第三联为贷方凭证。交现金办理本票的，第二联注销。

出票银行受理银行本票申请书，应认真审查其填写的内容是否齐全、清晰；申请书填明"现金"字样的，审查申请人和收款人是否均为个人等。审核无误后，收妥款项签发银行本票。

出票银行签发银行本票的账务处理如下：

转账交付时，编制会计分录：

借：吸收存款——××存款（申请人户）（或其他有关科目）
　　贷：吸收存款——本票

现金交付时，编制会计分录：

借：库存现金
　　贷：吸收存款——本票

不定额银行本票凭证一式两联；定额银行本票凭证分为存根联和正联。填写时，本票的出票日期和出票金额必须大写；用于转账的，在银行本票上划去"现金"字样；申请人和收款人，均为个人需要支取现金的，在银行本票上划去"转账"字样。本票上未划去"现金"或"转账"字样的，一律按转账办理。不定额银行本票用压数机压印出票金额。不定额本票和定额本票格式如表 5-1 和表 5-2 所示。

【例 5-5】工商银行某支行收到华联超市交来的银行本票申请书，申请签发银行本票10 000 元，经审核无误后，款项从其存款账户中收取，当即签发银行本票 10 000 元。编制会计分录：

借：吸收存款——单位活期存款——华联超市户　　　　　　　　　10 000
　　贷：吸收存款——本票　　　　　　　　　　　　　　　　　　　　　10 000

（2）银行本票兑付的核算。

其一，兑付他行签发的本票。代理付款行收到在本行开立账户的持票人交来的本票和第二联进账单时，应认真审核本票是否真实、是否超过提示付款期、与进账单上内容是否相符等有关规定内容无误后，将第二联进账单作贷方凭证入账。编制会计分录：

借：存放中央银行款项——备付金存款户（或存放同业）
　　贷：吸收存款——××存款（持票人户）

转账后，第一联进账单加盖转讫章作收账通知交给持票人。本票加盖转讫章，通过票据交换向出票行提出交换。

表 5-1 不定额本票

付款期限×个月	××银行	地名	本票号码

本 票 2

出票日期（大写）　　年　月　日　　　第　号

收款人：

凭票即付　人民币（大写）

转账
现金

科目（借）_____
对方科目（贷）_____
付款日期　年　　月　　日
出纳　复核　经办

备注：

此联出票行结清本票时作借方凭证

（使用清分机的，此区域供打印磁性字码）

表 5-2 定额本票

××银行本票存根	付款期限×个月	××银行　地名	本票号码

××银行本票存根

本票号码：IX V 00000000

地名：

收款人：

金额：

用途：

科目（借）_____

对方科目（贷）_____

发票日期：年　月　日

出纳　复核　经办

本 票

收款人：　出票日期（大写）　年　月　日

凭票即付人民币

转账　　现金

出票行签章

8×22.5公分　其中正联17公分（专用水印纸黑油墨）

【例5-6】工商银行 A 支行收到永安商厦交来的进账单和由工商银行 B 支行签发的本票各一份，金额为 10 000 元，经审核无误后，编制会计分录：

借：存放中央银行款项——备付金存款户　　　　　　　　　　　　　10 000

　　贷：吸收存款——单位活期存款——永安商厦户　　　　　　　　　　10 000

· 103 ·

其二，兑付本行签发的本票。银行收到收款人送交的本行签发的本票和进账单，抽出专夹保管的本票卡片或存根联，核对无误后，以本票作为转账借方传票，本票卡片或存根联作附件。编制会计分录：

借：存入保证金——××本票户——××户

贷：吸收存款——××存款——××户（持票人户）

如果收到的是注明"现金"字样的本票，审核无误后，办理付款手续，编制会计分录：

借：存入保证金——××本票户——××户

贷：库存现金

（3）银行本票结清的核算。

对于本行签发他行付款的银行本票，出票行在收到票据交换提入的本票时，应抽出专夹保管的本票卡片或存根进行核对。经核对相符确属本行出票的，以本票作借方凭证，本票卡片或存根联作附件办理转账。编制会计分录：

借：存入保证金——××本票户——××户

贷：存放中央银行款项——备付金存款户（或存放同业）

（4）银行本票退款和超过提示付款期付款的核算。

其一，银行本票退款的核算。申请人因银行本票超过付款期限或其他原因要求退款时，应根据本票金额填写一式两联进账单，连同本票及有关证明提交出票银行。如个人申请现金本票退款的，免填进账单。银行受理后，认真按规定审核，并与原存本票卡片或存根核对无误后，在本票上注明"未用退回"字样，以进账单作贷方传票，本票作借方传票，本票卡片或存根联作附件，办理退款。

转账退付时，编制会计分录：

借：存入保证金——××本票户——××户

贷：吸收存款——××存款——××户（申请人户）

退付现金时，编制会计分录：

借：存入保证金——××本票户——××户

贷：库存现金

进账单第一联加盖银行业务公章后退交申请人，现金本票则由出纳将现款支付给申请人。

其二，超过提示付款期付款的核算。持票人超过提示付款期不获付款的，在票据权利时效内请求付款时，应向出票行说明原因，并将本票交出票行。持票人为个人的，应交验本人的身份证件。出票行收到本票经与原存本票卡片或存根核对无误后，即在本票上注明"逾期付款"字样，办理付款手续。

持票人在本行开立账户的，应填制一式两联进账单，以进账单第二联作贷方传票，本票作借方传票，本票卡片或存根联作附件，办理付款。

转账付款时，编制会计分录：

借：存入保证金——××本票户——××户

贷：吸收存款——××存款——××户（持票人户）

支付现金时，编制会计分录为：

借：存入保证金——××本票户——××户

贷：库存现金

转账后，将第一联进账单回单联加盖银行业务公章后退交持票人，支付现金的由出纳将现款交持票人。持票人未在本行开户的，应根据本票填写一式三联进账单，连同本票交出票行。出票行经核对无误后，办理付款。编制会计分录：

借：存入保证金——××本票户——××户

贷：存放中央银行款项——备付金存款户（或存放同业）

转账后进账单第一联加盖转讫章后退交持票人，进账单第二联、第三联通过票据交换转交持票人开户行。持票人开户行接到票据交换转来的进账单，以进账单第二联作贷方传票，办理收账。编制会计分录：

借：存放中央银行款项——备付金存款户（或存放同业）

贷：吸收存款——××存款——××户（持票人户）

收账后将进账单第三联加盖转讫章后，作为收账通知交持票人。

三、银行汇票的核算

银行汇票是出票银行签发的，由其在见票时，按照实际结算金额无条件支付给收款人或者持票人的票据。银行汇票的出票人为经人民银行批准办理银行汇票业务的银行，银行汇票的出票银行即为银行汇票的付款人。

1. 银行汇票结算业务概述

银行汇票适用范围广泛，单位和个人需要在异地支付的各种款项均可使用；票随人到，使用灵活，持票人既可直接到兑付地的银行取款，也可持票到指定单位购物结算，还可以在兑付行办理转汇；兑现性较强，余款自动退回，是目前使用最为广泛的票据结算工具。

（1）基本规定。银行汇票的基本规定如下：①单位和个人各种转账结算，均可使用银行汇票。银行汇票可以用于转账，填明“现金”字样的银行汇票也可以用于支取现金。②银行汇票的出票和付款，全国范围仅限于中国人民银行和各商业银行参加“全国联行往来”的银行机构办理。跨系统银行签发的转账银行汇票的付款，应通过同城票据交换将银行汇票和解讫通知提交同城有关银行审核支付后抵用。③代理付款人不得受理未在本行开户的为单位的持票人直接提交的银行汇票。④银行汇票的提示付款期限自出票日起1个月，持票人超过付款期限提示付款的，代理付款行不予受理。⑤银行汇票的实际结算金额不得更改，否则银行汇票无效。⑥收款人可以将银行汇票背书转让给背书人，但填明现金字样的银行汇票不得转让。未填写实际结算金额或实际结算金额超过出票金额的银行汇票也不得背书转让。⑦银行汇票丧失，失票人可凭人民法院出具的其享有票据权利的证明，向出票银行请求付款或退款。⑧填明"现金"字样及代理付款行的汇票丧失，失票人可到代理付款行或出票行申请挂失。

（2）业务程序。银行汇票业务程序如下：①申请人向开户银行申请签发汇票；②申请人开户银行审核无误后向申请人出票；③申请人持汇票前往异地与收款人（背书人）结算；④～⑥同银行本票；⑦申请人开户银行将余款退还申请人。

2. 银行汇票的会计核算

银行汇票的处理过程分为签发、兑付和结清三个阶段。

（1）汇款人向银行申请汇票。单位或个人需要使用银行汇票，应向出票银行填写"银行汇票申请书"一式三联，第一联为存根，第二联为借方凭证，第三联为贷方凭证。

出票行受理申请人提交的第二联、第三联申请书时，应认真审查其内容是否填写齐全、清晰，其签章是否为预留银行的签章；申请书填明"现金"字样的，申请人和收款人是否均为个人并交存现金。经审查无误后，出票行才可受理，办理转账。编制会计分录：

借：吸收存款——××存款（申请人户）

　　贷：吸收存款——汇出汇款

"汇出汇款"科目为负债类科目，用以核算银行收单位或个人委托汇往异地的款项。现金交付的，以申请书第三联作贷方凭证，即代现金收入传票入账。编制会计分录：

借：库存现金

　　贷：吸收存款——汇出汇款

出票行在办理转账或收妥现金后，签发银行汇票（表5-3）。签发银行汇票必须记载下列事项：①表明"银行汇票"的字样；②无条件支付的承诺；③出票金额（必须大写）；④付款人名称；⑤收款人名称；⑥出票日期；⑦出票人签章。欠缺记载上列事项之一的，银行汇票无效。

汇票一式四联：第一联为汇出汇款卡片，第二联为银行汇票联，第三联为汇款解讫通知，第四联为多余款收账通知。填写的汇票经复核无误后，在第二联上加盖汇票专用章并由授权的经办人签名或盖章，签章必须清晰；在实际结算金额栏的小写金额上端用总行统一制作的压数机压印出票金额；对需要支取现金的汇票，应在"出票金额"栏大写金额前写明"现金"字样。然后将汇票和第三联汇款解讫通知一并交申请人带往兑付地，第一联加盖经办、复核名章，在逐笔登记"汇出汇款登记簿"并注明汇票号码后，和第四联一并专夹保管。

【例5-7】工商银行某支行，收到某公司交来银行汇票申请一份，申请签发银行汇票200 000元。审核无误后，从其存款账户收取款项，当即签发汇票一张，金额200 000元，交付该公司。编制会计分录：

借：吸收存款——单位活期存款——某公司户　　　　　　　　　　　　　200 000

　　贷：吸收存款——汇出汇款——某公司户　　　　　　　　　　　　　　200 000

表5-3 银行汇票

付款期限
一个月

××银行

汇票号码
第 号

银行汇票（卡片）

出票日期（大写） 年 月 日	代理付款行： 行号：	联行往来账借方凭证附件 此联代理付款行付款后作
收款人：	账号：	
出票金额 人民币（大写）		
实际结算金额 人民币（大写）	（小写金额）	

申请人：_____

出票行：_____行号：_____

备注：_____

凭票凭证

出票行签章：

（注：凭证格式仅供参考）

多余金额	科目（借）
	对方科目（贷）
（小写金额）	兑付日期 年 月 日
	复核 记账

（2）持票人向银行兑付汇票。

其一，持票人在代理付款行开立账户。持票人向银行提示付款时，必须同时提交银行汇票联和解讫通知联，缺少其中任何一联，银行不予受理。代理付款行，接到在本行开立账户的持票人直接交来的汇票联、解讫通知和二联进账单时，应认真审查汇票是否真实，是否超过提示付款期，汇票联和解讫通知联是否齐全，与进账单有关内容是否一致，使用密押的，密押是否正确，压数机压印的金额同大写出票金额是否一致，汇票多余金额结计，是否正确等内容无误后，第二联进账单作贷方凭证，办理转账。第一联进账单上加盖转讫章作收账通知交给持票人，填制联行借方报单与解讫通知一并寄出票行。编制会计分录：

借：联行往账

贷：吸收存款——××存款（持票人户）

"联行往来"科目是资产负债共同类科目，由发报行使用，用以核算持有全国联行行号的行处之间办理异地款项划拨业务的核算。收报行收到发报行寄来的借记报单时，贷记本科目；收到发报行寄来的贷记报单时，借记本科目；余额由借贷方差额反映。

【例5-8】工商银行A支行收到在本行开户的华联超市交来的进账单和由工商银行B支行签发的以后汇票各一份，银行汇票出票金额为100 000元，进账单金额和银行汇票实际结算金额均为95 000元，经审核无误，编制会计分录：

借：联行往账——B支行　　　　　　　　　　　　　　　　　　　95 000

　　贷：吸收存款——单位活期存款——华联超市户　　　　　　　　95 000

其二，持票人未在代理付款行开立账户。持票人未在代理付款行开立账户的，应区分情况分别进行核算：

第一种情况，若持票人未在代理付款行开户，代理付款行人除按上述有关规定认真审查外，还必须认真审查持票人的身份证件，并将身份证复印件留存备查。对现金汇票持票人委托他人向代理付款行提示付款的，代理付款行必须查验持票人和被委托人的身份证件，在汇票背面标注是否作为委托收款背书，以及是否注明持票人和被委托人身份证件名称号码及发证机关，并要求提交持票人和被委托人身份证件复印件留存备查。审查无误后，以持票人姓名开立应解汇款账户，并在该分户账上填明汇票号码以备查考，第二联进账单作贷方凭证，办理转账。编制会计分录：

借：联行往账

　　贷：吸收存款——应解汇款（持票人户）

"应解汇款"科目是负债类科目，用以核算银行汇款业务收到的待解付的款项以及异地采购单位或个人临时性存款和其他临时性存款。异地汇入待解付和临时性存入款项时，贷记本科目；将汇入款项解付收款人或应收款人要求将款项退汇或转汇时，借记本科目；余额在贷方，表示尚待解付的款项。本科目按收款单位或个人进行明细分类核算。

第二种情况，持票人需支取现金的，代理付款行经审查汇票上填写的申请人和收款人确为个人并按规定填明"现金"字样，以及填写的代理付款行名称确为本行的，可一次办理现金支付手续；未填明"现金"字样，需要支取现金的，由代理付款行按照现金管理规定审查支付，另填制一联现金付出传票，编制会计分录：

借：吸收存款——应解汇款（持票人户）

　　贷：库存现金

（3）银行汇票的结清。出票行收到代理付款行寄来的联行借方报单以及解讫通知后，抽出原专夹保管的汇票卡片，经核对确属本行出票，按以下不同情况进行处理：

其一，汇票全额付款的，应在汇票卡片的实际结算金额栏填入全部金额，在多余款收账通知的多余金额栏填写"—0—"，汇票卡片作借方凭证，多余款收账通知作借方凭证的附件。编制会计分录：

借：吸收存款——汇出汇款

　　贷：联行来账

同时销记"汇出汇款登记簿"。

其二，汇票有多余款的，应在汇票卡片和多余款收账通知上填写实际结算金额，结出多余金额，汇票卡片作借方凭证。编制会计分录：

借：吸收存款——汇出汇款

　　贷：联行来账

　　　　吸收存款——××存款（申请人户）

同时销记"汇出汇款登记簿"，在多余款收账通知上，加盖转讫章，通知申请人。

【例5-9】工商银行A支行收到工商银行B支行寄来联行借方报单、银行汇票解讫通知和多余款收账通知，填列汇票出票金额为100 000元，实际结算金额为95 000元。多余款为5 000元。经审核无误后，将多余款项退还华联超市。编制会计分录：

借：吸收存款——汇出汇款——华联超市户　　　　　　　　　　　100 000

　　贷：联行来账——B支行　　　　　　　　　　　　　　　　　　95 000

　　　　吸收存款——单位活期存款——华联超市户　　　　　　　　5 000

其三，申请人未在银行开立账户的，多余金额应先转入"其他应付款"科目，同时销记汇出汇款账，并通知申请人持申请书存根及本人身份证件来行办理领取手续。

（4）银行汇票的退款。申请人因银行汇票超过提示付款期或其他原因要求退款时，应将银行汇票联和解讫通知联同时提交出票银行办理，并按规定提交证明或身份证件。缺少解讫通知联要求退款的，出票银行应于银行汇票提示付款期满1个月后办理。出票行经与原保管的汇票卡片核对无误，即在汇票和解讫通知的实际结算金额大写栏内注明"未用退回"字样，以汇票第一联作借方传票，汇票作附件，解讫通知作贷方传票（若退付现金，则作为借方凭证附件），办理退款。

其一，转账退付时，编制会计分录：

借：吸收存款——汇出汇款

　　贷：吸收存款——××存款（申请人户）

其二，退付现金时，编制会计分录：

借：吸收存款——汇出汇款

　　贷：库存现金

同时销记"汇出汇款登记簿"，多余款收账通知的多余金额栏注明原汇票金额，加盖银行专用章后交申请人。

对于由于申请人缺少汇票解讫通知要求退款的，应当备函，向出票行说明短缺原因，并交存汇票，出票行则按规定于提示付款期满1月后比照退款手续办理退款。

四、商业汇票的核算

商业汇票是出票人签发的，委托付款人在指定日期无条件支付确定的金额给收款人或者持票人的票据。商业汇票可分为商业承兑汇票和银行承兑汇票。商业承兑汇票由银行以外的付款人承兑，银行承兑汇票由银行承兑。商业汇票的付款人为承兑人。

1. 商业汇票的基本规定

使用商业汇票进行业务的结算，首先必须遵守以下规定：①在银行开立存款账户的法人以及其他组织之间，必须具有真实的交易关系或债权债务关系，才能使用商业汇票。禁止签发无商品交易的商业汇票。②商业汇票的付款期限，最长不得超过6个月。③商业汇票的提示付款期限，自汇票到期日起10日。④银行承兑汇票在承兑行承兑时，应按票面金额向出票人收取万分之五的手续费。⑤银行承兑汇票的出票人于汇票到期日未能足额交存票款时，承兑银行除凭票向持票人无条件付款外，对出票人尚未支付的汇票金额每天按照逾期贷款规定利率计收利息。⑥商业汇票允许贴现，并允许背书转让。

2. 商业承兑汇票的核算

商业承兑汇票的业务核算主要有以下三个方面：

（1）持票人开户行受理汇票的处理。商业承兑汇票按交易双方约定签发，并由付款人承兑后交给收款人。收款人（持票人）对到期的汇票，应在提示付款期内通过开户行委托收款或直接向付款人提示付款。对异地委托收款的，持票人可匡算邮程，提前通过开户行办理委托收款。填制委托收款凭证，并在"委托收款凭据名称"栏注明"商业承兑汇票"及汇票号码，连同汇票一并交开户银行。银行按有关规定审核无误后，在委托收款凭证各联加盖"商业承兑汇票"戳记，其余按委托收款有关手续办理托收。

商业承兑汇票一式三联：第一联卡片，由承兑人留存；第二联汇票，由持票人保管；第三联存根，由出票人存查。其格式如表5-4所示。

表5-4 商业承兑汇票2 汇票号码

出票日期（大写） 年 月 日 第 号

付款人	全称			收款人	全称		
	账号				账号		
	开户银行		行号		开户银行		行号
出票金额	人民币（大写）					（小写金额）	
汇票到期日				交易合同号码			
本票已经承兑，到期无条件支付票款 承兑人签章 承兑日期 年 月 日				本汇票请于承兑到期日付款 出票人签章			

证寄付款人开户行作借方凭证附件

此联持票人开户行随托收款凭

（2）付款人开户行收到汇票的处理。付款人开户银行收到持票人开户行寄来的委托收款凭证汇票后，按有关规定审查无误，确定付款人确在本行开户，承兑人在汇票上的签章与预留银行的签章相符，即可将商业承兑汇票留存，委托收款凭证第五联转交给付款人并签收。

付款人收到开户银行的付款通知，应在当日通知银行付款。在接到通知日的次日起三日内（遇法定休假日顺延）未通知银行付款的，视同付款人承诺付款，银行应于第四日（法定休假日顺延）上午开始营业时，将票款划给持票人。划款时可能出现两种情况：

其一，付款人账户有足够款项支付汇票款时，以第三联委托收款凭证作借方凭证，汇票加盖转讫章作附件，销记"收到委托收款凭证登记簿"，编制会计分录：

借：吸收存款——××存款（付款人户）

　　贷：联行往账（异地）

　　　　存放中央银行款项

转账后，第四联委托收款凭证加盖转讫章后，通过票据交换或随联行报单，转交持票人开户行。

【例5-10】工商银行A支行收到工商银行B支行寄来委托收款凭证及商业承兑汇票各一份，系永安商厦支付华联超市的商品款80 000元，经审核无误后，编制会计分录：

借：吸收存款——单位活期存款——永安商厦　　　　　　　　　　80 000

　　贷：联行往账——B支行　　　　　　　　　　　　　　　　　　80 000

其二，付款人账户无款支付或不足支付时，银行应填制付款人未付票款通知书，在委托收款凭证备注栏注明"无款支付"字样，连同汇票一起邮寄收款人开户行。处理手续与委托收款结算的无可支付相同。

在付款人接到付款通知次日起3日内，银行收到付款人的拒绝付款证明时，应按委托收款结算拒绝付款的手续处理，注明"拒绝付款"的委托收款凭证、拒付证明及汇票均寄回持票人开户。

（3）持票人开户行收到划回款项或退回凭证。持票人开户行，收到付款人开户行票据交换或寄来的联行报单和委托收款凭证第四联，与留存的委托收款第二联凭证进行核对，无误后注明转账日期，办理转账。编制会计分录：

借：联行来账（或其他科目）

　　贷：吸收存款——××存款（收款人户）

转账后，将第四联委托收款凭证加盖转讫章，作为收账通知交给持票人。

3. 银行承兑汇票的核算

银行承兑汇票的核算主要有签发、承兑、持票人开户行受理汇票、承兑银行对汇票到期收取票款、承兑银行支付票款及持票人开户行收到划回款项等内容。

（1）银行承兑汇票的签发。银行承兑汇票应由在承兑银行开户的存款人签发。签发银行承兑汇票必须记载表明"银行承兑汇票"的字样、无条件支付的委托、确定的金额、付款人和收款人的名称以及出票日期和出票人签章。

（2）银行承兑汇票的承兑核算。银行承兑汇票的出票人或持票人持银行承兑汇票向银行提示承兑时，银行信贷部门按照有关规定和审批程序，对出票人的资格、资信、购销合同和汇票记载的内容进行认真审查，必要时可由出票人提供担保。审查同意后，与出票人签署银行承兑协议，协议一联留存，另一联及其副本和第一联、第二联汇票一并交本行会计部门。

会计部门收到后按有关规定认真审核无误后，在第一联、第二联汇票上注明承兑协议编号，并在第二联汇票"承兑人签章"处加盖汇票专用章，并由授权的经办人签名或盖章。同时，按票面金额万分之五向出票人收取承兑手续费。编制会计分录：

    借：吸收存款——××存款（承兑申请人户）

        贷：手续费及佣金收入

（3）持票人开户行受理汇票的核算。持票人凭汇票委托开户行向承兑银行收取票款时，应填制委托收款凭证，在"委托收款凭据名称"栏注明"银行承兑汇票"及其汇票号码，连同汇票一并送交开户行。经审查无误后，银行在委托收款凭证各联上加盖"银行承兑汇票"戳记。

（4）承兑银行对汇票到期收取票款的核算。承兑银行应每天查看汇票到期情况，对到期的汇票，应于到期日（法定休假日顺延），根据承兑申请人账户存款情况分别处理：

其一，承兑申请人账户有足够款项支付的处理。承兑申请人账户有足够的款项支付时，承兑银行填制两联特种转账借方传票、一联特种转账贷方传票，并在"转账原因"栏注明"根据××号汇票划转票款"。编制会计分录：

    借：吸收存款——××存款（承兑申请人户）

        贷：吸收存款——应解汇款（承兑申请人户）

另一联特种转账借方传票加盖转讫章后，作支款通知交给出票人。

其二，承兑申请人账户不足支付的处理。承兑申请人账户无足够的款项支付时，承兑银行应填制四联特种转账借方传票、一联特种转账贷方传票，在"转账原因"栏注明"××号汇票划转部分票款"。编制会计分录：

    借：吸收存款——××存款（承兑申请人户）

        贷款——逾期贷款（承兑申请人户）

        贷：吸收存款——应解汇款（承兑申请人户）

两联特种转账借方凭证加盖转讫章后，作支款通知和逾期贷款通知交给出票人。

【例5-11】工商银行某支行2015年9月10日为出票人华联超市承兑的银行承兑汇票一张50 000元，今已到期，而华联超市账户余额为48 000元，予以收款，不足款项转入逾期贷款账户，编制会计分录：

    借：吸收存款——单位活期存款——华联超市户   48 000

        贷款——逾期贷款——华联超市户   2 000

        贷：吸收存款——应解汇款——华联超市户   50 000

（5）承兑银行支付票款的处理。承兑银行接到持票人开户行寄来的委托收款凭证及汇票，抽出专夹保管的汇票卡片和承兑协议副本按有关规定认真审核无误后，应于汇票到期日或到期日之后的见票当日，按照委托收款付款的手续处理。编制会计分录：

    借：吸收存款——应解汇款（承兑申请人户）

        贷：联行往账（或其他科目）

（6）持票人开户行收到划回款项的处理。持票人开户行，收到承兑银行通过票据交换或寄来的联行报单和委托收款凭证第四联，与留存的委托收款第二联凭证进行核对，无误后在第二联上注明转账日期，并以之作为贷方凭证办理转账。编制会计分录：

借：联行来账（或其他科目）

　　贷：吸收存款——××存款（收款人户）

然后，第四联委托收款凭证加盖转讫章后，作为收账通知交于收款人，并销记"发出委托收款凭证登记簿"。

【课外思考 5 - 2】商业承兑汇票和银行承兑汇票相同、不同之处有哪些？

第四节　其他结算业务的核算

随着我国经济业务的多元化，需要结算业务多样化，除上述业务，我国结算业务还有信用卡、汇兑结算、托收承付、委托收款等。

一、信用卡结算业务的核算

信用卡是指商业银行向个人和单位发行的，凭以向特约单位（如商店、旅馆、娱乐场所、饭店等）购物、消费和向银行存取现金，且具有消费信用的特质载体卡片。信用卡的外观为带有卡名、卡号、持卡人姓名、有效期、信息磁条、防伪标志等内容的卡片。信用卡具有"电子货币"功能。

1. 信用卡的发放

单位申领使用信用卡，应按发卡银行规定填写"信用卡申请表"，连同有关资料一并交发卡银行。发卡行审核同意后，应及时通知申请人前来办理领卡手续，并按规定向其收取备用金和手续费。申请人从基本存款账户支付以上款项。具体分以下两种情况：

（1）申请人已在发卡行开户。申请人接到通知，应填制转账支票及三联进账单交给银行，发卡行审查无误后，比照支票结算的有关手续处理，并另填制一联特种转账贷方凭证作为收取手续费凭证。编制会计分录：

借：吸收存款——单位活期存款——××户

　　贷：吸收存款——信用卡存款——××户

　　　　手续费及佣金收入——结算手续费收入

（2）申请人未在发卡行开户的，应填制转账支票及两联进账单交银行，发卡行审查无误后，填制一联收取手续费的特种转账贷方凭证，转账后，将支票通过票据交换交申请人基本存款账户的开户行。编制会计分录：

借：存放中央银行款项——备付金存款户（或清算资金往来）

　　贷：吸收存款——信用卡存款——××户（申请单位户）

　　　　手续费及佣金收入——结算手续费收入

【例 5-12】工商银行某支行收到华联超市交来的进账单和转账支票一份，进账单金额为 30 000 元，转账支票金额为 30 020 元，其中，20 元为手续费，经审核无误，发放信用卡，编制会计分录：

借：吸收存款——单位活期存款——华联超市户　　　　　　　　30 020

　　贷：吸收存款——信用卡存款——华联超市户　　　　　　　　30 000

　　　手续费及佣金收入——结算手续费收入　　　　　　　　　　　20

2. 信用卡直接消费业务的核算

直接消费是信用卡的主要功能。持卡人在特约单位购物或消费之后，无须支付现金。同时特约单位向银行支付一定比例的手续费。

（1）持卡人使用信用卡的账务处理。持卡人凭信用卡在同城或异地直接消费时，需填制签购单，由特约单位填制进账单、汇计单（总计单），与签购单一并送存银行，经办行应向特约单位收取手续费。

汇计单一式三联，第一联为交费收据，第二联为贷方凭证附件，第三联为存根。签购单一式四联，第一联为回单，第二联为借方凭证，第三联为贷方凭证附件，第四联为存根。

（2）信用卡资金清算的账务处理。

其一，特约单位与持卡人在同一城市不同行处开户的核算。收单银行应认真审核特约单位交来的二联进账单、三联汇计单及第二联、第三联签购单。审核无误后，在第一联进账单加盖转讫章作收账通知，和第一联汇计单加盖业务公章作交费收据，退给特约单位。

收单银行应将第二联进账单作为贷方凭证，第三联签购单作为其附件，并根据第二联汇计单的手续费金额填制一联特种转账贷方凭证；将第二联签购单加盖业务公章，连同第三联汇计单向持卡人开户行提出票据交换（对跨系统银行发行的信用卡需待款项收妥办理转账）。编制会计分录：

借：存放中央银行款项

　　贷：吸收存款——××存款（特约单位户）

　　　手续费及佣金收入——结算手续费收入

持卡人开户银行收到交来的第三联汇计单，审核无误后办理转账，编制会计分录：

借：吸收存款——银行卡存款（持卡人户）

　　贷：存放中央银行款项

其二，特约单位与持卡人不在同一城市，但在同一行处开户的核算。收单银行应将第一联进账单作为收账通知与第一联汇计单作交费依据，退交特约单位；第二联进账单作为特约单位存款账户的转账贷方传票，第三联签购单作为附件；填制一联手续费收入科目特种转账贷方传票，第二联汇计单作为附件；第二联签购单作为借方传票；汇计单第三联、签购单第四联留存。编制会计分录：

第二篇　商业银行基本业务核算

借：联行科目

　　贷：吸收存款——××存款（特约单位户）

　　　　手续费及佣金收入——结算手续费收入

其三，发卡银行是异地跨系统银行的核算。在发卡行是异地某家跨系统银行的情况下，特约单位开户银行（收单银行）应向本地的跨系统发卡银行的通汇行按上述手续提出票据交换，会计分录同特约单位与持卡人在同一城市不同行处开户的核算。通汇银行接到收单银行交换来的签购单和汇计单，编制会计分录：

借：联行科目

　　贷：存放中央银行款项

发卡行收到同城交换来的第二联签购单和第三联的汇计单，应认真审核，审查无误后，将第二联签购单作为借方凭证，第三联的汇计单留存。编制会计分录：

借：吸收存款——信用卡存款（持卡人户）

　　贷：联行科目

二、汇兑结算业务的核算

汇兑结算，是汇款人委托银行将款项汇给异地收款人的结算方式。作为一种传统的结算方式，汇兑结算便于汇款人向异地收款人主动付款，适用于单位、个体经济户和个人汇拨各种款项。

1. 汇兑结算的基本规定

（1）汇款人委托银行办理汇兑结算，签发汇兑凭证时，在汇兑凭证上必须记载下列事项：表明"信汇"或"电汇"的字样；支付的委托，即汇款人对于汇款不得有任何限制付款的条件；确定的金额；收款人的姓名；汇款人的姓名；汇入地点、汇入行名称；汇出地点、汇出行名称；委托日期，指汇款人向汇出银行提交汇兑凭证的当日；汇款人签章（或签名）。欠缺上述记载事项之一的，银行不予受理。

（2）汇兑凭证记载的收款人为个人的，收款人需要到汇入银行领取款项的，汇款人应在汇兑凭证上注明"留行待取"字样；对于留行待取的汇款，需要指定该单位的某个收款人领取的，还应注明收款人的单位名称；信汇凭证上指明凭收款人签章收取的，应在信汇凭证上预留收款人签章。

（3）汇款人如果限定所汇款项不得进行转汇时，应在汇兑凭证的备注栏内写明"不得转汇"的字样。

（4）汇款人和收款人均为个人，需要在汇入行支取现金的，应在信汇或电汇凭证的"汇款金额"大写栏内，先填写"现金"字样，后填写汇款金额。

2. 汇兑结算业务程序

汇兑结算业务依据以下程序进行：①汇款人委托开户行汇款；②汇款人受理回单联；

·115·

③汇款人开户行向收款人开户行划转款项；④收款人开户行通知收款人承兑。

3. 信汇结算业务的核算

信汇，是汇款人委托银行以邮寄凭证的方式通知汇入行向收款人兑付款项的一种结算方式。

（1）汇出行的核算。汇款人委托银行办理信汇时，应向银行填制一式四联信汇凭证：第一联为回单，第二联为借方凭证（见表5-5），第三联为贷方凭证，第四联为收账通知或代取款收据。

表5-5　××银行信汇凭证（借方凭证）2

委托日期　　年　月　日　　　　　　　　第　　号

汇款人	全称		收款人	全称					此联汇出行作借方凭证
	账号或住址			账号或住址					
	汇出地点			汇入地点	省　市　县	汇入行名称			
金额	人民币（大写）			（小写部分）					
汇款用途：			科目（借）_____						
此货款支付给收款人			对方科目（贷）_____						
			汇出行汇出日期　　年　月　日						
	汇款人签章		复核　　　　记账						

汇出行受理信汇凭证时，按有关规定认真审核无误后，第一联信汇凭证加盖转讫章退给汇款人。汇款人转账交付的，第二联信汇凭证作借方传票，编制会计分录：

借：吸收存款——单位或个人活期存款——××户（汇款人户）

　　贷：联行往账

现金交付的，填制一联特种转账贷方凭证，将第二联信汇凭证作借方凭证，编制会计分录：

借：库存现金

　　贷：吸收存款——应解汇款（汇款人户）

借：吸收存款——应解汇款（汇款人户）

　　贷：联行往账

转账后并在第三联信汇凭证加盖结算专用章，与第四联同联行报单一并寄汇入行。

（2）汇入行的核算。汇入行收到汇出行邮寄来的报单与第三联、第四联信汇凭证，审核无误后，分不同情况进行处理。

1）直接入账的汇款。收款人在汇入行开有账户，可以直接将汇款转入其账户。转账时以第三联信汇凭证作贷方传票，另编转账借方传票，编制会计分录：

借：联行来账

贷：吸收存款——××存款（收款人户）

第四联信汇凭证加盖转讫章作为收账通知交给收款人。

2）不直接入账的汇款。收款人未在汇入行开有账户，一般属于个人收款或留行待取的，应通过"应解汇款"科目核算。以第三联信汇凭证作为贷方传票，另编转账借方传票，编制会计分录：

借：联行来账

贷：吸收存款——应解汇款（收款人户）

同时登记"应解汇款登记簿"，在信汇凭证上编列应解汇款序号，第四联信汇凭证留存保管，另以便条通知收款人来行办理取款手续。"应解汇款"账户只收不付，付完清户，不计付利息。

收款人需凭信汇取款通知取款或"留行待取"取款的来行取款时，需交验本人身份证；银行应抽出第四联信汇凭证，按有关规定审核无误后，办理付款手续。分以下几种情况：

其一，支取现金且信汇凭证上填明"现金"字样的，应一次办理现金支付手续。另填现金付出传票，第四联信汇凭证作为附件。编制会计分录：

借：吸收存款——应解汇款（收款人户）

贷：库存现金

其二，分次支付的，应凭第四联信汇凭证注销"应解汇款登记簿"中的该笔汇款，并另开立应解汇款分户账（不通过分录，以丁种账页代替），银行审核收款人填制的支款凭证、签章及身份证件无误后，办理分次支付手续。待最后结清时，将第四联信汇凭证作为借方凭证附件。

其三，需要转汇的，应重新办理汇款手续。收款人和款项用途必须与原汇款人的用途相同，并需在第三联信汇凭证上加盖"转汇"戳记。如果第三联信汇凭证上已注明不转汇，银行不予办理。

4. 电汇的核算

电汇是汇款人委托银行以发送电子汇划信息的方式，通知汇入行解付汇款的一种结算方式。

（1）汇出行的核算。汇款人委托银行办理电汇时，应填制一式三联的电汇凭证（见表5-6）。汇出行受理电汇凭证时，按有关规定审核无误后，第一联电汇凭证加盖转讫章退给汇款人，第二联作借方凭证，其会计分录与信汇相同，并以第三联电汇凭证作资金汇划发报凭证。电汇凭证上填明"现金"字样的，应在电报的金额前加拍"现金"字样。

（2）汇入行的核算。汇入行收到汇出行通过资金汇划系统汇来的款项，经审核无误后，应打印资金汇划贷方补充凭证，进行账务处理，其余手续与信汇相同。

5. 退汇的会计核算

退汇就是将已经汇出，但尚未解付的汇款退回汇款人。退汇的情况主要包括：汇款人

表 5-6　××银行电汇凭证（借方凭证）2

委托日期　　年　月　日　　　第　　号

汇款人	全称		收款人	全称			
	账号或住址			账号或住址			
	汇出地点			汇入地点	省　市　县	汇入行名称	
金额	人民币（大写）				（小写部分）		
汇款用途： 此货款支付给收款人 汇款人签章			科目（借）＿＿＿＿＿ 对方科目（贷）＿＿＿＿＿ 汇出行汇出日期　　年　　月　　日 复核　　　　　记账				

此联汇出行作借方凭证

要求退汇和汇入行主动退汇。

（1）汇款人要求退汇的处理。

其一，汇出行办理退汇。汇款人因故要求退汇时，应备函或本人身份证，连同原汇兑凭证回单联交汇出行。汇出行收到后，先以电报或电话方式通知汇入行，经汇入行证实汇款确未被支付方可受理。汇出行受理退汇后，应填制四联"退汇通知书"，并在第一联通知书上批注"×月×日申请退汇，待款项退回后再办理退款手续"字样后，加盖业务公章退交汇款人；第二联、第三联寄汇入行；第四联与公函和回单一起保管。如汇款人要求以电报通知退汇时，只填两联退汇通知书，一联为回单，另一联备查，另以电报通知汇入行。

其二，汇入行的处理手续。汇入行收到第二联、第三联退汇通知书或通知退汇的电报后，经查，如果该笔汇款已转入"应解汇款"科目但尚未解付的，应向收款人联系索回便条，并以第二联退汇通知书代转账借方传票，第四联汇款凭证作为附件办理转账。编制会计分录：

借：吸收存款——应解汇款（收款人户）

　　贷：联行科目

转账后，将第三联退汇通知书寄送原汇出行。

如果该笔款项已解付，应在第二联、第三联退汇通知书或电报上注明解付情况及日期，留存第二联退汇通知书或电报，以第三联退汇通知书（或拍发电报通知原汇出行）。

其三，汇出行收到汇入行寄来的退汇通知书及报单或退汇电报，应以第三联退汇通知书，贷方凭证办理转账。编制会计分录：

借：联行科目

　　贷：吸收存款——××存款（原汇款人户）

转账后，在原汇款凭证上注明"汇款已于×月×日退汇"字样，并在汇款通知书第四联上注明"汇款退回，已代进账"字样，加盖业务公章后，作为收账通知交原汇款人。

（2）汇入行主动退汇的处理。汇入行对于收款人拒绝接受的汇款，应即办理退汇。

汇入行对于向收款人发出取款通知，经过两个月无法交付的汇款，应主动办理退汇。退汇时，由汇入行填写转账传票，通过资金汇划系统办理退汇手续。会计分录同上，不再详述。

三、托收承付的核算

托收承付也称异地托收承付，是指收款人根据购销合同发货后，委托银行向异地付款人收取款项，并由付款人验单或验货后，向银行承认付款的结算方式。

1. 托收承付的基本规定

使用这种结算方式的收付款单位，必须是国有企业、供销合作社，以及经营管理较好并经开户银行审查同意的城乡集体所有制工业企业。

办理托收承付结算的款项，必须是商品交易以及因商品交易而产生的劳务供应的款项。代销、寄销、赊销商品的款项，不得办理托收承付结算。

收款人办理托收，必须具有商品确已发运的证件，没有发运证件的，应按规定凭其他有关证件办理托收。

托收承付结算每笔金额起点为 10 000 元，新华书店系统每笔金额起点为 1 000 元。

托收承付结算款项的划回方法，分邮寄和电报两种，由收款人选用。

收付双方使用托收承付结算必须签有符合《中华人民共和国合同法》的购销合同，并在合同上订明使用托收承付结算方式。

2. 托收承付的核算

异地托收承付结算的处理过程可分四个阶段：收款人开户行受理并发出托收凭证；付款人开户行通知承付；付款人开户划款；收款人开户行收款。

（1）收款人开户行受理托收承付的处理。收款人按照签发的购销合同发货后，即可填制一式五联邮划或电划托收承付凭证（见表 5-7），第一联为回单，第二联为贷方凭证，第三联为借方凭证，第四联为收账通知（电划第四联为发电依据），第五联为承付通知。收款人在第二联托收凭证上加盖单位印章后，将托收凭证和有关单证提交开户银行。

收款人开户行收到上述凭证后，应按规定认真进行审查：托收的款项是否符合托收承付结算规定的范围、条件、金额起点以及其他有关规定；有无商品确已发运的证件，无证件的，是否符合托收承付结算办法规定的其他特殊条件；托收凭证各栏是否填写齐全、正确；托收凭证记载的附件张数与所附单证的张数是否相符；托收凭证第二联是否加盖收款人印章等。必要时还要查验交易双方签订的购销合同。银行审查的时间最长不得超过次日。经审查无误后，将第一联凭证加盖业务公章后退给收款人。第二联托收凭证由银行专夹保管，并登记发出托收结算凭证登记簿。然后在第三联托收凭证上加盖结算专用章，连同第四联、第五联凭证及交易单证一起寄交付款人开户行。

表 5 - 7　托收承付凭证（贷方凭证）　　　　　　　　托收号码：

委托日期　　　年　月　日　　　　第　　号

付款人	全称		收款人	全称			
	账号或住址			账号或住址			
	开户银行			开户银行		行号	
托收金融	人民币（大写）			（小写部分）			
	附件	商品发运情况		合同名称			
附寄单证张数或册数							
备注：	本托收款项随附有关单证等件，请予办理托收 收款人签章		科目（借）_____ 对方科目（贷）_____ 转账　　年　　月　　日 复核　　　　　　记账				

此联收款人开户银行作贷方凭证

　　（2）付款人开户行通知承付及划款的处理。付款人开户行接到托收承付凭证和所附单证，应在两天内严格审核其详细内容，审查无误后，在凭证上填注收到日期和承付期，第三联、第四联托收凭证登记"定期代收结算凭证登记簿"后，按承付到期日顺序保管专夹保管，第五联托收凭证加盖业务公章后，连同交易单证一并及时送交付款人。

　　付款人承付货款分为验单付款和验货付款两种。验单付款的承付期为 3 天，从付款人开户行发出承付通知的次日算起（承付期内遇法定休假日顺延）。验货付款的承付期为 10 天，从运输部门向付款人发出提货通知的次日算起，对收付双方在合同中明确规定，并在托收凭证上注明验货付款期限的，银行从其规定。

　　付款人收到提货通知后，应即向银行交验提货通知。付款人在银行发出承付通知后（次日算起）的 10 天内，如未收到提货通知，应在第 10 天将货物尚未到达的情况通知银行，如不通知，银行即视作已经验货，于 10 天期满的次日上午银行开始营业时，将款项划给收款人。在第 10 天，付款人通知银行货物未到，而以后收到提货通知没有及时送交银行的，银行仍按 10 天期满的次日作为划款日期，并按超过的天数，计扣逾期付款赔偿金。

　　在承付期内，付款人应认真审查凭证或检验货物，并积极筹措资金，如有异议或其他要求，应在承付期内通知银行，否则银行视为同意付款。

　　其一，全额付款的处理。付款人在承付期内没有任何异议，并在承付期满日营业终了前银行存款账户上有足够金额，银行便视作同意全额付款，开户行便于承付期满日次日（遇例假日顺延）上午开始营业时，主动将款项从付款人账户内划出，按收款人指定的划款方式，划给收款人，以第三联托收凭证作为借方传票办理转账。编制会计分录：

借：吸收存款——××存款（付款人户）

　　贷：联行往账

转账后，销记定期代收结算凭证登记簿，并以第四联托收凭证作附件随联行报单寄收款人开户行。

其二，提前承付的处理。付款人在承付期满前通知银行提前付款，银行划款的手续同全额付款，但应在托收凭证和登记簿备注栏分别注明"提前承付"字样。

其三，逾期付款的处理。付款人在承付期满日银行营业终了时，如无足够资金支付货款，其不足部分，即为逾期付款。

付款人开户银行对逾期支付的款项，应当根据逾期付款金额和逾期天数，每天按万分之五计算逾期付款赔偿金。赔偿金的计算公式：

赔偿金额 = 逾期支付金额 × 逾期天数 × 赔偿金率

逾期付款天数从承付期满日算起。承付期满日银行营业终了时，付款人如无足够资金支付，其不足部分，应当算作逾期 1 天；在承付期满的次日（如遇例假日顺延，但以后遇例假日照算逾期天数）银行营业终了时，仍无足够资金支付，其不足部分，应当算作逾期两天，依此类推。

托收款项逾期如遇跨月时，应在月末单独计算赔偿金，于次月 3 日内划给收款人。在月内有部分付款的，其赔偿金从当月 1 日起计算并随同部分支付的款项划给收款人，对尚未支付的款项，月末再计算赔偿金，于次月 3 日内划给收款人。赔偿金的扣付列为企业销货收入扣款顺序的首位，如付款人账户余额不足以全额支付时，应排列在工资之前，并对该账户采取"只收不付"的控制办法，待一次足额扣付赔偿金后，才准予办理其他款项的支付。

付款人在承付期满日营业终了前，账户无款支付的，付款人开户行应在托收凭证和登记簿备注栏分别注明"逾期付款"字样，并填制三联"托收承付结算到期未收通知书"，将第一联、第二联通知书寄收款人开户行，第三联通知书与第三联、第四联托收凭证一并保管。等到付款人账户有款可以一次或分次扣款时，比照下面"部分付款"的有关手续办理，将逾期付款的款项和赔偿金一并划给收款人。

【例 5 - 13】某技术有限公司付款的托收承付款项一笔，金额 50 万元，9 月 5 日承付期满，9 月 6 日上午开业划款时，由于付款人存款账户余额不足，只能支付 15 万元，逾期至 9 月 22 日开业时支付 25 万元，其余款于 10 月 15 日上午开业全部扣清。应计收的赔偿金：

9 月 23 日计算赔偿金 = $250\,000 \times 17 \times 0.5‰ = 2\,125$ （元）

9 月末计算赔偿金 = $100\,000 \times 26 \times 0.5‰ = 1\,300$ （元）

10 月 16 日计算赔偿金 = $100\,000 \times 14 \times 0.5‰ = 700$ （元）

付款人开户行对逾期未付的托收凭证，负责进行扣款的期限为 3 个月（从承付期满日算起）。期满时，付款人仍无足够资金支付尚未付清的欠款，银行应于次日通知付款人将有关交易单证（单证已作账务处理或已部分支付的，可以填制应付款项证明单）在 2 天内退回银行（到期日遇例假日顺延）；付款人逾期不退回单证的，银行于发出通知的第

3 天起，按照尚未付清欠款金额，每天处以万分之五但不低于 50 元的罚款，并暂停其向外办理结算业务，直至退回单证时止。付款人开户行收到付款人退回的单证，经审核无误后，在托收凭证和登记簿备注栏注明单证退回日期和"无法支付"的字样，并填制三联"应付款项证明单"，将证明单第一联和第三联托收凭证一并留存备查，将两联证明单连同第四联、第五联托收凭证及有关单证一并寄收款人开户行。

付款人开户行在退回托收凭证和单证时，需将应付的赔偿金一并划给收款人。付款人逾期不退回单证的，开户行按前述规定予以罚款作为银行营业外收入处理。

其四，拒绝付款的处理。付款人在承付期内提出全部拒付的，应填制四联全部拒付理由书，连同有关的拒付证明、第五联托收凭证及所附单证送交开户行。银行严格审核，不同意拒付的，实行强制扣款，对无理拒付而增加银行审查时间的，银行应按规定扣收赔偿金。对符合规定同意拒付的，经银行主管部门审批后，在托收凭证和登记簿备注栏注明"全部拒付"字样，然后将第一联拒付理由书加盖业务公章退给付款人，将第二联拒付理由书，连同第三联托收凭证留存备查，其余所有单证一并寄给收款人开户行。

付款人在承付期内提出部分拒绝付款，经银行审查同意办理的，依照全部拒付审查手续办理，并在托收凭证和登记簿备注栏注明"部分拒付"字样及部分拒付的金额，对同意承付部分，以第二联拒付理由书代替借方凭证（第三联托收凭证作附件）。编制会计分录：

借：吸收存款——××存款（付款人户）（同意承付金额）

　　贷：联行往账（同意承付金额）

然后将第一联拒付理由书加盖转讫章交付款人，其余单证，如拒付理由书第三联、第四联连同拒付部分的商品清单和有关证明邮寄收款人开户行。

（3）收款人开户行收款结账的处理。收款人开户行收到付款人开户行寄来的联行报单及第四联托收凭证后，与留存的第二联托收凭证核对无误后，在第二联托收凭证上注明转账日期，办理转账。编制会计分录：

借：联行来账

　　贷：吸收存款——××存款（收款人户）

销记"发出托收结算凭证登记簿"，并将第四联托收凭证代收账通知交收款人。至此，全额解付的托收承付结算业务处理完毕。

四、委托收款结算业务的核算

委托银行收款，是收款人向银行提供收款依据，委托银行向付款人收取款项的结算方式。

1. 委托收款的基本规定

单位和个人凭借已承兑的商业汇票、债券、存单等付款人的债务证明而委托银行收取款项，以及其他应收款项的结算，均可使用委托收款结算方式；委托收款在同城或异地都可使用；委托收款不受金额起点限制；异地委托收款结算的款项划回方式有邮划和电划两种，由收款人选用。

2. 委托收款的核算

委托收款结算的处理过程也可分为四个阶段。

（1）收款人开户行受理委托收款的处理。收款人办理委托收款时，填制委托收款凭证一式五联（见表5-8）回单，第二联为贷方凭证，第三联为借方凭证，第四联为收账通知（电划时为发电依据），第五联为付款通知。

表5-8 委托收款凭证（贷方凭证）   第   号
委托日期   年   月   日   委收号码：

付款人	全称		收款人	全称		
	账号或住址			账号或住址		
	开户银行			开户银行		行号
委托金额	人民币（大写）			（小写部分）		
款项内容		委托收款凭据名称	附寄单证张数			
备注：	上列委托收款项随附有关单证等件，请予办理收款 收款人签章		科目（借）_____ 对方科目（贷）_____ 转账 年 月 日 复核 记账			

此联收款人开户银行作贷方凭证

填妥凭证后，收款人在第二联凭证上签章后，将有关委托收款凭证和债务证明提交开户银行。收款人开户行收到上述凭证后，按有关规定认真审核无误后，第一联凭证加盖业务公章退给收款人，第二联凭证专夹保管并登记发出委托收款凭证登记簿，第三联凭证加盖结算专用章，连同第四联、第五联凭证及有关债务证明，一并寄交付款人开户行。

（2）付款人开户银行通知划款。付款人开户银行收到委托收款凭证及有关单证，审查是否确属本行受理，审查无误后，登记"收到委托收款凭证登记簿"，将五联凭证加盖业务公章，连同其他有关单证一并交付款人签收。

（3）付款人开户银行划款。付款人接到通知后，应于当日书面通知银行付款，如付款人在接到通知的次日起3日内未通知银行付款的，视同付款人同意付款，银行应于付款人接到通知日的次日起第4日上午开始营业时，将款项划给收款人。编制会计分录：

借：吸收存款——××存款（付款人户）

存放中央银行款项

贷：吸收存款——××存款（收款人户）

付款人在付款期满时，如果账户上没有足够的资金支付全部款项，银行应索回全部单证，并填写付款人未付款通知书，连同第四联委托收款凭证一并退回收款人开户银行。

如付款人办理拒绝付款的，应在接到付款通知的次日起 3 天内填制四联拒绝付款理由书，连同债务证明及第五联委托收款凭证一并交给开户银行，银行审核无误后，在委托收款凭证和收到委托收款凭证登记簿上注明"拒绝付款"字样，然后将第一联拒付理由书加盖业务公章退还付款人，第二联拒付理由书连同第三联委托收款凭证一并留存备查，第三联、第四联拒付理由书连同债务证明和第四联、第五联委托收款凭证一并寄收款人开户行。

（4）收款人开户银行收款。收款人开户行收到付款人开户行通过票据交换或寄来的第四联委托收款凭和联行报单，应与留存的第二联委托收款凭证核对无误后，办理转账。编制会计分录：

借：联行科目（异地）

　　存放中央银行款项（同城）

贷：吸收存款——××存款（收款人户）

对于无款支付和拒付的情况，收款人开户银行应将未付款通知书、拒付理由书及债务证明转交收款人。

【课外思考 5 – 3】我国人民银行对信用卡结算的基本规定有哪些？

实务训练

一、单项选择题

1. 以下四种结算方式中异地同城都能使用的是（　　　）。

A. 银行本票　　　　B. 银行汇票　　　　C. 信用卡　　　　D. 托收承付

2. 在汇兑业务中，收款人没有在汇入行开户，汇入行到汇收时使用（　　　）。

A. 活期存款　　　　B. 其他应付款　　　　C. 现金　　　　D. 应解汇款

3. 托收承付结算验单付款的承付期为（　　　）。

A. 3 天　　　　B. 5 天　　　　C. 10 天　　　　D. 接到通知的当天

4. 既可用于支取现金，又可用于转账的支票是（　　　）。

A. 现金支票　　　　B. 转账支票　　　　C. 普通支票　　　　D. 划线支票

5. 商业汇票的付款人是（　　　）。

A. 签发人　　　　B. 持票人　　　　C. 承兑人　　　　D. 背书人

6. 银行本票的提示付款期限自出票日起最长不得超过（　　　）。

A. 1 个月　　　　　　B. 2 个月　　　　　　C. 4 个月　　　　　　D. 6 个月

7. 商业汇票的付款期限最长不得超过（　　　）。

A. 3 个月　　　　　　B. 2 个月　　　　　　C. 6 个月　　　　　　D. 9 个月

8. 托收承付结算方式验货付款的承付期是（　　　）。

A. 3 天　　　　　　　B. 5 天　　　　　　　C. 8 天　　　　　　　D. 10 天

9. 承兑银行办理汇票承兑时，使用的科目是（　　　）。

A. 应解汇款　　　　B. 有价单证　　　　C. 银行承兑汇票　　　　D. 重要空白凭证

10. 下列结算工具中异地不能使用的是（　　　）。

A. 银行汇票　　　　B. 银行本票　　　　C. 托收承付　　　　D. 汇兑

二、多项选择题

1. 支付结算原则包括（　　　）。

A. 恪守信用，履约付款

B. 疏通支付结算渠道

C. 谁的钱进谁的账，由谁支配

D. 实行结算监督

E. 银行不垫款

2. 下列支付结算方式中属异地使用的有（　　　）。

A. 银行汇票　　　　B. 银行本票　　　　C. 支票

D. 汇兑　　　　　　E. 托收承付

3. 下列属于支付结算办法中规定的票据是（　　　）。

A. 支付现金　　　　B. 支票　　　　C. 本票

D. 商业汇票　　　　E. 银行汇票

4. 属于收款人委托银行收款的结算方式有（　　　）。

A. 委托收款　　　　B. 托收承付　　　　C. 银行汇票

D. 汇兑　　　　　　E. 银行本票

5. 办理托收承付结算的款项，必须是（　　　）。

A. 商品交易的款项

B. 到期商业汇票的款项

C. 因该笔商品交易而产生的劳务供应的款项

D. 代销商品的科学

E. 公用事业费

6. 支付结算办法规定的支票种类有（　　　）。

A. 划线支票　　　　B. 普通支票　　　　C. 通用支票

D. 现金支票　　　　E. 转账支票

7. 有关信用卡的基本规定有（　　　）。

A. 按信誉等级可以分为金卡和普通卡

B. 持卡人可以持信用卡在特约单位购物、消费

C. 借记卡是不能透支的银行卡

D. 个人卡透支以 2 万元为上限，月透支余额不得超过 5 万元为上限

E. 单位卡账户的资金一律从其基本存款账户转账存入

8. 委托收款的基本规定有（　　　）。

A. 按款项的划回方式，分邮寄和电报两种，由收款人选用

B. 金额起点 1 000 元

C. 在同城、异地均可使用

D. 应向银行提交有关的债务证明

E. 银行有分次扣款的责任

三、判断题

1. 为了防止银行在结算业务中发生垫款的现象，应坚持"先收后付，收妥抵用"的原则。　　　　　　　　　　　　　　　　　　　　　　　　　　　　　（　　）

2. 银行对单位和个人签发的空头支票，每天处以 5% 但不低于 1 000 元的罚款。

（　　）

3. 填明"现金"字样的银行汇票允许背书转让。　　　　　　　　　　　（　　）

4. 信汇和电汇相比，除了使用凭证不同外，其余处理手续与方法相同。（　　）

5. 托收承付结算方式在异地与同城都能使用。　　　　　　　　　　　　（　　）

6. 商业汇票的付款期限最长不得超过 9 个月。　　　　　　　　　　　　（　　）

7. 商业汇票经承兑银行同意承兑后，要向承兑申请人收取手续费。　　（　　）

8. 银行承兑汇票是一种建立在银行信用基础上的票据。　　　　　　　　（　　）

9. 在委托收款结算中，付款人在承付期内提出拒付银行应审查其拒付理由。（　　）

10. 单位卡可用于 10 万元以上的商业交易、劳务供应款项的结算，但一律不得支取现金。　　　　　　　　　　　　　　　　　　　　　　　　　　　　　　（　　）

四、业务题

目的：练习支付结算业务的核算。

资料：

（1）甲行开户单位 A 公司送存进账单及跨系统乙行开户单位 B 公司签发的转账支票一张，金额15 000 元，经审核无误后，提出交换；乙行通过交换提入该支票，经审查无异议后转账。

（2）甲行开户某公司采购员刘某交来现金字样银行汇票一张 8 000 元，要求第一次支取现金 4 000 元，经审核同意办理。

（3）某公司持银行汇票及送款单一份，要求办理转账，银行汇票是异地系统内银行签发，金额为 60 000 元，送款单为 55 000 元，余款退还。

（4）甲行开户单位 A 公司提交银行本票申请书，申请签发本票 15 000 元，收款人为

跨系统乙行开户的 B 公司，乙行代理付款后向甲行清算票款。

（5）甲行开户单位 A 公司提交银行汇票申请书，申请签发汇票 36 000 元，收款人为张某，张某在省外代理付款的丙行所在地转让给 B 公司，实际结算金额 31 000 元。

（6）王某向甲行提交信汇凭证及现金 1 000 元，委托甲行汇往省外系统内丙行，收款人为李某，丙行收到汇款后，当日向收款人发出取款通知，收款人于次日，来行取走现金。

（7）甲行开户单位 A 企业的托收承付货款 50 000 元，承付期已满，为提出异议，办理付款手续，收款单位的开户行为系统内。

（8）甲行开户单位 C 公司 5 月 20 日办理的委托收款 37 000 元，于 6 月 12 日有跨系统银行划来款项，凭中央银行转来收账通知办理转账。

（9）甲行收到开户单位 C 公司提交的托收凭证与即将到期的商业承兑汇票一份，金额 100 000 元，经审核无误后将其寄往省外系统内丙行，丙行当即通知开户单位 D 公司付款，付款人有款支付。

第六章

金融机构往来业务的核算

【学习内容与要求】了解金融机构往来的内容及其会计科目；掌握商业银行缴存中央银行法定存款准备金业务的核算，学习商业银行向中央银行缴存与支取现金业务的核算，学习商业银行向中央银行借款和再贴现业务的核算，掌握商业银行向中央银行转账划拨存取款项的核算；学习金融机构同业往来及转贴现业务的核算。

第一节　金融机构往来概述

我国金融机构体系已经多元化，各部门、各单位与同一系统商业银行之间、不同系统商业银行之间、商业银行与中央银行之间、非银行金融机构与商业银行之间、非银行金融机构与中央银行之间都有各种业务的往来。

一、金融机构往来的主要内容

金融机构往来有广义和狭义之分。广义的金融机构往来包括银行系统内部的往来，中央银行与商业银行之间的往来、各商业银行之间的往来、中央银行与金融机构之间的往来、商业银行与金融机构之间的往来、各金融机构之间的往来等。狭义的金融机构往来主要包括中央银行与商业银行之间的往来、各商业银行之间的往来等。本章所涉及的金融机构之间的往来核算，主要指狭义的金融机构往来。

二、金融机构往来设置主要账户与科目

金融机构往来业务应设置存放中央银行款项、存放同业、拆除资金、转贴现和再贴现、向中央银行借款、同业存放和拆入资金等账户及科目进行核算。

1. 存放中央银行款项

各商业银行必须在当地中央银行开立准备金存款账户，该账户所存放的资金主要包括两类：一类是法定存款准备金。即按照有关法律的规定，根据商业银行吸收存款的增减变化，按照法定比例，必须保留在中央银行的存款准备金。另一类是支付准备金，也称备付金，是保证日常资金支付的备用金。

商业银行用"存放中央银行款项"科目核算存放在中央银行的准备金与备付金存款，属于资产性质。

2. 存放同业

商业银行有时将一部分资金存入其他商业银行或金融机构，其目的是为了同业之间经营往来清算资金的需要。这部分资金通常以"存放同业"科目核算，一般又可具体分为存放其他商业银行款项、存放政策性银行款项、存放金融性公司款项等。

3. 拆除资金

商业银行间业务需要而相互融通资金，对拆出方，这种业务通常以"拆出资金"科目进行核算，具体又可分为拆放其他商业银行、拆放政策性银行、拆放金融性公司、拆放资产管理公司、对证券公司拆放的股票质押贷款等。

4. 转贴现和再贴现

商业银行买入他行票据或贴现企业的商业汇票后，因融通资金的需要，可在符合有关规定的前提下，将部分票据再转卖给其他商业银行或中央银行，即向其他商业银行办理票据的转贴现或向中央银行办理票据的再贴现。这类业务在商业银行一般通过"贴现资产"或"贴现负债"等科目进行核算。

5. 向中央银行借款

商业银行从中央银行融通资金，除了向中央银行办理再贴现外，还可以向中央银行借款，这类借款一般以"向中央银行借款"科目进行核算。

6. 同业存放

因业务往来需要，其他商业银行与金融机构也会有一部分资金存入本行，这类存款通常是活期存款，通常在"同业存放"科目核算。"同业存放"是负债类科目，与"存放同业"相对应，又可再细分为其他商业银行存款、政策性银行存款、证券公司存款、基金存款、其他金融性公司存款等。

7. 拆入资金

商业银行因自己需求，可向同业拆入资金，这类业务主要是为了资金融通，通常以

"拆入资金"科目核算。"拆入资金"属于负债类科目，与"拆出资金"相对应。又可细分为其他商业银行拆入、政策性银行拆入、金融性公司拆入等。

【课外思考 6-1】金融机构往来主要包括哪些内容？

第二节 商业银行与中央银行往来业务的核算

中国人民银行是我国的中央银行，是管理全国金融工作的国家机关，是商业银行的用户，各商业银行必须接受中央银行的领导和管理。商业银行与中央银行往来的主要业务：各商业银行在中央银行缴存准备金；各商业银行向中央银行发行库领取现金和缴存现金；各商业银行向中央银行借款；各商业银行营运资金不足时，向中央银行申请再贷款、再贴现；各商业银行吸收的一般存款按比例缴存中央银行等，这些业务的处理都要通过商业银行在中央银行的存款账户进行核算。

一、向中央银行缴存存款的核算

缴存存款是指商业银行和其他金融机构将吸收的存款全部或按规定比例缴存中央银行。

商业银行吸收的存款按其性质可以划分为三大类：财政性存款、事业单位存款和城乡居民储蓄存款。财政性存款属于中央银行的资金，商业银行不得占用，应全额缴存中央银行；后两类属于商业银行所组织的一般性存款，构成商业银行自身的信贷资金来源，应按规定比例缴存存款准备金。所以，商业银行缴存的存款包括缴存财政性存款和法定准备金存款，两者性质不同，应注意严格区分，不得混淆。

1. 缴存法定准备金存款的核算

（1）法定准备金缴存的一般程序。根据有关规定，中央银行对各金融机构的法定准备金按法人统一考核，法定准备金率由中央银行货币政策确定，不得低于相应的比例。具体程序：①法定存款准备金由各分行按规定比例逐级汇总到总行，再由总行统一划缴中央银行。②当旬5日至下旬第4日每日营业终了时，各行按统一法人存入的法定准备金存款余额，与上旬末该行全行一般存款准备金之比，不得低于规定比例。③存放中央银行款项规定比例的部分为法定存款准备金，规定比例以外的部分为系统内资金清算和日常支付的款项，属于备付金存款。

（2）缴存法定准备金存款的账务处理。商业银行吸收的一般性存款（企业活期存款、定期存款、个人的活期储蓄存款、定期储蓄存款等）要按规定的比例由总行向中央银行总行集中缴存存款准备金。

目前，各商业银行在中央银行的备付金账户与一般存款准备金账户基本上是同一账户，因此，各商业银行在旬末只要确保其账户余额高于应缴一般存款准备金余额即可，而不必进行账务处理。

其一，缴存法定准备金存款的核算。由于一般存款准备金是由商业银行总行统一向中央银行上缴的，因此，总行还要根据一级分行和直属分行"缴存存款科目余额表"，填制有关记账凭证，通过系统内资金汇划清算系统，与分行进行资金清算。缴存时，编制会计分录：

总行会计分录：

借：联行科目

　　贷：系统内存放法定存款准备金或有关科目

分行会计分录：

借：上存系统内法定准备金或有关科目

　　贷：联行科目

其二，法定准备金存款迟缴和少缴的核算。若中央银行调增法定准备金存款而商业银行未在规定时间内办理缴存，即为迟缴。对迟缴的金额，按日计算罚息，连同迟缴存款一并上缴中央银行。中央银行根据商业银行报送的有关旬、月报表，经核对，商业银行如果在中央银行存款账户余额不足缴存存款金额，其差额部分为欠缴款，应及时调入资金，进行补缴。中央银行应对其欠缴存款按规定进行处罚，应从最后调整日起至补缴日止按日计算罚息，连同少缴存款一并上缴中央银行。编制会计分录：

借：存放中央银行款项——法定存款准备金户

营业外支出——罚款支出户

　　贷：存放中央银行款项——备付金存款户

商业银行对缴存存款应严格区分两种存款的区别，不能将部分财政性存款放在一般性存款中核算，来达到少缴财政性存款的目的，同时中央银行应加强监督检查。

2. 缴存财政性存款的核算

财政性存款主要是指商业银行代办的中央预算收入、地方金库存款和代理发行国债（抵减代理兑付国债款）款项等吸收的财政性存款，属于中央银行的资金来源，应全额就地划缴中央银行。

（1）缴存财政性存款的一般规定。

其一，缴存存款的比例。财政性存款，属于中央银行信贷资金，要全额即100%缴存当地中央银行，商业银行不得占用。

其二，调整缴存存款的时间。商业银行向中央银行缴存存款的时间，除第一次按规定时间外，城市分支行（包括所属部、处）每旬调整一次，于旬后5日内办理；县支行及其所属处所，每月调整一次，于月后8日内办理，如遇到调整日最后一天为例假日，则可顺延。

其三，调整缴存存款的计算方法。在办理缴存存款时，采取首次缴存后定期调整缴存存款差额的办法。即应按本旬（月）末缴存科目余额总数与上期同类科目旬（月）末余额总数对比，按实际增加或减少数进行调整，计算应缴存金额。存款增加即调增补缴，存款减少即调减退回，缴存（调整）金额以千元为单位，千元以下四舍五入。

（2）缴存财政性存款的账务处理。

1）首次缴存的处理。商业银行按规定时间第一次向中央银行缴存存款时，应根据有关科目余额，填制"缴存财政性存款科目余额表"一式两份，并按规定比例计算出应缴存金额，填制"缴存财政性存款划拨凭证"（见表6-1）一式四联。以第一联贷方传票和第二联借方传票由缴存银行代记账传票，进行账务处理。编制会计分录：

借：存放中央银行款项——财政性存款户

　　贷：存放中央银行款项——备付金存款户

同时，登记待清算凭证表外科目登记簿：

收入：待清算凭证——中央银行户

转账后，将凭证第三联、第四联和一份余额表一并交送中央银行，另一份余额表留存备查。

表6-1　缴存（调整）财政性存款划拨凭证（借方传票）

年　　月　　日

收受银行	名称		缴存银行	名称										
	账号			账号										
存款类别		年　月　日余额	缴存比例		应缴金额									
					千	百	十	万	千	百	十	元	角	分
财政性存款			%											
(1) 合计														
(2) 已缴存金额														
(3) 本次应补缴金额 (1) - (2)														
(4) 本次应退回金额 (2) - (1)														
上列缴存金额或补缴和应退回的金额，已按规定办理划转				会计分录： （借） （贷） 会计复核记账										

2）调整缴存存款的处理。商业银行于每旬（或每月）对已缴存的存款进行调整时，也应填制"缴存财政性存款科目余额表"一式两份，然后与上次已办缴存的同类各科目旬末（或月末）余额总数进行比较。若本次的余额总数大于上次调整时的余额总数，则应调增；反之，则应调减。其差额为本次调整的金额，再乘以规定的缴存比例就是本次应

上缴或退回的存款数额，并据此填制划拨凭证。上缴（调增）存款时，编制的会计分录同首次缴存，退回（调减）存款时，会计分录相反。其余手续同首次缴存。

【例 6-1】 中国工商银行某支行营业处 9 月 20 日财政性存款科目余额为 80 552 900 元，经查，9 月 10 日财政性存款科目余额为 70 288 300 元。

经计算应补缴财政性存款：80 552 900 - 70 288 300 = 10 264 600（元）

编制会计分录：

借：存放中央银行款项——财政性存款户　　　　　　　　　　10 264 600

　　贷：存放中央银行款项——备付金存款户　　　　　　　　　　10 264 600

商业银行吸收的财政性存款是中央银行信贷资金，商业银行不能使用，应及时缴存中央银行，各商业银行应该如实反映财政性存款户的资金活动情况，不能转移财政性资金，更不能将财政性存款作一般性存款处理。

3）欠缴财政性存款的处理。商业银行在规定的时间内调整应缴存款时，如果在中央银行存款账户余额不足，必须在规定的时间内及时筹集资金，办理调整缴存存款手续。如果在规定的期限内不能调入资金，其不足支付的部分即构成欠缴存款。对欠缴存款应按如下有关规定进行处理：商业银行对本次能实缴的金额和欠缴的金额要分开填制凭证，对欠缴金额待商业银行调入资金后应一次全额收回；中央银行对欠缴金额，每日按规定比例扣收罚款，不给予分次扣收，随同扣收的存款一并收取。

其一，对于本次实缴金额，商业银行按正常调增的核算手续办理，应填制各科目余额表，填制财政性存款划拨凭证，应在划拨凭证内的"本次应补缴金额"栏内改填"本次能实缴金额"数，并在凭证备注栏注明本次应补缴金额和本次欠缴金额后，其余按正常缴存存款的有关手续处理。

其二，对于发生的欠缴金额，另填制财政性存款欠缴凭证一式四联（各联用途与缴存凭证相同）。同时，填制待清算凭证表外科目收入传票，凭以记载待清算凭证登记簿。编制会计分录：

收入：待清算凭证——中央银行户

然后，将各科目余额表，第三联、第四联划拨凭证以及第三联、第四联欠缴凭证一并送交中央银行；第一联、第二联欠缴凭证留存专夹保管。

其三，对于欠缴的存款，商业银行应积极筹集调度资金，及时补缴。中央银行对商业银行超过欠缴期限的金额，应按规定每天及时罚款。罚款的计算是从旬后第 5 天或月后第 8 天起到欠缴款项收回日止的实际天数，算头不算尾。补缴时，中央银行按日计收罚息，随同欠缴存款一并扣收。商业银行收到中央银行转来的收取罚款的特种转账借、贷方传票后，与原保管的欠缴凭证第一联、第二联一起办理转账，同时销记表外科目登记簿。编制会计分录：

借：存放中央银行款项——财政性存款

　　营业外支出——罚款支出户

　　贷：存放中央银行款项——备付金存款户

同时，销记待清算凭证表外科目登记簿：

付出：待清算凭证——中央银行户

其四，中央银行对商业银行缴存财政性存款的核算。中央银行收到商业银行送来的本次实缴存款的划拨凭证及各科目余额表时，按正常的缴存手续办理，会计分录与调增补缴时相同。对收到的欠缴凭证，应通过"待清算凭证"表外科目核算，记载登记簿，对欠缴凭证第三联、第四联妥善保管。编制会计分录：

收入：待清算凭证——××行户

中央银行对商业银行的欠缴存款，待商业银行调入资金时，应抽出原保管欠缴凭证的第三联、第四联代替转账贷方、借方传票，将欠缴金额全额收回。编制会计分录：

借：××银行准备金存款——××行户

　　贷：××银行划来财政性存款——××行户

转账后，填制"待清算凭证"表外科目付出传票，销记表外科目登记簿。编制会计分录为：

付出：待清算凭证——××行户

同时，中央银行对商业银行超过期限的欠缴存款，应按规定处以罚款。计算后，填制特种转账借、贷方传票各两联，以其中特种转账借方、贷方传票各一联进行账务处理，同时销记表外科目登记簿。编制会计分录：

借：××银行准备金存款——××行户

　　贷：业务收入——罚款净收入户

付出：待清算凭证——××行户

转账后，将另两联特种转账借方、贷方传票盖章后转交商业银行。

【例6-2】某商业银行2015年1月末试算平衡表显示：集中上缴中央财政资金4 500万元；集中上缴地方财政资金1 500万元；待结算财政款项1 500万元；代收个人购买国库券款项4 500万元；兑付个人国库券本息款项1 500万元。代收个人购买国库券款项7 500万元；兑付个人国库券本息款项1 500万元。该行已向中央银行缴存财政性存款准备金10 500万元，该行在中央银行存款为4 500万元。

（1）本次应补缴财政性存款=4 500+1 500+1 500+（4 500-1 500）+（7 500-1 500）-10 500=6 000（万元）

（2）根据中央银行盖章的"缴存财政性存款划拨凭证"（实缴数），编制会计分录为：

借：存放中央银行款项——财政性存款户　　　　　　　　　　45 000 000

　　贷：存放中央银行款项——备付金存款户　　　　　　　　　　45 000 000

同时，编制财政性存款欠缴凭证和待清算凭证表外科目收入凭证：

收入：待清算凭证——中央银行户　　　　　　　　　　　　　45 000 000

（3）根据中央银行主动扣缴欠缴存款1 500万元（6 000万元-4 500万元）及扣收加息75 000元的有关凭证，编制会计分录：

借：存放中央银行款项——财政性存款户　　　　　　　　　　15 000 000

　　营业外收入——罚款支出户　　　　　　　　　　　　　　　　75 000

贷：存放中央银行款项——备付金存款户　　　　　　　　　　　15 075 000

同时，销记待清算凭证表外科目登记簿：

付出：待清算凭证——中央银行户　　　　　　　　　　　　　　　　15 075 000

二、向中央银行缴存和支取现金的核算

1. 缴存现金

商业银行向中央银行缴存现金时，应先办理业务库出库手续，并填写现金缴款单一式两联，连同现金一并送缴中央银行清点无误后，根据中央银行加盖"现金收讫"戳记和出纳员名章的回联单，补制现金付出凭证，以回单作附件，进行账务处理。编制会计分录：

　　借：存放中央银行款项
　　　　贷：库存现金

2. 支取现金

商业银行向中央银行支取现金时，填制现金支票送交中央银行，取回现金后，填制现金收入传票，原现金支票存根作附件进行账务处理。编制会计分录：

　　借：库存现金
　　　　贷：存放中央银行款项

三、向中央银行借款的核算

商业银行经营活动中资金运行困难时，为解决资金困境可以向中央银行借款，商业银行会计应准确把握借款的种类和用途及利率的变动情况，从银行全局出发，办理中央银行借款和还款的核算，并认真监督管理中央银行借款的具体使用情况，以防止使用不当。按照签订的借款合同，按时办理还款手续。

商业银行向中央银行借款，按当地中央银行有关规定办理，主要包括年度性贷款、季节性贷款、日拆性贷款及向中央银行的再贴现。

1. 向中央银行借款

向中央银行办理借款业务时，应填制贷款借据并备齐有关资料，待中央银行审查同意，退回回单后，分别贷款种类办理账务核算。编制会计分录：

　　借：存放中央银行款项——备付金存款户
　　　　贷：向中央银行借款——××借款户

2. 归还中央银行借款

贷款到期，应主动向中央银行归还贷款本息。编制会计分录：

借：向中央银行借款——××借款户

　　利息支出

　　贷：存放中央银行款项——备付金存款户

四、向中央银行再贴现的核算

再贴现是指贴现的商业银行将已办理贴现的尚未到期的商业汇票，转让给人民银行，人民银行按照再贴现利率扣除贴现利息后将剩余票款支付给再贴现申请人的票据行为。

1. 再贴现的处理

商业银行持未到期的汇票向人民银行申请再贴现时，应按照人民银行的要求在票据上填写"转让背书"，在被背书人栏中，填写再贴现行（人民银行）名称，在背书人栏中加盖汇票专用章和法定代表人或授权经办人名章，填写一式五联再贴现凭证（可用贴现凭证代替），在第一联上按照规定签章，将已贴现的票据、增值税发票和商品发运单据复印件一并交人民银行进行审批。商业银行收到人民银行交给的再贴现收账通知后，据以编制特种转账借方、贷方传票，以第四联再贴现凭证作附件，办理转账。编制会计分录：

借：存放中央银行款项——备付金存款户（实付再贴现金额）

　　贴现负债——××再贴现（利息调整）

　　贷：贴现负债——××再贴现（票面金额）

待票据到期后，再作如下处理：

借：贴现负债——××再贴现（面值）

　　贷：存放中央银行款项——备付金存款户

资产负债表日，按计算确定的利息费用，编制会计分录：

借：利息支出——再贴现利息支出户

　　贷：贴现负债——××再贴现（利息调整）

2. 再贴现到期人民银行未收回票据款项的处理

再贴现的票据到期后，根据《支付结算办法》的规定，人民银行应通过委托收款的方式主动向承兑行提示付款，不获付款时可从再贴现申请人账户收取票款。现阶段，通常，再贴现的票据到期后，人民银行会要求商业银行将其回购。再贴现申请人将票据回购或收到人民银行退回的汇票和拒绝付款理由书时，可以向贴现申请人追索，填制两联特种转账借方凭证和一联特种转账贷方凭证，一联作借方凭证，一联作贷方凭证，人民银行的付款通知作附件。在"转账原因"栏注明"未收到××号汇票款，贴现款已从你账户收取"。贴现申请人账户余额不足时，应按照逾期贷款的规定处理。编制会计分录：

借：××银行准备金存款——再贴现申请人户

或：××贷款科目——再贴现申请人逾期户

　　贷：再贴现——××银行再贴现户

转账后将另一联特种转账借方凭证加盖转讫章作支款通知随同汇票和拒绝付款理由书交给贴现申请人。

五、商业银行向中央银行转账划拨存取款项的核算

目前，主要指除现金外，商业银行由于办理其他业务而向中央银行存取款项的核算。这些业务主要有商业银行系统内资金调拨、异地跨系统结算资金清算、同城票据交换差额清算、再贷款与再贴现、同业拆借、缴存财政款项等。商业银行由于办理这些业务而向中央银行存入或支取款项，均需通过其在中央银行开立的准备金存款账户核算。

1. 缴存现金

商业银行由于经办有关业务，将资金存入中央银行准备金存款账户时，根据有关凭证，办理转账。商业银行编制的会计分录：

　　借：存放中央银行款项

　　　　贷：××科目

中央银行收到商业银行存入款项时，根据有关凭证处理账务，编制会计分录：

　　借：××科目

　　　　贷：××银行准备金存款——××行户

2. 支取现金

商业银行从准备金存款账户拨付资金时，根据有关凭证，办理转账。商业银行编制的会计分录：

　　借：××科目

　　　　贷：存放中央银行款项

中央银行受理商业银行支拨资金时，根据有关凭证处理账务，编制会计分录：

　　借：××银行准备金存款——××行户

　　　　贷：××科目

可见，商业银行在中央银行开立的准备金存款账户余额会随着商业银行办理业务发生增减变化。为此，商业银行应随时掌握该账户的余额情况，确保不透支，法人机构还应确保该账户余额不低于法定存款准备金，如果该账户余额不足，应及时组织调入资金。

【课外思考6－2】我国支付清算体系的主要内容有哪些？

第三节　金融企业同业往来的核算

金融企业同业往来是指金融业各商业银行、非银行金融机构之间由于资金划拨、融通或相互代理货币结算而发生的各类往来业务。主要包括跨系统资金往来转汇、同业拆借、跨系统转贴现等业务。

一、异地跨系统转汇的核算

跨系统转汇是指由于客户办理异地结算业务而引起的各商业银行之间相互汇划款项的业务。根据各地商业银行机构设置的不同，跨系统商业银行转汇主要采用"先横后直"方式和"先直后横"方式。

1. 双设机构转汇的处理

汇出地银行属双设机构，采用"先横后直"的办法。汇出行收到客户委托跨系统汇出款项时，需办理转汇。如双设机构所在地设有中央银行票据交换所，则可通过同城票据交换将汇出款项提交转汇银行相互办理转汇和资金清算；如所在地中央银行具有人民银行电子联行接收站功能，则转汇业务可直接通过人民银行电子联向跨系统银行汇入行办理汇划，资金直接向当地中央银行清算。

汇出行编制会计分录：

借：××存款科目——××户

　　贷：同业存放

然后，由汇出地跨系统银行通过该系统内联行汇出，款项由该银行的汇入行解付。转汇行编制会计分录：

借：存放同业

　　贷：联行科目

汇入行编制会计分录：

借：联行科目

　　贷：××存款科目——××户

【例6-3】中国工商银行兰州某支行的华联超市要求电汇80 000元给北京紫光公司，该公司开户银行为中国建设银行北京分行营业部。工商银行兰州某支行通过同城交换将款项有关单据划转中国建设银行北京分行营业部，编制会计分录：

借：吸收存款——单位活期存款——华联超市　　　　　　　　　　　　80 000

　　贷：同业存放——中国建设银行兰州分行营业部　　　　　　　　　80 000

中国建设银行兰州分行营业部为转汇行，收到转汇款项后，即通过系统内联行往来划转北京分行营业部，编制会计分录：

借：存放同业　　　　　　　　　　　　　　　　　　　　　　　　　　80 000
　　贷：清算资金往来　　　　　　　　　　　　　　　　　　　　　　 80 000

中国建设银行北京分行营业部收到全国联行往来报单后，编制会计分录：

借：清算资金往来　　　　　　　　　　　　　　　　　　　　　　　　80 000
　　贷：吸收存款——活期存款——紫光公司　　　　　　　　　　　　 80 000

2. 单设机构转汇的处理

汇出地银行为单设机构，跨系统转汇采取"先直后横"的办法。

汇出行收到客户委托跨系统汇划款项，需要办理转汇的会计核算。编制会计分录：

借：××存款科目——××户
　　贷：联行科目

当转汇银行收到汇出行寄来需要转入当地跨系统行款项后，办理账务处理。编制会计分录：

借：联行科目
　　贷：同业存放

汇入行收到当地转汇行转来汇入本行的款项后，编制会计分录：

借：存放同业
　　贷：××存款科目——××户

二、同业拆借业务的核算

同业拆借是指金融机构之间临时融通资金的一种短期资金借贷行为，是解决短期资金不足的一种有效方法。

1. 拆出行的核算

拆借双方协议同意拆借后，应通过中央银行办理拆借业务。编制会计分录：

借：拆出资金
　　贷：存放中央银行款项

2. 拆入行的核算

拆入行收到中央银行的进账通知后，办理转账，编制会计分录：

借：存放中央银行款项
　　贷：拆入资金

3. 归还借款的核算

拆借到期，拆入行应及时归还拆借，将本息通过中央银行一并归还。拆出行账务处理的会计分录：

借：拆入资金

利息支出

贷：存放中央银行款项

拆出行收到中央银行进账通知后，办理转账，编制会计分录：

借：存放中央银行款项

贷：拆除资金

利息收入

三、转贴现业务的核算①

转贴现是指贴现银行将已办理贴现的尚未到期的银行承兑汇票或经总行批准办理贴现的商业承兑汇票，转让给其上一级行的票据行为，以及总行与其他商业银行总行之间、分行与其他商业银行之间相互转让票据的行为。

1. 系统内转贴现

（1）下级行向上级行申请转贴现的处理。转贴现申请行（下级行）计划部门出具借据，将已贴现的票据暂时借出，加计总数填制转贴现申请书，经有权人签章批准后，交会计部门办理手续。

会计部门接到计划部门交来的转贴现申请表和已贴现的票据，应在票据上做"转让背书"，在"被背书人"栏填写转贴现行（上级行）名称，在"背书人"栏加盖汇票专用章和法定代表或授权经办人名章，并按单张票据填写一式五联转贴现凭证（用贴现凭证代替），连同已贴现的票据、商品交易合同和增值税发票复印件，一并送交贴现银行（上级行）。

（2）转贴现银行办理转贴现的处理。转贴现银行（上级行）计划部门接到转贴现申请行（下级行）送交的已贴现票据、转贴现凭证和其他单证后，按规定进行审查，对符合条件的，在转贴现凭证"银行审批"栏中签署"同意"字样，由有权审批人签章后，送本行会计部门。

会计部门接到计划部门交来做成转让背书的票据和贴现凭证，按照有关规定审核无误，确认贴现凭证的填写与票据相符后，单张票据内容就是贴现利息和实付转贴现金额。计算方法如下：

转贴现利息 = 汇票票面金额 × 转贴现天数 × （转贴现年利率/360）

实付转贴现金额 = 汇票票面金额 - 转贴现利息

承兑人在异地的，计算转贴现天数时，应另加 3 天的划款日期。

其后，会计部门在转贴现凭证有关栏内填上转贴现利率、利息和实付金额，并按照实

---

① 金融企业会计学．王允平［M］．北京：经济科学出版社，2011：297 - 299.

付转贴现金额填写（信）电汇凭证，通过当地人民银行向转贴现申请行汇款。第一联贴现凭证作贴现科目借方凭证，第二联作存放中央银行款项科目贷方凭证，人民银行退回的汇款回单作其附件，第三联作金融企业往来利息收入贷方凭证，第四联和汇票，按申请行和到期日期排列，专夹保管。编制会计分录：

借：贴现资产
　　贷：存放中央银行款项
　　　　利息收入

根据已办理转贴现凭证的第四联填制转贴现票据清单，连同加盖转讫章的转贴现第四联凭证退交转贴现申请银行。

（3）转贴现申请银行收到转贴现款项的处理。转贴现申请银行收到当地人民银行的汇款收账通知，在与上级行退回的第四联贴现凭证及转贴现票据清单核对相符，并审查无误后，填制两联特种转账借方凭证。其中一联特种转账借方凭证以人民银行收账通知作其附件，作为存放中央银行款项科目借方凭证；另一联特种转账借方凭证，以贴现凭证第四联作其附件，作为金融企业往来支出科目借方凭证，以计划部门的借方作其附件，作为贴现科目的贷方凭证。编制会计分录：

借：存放中央银行款项
　　利息支出
　　贷：贴现负债

待票据到期后，再编制会计分录：

借：贴现负债
　　贷：贴现资产

（4）转贴现到期收回票据的处理。转贴现银行作为持票人，按单张汇票到期日期收款时，应在汇票背面"背书人"栏加盖结算专用章和授权经办人名章，注明"委托收款"字样，填制委托收款凭证，在委托收款凭证名称栏注明"商业承兑汇票"或"银行承兑汇票"及其号码，连同汇票向付款人或承兑人办理委托收款。对付款人在异地的，应在汇票到期前，匡算至付款人的邮程提前委托收款，将第五联贴现凭证作为第二联委托收款凭证的附件存放，其余手续比照发出委托收款凭证的手续处理。

转贴现银行在收到票据划回时，按照委托收款划回的有关手续处理，编制会计分录：

借：有关科目
　　贷：贴现资产

（5）转贴现到期末收回的处理。转贴现银行收到付款人开户行或承兑行退回的委托收款凭证、汇票和拒绝付款理由书，可依据《中华人民共和国票据法》（以下简称《票据法》）有关追索的规定，直接向转贴现申请行收取。

2. 跨系统转贴现

（1）商业银行受理转贴现的处理。商业银行持未到期的贴现汇票向其他商业银行转贴现时，应根据汇票填制一式五联的转贴现凭证（用贴现凭证代），在第一联上按照规定签章，将汇票做成转让背书，一并交给转贴现银行。

转贴现银行信贷部门接到汇票和转贴现凭证后，按照有关规定审定，符合条件的，在转贴现凭证"银行审批"栏签注"同意"字样，经有关人员签章后送交会计部门。

（2）跨系统转贴现的账务处理。转贴现银行会计部门接到做成转让背书的汇票和转贴现凭证后，按照《支付结算办法》的有关规定审查无误，转贴现凭证的填写与汇票核对相符，计算出转贴现利息和实付转贴现金额，通过当地人民银行向转贴现申请行划款。第一联贴现凭证作贴现科目借方凭证，第二联作存放中央银行款项科目贷方凭证，人民银行退回的汇款回单作其附件，第三联作金融企业往来利息收入贷方凭证，第四联是银行给持票人的收账通知，第五联和汇票，按申请行和到期日顺序排列，并专夹保管。编制会计分录：

借：贴现资产
　　贷：存放中央银行款项
　　　　利息收入

申请转贴现银行收到转贴现银行交给的转贴现通知和当地人民银行的收账通知后，应填制两联特种转账借方凭证和一联特种转账贷方凭证，收账通知作存放中央银行款项借方凭证的附件。编制会计分录：

借：存放中央银行款项
　　利息收入
　　贷：贴现负债

待票据到期后，编制会计分录：

借：贴现负债
　　贷：贴现资产

（3）转贴现到期收回的处理。转贴现的汇票到期后，转贴现银行作为持票人向承兑人提示付款，具体手续比照上述有关内容。

（4）转贴现到期末收回的处理。转贴现银行收到付款人开户行或承兑行退回的委托收款凭证、汇票和拒绝付款理由书，可依据《票据法》有关追索的规定，向转贴现申请行追索。

第四节　商业银行系统内往来业务的核算

商业银行系统内往来过去称为联行往来，现称银行网内往来，是同一银行系统内各行处在资金上具有往来关系的业务处理，是系统内银行资金账务往来的一部分，它是由系统内银行间办理资金的货币支付结算、相互间代收、代付款项和行内资金调拨等而引起的。

一、会计科目、会计凭证及专用工具

由于各商业银行网内资金汇划具体做法不完全一致，所以网内往来的会计科目名称各不相同，但会计科目的性质和作用相同，均为资产负债共同类；会计凭证格式有所不同，但使用原理和作用基本相同，均为网内往来的专用凭证，一般称作报单，有借方报单和贷方报单之分。为此对各行网内往来具体操作程序不做详细介绍，只阐述银行系统内往来汇划的基本原理和要求。

网内往来汇划业务范围：网内往来汇划业务是由社会支付及银行内部资金调拨、清算引起的。具体包括汇兑、委托收款、托收承付、银行汇兑、商业汇兑、信用卡（银行卡）、个人旅行支票、储蓄的通存通兑、存储的通存通兑、储蓄委托收款、定期借记支付、普通借记支付、银行内部资金清算等。同时办理空联行间的查询、查复业务。

二、商业银行网内往来业务的核算

网内往来账务分为两大系统：往账和来账。网内往来账务遵循"谁发出、谁负责"的原则，往账行办理往账，来账行办理来账。

所谓往账行，就是网内往来业务的发生行，是发出报单的营业机构，当发生代收业务时，发出贷方报单；当发生代付业务时，发出借方报单。

所谓来账行，就是往账行的对应行，即报单的接收行，专门处理来账业务。

代收业务又称划出款业务，是营业机构办理汇兑、委托收款、委托承付等代替对方银行收款业务，此时本行为付款行（债务行）。会计科目属负债性质。

代付业务，又称划入款业务，是营业机构办理银行支票、信用卡、定期借记等代对银行付款业务，此时本行为收款行（债权行）。会计科目属债权性质。

由于银行在办理业务过程中所处的角色不同，有时是往账行，有时是来账行，因此当发出报单时办理往账账务；接收报单时办理来账账务，两者分别进行，互不干扰。

1. 营业机构（往账行）往账业务处理

营业机构的往账业务一般采用"输入、确认"双人操作模式。录入、确认必须依据审核无误的原始凭证处理，确保业务信息真实、准确。往账贷报录入或借报确认超过规定限额的，必须经相应级别的主管授权。客户办理电汇也无须在原始凭证上加注"普通"或"加急"标志；办理托收业务在原始凭证上加注"邮划委托收款""电划委托收款"或"邮划托收承付""电划托收承付"等标志。

来账业务处理，采用自动核销的来账业务，次日由来账行或往账行打印客户来账行或入账行通知书。需手工核销的来账业务，必须认真审核并作相关处理。来账手工核销超过规定限额的，必须经相应级别的主管授权。来账行退回来账业务，或往账行收到被退回业务，须经会计主管审核签章后再做处理。来账行对需退回的网内来账业务，必须通过网内往来系统办理。

（1）往账借报录入与确认。当营业机构办理代付业务时，录入柜员审核原始凭证无误后，选择往账录入交易，根据不同业务种类，输入相关要素。交易成功后，打印记账凭证及录入清单。记账凭证加盖有关业务印章和经办员章，原始凭证加盖经办员章后与录入清单一并传递给确认柜员，待确认后，编制会计分录：

借：网内网来相应科目（往账）

　　贷：××存款科目

（2）往账贷报录入与确认。当营业机构办理代收业务时，录入柜员审核原始凭证无误后，选择往账录入交易，根据不同业务种类，输入相关要素。交易成功后，打印记账凭证及录入清单，批量打印往账录入清单操作同往账借报录入。根据借方账户类型的不同，做相应处理，待确认后，编制会计分录：

借：××存款科目

　　贷：网内网来相应科目（往账）

2. 来账行来账业务处理

在商业银行网内往来业务中，来账行来账业务主要包括查询来账、对来账凭证审核、来账单笔核销、来账手工批量核销等业务。具体账务处理如下：

（1）查询来账业务。营业期间，柜员应及时查询来账业务未处理信息，查询本行是否有未核销的来账业务。收到"确认"的来账报单时，打印未核销来账凭证及三联联行来账凭证，并在来账凭证第一联加盖经办员章。收到"自动核销"的来账报单时，只需次日打印客户回单。

（2）对来账凭证审核。来账业务是否为本行受理业务；来账凭证要素是否齐全、正确；收款人或付款人为本行账户，账户与户名是否相符；退回来账凭证与原汇划凭证相关要素是否一致。

（3）来账单笔核销。来账凭证审核无误后，选择来账单笔核销交易，根据来账报单借、贷的标志及不同核销类型，输入相关要素。交易成功后进行账务处理。

对来账借方报单，先在相关子系统作过渡，再核销，交易成功后，编制会计分录：

借：××存款科目

　　贷：网内往来相应科目（来账）

对来账贷方报单，先核销，再在相关子系统作借记过渡。交易成功后，编制会计分录：

借：网内往来相应科目（来账）

　　贷：××存款科目

用联行来账凭证第一联打印记账凭证，加盖有关业务印章和经办员章，第二联作相关子系统记账凭证，第三联加盖有关业务印章做客户回单。

（4）来账手工批量核销。对"汇兑"和"托收"来账报单，可选择来账批量核销交易，交易成功后，进行账务处理。汇差当日自动清算，若为应收汇差，数据中心自动清算，编制会计分录：

借：存放上级行清算资金

　　贷：通存通兑往来

若为应付差，数据中心自动清算，编制会计分录：

借：通存通兑往来

　　贷：存放上级行清算资金

3. 差错改正及查询、复查

参加网内往来各营业机构的经办人员在办理资金汇划中发现有差错、错误或疑问时可以按有关规定进行改正处理或进行查询，被查询机构人员应及时回复。发出查询的内容一般有报单查询、票据查询、其他查询。

三、商业银行系统内存款、借款的核算

商业银行系统内上级、下级行之间因日常结算、资金清算和业务经营需要，形成相互之间存放款项、缴存款项和借入、借出款项的业务，它是商业银行系统内资金往来业务内容之一。根据资金往来的性质和内容不同，只要有系统内存款业务、系统内借款业务、系统内票据业务、系统内资金业务。

1. 系统内存款业务的核算

系统内存款，是指下级行根据相关管理规定和业务经营需要将资金存入上级行，形成下级行的资金和上级行的负债。系统内存款包括缴存准备金、缴存其他准备金、存放约期存款、存放清算资金、存放专项资金等。

下面以存放清算资金为例，说明系统内存款业务的会计核算。

（1）存入系统内存款的核算。下级行根据资金管理规定，上存清算资金，或上级行根据资金管理部门提供的资金调拨单主动调拨下级行清算资金上存的，经过上级行复核确认后，上级行确认一项系统内存入款项，下级行确认一项存放系统内款项。

上级行的会计分录：

借：缴存央行超额准备金（或存放中央银行存款）

　　贷：下级行存入清算资金

下级行的会计分录：

借：存放上级行清算资金

　　贷：缴存央行超额准备金（或存放中央银行存款）

（2）系统内存款利息核算。系统内存款的计息方式有定期结算和利随本清两种。采用"定期结息"的系统内存款，在每季末，按存款的本金和合同利率计算确定应结利息，并予以支付。

上级行的会计分录：

借：系统内资金往来利息支出

　　贷：下级行存入清算资金

下级行的会计分录：

借：存放上级行清算资金

　　贷：系统内资金往来利息收入

计息方式为"利随本清"的系统内存款，在每季末，按存款的本金和合同利率计算确定应计利息，存款到期时利息随本金一并支付。

上级行的会计分录：

借：系统内资金往来利息支出

　　贷：系统内往来款项应付利息

下级行的会计分录：

借：系统内往来款项应收利息

　　贷：系统内资金往来利息收入

（3）系统内存款支取的核算。下级行因需要支付清算资金时，上级行的会计分录：

借：下级行存入清算资金

　　贷：××科目

下级行的会计分录：

借：××科目

　　贷：存放上级行清算资金

2. 系统内借款业务的核算

系统内借款，是指下级行根据相关管理规定和业务经营需要向上级行借入资金，形成上级行的资产和下级行的负债。系统内借款包括短期借款、长期借款、专项借款等。下面以短期借款为例，讲述系统内借款业务的会计核算。

（1）借入系统内借款的核算。下级行根据资金管理部门提供的资金调拨单向上级行借入资金的，或上级行根据资金管理部门提供的资金调拨单证主动借给下级行资金的，经过上级行复核确认后，上级行确认一项系统内借出款项，下级行确认一项系统内借入款项。

上级行的会计分录：

借：借给下级行短期借款

　　贷：下级行存入清算资金（或缴存央行超额准备金或存放中央银行款项）

下级行的会计分录：

借：存放上级行清算资金或缴存央行超额准备金或存放中央银行款项

　　贷：借入上级行短期借款

（2）系统内借款利息的核算。系统内借款的计息方式也有定期结息和利随本清两种，采用"定期结息"的系统内借款，每季末按存款的本金和合同利率，计算确认应结利息。

上级行的会计分录：

借：下级行存入清算资金

　　贷：系统内资金往来利息收入

下级行的会计分录：

借：系统内资金往来利息支出

　　贷：存放上级行清算资金

计息方式为"利随本清"的系统内借款，每季末按存款本金和合同利率计算确认应计利息。

上级行的会计分录：

借：系统内往来款项应收利息

　　贷：系统内资金往来利息收入

下级行的会计分录：

借：系统内资金往来利息支出

　　贷：系统内往来款项应付利息

（3）归还系统内借款的核算。下级行偿付借款时，应首先计算确认相应的利息，然后将利息与本金一并支付。

上级行的会计分录：

借：下级行存入清算资金（缴存央行超额准备金或存放中央银行款项）

　　贷：借给下级行短期借款

　　　　系统内往来利息收入

　　　　系统内往来款项应收利息

下级行的会计分录：

借：借入上级行短期借款

　　系统内往来利息支出

　　系统内往来款项应付利息

　　贷：存入上级行清算资金（缴存央行超额准备金或存放中央银行款项）

3. 系统内票据业务的核算

系统内票据业务包括系统内票据和系统内票据收购。系统内票据，是指以总行资金管理部门和资金运营部门为控制系统内资金，以总行所持有的央行票据为依托，向系统内发行的短期债务凭证，其实质是向总行存款。系统内票据回购，是指分行根据自身资金头寸情况，将已购买的系统内票据向总行申请回购，已融入资金，其实质是向总行质押借款。

（1）系统内票据发行和认购核算。总行资金清算部门根据资金管理部门提供的系统内票据资金清算表进行资金交割后，总行确认一级分行存入系统内票据款项，一级分行确认存放总行系统内票据款项。

总行的会计分录：

借：一级分行存入清算资金

　　贷：一级分行存入系统内票据款项

一级分行的会计分录：

借：存放总行系统内票据款项

　　贷：存放总行清算资金

（2）系统内票据回购的核算。总行资金清算部门根据资金管理部门提供的系统内票据回购资金清算表进行资金交割后，总行确认借给一级分行内票据回购款项，一级分行确认借入总行系统内票据回购款项。

总行的会计分录：

借：借给一级分行系统内票据回购款项

　　贷：一级分行存入清算资金

一级分行的会计分录：

借：存放总行清算资金

　　贷：借入总行系统内票据回购款项

（3）系统内票据业务利息的核算。系统内票据业务采用"利随本清"的计息方式。每季末按票据的面值和合同利率计算确认应计利息。

总行的会计分录：

借：系统内资金往来利息支出

　　贷：系统内往来款项应付利息

一级分行的会计分录：

借：系统内往来款项应收利息

　　贷：系统内资金往来利息收入

每季末按票据回购的融资本金和按合同的利率计算确认应计利息。

总行的会计分录：

借：系统内往来款项应收利息

　　贷：系统内资金往来利息收入

一级分行的会计分录：

借：系统内资金往来利息支出

　　贷：系统内往来款项应付利息

（4）系统内票据到期兑付的核算。系统内票据到期兑付后，总行终止确认一级分行存入系统内票据款项，一级分行终止确认存放总行系统内票据款项。

系统内票据采用"利随本清"一次性兑付的方式，在兑付或偿付本金时按合同的利率计算确定利息，与本金一并支付。

总行的会计分录：

借：一级分行存入系统内票据款项

　　系统内资金往来利息支出

　　系统内往来款项应付利息

贷：一级分行存入清算资金

　　一级分行的会计分录：

　　借：存放总行清算资金

　　　　贷：存放总行系统内票据款项

　　　　　　系统内资金往来利息收入

　　　　　　系统内往来款项应收利息

　　（5）系统内票据回购到期偿付的核算。系统内票据回购到期偿还后，总行终止确认借给一级分行系统内票据回购款项，一级分行终止确认借入总行系统内票据回购款项。

　　系统内票据回购采用"利随本清"一次性兑付的方式，再兑付或偿付本金时按合同的利率计算确认利息，与本金一并支付。

　　总行的会计分录：

　　借：一级分行存入清算资金

　　　　贷：借给一级分行系统内票据回购款项

　　　　　　系统内资金往来利息收入

　　　　　　系统内往来款项应收利息

　　下级行的会计分录：

　　借：借入总行系统内票据回购款项

　　　　系统内资金往来利息支出

　　　　系统内往来款项应付利息

　　　　贷：存放总行清算资金

4. 系统内资金清算

　　系统内资金清算，是指对由系统内存借款业务、日常经营等引起的系统内资金往来按照一定的清算模式进行实际资金划转的过程。系统内资金清算通过网内系统进行，采用逐级清算原则，在省内由系统自动完成清算、一级分行与总行间资金清算由手工完成。

　　对系统内人民币清算采用日终汇总轧差清算模式，对系统内的外币业务采用逐笔全额清算模式。系统内资金往来日间通过"通存通兑往来"科目核算，日终按差额进行资金清算。

　　如为应收汇差行，会计分录：

　　借：存放上级行清算资金

　　　　贷：通存通兑往来

　　如为应付汇差行，会计分录：

　　借：通存通兑往来

　　　　贷：存放上级行清算资金

　　上级行的会计核算：

　　借：下级行存入清算资金——应收汇差行

　　　　贷：下级行存入清算资金——应付汇差行

【课外思考 6 – 3】同业拆借及转贴现如何进行核算？网内汇划款项和资金清算业务如何进行核算？

实务训练

一、单项选择题

1. 商业银行有时将一部分资金存入其他商业银行或金融机构，可以用（　　　）科目进行核算。

A. 拆除资金　　　　　B. 存放同业　　　　　C. 同业存放　　　　　D. 拆入资金

2. 因业务往来需要，其他商业银行与金融机构也会有一部分资金存入本行，这类存款通常是活期存款，可以用（　　　）科目进行核算。

A. 活期存款　　　　　B. 拆入资金　　　　　C. 同业存放　　　　　D. 存放同业

3. 商业银行间因业务需要而相互融通资金、对拆出方，这种业务通常以用（　　　）科目进行核算。

A. 存放同业　　　　　B. 拆入资金　　　　　C. 同业存放　　　　　D. 拆出资金

4. 金融企业吸收的财政存款，应（　　　）缴存人民银行。

A. 全额就地　　　　　　　　　　　B. 按 10% 由分行汇总

C. 按 10% 集中总行　　　　　　　D. 由总行全额

5. 金融企业总行或总部开立的准备金存款账户属于（　　　）。

A. 备付金存款账户　　　　　　　　B. 法定准备金存款账户

C. 支付准备金存款账户　　　　　　D. 备付金和法定存款准备金合一账户

6. 下列引起金融企业在人民银行准备金存款账户余额减少的业务有（　　　）。

A. 归还再贷款　　　B. 货币回笼　　　C. 调减财政存款　　　D. 取得再贴现

7. 营业机构办理往账借报录入与确认的支付结算业务是（　　　）。

A. 汇兑　　　　　B. 委托收款　　　　　C. 托收承付　　　　　D. 银行汇票解付

8. 下列结算业产生的网内往来汇划，往账行应办理借报录人和确认的是（　　　）。

A. 汇兑　　　　　B. 委托收款　　　　　C. 托收承付　　　　　D. 银行汇票解付

9. 贴现的商业银行将已办理贴现的尚未到期的商业汇票，转让给人民银行，称为（　　　）。

A. 再贷款　　　　　B. 再贴现　　　　　C. 转贴现　　　　　D. 向中央银行借款

10. 系统内资金清算时，本行为应收汇差行，资金清算会计分录为（　　　）。

A. 借：通存通兑往来
　　　贷：存放上级行清算资金

B. 借：通存通兑往来
　　　贷：存放中央银行款项
C. 借：存放上级行清算资金
　　　贷：通存通兑往来
D. 借：存放中央银行款项
　　　贷：通存通兑往来

二、多项选择题

1. 商业银行向中央银行借款的种类包括（　　　）。
A. 年度性贷款　　　B. 季节性贷款　　　C. 同业拆借
D. 贴现　　　　　　E. 日拆性贷款

2. 构成商业银行与中央银行往来内容的业务是（　　　）。
A. 向中央银行缴存准备金　　　　　B. 向中央银行借款和再贴现
C. 同城票据交换　　D. 缴存（支取）现金　　　E. 大额资金汇划

3. 构成商业银行同业往来内容的业务是（　　　）。
A. 同业拆借　　　B. 大额资金汇划　　　C. 跨系统转贴现
D. 再贴现　　　　E. 跨系统资金往来转汇

4. 下列结算业务中引起网内往来款项汇划，往账行应办理贷报录入和确认的有(　　　)。
A. 汇兑　　　　　B. 委托收款　　　C. 托收承付
D. 银行汇票　　　E. 信用卡的解付

5. 来账行对来账凭证审查的基本内容有（　　　）。
A. 来账业务是否为本行受理业务
B. 来行批准要素是否齐全、正确
C. 收款人或付款人为本行账户，账户与户名是否相符
D. 退回来账凭证与原汇划凭证相关要素是否一致
E. 金额是否正确

三、判断题

1. 票据交换后，如本行应收款项票据金额大于应付款项票据金额，则按照差额开出准备金存款账户存款凭证送交人民银行转账。　　　　　　　　　　　（　　　）
2. 商业银行吸收的财政性存款是中央银行信贷资金，商业银行不能使用。　（　　　）
3. 各行凡提出提入付款人在本行开户，收款人在他行开户的票据，从本行看为应收款项凭据。　　　　　　　　　　　　　　　　　　　　　　　　　（　　　）
4. 法定存款准备金由各金融机构法人在法人所在地人民银行开立一个账户，统一缴存与考核。　　　　　　　　　　　　　　　　　　　　　　　　　（　　　）
5. 金融机构向人民银行借入再贷款和再贴现，会引起准备金存款账户的增加，金融

企业对准备金存款账户记借方，人民银行对该金融企业准备存款账户记贷方。（　　）

6. 各商业银行由于汇划款项未达等原因发生临时性资金短缺而向人民银行的借款，通过季节性贷款户核算。（　　）

7. 再贴现的期限从贴现之日起至汇票到期日止。（　　）

8. 本行为收款行，他行为付款行，这类凭证又称为代付票据。（　　）

9. 本行为付款行，对方行为收款行的网内往来汇划业务是发出贷方报单。（　　）

10. 本行为收款行，对方行为付款行的网内往来汇划业务是发出贷方报单。（　　）

四、业务题

1. 业务一

目的： 练习商业银行金融机构往来业务的核算。

资料：

（1）3 月 20 日某商业银行（地方性商业银行）的准备存款金额 61 562 598 元；3 月 21 日该行通过准备金存款账户办理业务；归还到期再贷款 200 000 元，取得再贴现款 345 600 元，通过人民银行转汇汇出款项 955 000 元，通过人民银行转汇汇入款项 610 200 元，向人民银行送存现金 106 000 元。3 月 21 日各项一般存款余额合计 896 000 000 元，该行法定存款准备金率 7%。请计算该行 3 月 21 日营业终了准备金存款账户的最低余额应该为多少？准备金存款账户的实际余额是否达到法定存款准备金率？

（2）某商业银行 3 月 20 日因季节性需要向中央银行借款 500 万元，办理借款手续。

（3）某商业银行开现金支票向中央银行支取现金 400 000 万元。

（4）某商业银行将超过库存额的现金 600 000 元交人民银行发行支库。

（5）某商业银行 3 月 20 日将一批尚未到期的贴现商业汇票 980 万元向中央银行申请再贴现，再贴现利率为 5.4%，贴现的商业汇票到期日为 10 月 20 日，办理再贴现手续。

（6）某商业银行 3 月 20 日共提出代收票据 80 000 元，进行票据交换。

（7）某商业银行 3 月 20 日上午在票据交换所内应提回代收票据 54 000 元，应提回代付票据 62 000 元，在票据交换中当场进行差额清算。

（8）某商业银行 4 月 3 日向人民银行申请季节性贷款 250 000 元，期限 2 个月，经审查同意办理；6 月 3 日到期办理贷款归还手续；月利率 4.8‰，假设利息随本金一并归还。

（9）某商业银行因临时资金短缺，经协商向同业工商银行拆借资金 4 000 000 元。

要求： 某商业银行根据以上业务编制会计分录。

2. 业务二

目的： 练习商业银行系统内往来业务的核算。

资料： 某商业银行 2017 年 6 月 20 日发生以下经济业务。

（1）客户交来银行汇票一份要求办理收款 6 000 元，付款单位是系统内某银行开户的某单位，办理往账借录入与确认。

（2）客户交来电划托收承付一份，要求办理到期付款 5 000 元，收款单位是系统内某银行开户的某单位，办理往账贷报录入与确认。

（3）审核来账凭证无误，对来账借方报单 3 000 元，先在相关系统做贷记过渡再核销，付款人是本行开户的 B 单位，交易成功。

（4）审核来账凭证无误，对来账贷方报单 8 000 元，先核销再在相关系统做贷记过渡，收款人是本行开户的 A 单位，交易成功。

（5）因经营需要，补充上级行清算资金 2 000 万元。

（6）因经营需要，存入上级行专项资金 500 万元，办理存款手续。

（7）存入上级行约期存款 500 万元，办理手续。

（8）向上级行借入 3 年期借款 3 500 万元，办理借款手续。

（9）当日银行系统内往来汇差为 500 万元，数据中心自动清算。

（10）认购总行系统内票据款金额为 800 万元，按清算表进行资金交割。

要求： 根据以上业务编制会计分录。

第七章

外汇业务的核算

【学习内容与要求】明确外汇业务的意义；了解外汇业务的主要内容和外汇业务的核算特点；掌握货币兑换业务、外汇存款业务、外汇贷款业务、国际汇兑业务的核算方法；了解信用证业务、托收业务的核算内容。

第一节　外汇业务概述

随着全球经济一体化的发展，要求我国金融业的外汇业务日益增多，外汇业务的核算已经成为金融企业会计核算体系中重要的组成部分。

一、外汇业务的意义

外汇是国际汇兑（Foreign Exchange）的简称，其有动态和静态两个含义：动态的外汇是指外币兑换的行为，把一国货币兑换成另一国货币，用来清偿国际债务；静态的外汇是指以外国货币表示的，用于国际结算的支付手段和资产。外汇的内涵随着国际交往的扩大和信用工具的发展而日益增多。我国《外汇管理条例》规定，外汇包括以下内容：外国货币，如现钞和铸币；外币有价证券，如政府公债、国库券、公司债券、股票、息票；外币支付凭证，如票据、银行存款凭证、邮政储蓄凭证；特殊债权，如协定（记账）外汇、特别提款权、欧洲货币单位以及其他外汇资金等。

二、外汇业务的主要内容

经营外汇业务是商业银行业务经营的重要组成部分，按照集中管理、统一经营的外汇管理方针，由国家授权外汇管理局行使外汇管理职权，由外汇指定银行和经批准的其他商业银行经营外汇业务。

根据国家外汇管理局发布的《银行外汇业务管理规定》，我国外汇指定银行可以经营的外汇业务包括外汇存款、外汇贷款，以及经中国人民银行批准的与外汇业务有关的本币存款、贷款；对外贸易和非贸易的国际结算；华侨汇款和其他国际汇兑；国际银行间的存款和贷款；外汇（包括外币）的买卖；国际黄金买卖；组织或参加国际银团贷款；根据国家授权，发行对外债券和其他有价证券；在外国和中国港澳等地区投资或合资经营银行、财务公司或其他企业；国家许可和委托办理的其他外汇等。

本章将立足于办理外汇业务的商业银行来认识外汇业务的会计核算与管理。

三、外汇核算的特点

由于外汇业务涉及不同国家的货币及其兑换，在金融管理和业务标准方面受国际法规和国际惯例的约束，对信息系统和经营管理机制要求较高，外汇业务发展较大，并且需要众多海外机构和代理行建立或支持等。因此，外汇业务的特点直接影响到作为反映和监督外汇业务的会计核算，使其核算具有一定的特殊性。

1. 账务记载实行外汇分账制

为了有效记录和反映本外币资金的收付，核算和监督各种不同币种的收、支、存的情况，对外汇业务除以本币为计量单位外，还要以外币为计量单位，并采用专门的会计记账方法。这种专门的方法是建立在复式记账原理及借贷记账法基础上的一种特殊核算方法。外汇业务专门的核算方法有两种：外汇分账制和外汇统账制。

（1）外汇分账制。外汇分账制又称原币记账法或多种货币制，是指经营外汇业务的商业银行，采用原币为计量单位，对每种货币单位的收付，各设置一套明细账和总账，平时将所收到的外币，按照不同原币，分别填制凭证、记载账目、编制报表的一种特殊方法。

外汇分账制主要包括以下内容：

其一，以各种原币分别设账，即本币与各种外币分账核算。所谓分账，是指各种外币都自成一套独立的账务系统，平时每一种分账货币都按原币金额填制凭证，记载账簿，编制报表，无论境内或境外商业银行间进行外汇划转，均应填制原币报单，记原币账，如实反映各种外币的数量和价值。

其二，同一货币由于性质不同，有自由外汇和记账外汇之分。

自由外汇是指不需经过货币发行国家的外汇管理当局批准，可以广泛地在国际金融市场上使用流通，并能自由兑换成其他国家的货币，同时可以作为支付手段，对第三国办理支付的外汇。记账外汇，是指根据两国政府间签订的有关贸易支付协定或贸易议定书所开立的清算账户下的外汇。此种外汇不能兑换成其他货币，也不能支付给第三国，只能用于支付协定国之间贸易货款、从属费用和协定双方政府同意的其他付款。由于自由外汇与记账外汇是在不同的清算方式下分别使用，它们的性质不同，在本外币的换算率上也不一样，为了准确反映外币资金的实际周转和存储情况，必须将两者严格区分，分账核算与管理。

其三，专门设置"货币兑换"科目，在外汇业务核算中起桥梁和平衡作用。"货币兑换"科目是外汇分账制下的专用科目。一方面，在外汇分账制的要求下，各种货币分账核算，以反映各种货币资金活动情况及其结果，便于外汇资金调拨运用；另一方面，外汇资金是我国整个国民经济资金的一部分，所以必须用人民币将它综合反映出来。根据复式记账原理的要求，为了平衡账务，凡是外汇业务涉及两种或两种以上货币相互兑换时，就必须通过"货币兑换"这个特定科目作为桥梁，在人民币账和外币账上同时等值反映。唯有如此，才能使人民币账和外币账都符合复式记账原理，实现各自的平衡，使外币资金活动和人民币资金占用情况有机地联系起来。

其四，年终并表，以本币资金统一反映财务状况和经营成果。年终结算时，各种外币业务除分别编制原币的会计报表外，还要按照规定的汇率折合成本币，并与本币报表合并，编制各货币汇总折合本币的会计报表，以便于总括反映资产、负债及业主权益以及收入、支出和利润发生情况。实行外汇分账制，各种不同货币分设账务报表，因而能完整反映各类外币资金的变化情况，有利于外汇资金的运用和管理。

（2）外汇统账制。外汇统账制也叫本币记账法，即在业务发生时，以本国货币为记账单位，外国货币按一定的汇率折成本国货币记账的一种方法。

外汇统账制记账法，按折价标准不同，分为时价法和定价法两种。

第一种，时价法。在外汇业务发生时，将各种外币按照当时外币与本币的汇价折合成本币，直接记账，而不需通过"货币兑换"科目核算。至年终决算时，再按照决算日汇价，将各该外汇资产负债的余额，另行折成本币，与账上原有的本币余额进行比较，所得借贷差额，即为外汇损益。

第二种，定价法。在外汇业务发生时，将各种外币一律以预先确定的一种汇价（固定汇率）折合成本币，通过"货币兑换"科目取得会计分录的平衡，据以入账，并不考虑真实汇价。至年终决算时，再按决算日的汇价，将各种外币折合为本币，与各该资产负债有关科目及"货币兑换"科目余额比较，所得差额，即为外汇损益。

外汇统账制记账法，不论是时价法或是定价法，所有外汇业务均按当时外汇市场价或按固定汇率折合成本币直接记账，如外汇价格有变，外汇业务会计核算中所反映的各种外币记账价值将与各外币的实际价值不一致。另外，外汇统账制的记账手续虽然比较简单，只设立一种账簿，但不能反映各种外币的存、欠增减变动情况，不便于外汇资金的调拨运用与管理。尤其在当前各国普遍实行浮动汇率制，国际金融市场汇率波动很大且频繁的情况下，无论是时价法还是定价法，都不能真实反映各种外币的实际价值。因此，外汇统账制只适用于稳定单一汇率制的国家。我国商业银行在办理外汇业务及国际结算中，一般不采用外汇统账制记账法，而采用外汇分账制记账法。

2. 设置特定会计科目

为进行外汇业务的核算，需要设置以下能具体反映业务核算内容的特定会计科目。

（1）"货币兑换"科目

"货币兑换"科目是实行外汇分账制的一个特定科目。该科目是资产负债共同性质科目，在银行办理外汇业务中，既是联系外币和人民币账务系统的桥梁，又起着平衡外币和人民币账务系统的作用。

（2）对应的或有资产、或有负债科目。为了全面反映商业银行的业务活动情况，加强业务管理和监督，除使用一般通用的会计科目反映具体业务外，还必须设置用以反映业务潜在权责关系的科目，即对应的或有资产、或有负债科目，其特点是具有固定对应关系，即一借一贷相互对应、同增同减、同生同灭、余额相等、方向相反。例如，商业银行在接收单据时取得了向国外进口商收款的债权，同时，对本国出口商也负有向国外收款的责任。为明确这种债权债务关系，即设置有关对应的或有资产、或有负债科目，如"应收信用证出口款项"科目及"代收信用证出口款项"，两科目相互对应。业务发生同时登记，业务结束或变更时同时注销，双方余额在任何时刻都相等。当然，这类科目不足以反映实际资产、负债的增减变动情况，但便于商业银行据以考核应收外汇、应付外汇资金，对有效地筹集、运用外汇资金提供了有益的计划数据，充分发挥了商业银行会计在银行经营管理中的能动作用。

【课外思考 7-1】为什么商业银行外汇业务核算采用外汇分账制？

第二节　货币兑换业务的核算

货币兑换业务是商业银行外汇业务的主要内容。国家与国家之间的经济往来，不论是贸易往来还是非贸易往来以及债权债务关系，都要用货币进行清算。但是不同国家使用的货币和货币价值都是不同的，因此，外汇指定银行在办理外汇收、付业务时，必须将一种货币兑换成另一种货币，即货币兑换业务。

一、货币兑换业务的内容

商业银行的货币兑换业务主要包括自营货币兑换、代客货币兑换和临柜业务中的结售汇等。

1. 商业银行的自营货币兑换

自营货币兑换是指商业银行根据国家外汇管理规定及自身外汇资金头寸摆布和保值、增值的需要，以自身的外汇资金，通过境内外同业银行进行外汇头寸转换，以赚取差价利润的业务，该项业务一般集中在商业银行总行办理。

2. 商业银行代客货币兑换

代客货币兑换是指商业银行接受客户委托，代其在国际金融市场上或通过国内外汇交易中心进行的外汇或人民币买卖交易。

3. 商业银行临柜业务

临柜业务则主要表现为结汇、售汇、结售汇项下外汇与人民币平盘交易、外币兑换和套汇等形式。

（1）结汇。我国对经常项目下的外汇收入实行结汇制。境内企事业单位、机关和社会团体按国家外汇管理政策的规定，将各类外汇收入按商业银行挂牌汇率结售给商业银行。商业银行购入外汇，付给人民币。

（2）售汇。境内企事业单位、机关和社会团体经常项目下的正常用汇，可以持有效凭证，用人民币到商业银行办理兑付。

（3）结售汇项下外汇/人民币平盘交易。商业银行为平盘结售汇敞口而进行的外汇/人民币买卖交易。按照我国现行外汇管理政策，国家对商业银行的结算周转外汇实行比例管理，各商业银行结算周转外汇的比例由中国人民银行根据其资产和外汇结算业务量核定。各商业银行持有超过其高限比例的结算周转外汇时，必须出售给其他商业银行或中国人民银行；持有的结算周转外汇降到低限比例以下时，应及时从其他商业银行或中国人民银行购入补足。

（4）外币兑换。外币兑换是指商业银行从个人手中买入外币付给人民币，或者收进人民币兑出外币。

（5）套汇。主要是不同币种间没有直接的汇价，或者客户拥有的某种外汇与其支付所需要的币种不一样时，可以要求商业银行套算兑换。

二、货币兑换科目设置

如前所述，我国商业银行在外汇业务会计核算时，使用外汇分账制核算方法，因此，"货币兑换"科目也成为外汇业务会计核算所特有的科目，它是连接外币账户和人民币账户的桥梁和纽带。在实际工作中，货币兑换通常仅指以外币兑换本币或以本币兑换外币这两种行为，而将用一种外币兑换成另一种外币的行为称为套汇。

1. "货币兑换"科目性质

"货币兑换"科目属于资产负债共同性质科目，为一级科目，核算商业银行间发生的外汇买卖及兑换业务。当买入外汇时，"货币兑换"科目外币户记入贷方，相应的"货币兑换"科目人民币户记入借方；当卖出外汇时，"货币兑换"科目外币户记入借方，相应的"货币兑换"科目人民币户记入贷方。外币户和人民币户的余额均轧差反映。如果外币户为贷方余额，人民币户为借方余额，则表示买入外汇大于卖出外汇，称"多头"；如果外币户为借方余额，人民币户为贷方余额，则表示卖出外汇大于买入外汇，称"空头"。外汇"多头"或"空头"，称外汇敞口，即外汇风险暴露部分。在"货币兑换"科目下需要设置人民币和按币种设置的外币两个明细账户。

分账货币在年终决算时，都要按决算日汇价折算为本币，与本币项下的"货币兑换"科目比较计算汇兑损益，结转利润科目。发生汇兑收益时，借记本科目，贷记"汇兑损益"；发生亏损时，借记"汇兑损益"，贷记本科目。

2．"货币兑换"科目凭证的使用

"货币兑换"科目的凭证分为"货币兑换"科目借方凭证和"货币兑换"科目贷方凭证两种，凭证均为多联套写。其中主要的两联凭证是"货币兑换"科目外币联和"货币兑换"科目本币联。凭证的主要内容包括客户名称、货币名称、本外币金额、本币外汇牌价、款项和业务内容、日期等。在结汇时，商业银行使用"货币兑换"科目贷方凭证；售汇时，商业银行使用"货币兑换"科目借方凭证。

3．"货币兑换"科目账簿的设置

"货币兑换"科目设置总账和分户账两类账簿。"货币兑换"科目的分户账是一种特定格式的账簿，它把外币金额和人民币金额记在一张账页上，账簿格式由买入、卖出、结余三栏组成。买入、卖出栏又各自由外币、汇价和本币三项组成。买入栏外币为贷方，本币为借方；卖出栏外币为借方，本币为贷方，结余栏则设立借或贷外币和借或贷本币两栏。其格式如表7－1所示。

"货币兑换"科目分户账的登记方法如下：

（1）买入外汇。在买入栏逐笔登记外币金额、牌价、人民币金额。

（2）卖出外汇。在卖出栏逐笔登记外币金额、牌价、人民币金额。

表7－1 ××行货币兑换科目账

货币：　　　　　　　　　　　　　　　　　　　　　　　账户：

年		摘要	买入			卖出			结余			
月	日		外币（贷）（十亿位）	汇价	本币（借）（十亿位）	外币（借）（十亿位）	汇价	本币（贷）（十亿位）	借/贷	外币（十亿位）	借/贷	本币（十亿位）

注：买入外币（贷方）×汇价＝本币借方；卖出外币（借方）×汇价＝本币贷方。

（3）套汇业务。买入美元套出英镑，买入美元记入美元户买入栏，套出的英镑记入英镑户卖出栏。买入美元套出美汇，则把买入的美元记入美元户买入栏，套出的美汇记入美元户卖出栏。

（4）余额的登记方法。外币余额与人民币余额应分别结计。每天外汇买卖交易结束后，货币兑换科目的余额按当天中间价折成人民币，与该货币人民币余额的差额即为该货币当日外汇买卖的损益。凡按规定平仓的货币兑换账户，在平仓前，须计算提取外汇买卖损益，不平仓的账户不计提损益。损益的具体计算：货币兑换科目外币余额在贷方的，若外币贷方余额×该种外币中间价＞该种外币的人民币借方余额，即为贷方差额，该差额为汇兑收益；反之，若是借方差额，该差额为汇兑损失。货币兑换科目外币余额在借方的，若外币借方余额×该种外币中间价<该种外币的人民币贷方余额，即为贷方差额，该差额为汇兑收益；反之，若是借方差额，该差额为汇兑损失。

货币兑换科目总账，采取一般三栏式总账格式，按各种外币和人民币分别设置。每日营业终了，根据外汇买卖科目传票，编制各种货币的科目日结单，再根据科目日结单登记总账。

三、货币兑换业务的账务处理

目前，我国商业银行采用"货币兑换"科目进行核算的主要业务包括外汇结售汇、外币兑换、套汇、自营外汇买卖、结售汇项下外汇/本币平盘交易等。当商业银行发生上述外汇业务时，应根据当时的汇率和业务类型编制相应的会计分录和填制凭证。

1. 结售汇的核算

我国现行的外汇管理体制规定，商业银行对各单位的外汇收入和外汇支出实行结汇、售汇制，即除规定可以保留的外汇外，各单位的外汇收入应卖给外汇指定银行，按规定需要对外付汇的，应向外汇指定银行购买。

（1）结售汇的相关具体政策规定。在受理结售业务前，商业银行须审核其是否符合国家外汇管理制度的相关规定：

其一，个人所有的外汇，可以自行持有，也可以存入商业银行或卖给外汇指定银行。个人因私用汇，在规定限额以内购汇；超过限额则须向外汇管理机关申请，外汇管理机关认为属实的，可以购汇。

其二，驻华机构和来华人员，由中国港澳地区或国外汇入或携入的外汇，可以自行持有，也可以存入商业银行或卖给外汇指定银行。驻华机构和来华人员的合法人民币收入，需要汇往中国港澳地区或国外的，可持有关材料证明和凭证到外汇指定银行办理。

其三，内地机构经常项目下的外汇收入须卖给外汇指定银行，或者经批准在外汇指定银行开立外汇账户。经常项目用汇，可以持有效凭证和商业单据向外汇指定银行购汇。

其四，内地机构资本项目外汇收入，应在外汇指定银行开立外汇账户；卖给外汇指定银行的，须经外汇管理机关批准。

其五，内地机构向中国港澳地区和国外投资，在向审批主管部门申请前，由外汇管理机关审查其外汇资金来源，经批准后可办理相关资金汇出手续。

（2）结售汇业务的核算。

其一，结汇业务核算。当买入外汇时，外币金额记入"货币兑换"科目的贷方，与原币有关科目对转，相应的人民币金额记入该科目的借方，与人民币有关科目对转。其会计分录：

借：××科目（外币）

　　贷：货币兑换——汇买价或钞买价（外币）

借：货币兑换——汇买价或钞买价　　　　　　　　　　　　　人民币

贷：××科目　　　　　　　　　　　　　　　　　　　　　　　人民币

【例7-1】某客户持100美元现钞来商业银行兑换人民币现金，当日美元钞买价为USD1=￥7.2 425。编制会计分录：

　　借：库存现金　　　　　　　　　　　　　　　　　　　　　　USD $ 100
　　　　贷：货币兑换——钞买价　　　　　　　　　　　　　　　USD $ 100
　　借：货币兑换——钞买价　　　　　　　　　　　　　　　　　￥724.25
　　　　贷：库存现金　　　　　　　　　　　　　　　　　　　　￥724.25

　　其二，售汇业务核算。当卖出外汇时，外币金额记入"货币兑换"科目的借方，与原币有关科目对转，相应的人民币金额记入该科目的贷方，与人民币有关科目对转。编制会计分录：

　　借：××科目（本币）
　　　　贷：货币兑换——汇卖价或钞卖价（本币）
　　借：货币兑换——汇卖价或钞买价（外币）
　　　　贷：××科目（外币）

【例7-2】科达外贸进口公司向商业银行购买1 000美元支付进口货款。假设业务发生时，美元汇卖价USD100=￥795.87。编制会计分录：

　　借：吸收存款——活期存款（科达外贸公司）　　　　　　　　￥7 958.7
　　　　贷：货币兑换——汇卖价　　　　　　　　　　　　　　　￥7 958.7
　　借：货币兑换——汇卖价　　　　　　　　　　　　　　　　　USD1 000
　　　　贷：吸收存款——汇出汇款　　　　　　　　　　　　　　USD1 000

2. 套汇的核算

套汇是以一种外币兑换成另一种外币的外汇买卖行为。

（1）套汇的相关政策规定。

其一，我国商业银行没有挂出两种不同外币之间的直接比价，当两种外币进行兑换时，需通过人民币来进行折算。

其二，外汇业务会计中所指套汇不同于国际金融市场上的套汇，后者是利用不同市场、不同货币和不同汇率进行投机，通过贱买贵卖以牟取利益或规避汇率风险的行为。

其三，套汇有两种具体情况：一是两种外币之间的套算，即一种外币兑换为另一种外币，必须通过人民币进行套汇，也就是先买入一种外币，按买入价折成人民币，然后将折合的人民币按另一种外币的卖出价折算为另一种外汇。二是同种货币之间的套算，包括钞兑汇或汇兑钞，因为同种外币体现在汇率上，现钞和现汇价值有所差异，所以也必须按套汇方法处理。

（2）套汇业务的核算。

其一，两种外币之间的套算。其基本账务处理：

　　借：××科目（A外币）
　　　　贷：货币兑换——汇（钞）买价（A外币）

借：货币兑换——汇（钞）买价（本币）

    贷：货币兑换——汇（钞）卖价（本币）

借：货币兑换——汇（钞）卖价（B外币）

    贷：××科目（B外币）

【例7-3】某外商投资企业以其外汇美元存款申请汇往中国香港，以支付某客户货款港币10 000元。假设业务发生时，美元汇买价为USD100 = ￥792.69，港币汇卖价为HKD100 = ￥102.25。银行计算过程及其会计分录：

第一步：将港币现金10 000折算成人民币。

HKD10 000 × ￥102.25 ÷ HKD100 = ￥102 25

第二步，将人民币折算成美元。

￥102 25 × USD100 ÷ ￥792.69 = USD1 289.91

借：吸收存款——某公司户   USD1 289.91

    贷：货币兑换——汇买价   USD1 289.91

借：货币兑换——汇买价   ￥102 25

    贷：货币兑换——汇卖价   ￥102 25

借：货币兑换——汇卖价   HKD10 000

    贷：汇出汇款   HKD10 000

其二，同种货币之间的套算。其基本账务处理：

借：××科目（A外币）

    贷：货币兑换——汇（钞）买价（A外币）

借：货币兑换——汇（钞）买价（本币）

    贷：货币兑换——汇（钞）卖价（本币）

借：货币兑换——汇（钞）卖价（A外币）

    贷：××科目（A外币）

【课外思考7-2】非法套汇行为及应承担的法律责任是什么？

第三节　外汇存款业务的核算

外汇存款是指单位和个人将其所持有的外汇资金存入银行，并在以后随时或在约定期限支取的一种存款。外汇存款是商业银行外汇资金的主要来源之一，它是商业银行以信用方式吸收的国内外单位和个人在经济活动中暂时闲置的并能自由兑换或在国际上获得偿付的外币资金，包括国外汇入汇款、携入或寄入的自由兑换外币、能立即付款的外币票据以及其他经商业银行核准的外汇。

一、外汇存款的种类

外汇存款按存款对象和管理要求不同分为单位外汇存款和个人外汇存款。

1. 单位外汇存款

单位外汇存款也称甲种外汇存款。单位外汇存款的主要对象为各国驻华外交代表机构、领事机构、商务机构、驻华的国际组织机构和民间机构；在中国境外或港澳地区的中外企业、团体；在中国境内的机关、团体、学校、国有企事业单位、城乡集体经济组织；在中国境内的外商投资企业。

单位外汇存款有活期存款、通知存款和定期存款三类。活期存款可分为存折户和支票户，起存金额为人民币 1 000 元的等值外汇；通知存款记名式存单，分为 1 天和 7 天两档；通知定期存款为记名式存单，小额（300 万美元或等值其他货币以下）定期存款期限分为 1 个月、3 个月、6 个月、1 年和 2 年五档，大额定期存款分为 7 天、1 个月、3 个月、6 个月、1 年和 2 年六档。定期存款起存金额为不低于人民币 10 000 元的等值外汇。

目前，单位外汇存款的货币种类主要有美元、英镑、欧元、日元、港币、加拿大元、澳大利亚元等。

2. 个人外汇存款

个人外汇存款是商业银行为方便外籍人员、侨胞、中国港澳台同胞及国内居民等，为积聚闲散的个人外汇资金而开办的一项外汇存款业务。目前，商业银行根据存款对象的不同，开办的个人外汇存款主要包括乙种存款和丙种存款两种。

（1）乙种外汇存款的对象为居住在国外或中国港澳地区的外国人、外籍华人、华侨、港澳同胞、短期来华者以及居住在中国境内的驻华使馆外交官、驻华代表机构外籍人员、外国专家学者、海外留学者、实习生等，还有按国家规定有留成外汇的中国人等。

乙种外币存款有活期、定期和定活两便三种。活期存款为存折户，可随时支取，起存金额为不低于人民币 100 元的等值外汇；定期存款为记名式存单，有 1 个月、3 个月、6 个月、1 年和 2 年五档，起存金额为不低于人民币 500 元的等值外汇。

乙种外币存款账户的外汇使用可以汇往中国境内外，可兑换人民币；乙种外币存款分为现汇账户和现钞账户两种。外币现钞账户可以直接支取现钞，也可汇出；在存款人出境时，根据存款人的要求，外汇账户卡支取外钞或直接汇出。乙种外币存款的货币种类与甲种外币存款相同。

（2）丙种外币存款的主要对象为中国境内居民，包括归侨、侨眷、港澳台胞的亲属。

丙种外币存款有活期、定期和定活两便三种。活期存款起存金额为不低于人民币 20 元的等值外汇；定期存款分为 1 个月、3 个月、6 个月、1 年和 2 年五档，起存金额不低于人民币 50 元的等值外汇。丙种外币存款汇往境外，须经国家外汇管理部门批准后方可汇出。

二、外汇存款的核算

外汇存款业务主要包括单位外汇存款和个人外汇存款。

1. 存入外汇存款的核算

外汇存款开户时，应由开户单位或个人填写"开户申请书"提交银行，开立存折户，须填制存款凭条；开立结算账户，须填制"送款单"；定期存款的开户申请书上应填明户名、地址、存款种类、存款期限等内容，连同外汇或外钞一并提交银行。银行经审核无误后，办理开户及存入手续，如存款人要求凭印鉴支取，应预留银行印鉴。存取外汇时，具体可分为汇款结算存入、现钞存入和其他外币种类存入，商业银行应分别根据不同情况进行账务处理。

（1）汇款结算存入。汇款结算存入是指以国外汇入汇款或国内联行转入汇款存入，银行收妥后进行转账处理。编制会计分录：

借：其他应收款——汇入汇款（或其他科目）   外币
　　贷：吸收存款——××活期（定期）外汇存款——××户   外币

【例7-4】某进出口公司申请将国外汇入汇款 USD40 000 转入其活期外汇存款户，办理转账，编制会计分录：

借：其他应收款——汇入汇款   USD40 000
　　贷：吸收存款——单位活期外汇存款——某进出口公司   USD40 000

【例7-5】某客户要求将其收到的汇入汇款 USD3 000 存入其在中国银行开立的港币定期存款户，当日美元汇买价 USD1 = CNY7.2670，港币汇卖价 HKD1 = CNY0.9245。编制会计分录：

借：其他应收款——汇入汇款   USD3 000
　　贷：货币兑换（汇买价7.267 0）   USD3 000
借：货币兑换（汇买价7.267 0）   CNY21 801
　　贷：货币兑换（汇卖价0.924 5）   CNY21 801
借：货币兑换（汇卖价0.924 5）   HKD23 581.4
　　贷：吸收存款——个人定期外汇存款——某客户   HKD23 581.4

（2）外币现钞存入。若直接以外币现钞存入现汇户时，编制会计分录：

借：库存现金   外币
　　贷：货币兑换（汇买价）   外币
借：货币兑换（汇买价）   人民币
　　贷：货币兑换（汇卖价）   人民币
借：货币兑换（汇卖价）   外币
　　贷：吸收存款——单位（或个人）活期（或定期）外汇存款——××户外币

【例7-6】某进出口公司本日存入其外汇活期存款账户（港币）现钞 HKD60 000，当日钞买价 HKD1 = CNY0.940 0，汇卖价 HKD1 = CNY0.966 5。编制会计分录：

借：库存现金　　　　　　　　　　　　　　　　　　　HKD60 000

　　贷：货币兑换（0.940 0）　　　　　　　　　　　　　　HKD60 000

借：货币兑换（0.940 0）　　　　　　　　　　　　　　CNY56 400

　　贷：货币兑换（0.966 5）　　　　　　　　　　　　　　GNY56 400

借：货币兑换（0.966 5）　　　　　　　　　　　　　　HKD58 354.89

　　贷：吸收存款——单位活期外汇存款——某进出口公司　　HKD58 354.89

（3）其他外币种类存入。这种情况必须通过货币兑换才能存入，具体应采用套汇处理方法。

2. 支取存款时的核算

存款人持活期存款存折（取款凭条）、支票或定期存单（证实书）来行办理支取时，按不同要求处理。

其一，若以原币汇往国外或国内异地，需收取手续费。编制会计分录：

借：吸收存款——单位（或个人）活期（定期）存款——××户　　　　外币

　　贷：其他应收款——汇出汇款（或其他科目）　　　　　　　　　　外币

　　　　手续费及佣金收入——汇费　　　　　　　　　　　　　　　　外币

定期存款支取时还需支付利息。

【例7-7】某外贸公司从其活期外汇存款账户中支取 USD50 000，汇往国外，办理转账，银行收取汇费 USD100，编制会计分录：

借：吸收存款——单位活期外汇存款——某外贸公司　　　USD50 100

　　贷：其他应收款——汇出汇款　　　　　　　　　　　　USD50 000

　　　　手续费及佣金收入——汇费　　　　　　　　　　　USD 100

其二，支取存款时兑换成人民币的会计分录：

借：吸收存款——单位（或个人）活期（定期）存款——××户　　　外币

　　贷：货币兑换（汇买价）　　　　　　　　　　　　　　　　　　　外币

借：货币兑换（汇买价）　　　　　　　　　　　　　　　　　　　　人民币

　　贷：库存现金　　　　　　　　　　　　　　　　　　　　　　　人民币

定期存款支取时还需支付利息。

【例7-8】某客户持存折及支取凭单，从其活期外汇存款账户中支取 HKD4 000，兑换成人民币现金，当日港币汇买价 HKD1 = CNY0.9596。编制会计分录：

借：吸收存款——个人活期存款——××户　　　　　　HKD4 000

　　贷：货币兑换（汇买价0.9596）　　　　　　　　　　HKD4 000

借：货币兑换（汇买价0.9596）　　　　　　　　　　　CNY3 838.4

　　贷：库存现金　　　　　　　　　　　　　　　　　　CNY3 838.4

其三，支取原币现钞的会计分录：

借：吸收存款——活期（定期）存款——××户　　　　　　　　　　外币

　　　　贷：库存现金　　　　　　　　　　　　　　　　　　　　　　　外币

外汇存款的现钞户或现汇户支取外币现钞以及支付外币存款利息时，单位货币以下的辅币，均由人民币支付。

　　3. 外汇存款利息的计算与核算

资产负债表日，商业银行对吸收的一般外汇存款应按规定计提利息。计提时，按计算确定的利息费用和应付未付利息，借记"利息支出"科目，贷记"应付利息"科目。编制会计分录：

　　　　借：利息支出——××户

　　　　　　贷：应付利息——××户

个人和单位的小额（账户余额在等值 300 万美元以下）外汇活期存款均按季结息，结息日为每季度末月的 20 日。存期内遇利息调整的与本币存款相同。采用积数法计算利息，并于结息次日主动将利息记入原活期存款账户，转为存款本金。转账时填制利息清单一式三联：第一联为客户回单，第二联、第三联分别做借贷方记账凭证，编制会计分录：

　　　　借：应付利息——××户

　　　　　　贷：吸收存款——××存款——××户

个人活期、定期外汇储蓄存款的利息，根据规定也要以原币扣除个人存款利息所得税。

个人和单位的定期外汇存款利息，采用逐笔计息法计算利息。其提前支取与逾期支取的计算和核算，与本币定期存款相同，这里不再赘述。

第四节　外汇贷款业务的核算

外汇贷款也称外汇放款，是商业银行利用各种信用方式筹集的外汇资金以外币为单位对外放款的业务。

一、外汇贷款的种类

外汇贷款的种类较多，按照不同的标准可以划分为不同的种类：

其一，按外汇贷款期限划分，可分为短期外汇贷款、中长期外汇贷款和长期外汇贷款。短期外汇贷款的期限一般为 1 年以内（含 1 年）以下，中长期外汇贷款的期限一般为 1～5 年（含 5 年），5 年以上的为长期外汇贷款。

其二，按外汇贷款资金来源不同划分，可分为现汇贷款、买方信贷、银团贷款和转贷款。现汇贷款又称自由外汇贷款，是指商业银行以吸收的外汇存款或其他自营业务方式吸收的外汇资金对外发放的贷款。买方信贷贷款是指出口国政府为了支持该国的出口，通过出口方银行直接向进口商或进口银行提供的一种信贷贷款。银团贷款是指一种由一家或几家银行牵头、多家国际商业银行或商业银行作为贷款人，向某个企业或政府提供一笔较大金额的贷款。转贷款是指利用境外借入的资金发放贷款。

其三，按贷款发放条件分为信用贷款、担保贷款和抵押贷款。

二、短期外汇贷款的核算^①

短期外汇贷款也称现汇贷款，是外汇银行为了充分利用国外资金，进口国内短缺的原材料和先进设备，发展出口商品生产，增加外汇收入，将外汇资金贷给有外汇偿还能力并具备贷款条件的企业单位而发放的一种贷款。

1. 短期外汇贷款的发放

借款单位申请外汇贷款时，向银行提出申请应按规定填具"借款申请书"，经银行调查审批后，借款单位与银行订立借款合同，银行据以开立外汇贷款账户和发放贷款。银行放款时，使用"贷款——短期外汇贷款"科目核算。借款时，借款单位还需填写"短期外汇贷款借款凭证"一式五联，提交银行。第一联为短期外汇贷款科目借方传票；第二联为备查卡片，由经办银行留存；第三联为支款通知，交借款单位；第四联为支款通知副本，交与负责归还外汇额度的有关单位；第五联为支付通知副本，交代办进口的外贸公司。银行审核借款凭证有关内容与借款契约规定相符后，办理转账。

（1）外汇贷款转入借款单位的存款账户时，编制会计分录：

借：贷款——短期外汇贷款——××户　　　　　　　　　　　　　　　　外币
　　贷：吸收存款——××户　　　　　　　　　　　　　　　　　　　　外币

（2）外汇贷款直接使用对外支付时，编制会计分录：

借：贷款——短期外汇贷款——××户　　　　　　　　　　　　　　　　外币
　　贷：存放同业——存放国外同业　　　　　　　　　　　　　　　　　外币

（3）贷款货币与对外支付的货币不是同一种货币时，则应通过套汇业务处理。编制会计分录：

借：贷款——短期外汇贷款——××户
　　贷：货币兑换（汇买价）
借：货币兑换（汇买价）
　　贷：货币兑换（汇卖价）
借：货币兑换（汇卖价）
　　贷：吸收存款——单位活期外汇存款——××户

贷款的合同本金与实际支付的金额如存在差额时，还应按其差额，借记或贷记"贷款——××贷款——××户（利息调整）"科目。

---

① 李海波. 金融会计学［M］. 北京：立信会计出版社，2010：242－244.

【例7-9】中国银行某分理处向某进出口公司发放短期贷款 50 000 美元，转入该进出口公司港币存款账户。当日美元汇买价 USD1 = CNY7.263 1，编制会计分录：

借：贷款——短期外汇贷款——某进出口公司　　　　　　　　　　　USD50 000
　　贷：货币兑换（汇买价7.263 1）　　　　　　　　　　　　　　　USD50 000
借：货币兑换（汇买价7.263 1）　　　　　　　　　　　　　　　　CNY363 155
　　贷：货币兑换（汇卖价0.962 1）　　　　　　　　　　　　　　　CNY363 155
借：货币兑换（汇卖价0.962 1）　　　　　　　　　　　　　　　HKD377 460.76
　　贷：吸收存款——单位活期外汇存款——某进出口公司　　　　HKD377 460.76

2. 短期外汇贷款的计息

短期外汇贷款根据合同规定可采用浮动利率、固定利率和优惠利率贷款等几种。优惠利率贷款是按低于伦敦金融市场同业拆放利率所发放的贷款，按优惠利率计息。浮动利率贷款则是参照伦敦金融市场同业拆放利率，由银行根据筹资成本加上一定的银行管理费制定利率，浮动计息。浮动档次有 1 个月浮动、3 个月浮动、6 个月浮动及 1 年浮动四种。企业按贷款合同规定的浮动利率档次向银行贷款，在该档次内无论利率有无变动，都按贷款日确定的该档次利率计算利息，该档次期满后再按新利率计算。

资产负债表日，商业银行对发放的短期外汇贷款应按规定计提利息。计提时，按贷款的合同本金和合同利率计算确定的应收未收利息，借记"应收利息"科目；按贷款的摊余成本和实际利率计算确定的利息收入，贷记"利息收入"科目；按其差额，借记或贷记"贷款——短期外汇贷款——××户（利息调整）"科目。

短期外汇贷款，计息天数按公历实际天数计算，算头不算尾，每季结息一次，在每季度末月 20 日结息。结息日填制短期外汇贷款结息凭证一式两联，一联作为借方传票，一联作为结息通知单交借款单位。

（1）借款人以原外汇存款偿还利息时，编制会计分录：

借：吸收存款——活期外汇存款——××户　　　　　　　　　　　　外币
　　贷：应收利息——××户　　　　　　　　　　　　　　　　　　　外币

（2）借款人按合同规定将利息转入贷款本金时，编制会计分录：

借：贷款——短期外汇贷款——××户（本金）　　　　　　　　　　外币
　　贷：应收利息——××户　　　　　　　　　　　　　　　　　　　外币

3. 短期外汇贷款的收回

外汇贷款借什么货币还什么货币，以原币计息。外汇贷款到期时，应由借款人填写一式四联还款凭证：第一联借方传票，第二联贷方传票，第三联利息收入传票，第四联还款通知交借款人。

（1）借款人如以原贷款货币偿还外汇贷款时，贷款行应计算出上次结息日至还款日的贷款利息，将贷款本息一并收回。编制会计分录：

借：吸收存款——单位活期外汇存款——××户（或其他科目）　　　外币

贷：贷款——短期外汇贷款——××户　　　　　　　　　　　　外币

　　应收利息——××户　　　　　　　　　　　　　　　　　　外币

　　利息收入——贷款利息收入户　　　　　　　　　　　　　　外币

存在利息调整余额的，还应同时予以结转。

（2）借款人如以人民币购买外汇偿还，须将外贸公司签发的"还汇凭证"和填制的"短期外汇贷款还款凭证"一并提交银行。还汇凭证是外贸公司为借款人偿还外汇额度的证明文件。编制会计分录：

借：吸收存款——单位活期外汇存款——××户（或其他科目）　人民币

　　贷：货币兑换（汇卖价）　　　　　　　　　　　　　　　人民币

借：货币兑换（汇卖价）　　　　　　　　　　　　　　　　　外币

　　贷：贷款——短期外汇贷款——××户（本金）　　　　　外币

　　　　应收利息——××户　　　　　　　　　　　　　　　外币

　　　　利息收入——贷款利息收入户　　　　　　　　　　　外币

存在利息调整余额的，还应同时予以结转。

（3）借款人如以其他外币偿还贷款，应先套算成贷款货币，再偿还贷款本息。编制会计分录：

借：吸收存款——单位活期外汇存款——××户（或其他科目）　外币

　　贷：货币兑换（汇买价）　　　　　　　　　　　　　　　外币

借：货币兑换（汇买价）　　　　　　　　　　　　　　　　　人民币

　　贷：货币兑换（汇卖价）　　　　　　　　　　　　　　　人民币

借：货币兑换（汇卖价）　　　　　　　　　　　　　　　　　人民币

　　贷：贷款——××贷款——××户（本金）　　　　　　　外币

　　　　利息收入——贷款利息收入　　　　　　　　　　　　外币

例【7－10】某企业 2015 年 4 月 25 日向银行借出一笔金额为 80 万美元，期限为半年的贷款。利率采用 3 个月浮动利率，利息转入贷款本金。借款日美元 3 个月浮动利率为6.15%，7 月 25 日美元 3 个月浮动利率为 6.43%。该企业于贷款到期日从其美元存款账户偿还全部贷款本息（假设不考虑利息调整，资产负债表日不计提利息）。

（1）4 月 25 日至 6 月 20 日计算的利息：

USD800 000 × 57 × 6.15% ÷ 360 = USD7 790

6 月 21 日办理利息转账，编制会计分录：

借：贷款——短期外汇贷款——某企业　　　　　　　　　　USD7 790

　　贷：利息收入——贷款利息收入户　　　　　　　　　　USD7 790

（2）9 月 20 日计算利息时，由于利率变化，需分段计息。

6 月 21 日至 7 月 24 日，计算的利息：

（USD800 000 + USD7 790）× 34 × 6.15% ÷ 360 = USD4 691.91

7 月 25 日至 9 月 20 日，计算的利息：

（USD800 000 + USD7 790）× 58 × 6.43% ÷ 360 = USD8 368.26

9 月 20 日利息合计：

USD4 691. 91 + USD8 368. 26 = USD13 060. 17

9 月 21 日办理利息转账，编制会计分录：

借：贷款——短期外汇贷款——某企业　　　　　　　　　　USD13 060. 17

　　贷：利息收入——贷款利息户　　　　　　　　　　　　　USD13 060. 17

（3）10 月 25 日还款，计算的利息：

（USD800 000 + USD7 790 + USD13 060. 17）×34×6. 43% ÷360 = USD4984. 84

收回贷款本息时，编制会计分录：

借：吸收存款——单位活期外汇存款——某企业　　　　　　　USD825 835. 01

　　贷：贷款——短期外汇贷款——某企业　　　　　　　　　USD825 835. 01

　　　　利息收入——贷款利息收入户　　　　　　　　　　　USD825 835. 01

三、买方信贷外汇贷款的核算

买方信贷是指由出口国银行直接向进口商或进口方银行提供的信贷，以便进口商利用这项贷款，向出口国购买技术设备和支付劳务费用，从而扩大出口国的出口。

1. 买方信贷外汇贷款概述

买方信贷分为出口买方信贷和进口买方信贷。目前，我国商业银行办理的主要是进口买方信贷，即进口国银行从出口国银行取得并按需要转贷给国内进口单位使用的信贷。

买方信贷必须经过出口国政府批准，签订贸易合同和贷款合同，用于购买或支付出口国的货物、技术和劳务。按照国际惯例，买方信贷的贷款额度一般约为贸易合同总额的85%，其余15%要由进口商以现汇支付定金，支付定金后才能使用贷款。该种贷款期限较长，利率一般低于短期贷款利率。

2. 买方信贷外汇贷款核算的科目

买方信贷项下向国外银行的借入款，由总行集中开户，并由总行负责偿还借入的本息。各分行对使用贷款的单位发放买方信贷外汇贷款，由有关分行开户，并由分行负责按期收回贷款的本息。其核算主要使用以下几个科目：

（1）"买方信贷用款限额"科目。该科目用于核算由总行对外签订协议确定买方信贷总额度。该科目为表外科目。

（2）"拆入资金——借入买方信贷"科目。该科目用于核算买方信贷的借入、偿还和结存情况，它是与"贷款——买方信贷外汇贷款"相对应的科目。该科目属于负债类科目，贷方反映借入买方信贷的情况，借方反映到期归还买方信贷的情况，余额在贷方，反映借入但尚未归还的买方信贷情况。该科目是总行的专用科目。

（3）"贷款——买方信贷外汇贷款"科目。该科目用于核算买方信贷的发放、偿还及结存情况。该科目属于资产类科目，借方反映贷款的发放，贷方反映贷款的到期偿还，余额在借方，表明尚未到期的贷款情况。总行、分行向进口商或进口国银行提供买方信贷贷款时使用。

3. 买方信贷外汇贷款的账务处理

买方信贷外汇贷款的账务处理主要有对外签订信贷协议、支付定金、使用贷款和偿还贷款本息四个程序。

（1）对外签订信贷协议。买方信贷总协议由总行统一对外签订，总协议下每个项目的具体协议按贸易合同逐笔申请贷款，可由总行或总行授权分行对外签订。签订协议后，均由总行按协议商定的金额，用"买方信贷用款限额"表外科目进行控制，即填制表外科目传票，登记表外科目：

收入：买方信贷用款限额

使用贷款时，按使用金额逐笔转销表外科目。

（2）支付定金。根据买方信贷协议的规定，进口商申请买方信贷之前，需对外预付一定比例的定金。一般是商务合同金额的5%，最高比超过15%，按照不同情况进行核算

其一，借款单位用现汇支付定金时，编制会计分录：

借：吸收存款——单位活期外汇存款——××户　　　　　　　　外币
　　　贷：存放同业（或其他科目）　　　　　　　　　　　　　外币

其二，借款单位向银行申请现汇外汇贷款支付定金，编制会计分录：

借：贷款——短期外汇贷款——××户　　　　　　　　　　　外币
　　　贷：存放同业（或其他科目）　　　　　　　　　　　　　外币

其三，借款单位以人民币购入外汇支付定金，编制会计分录：

借：吸收存款——活期存款——××户　　　　　　　　　　　人民币
　　　贷：货币兑换（汇卖价）　　　　　　　　　　　　　　人民币
借：货币兑换（汇卖价）　　　　　　　　　　　　　　　　外币
　　　贷：存放同业（或其他科目）　　　　　　　　　　　　　外币

其四，借款单位用与贷款币种不同的外币支付定金，编制会计分录：

借：吸收存款——活期外汇存款——××户　　　　　　　　　外币
　　　贷：货币兑换（汇买价）　　　　　　　　　　　　　　外币
借：货币兑换（汇买价）　　　　　　　　　　　　　　　　人民币
　　　贷：货币兑换（汇卖价）　　　　　　　　　　　　　　人民币
借：货币兑换（汇卖价）　　　　　　　　　　　　　　　　外币
　　　贷：存放同业（或其他科目）　　　　　　　　　　　　　外币

（3）使用贷款。根据进口商是否在总行开户，买方信贷的具体办理手续有两种不同的情况：一是在总行开户，由总行直接办理买方信贷贷款手续；二是在总行下属的异地分行开户，在异地分行处办理买方信贷贷款手续，异地分行应填制全国联行外汇往来贷方报单划收总行。

其一，进口单位和总行在同城，由总行直接办理。总行应编制会计分录：

借：贷款——买方信贷外汇贷款——进口单位户   外币

  贷：拆入资金——借方买方信贷   外币

同时，填制表外科目传票冲销用款额度：

付出：买方信贷用款额度   外币

其二，进口单位和总行在异地，由分行办理贷款，应编制会计分录：

借：贷款——买方信贷外汇贷款——进口单位户   外币

  贷：清算资金往来——全国联行外汇往来   外币

总行收到全国联行外汇往来报单，办理对外支付。编制会计分录：

借：清算资金往来——全国联行外汇往来   外币

  贷：拆入资金——借方买方信贷   外币

付出：买方信贷用款限额   外币

同时登记表外科目：

付出：买方信贷用款额度   外币

（4）偿还贷款本息。买方信贷项下借入国外同业贷款本息的偿还，由总行统一办理。总行按协议规定计算利息。对国外贷款行寄来的利息清单应认真核对，并按规定及时偿付本息，编制会计分录：

借：拆入资金——借入买方信贷款   外币

  利息支出——借入买方信贷利息支出户   外币

  贷：存放同业（或其他科目）   外币

对国内借款单位，应按借款合同的规定计算借款利息，并按期收回贷款本息。如借款单位有自由现汇，则可直接用现汇归还，也可用人民币归还。

其一，借款单位用自有外汇偿还本息，编制会计分录：

借：吸收存款——单位活期外汇存款——××户（或其他科目）

  贷：贷款——买方信贷外汇贷款——××户

    利息收入——买方信贷外汇贷款利息收入户

其二，借款单位有外汇额度或交来外贸还款凭证，以人民币结汇偿还本息。编制会计分录：

借：吸收存款——单位活期外汇存款——××户（或其他科目） 人民币

  贷：货币兑换（汇卖价）   人民币

借：货币兑换（汇卖价）   外币

  贷：贷款——买方信贷外汇贷款   外币

    利息收入——买方信贷外汇贷款利息收入户   外币

其三，如果借款单位不能按期归还贷款，应按照贷款合同规定的到期日，将贷款本息转入"短期外汇贷款"明细科目核算，并按规定利率计算到期应收利息，并采取有效措施加强催收。

四、贸易融资的核算

贸易融资是指商业银行结合进口贸易结算业务，对进口商、出口商和中间商提供融通资金的便利，是贸易、贸易结算和资金融通三者的有机结合。针对进出口贸易结算的不同阶段和环节，商业银行提供的贸易融资主要包括进出口押汇、票据贴现和打包贷款。这里主要讲出口押汇。

1. 出口押汇的核算

出口押汇是指出口商在发运商品后，以提货单为抵押，签发由进口商或其委托承兑的银行为付款人的汇票。银行在办理出口押汇业务时，需要先垫款，因而有一定的风险。因此，银行在审核单证时一定要注意国外银行的资信，有选择地承做出口押汇。

当银行承做出口押汇时，在应收出口单位票面金额内合理估计收到票据所需日数，在贷款金额内扣除出口押汇利息后，办理结汇，并收取结汇手续费。

（1）办理出口押汇时，编制会计分录：

收入：国外开来保证凭信　　　　　　　　　　　　　　　　　　　　　　　外币

借：贷款——出口押汇——××户　　　　　　　　　　　　　　　　　　外币

　　贷：利息收入——贷款利息收入户　　　　　　　　　　　　　　　　　外币

　　　　货币兑换（汇买价）　　　　　　　　　　　　　　　　　　　　　外币

借：货币兑换（汇买价）　　　　　　　　　　　　　　　　　　　　　人民币

　　贷：吸收存款——单位活期外汇存款——××户　　　　　　　　　　人民币

（2）当收到国外联行贷记报单时，编制会计分录：

借：存放同业　　　　　　　　　　　　　　　　　　　　　　　　　　　外币

　　贷：贷款——出口押汇——××户　　　　　　　　　　　　　　　　外币

　　　　手续费及佣金收入——结算手续费收入　　　　　　　　　　　　外币

同时，核销表外科目：

付出：国外开来保证凭信　　　　　　　　　　　　　　　　　　　　　　外币

【例7-11】某进出口公司1月4日把即期信用证项下全套单据金额USD50 000，连同押汇申请书交某银行，经审核单据符合押汇要求，该银行当即按6.5%的利率扣除15天的利息，并将余额按当日汇价（美元买入价为 USD = CNY7.689 5）折成人民币后，收到该公司人民币存款户，1月20日，该银行（议付行）收到开证行的贷记通知，金额USD50 100（其中USD100为用户费用），审核后抽卡转账（开证行与议付行有美元账户关系）。

（1）承做出口押汇时，计算应收的利息：

利息 = USD50 000 × 15 × 6.5% ÷ 360 = USD135.42

（2）1月4日承做出口押汇时，编制会计分录：

收入：国外开来保证凭信　　　　　　　　　　　　　　　　　　　　USD50 000

借：贷款——出口押汇——某进出口公司 　　　　　　　　USD50 000

　　贷：利息收入——贷款利息收入户 　　　　　　　　　USD135.42

　　　　货币兑换（汇买价7.689 5）　　　　　　　　　　USD49 864.58

借：货币兑换（汇买价7.689 5）　　　　　　　　　　　CNY383 433.69

　　贷：吸收存款——单位活期外汇存款——某进出口公司　CNY383 433.69

（3）1月20日收到贷记报单通知时，编制会计分录：

借：存放同业 　　　　　　　　　　　　　　　　　　　USD50 100

　　贷：贷款——出口押汇——××户 　　　　　　　　USD50 000

　　　　手续费及佣金收入——结算手续费收入 　　　　　USD100

同时，核销表外科目：

付出：国外开来保证凭信 　　　　　　　　　　　　　　USD50 000

2. 进口押汇的核算

进口押汇是指进口商申请银行开具信用证，通知出口商所在地的联行或代理行按规定条件购进，出口商签发的以进口商为付款人的跟单汇票，再由开证行转向进口商收回汇票本息的一种业务。根据结算方式不同，进口押汇可分为信用证项下进口押汇和进口代收款下的进口押汇，进口押汇包括承做进口押汇与收回押汇垫款两个环节。

商业银行应设置"贷款——进口押汇贷款"或直接设置"进口押汇"科目核算开出信用证后，凭信用证项下经进口商承兑的进口跟单汇票作为抵押向国外议付行偿付款项。进口押汇应按借款单位进行明细核算，期末余额在借方，反映银行进口押汇款项。

（1）进口商开具"信用证申请书"来行要求承做进口押汇，经营户审核批准后，收取保证金。编制会计分录：

借：吸收存款——单位活期外汇存款——开证申请人户　　　　　　　外币

　　贷：存入保证金——开证申请人户 　　　　　　　　　　　　　外币

（2）在收妥保证金后，开证行开出信用证，通过"开往国外保证凭信"表外科目核算。

收入：开往国外保证凭信 　　　　　　　　　　　　　　　　　　　外币

（3）当收到国外联行或代理行寄来信用证项下汇票、单据及划付报单时，即表示进口押汇业务的方式。编制会计分录：

借：贷款——进口押汇——××户 　　　　　　　　　　　　　　　外币

　　存入保证金——开证申请人户 　　　　　　　　　　　　　　　外币

　　贷：存放同业 　　　　　　　　　　　　　　　　　　　　　　外币

（4）进口商偿付押汇本息时，编制会计分录：

借：吸收存款——单位活期外汇存款——××户 　　　　　　　　　人民币

　　贷：货币兑换（汇卖价）　　　　　　　　　　　　　　　　　人民币

借：货币兑换（汇卖价）　　　　　　　　　　　　　　　　　　　外币

　　贷：贷款——进口押汇——××户 　　　　　　　　　　　　　外币

利息收入——贷款利息收入户　　　　　　　　　　　　　　　　　　外币

注：进口押汇利息＝押汇金额×押汇天数×日利率

五、外汇银团贷款的核算

银团贷款是指由两家或两家以上银行基于相同贷款条件，依据同一贷款协议，按约定时间和比例，通过代理行向借款人提供的本外币贷款和授信业务。

1. 外汇银团贷款的科目设置

为单独反映银团贷款资金的往来及运用，应设置"清算资金往来——银团贷款资金往来""贷款——银团贷款"两个科目。前者用来核算各银团贷款成员间的资金往来，并按银团贷款协议规定参加银团贷款各成员行分设明细科目；后者用来核算发放与收回的银团贷款，并按借款单位设置明细科目。另外，为反映银团贷款产生的利息收入及其他收取的费用，应在"利息收入"科目下设置"银团贷款利息收入"二级子科目和"手续费及佣金收入"科目下设置"银团贷款服务收入"二级子科目。

2. 外汇银团贷款的账务处理方法

参加行的账务处理手续简单，可比照商业银行的一般贷款核算手续处理。现将牵头行或代理行的银团贷款会计核算账务处理方法简述如下：

（1）收到参加银团贷款各成员行拨来的资金时，编制会计分录：

借：存放同业　　　　　　　　　　　　　　　　　　　　　　　　　　外币

　　贷：清算资金往来——银团贷款资金往来　　　　　　　　　　　　　外币

（2）收取费用。银团贷款收费是指银团成员接受借款人委托，为借款人提供财务顾问、贷款筹集、信用保证、法律咨询等融资服务而收取的相关中间业务费。具体项目包括安排费、承诺费、代理费等。银团费用仅限为借款人提供相应服务的银团贷款成员享有。向借款单位收取费用时，编制会计分录：

借：吸收存款——活期外汇存款——借款单位存款户　　　　　　　　外币

　　贷：手续费及佣金收入——银团贷款服务收入（本行应收取的部分）　外币

　　　　其他应付款——参加行户（其他成员应收取的部分）　　　　　外币

收取银团贷款费，按份额分配给参加银团贷款各成员行时，编制会计分录：

借：其他应付款——参加行户（其他成员应收取的部分）　　　　　　外币

　　贷：存放同业——存放国外同业款项　　　　　　　　　　　　　　外币

（3）按贷款合约向借款单位发放银团贷款时，编制会计分录：

借：贷款——银团贷款——××户　　　　　　　　　　　　　　　　外币

　　贷：吸收存款——单位活期外汇存款——××户　　　　　　　　　外币

（4）借款单位按贷款合约规定归还贷款本息时，应将贷款利息按比例，分拨给银团各贷款行。

收回贷款本金应编制会计分录：

借：吸收存款——单位活期外汇存款——××户　　　　　　　　　外币

　　贷：贷款——银团贷款——××户　　　　　　　　　　　　　　外币

收回贷款本金应将其中比例分拨还给参加银团贷款的各成员行时，编制会计分录：

借：清算资金往来——银团贷款资金往来　　　　　　　　　　　　外币

　　贷：存放同业（或其他科目）　　　　　　　　　　　　　　　　外币

收取贷款利息时，编制会计分录：

借：吸收存款——活期外汇存款——借款单位存款户　　　　　　　外币

　　贷：利息收入——银团贷款利息收入（本行应收取的部分）　　外币

　　　　其他应付款——参加行户（其他成员行应收取的部分）　　外币

应按规定拨付参加银团贷款各成员行利息时，编制会计分录：

借：其他应付款——参加行户（其他成员行应收取的部分）　　　　外币

　　贷：存放同业——存放国外同业款项　　　　　　　　　　　　外币

【课外思考 7-3】外汇贷款业务的主要种类及特点有哪些？

第五节　外汇结算业务的核算

外汇结算业务是指不同国家（地区）的企业之间进行贸易进出口业务，通过商业银行办理货币收支，以结清商品交易所引起的债权债务关系的行为。我国商业银行在办理外汇结算时，一般有两种结算方式：一是记账结算；二是现汇结算。

目前，我国现汇国际结算方式有信用证、托收和汇兑三种结算方式。其中，信用证、托收为贸易结算，汇兑为非贸易结算。

一、汇兑结算方式的核算

国际汇兑结算是银行在不需运送现金的原则下，利用汇票或其他信用工具，使处于不同国家的债权人或债务人清算其债权债务的一种结算方式。汇兑结算业务的基本程序分为汇出行汇出国外汇款和汇入行解付国外汇款两个阶段。国际汇兑业务在账务处理上，信用证、托收、汇兑三种汇款方式都是从汇出国外汇款和国外汇入汇款两个方面进行核算。

1. 汇出国外汇款的核算

汇款人要求汇款时，应填制汇款申请书一式两联，一联作为银行传票附件，一联加盖业务公章后作为回单退还汇款人。银行经办人员根据汇款申请书，计算业务手续费，根据汇款人申请的汇款方式，填制汇款凭证，并分情况进行账务处理。

（1）以人民币结汇汇出时，编制会计分录：

借：库存现金　　　　　　　　　　　　　　　　　　　人民币

　　贷：货币兑换（汇卖价）　　　　　　　　　　　　　人民币

　　　　手续费及佣金收入　　　　　　　　　　　　　　人民币

借：货币兑换（汇卖价）　　　　　　　　　　　　　　　外币

　　贷：其他应付款——××户　　　　　　　　　　　　外币

（2）以外币存款汇出时不需经过"货币兑换"科目。编制会计分录：

借：吸收存款——活期外汇存款——××户　　　　　　外币

　　贷：其他应付款——××户　　　　　　　　　　　　外币

借：吸收存款——活期存款——××户　　　　　　　　人民币

　　贷：手续费及佣金收入　　　　　　　　　　　　　　人民币

（3）汇出行接到国外银行的解付通知书（借记报单）时，汇出行进行核销转账。编制会计分录：

借：其他应付款——××户　　　　　　　　　　　　　　外币

　　贷：存放同业（或其他科目）　　　　　　　　　　　外币

【例7-12】中国银行某分行5月10日根据某合资企业的申请，将其美元存款户中通过电汇HKD600 000到A商业银行香港分行，并交给某外商。按规定收取1‰的手续费。当日美元的汇买价为USD1＝CNY6.689 5，港元的汇买价为HKD1＝CNY0.927 4。5月15日汇出行收到A商业银行香港分行解付讫通知书，销记汇出汇款科目账，编制会计分录：

（1）5月10日汇出时：

借：吸收存款——××活期存款——××户　　　　　USD83 181.1

　　贷：货币兑换（汇买价6.689 5）　　　　　　　　USD83 181.1

借：货币兑换（汇买价6.689 5）　　　　　　　　　CNY556 440

　　贷：货币兑换（汇卖价0.927 4）　　　　　　　　CNY556 440

借：货币兑换（汇卖价0.927 4）　　　　　　　　　HKD600 000

　　贷：其他应付款——××户　　　　　　　　　　　HKD600 000

借：吸收存款——××活期存款——××户　　　　　CNY556.44

　　贷：手续费及佣金收入　　　　　　　　　　　　　CNY556.44

（2）5月15日收到解付讫通知时：

借：其他应付款——××户　　　　　　　　　　　　　HKD600 000

　　贷：存放同业　　　　　　　　　　　　　　　　　HKD600 000

2. 国外汇入汇款的核算

国外汇入汇款是商业银行根据与国外联行、代理行约定，凭国外联行、代理行发出的电报或信汇委托书代为解付的汇款。国外汇入汇款常为汇交我国机关、企事业单位等的贸易或非贸易项下的款项，以及汇交个人和其他团体机构的非贸易汇款，包括华侨汇款、来华外宾、侨民、外交人员等汇款。出口贸易业务中的汇入款项，多为预收货款、来料加工费和罚金等。国外汇入汇款应根据电汇、信汇、票汇等不同方式，分别办理解讫手续。

（1）信汇和电汇的核算。国内接到国外汇出行的电报，应首先核对密押。收到信汇支付委托书时，应核对印鉴。经核对相符后，办理汇款登记编号，填制汇款通知书，在收妥汇款头寸后，通知收款人领取汇款。收到汇款头寸时，编制会计分录：

借：存放同业——境外××汇出行户　　　　　　　　　　　　　　　　外币
　　贷：其他应付款——××外汇收款人户　　　　　　　　　　　　　　　　　外币

若收款人在汇入行开有现汇户来行解付汇款时，编制会计分录：

借：其他应付款——××外汇收款人户　　　　　　　　　　　　　　　　外币
　　贷：吸收存款——××活期外汇存款——××户（或其他科目）　　　　　　外币

若收款人在汇入行开有与汇款不同币种的现汇户时，通过"货币兑换"科目办理结汇。编制会计分录：

借：其他应付款——××外汇收款人户　　　　　　　　　　　　　　　　外币
　　贷：货币兑换——外汇买卖（汇买价）　　　　　　　　　　　　　　　　外币
借：货币兑换——外汇买卖（汇买价）　　　　　　　　　　　　　　　人民币
　　贷：货币兑换——外汇买卖（汇卖价）　　　　　　　　　　　　　　　人民币
借：货币兑换——外汇买卖（汇卖价）　　　　　　　　　　　　　另一种外币
　　贷：吸收存款——××外汇现汇户　　　　　　　　　　　　　　　另一种外币

若收款人办理结汇的汇款解付时，编制会计分录：

借：其他应付款——××外汇收款人户　　　　　　　　　　　　　　　　外币
　　贷：货币兑换——外汇买卖（汇买价）　　　　　　　　　　　　　　　　外币
借：货币兑换——外汇买卖（汇买价）　　　　　　　　　　　　　　　人民币
　　贷：吸收存款——外汇活期存款　　　　　　　　　　　　　　　　　人民币

如果汇款头寸尚未收到，但协议或合约规定可以提前解付时，编制会计分录：

借：其他应付款——境外××汇入行户　　　　　　　　　　　　　　　　外币
　　贷：其他应付款——××外汇收款人户　　　　　　　　　　　　　　　　外币

待汇款头寸到账后，编制会计分录：

借：存放同业——境外××汇出行户　　　　　　　　　　　　　　　　外币
　　贷：其他应付款——××外汇收款人户　　　　　　　　　　　　　　　　外币

（2）票汇的核算。办理票汇业务时，汇入行收到国外汇款行寄来的以该行为付款行的票汇通知书，以及汇款头寸，经核对印鉴等无误后，凭以转入"汇入汇款"科目，待持票人前来兑取。编制会计分录：

借：存放同业（或其他科目）　　　　　　　　　　　　　　　　　　　外币
　　贷：其他应付款——××外汇收款人户　　　　　　　　　　　　　　　　外币

当持票人持票来行取款时，须经持票人在柜面签字背书，并核对汇票通知书，以及出票行印鉴、付款金额、有效期、收款人姓名等后，才能办理人民币结汇或支付原币。会计分录同与信汇、电汇。

二、信用证结算业务的核算

信用证是开证银行根据申请人（进口商）的要求向出口商（受益人）开立的一定金额、在一定期限内凭议付行寄来规定的单据付款或承兑汇票的书面承诺，是银行有条件保证付款的凭证。

信用证业务涉及四个基本当事人，即开证申请人、开证银行、通知银行和受益人（一般为出口商）。此外，在银行实务操作中，还涉及其他银行关系人，如保兑银行、议付银行、承兑银行、付款银行、偿付银行等。

下面分别从进口银行和出口银行的角度介绍信用证业务的核算。

1. 进口信用证业务的核算

进口信用证结算，是银行根据国内进口商的开证申请，向国外出口商开立信用证或信用保证书，凭国外银行寄来信用证中规定的单据，按照信用证条款规定对国外出口商付款，并向国内进口商办理结汇的一种结算方式。

进口信用证结算的会计处理主要包括开立信用证和审单付款两个环节。

（1）开立信用证。进口商根据与国外出口商签订的贸易合同的规定，向银行提出开证申请，并填具开证申请书。银行收到后认真审核，并根据不同情况收取开证保证金。银行审核同意后签发的信用证采用套写格式，共六联（第一联为正本，其余为副本），第一联、第二联，则通过国外联行或代理行转给出口商，第三联开证行代为统计卡，第四联、第五联交进口商，第六联信用证留底。

信用证开出后，开证银行可直接寄给出口商，或经进口商寄给出口商，也可通过开证行的国外代理银行通知或转递信用证给出口商。

开证银行开出信用证后，以表外科目核算，既可采用单式记账法，也可采用复式记账法处理，单式记账的会计分录：

收入：开出信用证 　　　　　　　　　　　　　　　　　　　　　外币

采用复式记账法处理时，编制会计分录：

借：其他应收款——应收开出信用证 　　　　　　　　　　　　　外币

　　贷：其他应付款——应付开出信用证 　　　　　　　　　　　外币

收取开证申请人保证金的会计分录：

借：吸收存款——××活期外汇存款——开证人户 　　　　　　　外币

　　贷：存入保证金——开证人户 　　　　　　　　　　　　　　外币

　　　　手续费及佣金收入 　　　　　　　　　　　　　　　　　外币

银行开出信用证后，进口商如需修改信用证，应向银行提出申请。银行审核同意后，应立即通知国外联行或代理行，同时修改信用证的增减额。修改信用证增加金额时，应通过"应收（应付）开出信用证"表外科目核算，并根据要求增加或减少保证金；如因减少信用证金额需要退还保证金，应在信用证修改书发出若干天（通常30日）国外尚无拒收表示时，方可退还部分保证金。增加金额时与开出信用证的会计分录相同；减少金额时，会计分录相反。

（2）审单付款。开证行收到国外议付行寄来的信用证项下单据，与信用证条款进行核对，符合"单证一致、单单一致"的要求，即送进口商审核。进口商在3个工作日内审核单据，并向银行提交承付货款确认书，通知银行付款。信用证付款方式，根据付款期限的不同，分为即期信用证项下单到国内审单付款和国外审单付款方式，以及远期信用证付款方式两种。

其一，即期信用证项下单到国内审单付款。银行收到国外寄来即期信用证项下一套相关单据，经国内进口商审查相符确认付款后，开证行按信用证条款对外付汇。账务处理如下：

若客户缴纳的保证金为人民币时，编制会计分录：

借：存入保证金——××信用证户 　　　　　　　　　　　　　　　人民币
　　贷：货币兑换——外汇买卖（汇卖价） 　　　　　　　　　　　人民币

借：货币兑换——外汇买卖（汇卖价） 　　　　　　　　　　　　　外币
　　贷：存放同业——国外账户行户 　　　　　　　　　　　　　　外币

若客户缴纳的保证金为外币时，编制会计分录：

借：存入保证金——××信用证户 　　　　　　　　　　　　　　　外币
　　贷：存放同业——国外账户行户 　　　　　　　　　　　　　　外币

进口付汇后，开证行与进口商及境外银行的债权、债务已消除，应转销对应科目，编制会计分录：

借：其他应付款——应付开出信用证款项 　　　　　　　　　　　　外币
　　贷：其他应收款——应收开证信用证款项 　　　　　　　　　　外币

其二，即期信用证项下国外审单付款。国外议付行审单无误后，主动就信用证款项借记本行在议付行开立的账户，并将报单及相关单据一并寄送开证行。开证行收到国外寄来已借记报单及单据，经审核无误后，即可凭此向进口商办理结汇。会计分录同上。

其三，如果是远期付款的信用证，进口商为获取远期付款条件，对出口商提供银行担保，保证如果出口商提供远期跟单汇票，开证行在审单与信用证相符情况下会对汇票加以承兑，并承担所开立的信用证到期付款的责任。对于远期信用证，在进口单据审核无误时，即应办理承兑。承兑期满，开证行即履行付款责任。其处理原则与手续和即期信用证相同。

【例7－13】1月19日甲进出口公司申请开立信用证，金额USD50 000，并从其活期外汇存款账户支取USD10 000，交存保险金，办理转账。1月20日，开证行收到议付行寄来信用证项下USD50 000汇票及单证，审查合格后，送甲进出口公司确认后，本日办理划款，从甲进出口公司活期外汇存款账户中支付。编制会计分录：

（1）收取开证申请人保证金：

借：吸收存款——单位活期外汇存款——甲进出口公司 　　　　USD10 000
　　贷：存入保证金——甲进出口公司 　　　　　　　　　　　USD10 000

同时，登记表外对应科目：

借：其他应收款——应收开出信用证　　　　　　　　　　　　　　　　USD10 000

　　贷：其他应付款——应付开出信用证　　　　　　　　　　　　　　USD10 000

（2）办理划款：

借：吸收存款——单位活期外汇存款——甲进出口公司　　　　　　　　USD40 000

　　存入保证金——甲进出口公司　　　　　　　　　　　　　　　　　USD10 000

　　贷：存放同业　　　　　　　　　　　　　　　　　　　　　　　　USD50 000

2. 信用证项下出口业务的核算

出口信用证结算是出口商根据国外进口商通过国外银行开来的信用证和保证书，按照其条款规定，待货物发出后，将出口单据及汇票送交国内银行，由银行办理审单议付，并向国外银行收取外汇后向出口商办理结汇的一种结算方式。出口信用证结算主要包括受证与通知、审单议付、收汇与结汇三个环节。

（1）受证与通知。银行接到国外银行开来的信用证时，首先应对开证银行的资信、进口商的偿付能力和保险条款进行全面审查，并明确表示信用证能否接受、如何修改。经审核并核对印鉴认为可以受理时，当即编列信用证通知流水号，即将信用证正本通知有关出口商，以便发货，然后将信用证副本及银行留底联进行严格保管，并及时登记"国外开来保证凭信"记录卡，将信用证的正本通知出口商，受证与通知时，编制会计分录：

收入：国外开来保证凭信　　　　　　　　　　　　　　　　　　　　外币

以后若接到开证行的信用证修改通知书，要求修改金额，或信用证受益人因故申请将信用证金额的一部分或全部转往其他行时，除按规定办理信用证修改和通知或转让手续外，其增减金额还应在表外科目"国外开来保证凭信"中核算。

另外，对国外开证行汇入的信用证押金，授权国内议付行在议付单据后进行抵扣，应在信用证以及其他有关凭证上做好记录。编制会计分录：

借：存放同业　　　　　　　　　　　　　　　　　　　　　　　　　外币

　　贷：存入保证金　　　　　　　　　　　　　　　　　　　　　　外币

（2）审单议付。议付行收到出口商提交的信用证和全套单据，按信用证条款认真审核，保证单证一致、单单相符。审核无误后，填制出口寄单议付通知书向国外银行寄单索汇，并进行相应的账务处理。其会计分录：

借：其他应收款——应收即期（远期）信用证出口款项　　　　　　　外币

　　贷：其他应付款——代收即期（远期）信用证出口款项　　　　　外币

付出：国外开来保证凭信　　　　　　　　　　　　　　　　　　　　外币

（3）出口结汇。出口结汇是指议付行在收妥出口货款外汇的同时对出口商办理人民币结汇，即议付行按当日现汇买入价买入外汇，再折算成相应的人民币支付给出口公司，以结清代收妥的出口外汇。账务处理如下：

结汇时编制会计分录：

借：存放同业（或其他科目）　　　　　　　　　　　　　　　　　　外币

  贷：手续费及佣金收入——手续费收入   外币

    货币兑换（汇买价）   外币

借：货币兑换（汇买价）   人民币

  贷：吸收存款——活期存款——出口商户   人民币

客户的账户若为货款币种，则货款可直接入账；若为货款不同币种，则货款需用套汇转为账户币种入账。

同时，销记应收及代收信用证出口款项，编制会计分录：

借：其他应付款——代收即期（远期）信用证出口款项   外币

  贷：其他应收款——应收即期（远期）信用证出口款项 外币

三、托收业务的核算

托收是国际结算业务常见的结算方式之一，是指债权人或收款人签发汇票或提供索汇凭据，委托银行向国外债务人或付款人代为收款的一种结算方式。

托收业务核算包括进口代收和出口托收两个方面。

1. 进口代收的核算

进口代收，是指国外出口商根据贸易合同规定，于装运货物后，通过国外托收银行寄来单据，委托我国银行向进口商收取款项的一种结算方式。进口代收的会计核算主要包括以下两个环节。

（1）收到国外单据的核算。当进口方银行收到国外银行寄来的托收委托书及有关单据，经审核无误后，如果同意受理，即为代收行。代收行收到进口代收单据后，填制进口代收单据通知书连同有关单据一起交给进口商，并做相应的账务处理。编制会计分录：

借：其他应收款——应收进口代收款项   外币

  贷：其他应付款——应付进口代收款项   外币

（2）进口单位确认付款的核算。进口商对进口代收单据确认付款，或者远期承兑汇票已到付款日，代收行即按有关规定办理对外付款手续。编制会计分录：

借：吸收存款——活期存款——进口商户   人民币

  贷：货币兑换（汇买价）   人民币

借：货币兑换（汇买价）   外币

  贷：存放同业（或其他科目）   外币

同时，转销原来的托收款项：

借：其他应付款——应付进口代收款项   外币

  贷：其他应收款——应收进口代收款项   外币

【例7-14】乙进出口公司收到开户行的进口代收单据通知书及所附单据，金额USD100 000，确认无误后，通知银行办理结汇和对外付款，当日汇买价：USD1 = CNY7.273 9，办理转账。

（1）收到进口代收单据时，编制会计分录：

借：其他应收款——应收进口代收款　　　　　　　　　　　　USD100 000
　　贷：其他应付款——应付进口代收款　　　　　　　　　　　USD100 000

（2）承付交单时，编制会计分录：

借：吸收存款——单位活期外汇存款——乙进出口公司户　　　CNY727 390
　　贷：货币兑换（汇买价7.273 9）　　　　　　　　　　　CNY727 390

借：货币兑换（汇买价7.273 9）　　　　　　　　　　　　　USD100 000
　　贷：存放同业　　　　　　　　　　　　　　　　　　　　USD100 000

同时，转销原来的托收款项：

借：其他应付款——应付进口代收款　　　　　　　　　　　　USD100 000
　　贷：其他应收款——应收进口代收款　　　　　　　　　　　USD100 000

2. 出口托收的核算

出口托收，是出口商根据买卖双方签订的贸易合约，在规定期限内备货出运后，将货运单据连同以进口买方为付款人的汇票一并送交银行，由银行委托境外代理行向进口买方代为交单和收款的一种出口贸易结算方式。托收出口款项，一般经过托收和收受款项两个阶段。

（1）托收阶段。出口商应填写出口托收申请书一式两联，连同全套出口单据一并送交银行办理托收。银行审单后，编开托收号码，将申请书的一联退给出口商作为回单，另一联留存，并据以填制出口托收委托书。托收行发出托收凭证时，编制会计分录：

借：其他应收款——应收出口托收款项　　　　　　　　　　　　外币
　　贷：其他应付款——代收出口托收款项　　　　　　　　　　　外币

如出口托收寄单后，因情况变化需增加托收金额时，分录同上；需减少托收金额时，分录相反。如进口商拒付，也应反向注销托收金额。

（2）收妥进账的核算。出口托收款项一律实行收妥进账，银行根据国外银行的已贷记报单或授权借记通知书，经核实确认已收妥时，方能办理收汇或结汇。编制会计分录：

借：存放同业（或其他科目）　　　　　　　　　　　　　　　　外币
　　贷：货币兑换（汇买价）　　　　　　　　　　　　　　　　外币

借：货币兑换（汇买价）　　　　　　　　　　　　　　　　　人民币
　　贷：吸收存款——××活期存款——出口商户　　　　　　　人民币

同时，转销原来的托收款项：

借：其他应付款——应收出口托收款项　　　　　　　　　　　　外币
　　贷：其他应收款——代收出口托收款项　　　　　　　　　　　外币

实务训练

一、单项选择题

1. "外汇买卖"科目的性质是（　　　）。

A. 资产类　　　　　　　　　　　　B. 负债类

C. 资产负债共同类　　　　　　　　D. 损益类

2. 银行买入外币现钞时应选用的价格是（　　　）。

A. 钞买价　　　　B. 钞卖价　　　　C. 汇买价　　　　D. 汇卖价

3. 银行买入外汇应选用的价格是（　　　）。

A. 钞买价　　　　B. 钞卖价　　　　C. 汇买价　　　　D. 汇卖价

4. 银行卖出外汇现金应选用的价格是（　　　）。

A. 钞买价　　　　B. 钞卖价　　　　C. 汇买价　　　　D. 汇卖价

5. 银行卖出外汇应选用的价格是（　　　）。

A. 钞买价　　　　B. 钞卖价　　　　C. 汇买价　　　　D. 汇卖价

6. 我国外汇汇率的标价方法是（　　　）。

A. 直接标价法　　B. 间接标价法　　C. 美元标价法　　D. 应收标价法

7. 汇出行根据汇款人申请，拍发电报或电传，指示汇入行付款给收款人的汇款方式是（　　　）。

A. 电汇　　　　　B. 信汇　　　　　C. 票汇　　　　　D. 托收

8. 单位外汇存款只准开立（　　　）账户。

A. 现钞　　　　　B. 现汇　　　　　C. 外币　　　　　D. 本币

9. 一种外币兑换为另一种外币可以通过（　　　）方法处理。

A. 结汇　　　　　B. 售汇　　　　　C. 套汇　　　　　D. 买汇

10. 出口国银行直接向买方提供、用于向出口国购买技术和设备的贷款是（　　　）。

A. 出口买方信贷　B. 进口买方信贷　C. 进口押汇　　　D. 打包贷款

二、多项选择题

1. 按照我国外汇管理条例规定，外汇是指（　　　）。

A. 外国货币　　　B. 外币有价证券　　C. 外币支付凭证

D. 本国货币　　　E. 记账本位币

2. 根据国内外汇贷款性质的不同，国内外汇贷款可分为（　　　）。

A. 现汇贷款　　　B. 票据贴现　　　　C. 进出口押汇

D. 打包贷款　　　E. 银团贷款

3. 汇出国外汇款，通常可使用（　　　）。

A. 电汇　　　　　　　B. 信汇　　　　　　C. 票汇

D. 信用卡　　　　　　E. 旅行支票

4. 外汇按其是否自由兑换分为（　　　）。

A. 自由外汇　　　　　B. 记账外汇　　　　C. 即期外汇

D. 远期外汇　　　　　E. 外汇套汇

5. 外汇业务的特点主要表现在（　　　）。

A. 外汇分账制　　　　B. 收付实现制　　　C. 权责发生制

D. 永续盘存制　　　　E. 实地盘存制

三、判断题

1. "外汇买卖"账户应按外币币种设置明细账。　　　　　　　　　　　　（　　　）

2. 自由外汇是指不能自由兑换成其他国家的币种。　　　　　　　　　　（　　　）

3. 我国套汇业务的做法，原则上通过人民币核算，即通过买入一只外汇，同时卖出另一只外汇的方式折算。　　　　　　　　　　　　　　　　　　　　　　　　（　　　）

4. 银行为客户结汇买入外汇，应用卖出汇。　　　　　　　　　　　　　（　　　）

5. 可以自由兑换其他国家货币的外汇称为现汇。　　　　　　　　　　　（　　　）

6. 个人外汇存款全部为现钞户。　　　　　　　　　　　　　　　　　　（　　　）

7. 国外同业存款是资产类科目。　　　　　　　　　　　　　　　　　　（　　　）

8. 买方信贷的贷款本息可由总行统一办理偿还，也可由有关分支行分别办理偿还。

（　　　）

9. 承做出口押汇的银行，是以出口方提交的与信用证完全相符的单据作抵押，向出口方发放的抵押贷款。　　　　　　　　　　　　　　　　　　　　　　　　　（　　　）

四、业务题

目的：练习外汇业务的核算。

资料：

（1）某客户持港币现钞 10 000 元来行兑换人民币现钞，当天该行公布的钞买价 HKD100.00 = ￥106.00，银行审核无误后，办理兑换手续。

（2）开户单位出国考察需 USD5 000，持人民币转账支票一张来行兑换。当天该行公布的卖出价 USD100 = ￥812，银行审核无误后，办理兑换手续。

（3）某公司要求从其美元现汇存款账户支取 10 000 美元现钞，银行卖出美元现钞，买入美元现汇。该行当天现汇买入价 USD100 = ￥809，汇卖价 USD100 = ￥812。银行审核无误后，办妥有关手续。

（4）某公司申请美元贷款 60 000 美元，期限为 7 个月，月利率 6.6‰，经银行审核同意办理。

（5）某公司向外发出商品一批，根据国外××银行即期信用证及全套单据 30 000 美元向银行申请出口押汇，利率为 6%，自议付日至预计收汇日为 15 天，经银行审核同意办理。

（6）银行批准向某进出口公司发放买方信贷外汇贷款 100 000 美元购买××设备一套，期限为 2 年，利率 6%，银行办妥贷款手续。

（7）某客户委托银行汇出 HKD10 000，交付人民币现金，银行当即办理。当天该行汇卖牌价 HKD100.00 = ¥107.00. 收取手续费 100 元、邮电费 20 元。

（8）某公司委托银行汇付佣金 800 英镑给英国某商人，某公司在银行开有美元现汇存款账户。当天汇买价 USD100 = ¥809，汇卖价 GBP100.00 = ¥1 315.20。

要求：根据以上业务编制会计分录。

第三篇 非银行金融机构业务的核算

第八章

证券公司主要业务的核算

【学习内容与要求】学习证券的基本概念，了解证券业务的分类；了解证券经纪业务流程和核算的主要内容；掌握证券自营业务的核算方法；了解证券承销业务的类型及核算内容；掌握其他证券业务的核算方法。

第一节　证券公司业务概述

随着金融改革的深化，我国逐步放开了对直接融资方式的限制，开放了证券市场。因此，以证券公司为主体的证券经营机构，即在有价证券的发行者和投资者之间起中介作用的非银行金融机构，它们正是通过经营、募集、发行、承销、经纪或自营方式，买卖各类有价证券以实现其基本职能。

一、证券的概念

证券是用于证明或设立权利所形成的书面证明，它表明证券持有人或第三者有权取得该证券拥有的特定权益，或证明其曾经发生过的行为。

从法律上讲，证券可分为有价证券和无价证券两类。

（一）有价证券

有价证券是具有一定票面金额，代表或证明财产所有权的书面凭证，持券人有权按凭证取得一定收入。有价证券分为货币性的证券和收益性的证券（或资本性的证券）两种。前者称为信用凭证或信用工具，如汇票、本票、支票；后者称为债券和股票。

（二）无价证券

无价证券也叫凭证证券，是指本身不能使持有人或第三者取得一定收入的证券，如借据、收据、购物券、供应证等。

以上各种证券在现代社会经济生活中发挥着各自的作用和职能，其中最重要的是收益证券（资本证券），通常所说的证券或有价证券，一般是指股票和债券等收益证券。股票和债券是由国家或企业（公司）为筹集资本而依据法定的程序发行的有价证券，持券人一方面可以获得一定的收益，另一方面如需要收回本金可以出售给他人，因此，收益性的证券可以进行买卖和交易。商业银行、信托投资公司、证券公司等金融公司经国家批准可以经营证券业务。

二、证券业务的种类

根据《中华人民共和国证券法》的规定，我国对证券公司实行分类管理，将证券公司分为综合类证券公司和经纪类证券公司。综合类证券公司的证券业务分为证券经纪业务、证券自营业务、证券承销业务和国务院证券监督管理机构核定的其他证券业务四种。

（一）证券经纪业务

证券经纪业务是公司代理客户（投资者）买卖证券的活动，包括代理买卖证券业务、代理兑付证券业务和代保管证券业务。经纪类证券公司只允许专门从事证券经纪业务。

（二）证券自营业务

证券自营业务是公司以自己的名义，用公司的资金买卖证券，以达到获取利润目的的证券业务，包括买入证券和卖出证券。

（三）证券承销业务

证券承销业务是指在债券发行过程中，公司接受发行人的委托，代理发行人发行证券的活动。

（四）其他证券业务

其他证券业务是指公司经批准在国家允许的范围，进行除经纪、自营、承销业务以外的与证券业务有关的其他证券业务，如有买入返售证券业务、卖出回购证券业务和委托资产管理业务。

【课外思考8-1】新《企业会计准则》中，对证券公司的哪些方面作了明确规定？

第二节　证券经纪业务的核算

证券经纪业务是指证券公司通过其设立的证券营业部接受客户委托，按照客户的要求，代理客户买卖证券的业务，包括代理买卖证券、代理兑付证券和代理保管证券。

一、证券经纪业务流程和核算特点

证券经纪业务一般须经过开立账户、委托买卖、竞价成交、交易结算四个阶段，由委托人、证券公司、证券交易所、证券交易对象以及登记结算公司五个参与主体共同完成，如图8-1所示。

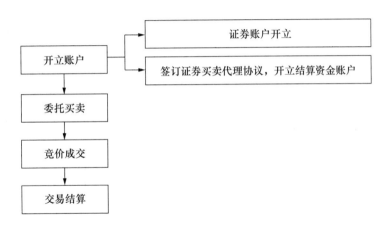

图8-1　证券经纪业务的一般流程

证券经纪业务的会计核算与一般业务会计核算有重大差别，具有自身的独特性：证券经纪业务的会计核算对证券交易系统（包括硬件系统和软件系统）具有高度依赖性，依赖于其稳定性、正确性、及时性和安全性。会计核算的原始凭证主要是交易系统的明细电子数据汇总资料；交易系统数据与财务系统数据具有不同的经济含义；交易系统进行明细记载，会计系统进行净额核算。严格区分收入、支出和代扣代交款项。严格区分自营业务和经纪业务。正确划分和调整自有资金和代管资金。

二、代理买卖证券业务的核算

代理买卖证券业务是指证券公司接受客户委托，代理客户进行证券买卖的业务。公司代理客户买卖证券收到的款项，必须全额存入指定的商业银行，并在"银行存款"科目中单设明细科目进行核算，不能与本公司的存款混淆。

（一）代理买卖证券的科目设置

1. "代理买卖证券款"科目

该科目为负债类科目，用来核算证券公司接受客户委托，代理客户买卖股票、债券和基金等有价证券，而由客户交存的款项。公司代理客户认购新股的款项、代理客户领取的现金股利和债券利息、代理客户向证券交易所支付的配股款等，也在该科目核算。该科目贷方登记收到客户交来的代理买卖证券及代理认购新股的款项等；借方登记证券公司代理客户买卖证券、代理客户认购新股、代理客户办理配股业务而减少的代理买卖证券款项，以及因客户提取存款而减少的代理买卖证券款项；期末贷方余额表示证券公司接受客户存放的代理买卖证券资金。该科目应当按照客户类别等进行明细核算。

2. "结算备付金"科目

该科目为资产类科目，用来核算证券公司为证券交易的资金清算与交收而存入指定清算代理机构的款项。企业向客户收取的结算手续费、向证券交易所支付的结算手续费，也在该科目核算。该科目借方登记证券公司存入清算代理机构的款项；贷方登记从清算代理机构收回资金的数额；期末借方余额表示证券公司存入指定清算代理机构但尚未使用的款项余额。该科目应当按照清算代理机构设置明细账，分"自有""客户"等项目进行明细核算。

（二）代理买卖证券的账务处理

代理买卖证券的账务处理主要包括资金专户开户、代理买卖证券、代理认购新股、代理配股派息等内容。

1. 资金专户开户的核算

当客户交来代买卖证券款项办理日常存款时，公司应为其开设资金专户，编制会计分录：

借：银行存款——客户
　　贷：代理买卖证券款

【例8-1】2017年3月1日，某证券公司收到客户交来资金3 000 000元，存入银行。应编制会计分录：

借：银行存款——××客户　　　　　　　　　　　　　　3 000 000
　　贷：代理买卖证券款　　　　　　　　　　　　　　　　　3 000 000

客户销户，结清利息时，编制会计分录：

借：应付款项——应付客户资金利息
　　贷：银行存款

客户资金专户统一结息时，编制会计分录：

借：应付款项——应付客户资金利息（已提利息部分）

利息支出

贷：代买卖证券款

公司为客户在证券交易所开设清算资金专户时，编制会计分录：

借：结算备付金——客户

贷：银行存款——客户

2. 代理买卖证券的核算

公司接受客户委托，通过证券交易所代理买卖证券，与客户清算时，如果买入证券成交总额大于卖出证券成交总额，应编制会计分录：

借：代理买卖证券款（买卖证券成交价的差额，加代扣代缴的交易税费和应向客户收取的佣金等手续费）

手续费支出——代买卖证券手续费支出（公司应负担的交易费用）

贷：结算备付金（买卖证券成交价的差额，加代扣代缴的印花税费和公司应负担的交易费）

手续费收入——代买卖证券手续费收入（向客户收取的佣金等手续费）

【例 8 - 2】某证券公司 2017 年 3 月 1 日买进股票成交总额为 700 000 元，卖出股票成交总额为 600 000 元，应代扣代缴的印花税为 5 200 元，证券公司应负担的教育费用为 130 元，应向客户收取的佣金为 4 550 元。假定该证券公司没有自营业务。应编制会计分录：

借：代理买卖证券款——客户   109 750

手续费支出——代买卖证券手续费支出   130

贷：结算备付金   105 330

手续费收入——代买卖证券手续费收入   4 550

公司接受客户委托，通过证券交易所代理买卖证券，与客户清算时，如果卖出证券成交总额大于买入证券成交总额，应编制会计分录：

借：结算备付金（买卖证券成交价的差额，减代扣代缴的印花税费和公司应负担的交易费）

手续费支出——代买卖证券手续费收入（公司应该负担的交易费用）

贷：代理买卖证券款（买卖证券成交价的差额，加代扣代缴的交易税费和应向客户收取的佣金等手续费）

手续费收入——代买卖证券手续费收入（向客户收取的佣金等手续费）

【例 8 - 3】某证券公司接受客户委托，通过证券交易所代理买卖证券，当日买入证券成交总额小于卖出成交总额为 510 万元，发生代扣代交的交易税为 1 万元，过户费为 2.6 万元，应向客户收取的手续费为 2.4 万元，公司缴纳交易所的费用为 1.5 万元。

借：结算备付金—— 客户   5 075 000

手续费支出	15 000
贷：代理买卖证券款	5 040 000
手续费收入	50 000

3. 代理认购新股的核算

证券公司收到客户委托认购新股的款项，根据开户银行的收账通知办理核算。应编制会计分录：

借：银行存款——客户

　　贷：代理买卖证券款

新股认购开始，证券公司应将款项划转清算代理机构。应编制会计分录：

借：结算备付金——客户

　　贷：银行存款——客户

中签新股时，客户办理申购手续，证券公司与证券交易所清算资金。应编制会计分录：

借：代理买卖证券款

　　贷：结算备付金——客户

如申购未中签，应退还客户申购款，当证券交易所退还时，应编制会计分录：

借：结算备付金——客户

　　贷：代理买卖证券款

证券公司将未中签的款项划回。编制会计分录：

借：银行存款——客户

　　贷：结算备付金——客户

证券公司将未中签的款项退给客户。编制会计分录：

借：代理买卖证券款

　　贷：银行存款——客户

【例8-4】某证券公司代理客户认购新股，收到客户认购新股款项10 000 000元，为客户办理申购手续。应编制会计分录：

（1）收到客户认购款时：

借：银行存款——客户	10 000 000
贷：代理买卖证券款	10 000 000

（2）将款项划付清算代理机构时：

借：结算备付金	10 000 000
贷：银行存款	10 000 000

【例8-5】承【例8-4】，中签日，证券交易所完成中签认定工作，将未中签资金9 900 000元退还客户。中签交付的认股款项为100 000元。手续费率为0.35%，由发行公司支付并已收到。应编制会计分录：

（1）公司就客户中签部分款项与证券交易所清算时：

借：代理买卖证券款   10 000 000

  贷：结算备付金   10 000 000

（2）公司将未中签的款项划回时：

借：银行存款   9 900 000

  贷：结算备付金   9 900 000

（3）公司将未中签款项退还客户时：

借：代理买卖证券款   9 900 000

  贷：银行存款   9 900 000

4. 代理配股派息的核算

（1）采用当日向证券交易所解交配股款的，在客户提出配股要求时，编制会计分录：

借：代理买卖证券款

  贷：结算备付金——客户

（2）采用定期向证券交易所解交配股款的，在客户提出配股要求时，编制会计分录：

借：代理买卖证券款

  贷：其他应付款——应付客户配股款

（3）与证券交易所清算配股款时，按配股金额，编制会计分录：

借：其他应付款——应付客户配股款

  贷：结算备付金——客户

（4）代理客户领取现金股利和利息时，编制会计分录：

借：结算备付金——客户

  贷：代理买卖证券款

（5）按规定向客户统一结息时，编制会计分录：

借：利息支出

  应付利息

  贷：代理买卖证券款

三、代理兑付证券业务的核算

代理兑付证券业务是证券公司接受国家或企业等证券发行单位的委托，对其发行的证券到期进行兑付，同时向发行单位收取手续费的证券业务。

（一）代理兑付证券业务的科目设置

代理兑付债券业务，应通过"代理兑付证券"和"代理兑付证券款"科目进行核算。

1. "代理兑付证券"科目

该科目为资产类科目，用来核算证券公司接受委托代理兑付到期的证券。该科目借方登记已兑付的各类到期证券以及因委托单位未拨付或拨付不足证券兑付资金、客户兑付时垫付的资金；贷方登记国家或企业拨付的委托兑付证券资金，以及向委托单位交付已兑付的证券并收回垫付的资金；期末借方余额表示证券公司已兑付但尚未收到委托单位兑付资金的证券金额。该科目应当按照委托单位和证券种类进行明细核算。

2. "代理兑付证券款"科目

该科目为负债类科目，用来核算证券公司接受委托—代理兑付证券而收到的兑付资金。该科目贷方登记收到委托单位的兑付资金；借方登记代理兑付的资金；期末贷方余额表示证券公司已收到但尚未兑付的代理兑付证券款项。该科目应当按照委托单位和证券种类进行明细核算。

（二）代理兑付证券业务的账务处理

1. 公司收到兑付资金时

证券公司收到委托单位拨来兑付证券款时，应编制会计分录：
借：银行存款
　　贷：代理兑付证券款

2. 兑付证券时

兑付期开始，收到客户甲交来实物券，按实际兑付金额办理兑付手续。编制会计分录：
借：代理兑付证券（本金与利息）
　　贷：库存现金（或银行存款）

3. 清算款项时

兑付期结束，应将已兑付的证券集中交给发行单位，按代理兑付的证券本息与委托单位办理结算。编制会计分录：
借：代理兑付证券款
　　贷：代理兑付证券

4. 公司垫付款项兑付证券

在代理兑付证券过程中，如果委托单位没有拨来兑付资金，而由公司先垫付的，代兑付完毕后统一结算资金和手续费时，公司收到客户交来实物券，按兑付金额支付。编制会计分录：
借：代理兑付证券
　　贷：银行存款

5. 兑付完毕时

兑付完毕，向委托单位交回已兑付证券并结算垫付和手续费收入。编制会计分录：

借：银行存款

　　贷：代理兑付证券

　　　　手续费收入——代理兑付证券手续费收入

第三节　证券自营业务的核算

证券自营业务是指证券公司自己进行证券套利的活动，也就是公司自己从事证券买卖的业务，通过低价买入和高价卖出赚取差价利益。证券自营业务具体又包括买入证券业务和卖出证券业务。

证券自营业务按其经营形式又可分为两种：一种是场内交易，另一种是场外交易。场内交易又称为交易所交易，它是最重要、最集中、最组织化的证券交易活动；场外交易是指不在交易所内交易，而在交易所市场以外进行证券交易的总称。

一、证券自营业务的科目设置

证券公司进行自营证券买进和卖出业务，应设置"交易性金融资产""可供出售金融资产"和"资产减值损失"等科目进行核算。

（一）"交易性金融资产"科目

该科目是资产类科目，核算证券公司为交易目的持有的债券投资、股票投资、基金投资、权证投资等交易性金融资产的公允价值。证券公司持有的直接指定为以公允价值计量且其变动计入当期损益的金融资产，也在该科目核算范围内。

该科目借方登记取得交易性金融资产的成本和公允价值的有利变动；贷方登记出售交易性金融资产的结转成本以及公允价值的不利变动；期末借方余额反映证券公司持有的交易性金融资产的公允价值。该科目可按交易性金融资产的类别和品种，分"成本""公允价值变动"项目进行明细核算。

（二）"可供出售金融资产"科目

该科目是资产类科目，核算证券公司持有的可供出售金融资产的公允价值，包括可供出售的股票投资、债券投资等金融资产。

该科目借方登记取得可供出售金融资产的成本和公允价值的有利变动；贷方登记出售

可供出售金融资产时结转的成本和公允价值的不利变动；期末借方余额反映证券公司持有的可供出售金融资产的公允价值。该科目可按可供出售金融资产类别和品种，分"成本""利息调整""应计利息""公允价值变动"等项目进行明细核算。

（三）"资产减值损失"科目

该科目是损益类科目，核算证券公司根据资产减值等准则计提各项资产减值准备所形成的损失。证券公司根据资产减值等准则确定资产发生减值的，按应减记的金额，借记"资产减值损失"科目，贷记相关资产的备抵账户或相关资产的减值准备明细账户；当相关资产的价值又得以恢复后，应在原已计提的减值准备金额内，按恢复增加的金额，做相反的会计分录；期末，应将"资产减值损失"科目余额转入"本年利润"科目，结转后"资产减值损失"科目无余额。"资产减值损失"科目应当按照资产减值损失的项目进行明细核算。

二、开设证券交易所资金清算账户

公司在证券交易所办理自营证券业务时，应在交易所开设清算资金专户，运用"结算备付金——自有"科目进行会计核算，调出资金时，编制会计分录：

借：结算备付金——自有

　　贷：银行存款

通过该账户可以在证券交易所从事自营买卖证券业务。

三、自营买入证券的核算

证券公司买入证券后，要根据《企业会计准则第22号——金融工具确认和计量》的规定，对取得的证券根据持有意图进行分类。一般来说，证券公司的买入证券可以被划分为以公允价值计量且其变动计入当期损益的金融资产和可供出售的金融资产。以公允价值计量且其变动计入当期损益的金融资产包括交易性金融资产和指定为以公允价值计量且其变动计入当期损益的金融资产。由于交易性金融资产和可供出售金融资产在会计处理上有所不同，下面分别介绍。

（一）交易性金融资产

1. 买入自营证券

买入自营证券时，初始确认如果划分为以公允价值计量且其变动计入当期损益的金融资产的，应编制会计分录：

借：交易性金融资产——成本（按公允价值）

　　投资收益（发生的交易费用）

应收利息（应收股利）（按已到付息期但尚未领取的利息或已宣告但尚未发放的现金股利）

　　贷：结算备付金——自有（按实际支付金额）

2. 包销代发行

公司在采用包销方式代发行证券情况下，在发行期结束时，如还未售出的证券转为公司自营证券的，按实际承购价或发行价进行核算，编制会计分录：

　　借：交易性金融资产——成本

　　　　贷：代理发行证券

3. 自营证券网上配股

公司的自营证券通过网上进行配股，在与交易所清算配股时，按实际成交的配股款，编制会计分录：

　　借：交易性金融资产——成本

　　　　贷：结算备付金——自有

若是通过网下配股的，按实际支付的配股款核算，应编制会计分录：

　　借：交易性金融资产——成本

　　　　贷：银行存款

4. 网上认购新股

公司通过网上认购新股，申购款被交易所从清算账号中划出冻结时，应编制会计分录：

　　借：应收款项——应收认购新股占用款

　　　　贷：结算备付金——自有

如中签，购买新股按实际成本核算，编制会计分录：

　　借：交易性金融资产——成本

　　　　贷：应收款项——应收认购新股占用款

如未中签，交易所退回被冻结认购款项，编制会计分录：

　　借：结算备付金——自有

　　　　贷：应收款项——应收认购新股占用款

5. 网下认购新股

如果公司通过网下认购新股的，应按规定划出认购款存入指定机构，编制会计分录：

　　借：应收款项——应收认购新股占用款

　　　　贷：银行存款

如中签，办理认购手续，按购买新股实际成本计算，编制会计分录：

　　借：交易性金融资产——成本

贷：应收款项——应收认购新股占用款

如未中签，收回认购款，应编制会计分录：

借：银行存款

　　贷：应收款项——应收认购新股占用款

6. 交易性金融资产

（1）交易性金融资产持有期间被投资单位宣告发放的现金股利或在资产负债表日按分期付息、一次还本债券投资的票面利率计算的利息，确认为投资收益，编制会计分录：

借：应收股利或应收利息

　　贷：投资收益

实际收到现金股利或应收利息时，编制会计分录：

借：银行存款

　　贷：应收股利（应收利息）

（2）资产负债表日，交易性金融资产公允价值变动形成的利得或损失，应当计入当期损益。编制会计分录：

其一，交易性金融资产的公允价值高于其账面余额的，按其差额，编制会计分录：

借：交易性金融资产——公允价值变动

　　贷：公允价值变动损益

其二，公允价值低于其账面余额的差额，做相反的会计分录。

（3）公司在交易所卖出证券时，应按清算日实际收到款项进行核算，编制会计分录：

借：结算备付金——自有（银行存款）

　　贷：交易性金融资产（账面余额）

如有差额贷记或借记"投资收益"科目。同时，将原计入金融资产的公允价值变动转出，借记或贷记"公允价值变动损益"科目，贷记或借记"投资收益"科目。

【例8-6】2017年2月7日，某证券公司从交易所购入甲上市公司股票300万股，准备近期出售，列为交易性金融资产。购买日价款（公允价值）2 000万元，另支付相关交易费用39 500元。

借：交易性金融资产——成本 　　　　　　　　　　　　　　　20 000 000

　　贷：结算备付金——自有 　　　　　　　　　　　　　　　　　20 000 000

借：投资收益 　　　　　　　　　　　　　　　　　　　　　　　39 500

　　贷：结算备付金——自有 　　　　　　　　　　　　　　　　　　39 500

【例8-7】2017年3月12日，甲上市公司宣告发放现金股利，每10股0.5元。公司3月22日收到。6月30日公司持有甲公司股票公允价值为2 200万元。

3月12日：

借：应收股利 　　　　　　　　　　　　　　　　　　　　　　　150 000

　　贷：投资收益 　　　　　　　　　　　　　　　　　　　　　　150 000

3月22日：

借：结算备付金——自有　　　　　　　　　　　　　　150 000

　　贷：应收股利　　　　　　　　　　　　　　　　　　　　150 000

6月30日：

借：交易性金融资产——公允价值变动　　　　　　　　2 000 000

　　贷：公允价值变动损益　　　　　　　　　　　　　　　　2 000 000

【例8-8】2017年10月21日，某证券公司将持有的甲公司股票全部出售，取得价款2 400万元。

借：结算备付金——自有　　　　　　　　　　　　　24 000 000

　　贷：交易性金融资产——成本　　　　　　　　　　　　20 000 000

　　　　投资收益　　　　　　　　　　　　　　　　　　　4 000 000

借：公允价值变动损益　　　　　　　　　　　　　　　2 000 000

　　贷：投资收益　　　　　　　　　　　　　　　　　　　2 000 000

【例8-9】2017年1月1日，某证券公司从二级市场购买乙公司债券，面值为200万元，票面利率为6%，半年付息一次。支付价款206万元（含已到付息期但尚未领取的利息6万元），剩余期限为2年，另支付交易费用4万元。

2017年1月20日，收到未领利息6万元。

2017年6月30日，该债券公允价值为202万元（不含利息）。

2017年7月6日，收到2014年上半年利息6万元。

2017年12月31日，该债券公允价值为201万元（不含利息）。

2018年1月6日，收到2014年下半年利息6万元。

2018年3月31日，出售该债券收到204.2万元（含第一季度利息3万元）。假定不考虑其他因素。

（1）2017年1月1日：

借：交易性金融资产——成本　　　　　　　　　　　2 000 000

　　投资收益　　　　　　　　　　　　　　　　　　　　40 000

　　应收利息　　　　　　　　　　　　　　　　　　　　60 000

　　贷：结算备付金——自有　　　　　　　　　　　　　　2 100 000

（2）2017年1月20日，收到未领取利息6万元：

借：结算备付金——自有　　　　　　　　　　　　　　60 000

　　贷：应收利息　　　　　　　　　　　　　　　　　　　　60 000

（3）2017年6月30日，该债券公允价值为202万元：

借：交易性金融资产——公允价值变动　　　　　　　　20 000

　　贷：公允价值变动损益　　　　　　　　　　　　　　　　20 000

借：应收利息　　　　　　　　　　　　　　　　　　　60 000

　　贷：投资收益　　　　　　　　　　　　　　　　　　　　60 000

（4）2017年7月6日，收到2017年上半年利息6万元：

借：结算备付金——自有　　　　　　　　　　　　　　60 000

贷：应收利息	60 000

（5）2017 年 12 月 31 日，该债券公允价值为 201 万元：

借：交易性金融资产——公允价值变动	10 000
贷：公允价值变动损益	10 000
借：应收利息	60 000
贷：投资收益	60 000

（6）2018 年 1 月 6 日，收到 2017 年下半年利息 6 万元：

借：结算备付金——自有	60 000
贷：应收利息	60 000

（7）2018 年 3 月 31 日，出售该债券收到 204.2 万元：

借：结算备付金——自有	2 042 000
公允价值变动损益	10 000
贷：交易性金融资产——成本	2 000 000
——公允价值变动	10 000
投资收益	42 000

（二）可供出售金融资产

买入自营证券，初始确认为"可供出售金融资产"的核算①。买入自营证券时，如果初始确认划分为可供出售的金融资产，应通过"可供出售金融资产"科目核算。比如公司购入的活跃在市场上有报价的股票、债券和基金等。没有划分为以公允价值计量且其变动计入当期损益的金融资产等金融资产的，可归为此类。

其一，可供出售的金融资产按取得时的公允价值和相关交易费用之和作为初始确认金额。支付价款中包含的已到付息期但尚未领取的债券利息或已宣告但尚未发放的现金股利，应单独确认为应收项目。通过"可供出售金融资产"科目核算，分别设成本、利息调整、应计利息、公允价值变动进行明细核算。

其二，可供出售金融资产持有期间公允价值变动形成的利得和损失（除减值损失和外币汇差），应直接计入所有者权益，终止确认时转出，计入当期损益。

其三，可供出售金融资产处置核算，按实际收到的金额借记"结算备付金——自有"，按其账面余额贷记"可供出售金融资产"，按应收所有者权益中转出的公允价值变动额，借记或贷记"资本公积——其他资本公积"，按其差额借记或贷记"投资收益"。

【例 8 - 10】某证券公司 2017 年 10 月 7 日从二级市场购入股票 200 万股，每股市价 5 元，手续费 20 000 元，初始确认时，划分为可供出售金融资产（单位：万元）。

（1）借：可供出售金融资产——股票	1 002	
贷：结算备付金——自有		1 002

12 月 31 日仍持有股票，市价 6 元：

---

① 王允平. 金融企业会计学 [M]. 北京：经济科学出版社，2011：339 - 341.

（2）借：可供出售金融资产——股票（1 200 - 1 002）　　　　　　　　198

　　　　贷：资本公积——其他资本公积　　　　　　　　　　　　　　　　198

【例 8 - 11】某证券公司 2017 年 1 月 1 日支付价款 2 055.51 万元购买甲公司发行 3 年期公司债券，面值为 2 000 万元，票面利率为 5%，实际利率为 4%，利息每年末支付，本金到期支付。初始确认划分为可供出售金融资产。假定不考虑交易费用和其他因素（单位：万元）。

（1）2017 年 1 月 1 日，购入甲公司股票：

借：可供出售金融资产——债券（成本）　　　　　　　　　　　2 000

　　可供出售金融资产——债券（利息调整）　　　　　　　　　　55.51

　　　贷：结算备付金——自有　　　　　　　　　　　　　　　　2 055.51

（2）2017 年末计算实际利息及摊余成本：

2017 年实际利息 = 2 055.51 × 4% = 82.220 4（万元）

2017 年末摊余成本 = 2 055.51 + 82.220 4 - 100 = 2 037.730 4（万元）

借：应收利息　　　　　　　　　　　　　　　　　　　　　　　100

　　　贷：可供出售金融资产　　　　　　　　　　　　　　　　　　100

借：可供出售金融资产　　　　　　　　　　　　　　　　　82.220 4

　　　贷：投资收益　　　　　　　　　　　　　　　　　　　　　2.220 4

（3）2017 年 12 月 31 日，该债券市价为 2 017.730 4 万元：

2017 年公允价值变动 = 2 037.733 04 - 2 017.730 4 = 20（万元）

借：资本公积——其他资本公积　　　　　　　　　　　　　20 000

　　　贷：可供出售金融资产　　　　　　　　　　　　　　　　20 000

（4）2018 年 1 月 1 日，收到债券利息时：

借：结算备付金——自有　　　　　　　　　　　　　　　　　　100

　　　贷：应收利息　　　　　　　　　　　　　　　　　　　　　　100

（2019 年核算程序相同）

四、自营卖出证券业务的核算

自营卖出证券业务的核算主要包括出售交易性金融资产、出售可供出售金融资产和自营证券卖出成本的确定等内容。

（一）出售交易性金融资产的核算

出售交易性金融资产时，其公允价值与账面余额之间的差额应确认为投资收益，同时将原计入该交易性金融资产的公允价值变动转出，计入投资损益。应编制会计分录：

1. 公允价值大于账面余额

借：结算备付金——自有

贷：交易性金融资产

投资收益

借：公允价值变动损益

贷：投资收益

2. 公允价值小于账面余额

借：结算备付金——自有

投资收益

贷：交易性金融资产

借：投资收益

贷：公允价值变动损益

（二）出售可供出售金融资产的核算

出售可供出售金融资产时，应将取得的价款与该金融资产账面价值之间的差额，计入投资收益。同时，将原直接计入所有者权益的公允价值变动累计额对应处置部分的金额转出，计入投资收益。编制会计分录：

1. 取得价款大于账面余额

借：结算备付金——自有

贷：投资收益

可供出售金融资产

借：资本公积——其他资本公积

贷：投资收益

2. 取得价款小于账面余额

借：结算备付金——自有

投资收益

贷：可供出售金融资产

借：投资收益

贷：资本公积——其他资本公积

（三）自营证券卖出成本的确定

出售自营证券要转出证券的账面余额，并且把计入"公允价值变动损益"和"资本公积（其他资本公积)"明细科目的金额转入投资收益。自营证券成本结转时，编制会计分录：

借：结算备付金——自有

贷：交易性金融资产——成本

——公允价值变动

投资收益

借：公允价值变动损益

　　贷：投资收益

如果一笔证券买进后，又整笔卖出，上述结转是比较容易的。但证券公司经营的自营证券种类很多，卖出和买进频繁且数量不可能相对应，因此采用实际成本结转时，需要选择适当的方法计算出应结转的账面余额。这些方法主要有先进先出法、加权平均计算法、个别计价法。这些方法各有利弊，下面介绍先进先出法。

【例8-12】某证券公司的自营证券中，W股票被作为交易性金融资产进行核算和管理，年初结存的数量为60万股，成本户6 500 000元，公允价值变动户20 000元，本月6日购进20万股，支付实际价款2 200 000元，15日购进20万股，支付价款2 300 000元，本月28日出售70万股，获取价款8 300 000元。

分析：出售证券70万股时，其中60万股是年初结存数，另10万股则是本月6日购进20万股中的。因此，出售证券时，编制自营证券成本结转的会计分录：

借：结算备付金——自有　　　　　　　　　　　　　　　　8 300 000

　　贷：交易性金融资产——成本（6 500 000+2 200 000×10/20）　7 600 000

　　　　　　　　　　　　——公允价值变动　　　　　　　　　　20 000

　　　　投资收益　　　　　　　　　　　　　　　　　　　　680 000

借：公允价值变动损益　　　　　　　　　　　　　　　　　　20 000

　　贷：投资收益　　　　　　　　　　　　　　　　　　　　20 000

假定本例中，本月28日出售证券100万股，获取价款12 000 000元，其他资料不变。

编制会计分录：

借：结算备付金——自有　　　　　　　　　　　　　　　　12 000 000

　　贷：交易性金融资产——成本（6 500 000+2 200 000+2 300 000）　11 000 000

　　　　　　　　　　　　——公允价值变动　　　　　　　　　　20 000

　　　　投资收益　　　　　　　　　　　　　　　　　　　　980 000

借：公允价值变动损益　　　　　　　　　　　　　　　　　　20 000

　　贷：投资收益　　　　　　　　　　　　　　　　　　　　20 000

五、自营证券减值准备的核算

按照《企业会计准则第22号——金融工具确认和计量》的规定，企业应当在资产负债表日对以公允价值计量且其变动计入当期损益的金融资产以外金融资产账面价值进行检查，有客观证据表明该金融资产发生减值的，应当确认减值损失。可供出售金融资产发生减值的，在确认减值损失时，应当将原值计入所有者权益的公允价值下降形成的累计损失一并转出，计入减值损失。

确定可供出售金融资产发生减值的，按应减计的金额，借记"资产减值损失"科目，按应从所有者权益中转出原计入资本公积的累计损失金额，贷记"资本公积——其他资本公积"科目，按其差额，贷记"可供出售金融资产——公允价值变动"。

对于已确认减值损失的可供出售金融资产，在随后会计期间内公允价值已上升且客观上与确认原减值损失事项有关的，原确认的减值损失应当予以转回，计入当期损益。但是，该转回后的账面价值不应当超过假定不计提减值准备情况下该金融资产在转回日的摊余成本。编制会计分录：

借：可供出售金融资产——公允价值变动

贷：资产减值损失

但可供出售金融资产为股票等权益工具投资的（不含在活跃市场上没有报价、公允价值不能可靠计量的权益工具投资），借记"可供出售金融资产（公允价值变动）"，贷记"资本公积——其他资本公积"科目。

【课外思考8-2】证券自营业务核算中自营证券期末如何计价？

第四节　证券承销业务的核算

证券承销业务是指证券公司在发行证券过程中，接受发行者的委托，代理发行人发行证券的活动。如代国家发售国库券、国家重点建设债券，代企业发行集资债券和股票、基金等。

一、证券承销业务使用的主要会计科目

证券承销业务除设置上述"交易性金融资产""可供出售金融资产"科目以外，还需要设置"代理承销证券款"科目进行核算。"代理承销证券款"为负债类科目，用来核算证券公司接受委托，采用余额承购包销方式或代销方式承销证券所形成的、应付证券发行人的承销资金。该科目贷方登记证券公司受托代理发行证券时的认购款项；借方登记证券公司向委托方（发行人）支付代发行的证券款项；期末贷方余额反映证券公司承销证券应付未付给委托单位的款项余额。该科目应当按照委托单位和证券种类进行明细核算。

证券公司接受委托采用全额承购包销方式承销的证券以及采用余额承购包销方式承销的证券、承购的证券，应在收到证券时，将其进行分类。如划分为以公允价值计量且其变动计入当期损益的金融资产，应在"交易性金融资产"科目核算；如划分为可供出售金融资产，应在"可供出售金融资产"科目核算。

二、证券承销的业务类型和核算

证券公司承销业务根据与发行人确定的发售方式不同，具体分为全额承购包销方式的承销业务、余额承购包销方式的承销业务和代销方式的承销业务三种。公司应当根据与发行人协商确定的发行方式，办理证券发售，并按规定分别进行会计核算。

（一）全额承购包销方式承销证券的核算

全额承购包销是指证券公司与证券发行单位签订合同或协议，由证券公司按合同或协议确定的价格将证券从发行单位购进，并立即向发行单位支付全部款项，然后按一定价格在证券一级市场发售的一种代理发行方式。

证券公司以全额包销的方式进行承销业务的，先将全部发行证券认购下来，再转售给投资人。发行期结束后，如有未售出的证券，应按承购价格转为公司的自营证券或长期投资。

其一，与证券交易所交割清算，按实际收到的金额计算，应编制会计分录：

借：结算备付金

　　贷：代理承销证券款

其二，承销期结束后，将承销证券款项交付委托单位并收取手续费，编制会计分录：

借：代理承销证券款

　　贷：手续费及佣金收入

　　　　银行存款

承销期结束，未售出的证券转为自营证券或长期债券投资、长期股权投资，按承销价编制会计分录：

借：交易性金融资产

　　可供出售金融资产

　　贷：代理承销证券款

【例8-13】某证券公司与客户签订协议，采用全额承购包销的方式代为发行股票2 000万元，股票面值为1元，共发行2 000万股，公司承购价为1.12元，对外销售价为1.2元，发行期为20天，预计售完。

公司全额承购，与证券交易所交割清算，公司应编制会计分录：

借：结算备付金　　　　　　　　　　　　　　　　　　　　　24 000 000

　　贷：代理承销证券款　　　　　　　　　　　　　　　　　　24 000 000

发行期结束后，应编制会计分录：

借：代理承销证券款　　　　　　　　　　　　　　　　　　　24 000 000

　　贷：手续费及佣金收入　　　　　　　　　　　　　　　　　1 600 000

　　　　银行存款　　　　　　　　　　　　　　　　　　　　22 400 000

(二) 余额承购包销方式承销证券的核算

余额承购包销是指发行人委托承销机构在约定期限内发行证券，到销售截止日期，未售出的余额由承销商按协议价格认购。余额承购包销实际上是先代理发行，后全额承购包销，是代销和全额承购包销的结合。

证券公司以余额包销方式经办承销业务，如为网上发行的，先在网上代为销售；发行期结束后，如有未售出的证券，应按约定的发行价格转为公司的自营证券或长期投资。发行证券的手续费收入，应于发行期结束后与发行人结算发行款时确认收入。

其一，通过证券交易所上网发行的，在证券上网发行日，根据承销合同确认的证券发行总额，按承销价款，在备查登记簿中记录承销证券的情况。

其二，在与证券交易所交割清算时，按实际收到的金额编制会计分录：

借：结算备付金

　　贷：代理承销证券款

其三，未售出部分按规定由本公司认购，转为自营证券或长期投资，按发行价格编制会计分录：

借：交易性金融资产

　　可供出售金融资产

　　贷：代理承销证券款

其四，发行期结束后，将所募集资金付给委托单位，并收取手续费，编制会计分录：

借：代理承销证券款

　　贷：手续费及佣金收入——代发行证券手续费收入

　　　　银行存款

【例8-14】某证券公司与客户签订合同，采用余额包销方式代客户发行股票。企业交来股票面值2 000万股，每股1元，代发行手续费为4万元，发行期结束后尚有100万元未售出，预计5个月内可上市交易，公司将其转作自营证券处理。

(1) 与证券交易所交割清算，证券公司的会计分录：

借：结算备付金　　　　　　　　　　　　　　　　　　　19 000 000

　　贷：代理承销证券款　　　　　　　　　　　　　　　　　19 000 000

(2) 发行期结束后，尚未售出的100万元转为公司自营证券处理，编制会计分录：

借：交易性金融资产　　　　　　　　　　　　　　　　　1 000 000

　　贷：代理承销证券款　　　　　　　　　　　　　　　　　1 000 000

(3) 将代发行证券款交给客户，并从中扣取手续费4万元，编制会计分录：

借：代理承销证券款　　　　　　　　　　　　　　　　　20 000 000

　　贷：手续费及佣金收入——代发行证券手续费收入　　　　　40 000

　　　　银行存款　　　　　　　　　　　　　　　　　　　19 960 000

（三）代销方式承销证券的核算

代销方式承销证券是指证券公司接受发行单位委托，按照规定的条件，在约定的期限内，代为向投资者销售证券，发行期结束，证券未按原定发行额售出，未售部分退回发行单位，代销证券的证券公司向委托人收取手续费，不承担任何发行风险。

证券公司以代销方式经办承销业务，应在收到代发行人发售的证券时，按委托方约定的发行价格同时确认一项资产和一项负债；代发行证券的手续费收入，应于发行期结束后，与发行人结算发行价款时确认收入。采用代销方式代理发行证券（记名证券）的具体账务处理如下：

其一，通过证券交易所上网发行的，在证券上网发行日根据承销合同确认的证券发行总额，按承销价款，在备查登记簿中记录承销证券的情况。

其二，网上发行结束后，与证券交易所交割清算，按网上发行数量和发行价格计算的发行款项减去上网费用，编制会计分录：

借：结算备付金——证券公司

　　应收款项——应收代垫委托单位上网费

　　　贷：代理发行证券款

其三，将发行证券交给委托单位，并收取发行手续费和代垫上网费用，编制会计分录：

借：代理发行证券款

　　　贷：应收款项——应收代垫委托单位上网费

　　　　　手续费及佣金收入——代发行证券手续费收入

【例 8 – 15】某证券公司代客户发行企业债券 100 万元，发行期结束时全部售出，按合同规定收取手续费 2 万元，将所筹集资金交给客户。

收到客户交来的代发行证券时，登记备查登记簿。

（1）发行期销售的会计分录：

借：银行存款（或现金）　　　　　　　　　　　　　　　　1 000 000

　　　贷：代理发行证券款　　　　　　　　　　　　　　　　1 000 000

（2）发行期结束后，从代发行证券款中扣取手续费 2 万元，将所筹集资金交给客户，编制会计分录：

借：代理发行证券款　　　　　　　　　　　　　　　　　　1 000 000

　　　贷：银行存款　　　　　　　　　　　　　　　　　　　980 000

　　　　　手续费及佣金收入——代发行证券手续费收入　　　　20 000

三、其他证券业务的核算与管理

其他证券业务是指证券公司经批准在国家许可的范围内进行的除经纪、自营和承销业务以外的其他与证券有关的业务。如买入返售证券业务、卖出回购证券业务、受托资产管理业务等与证券业务有关的业务。

（一）会计科目的设置

证券公司从事买入返售证券、卖出回购证券、受托资产管理等其他证券业务，应设置"买入返售金融资产""卖出回购金融资产款""代理业务资产""代理业务负债"等会计科目进行核算。

1. "买入返售金融资产"科目

该科目为资产类科目，核算证券公司按返售协议约定，先买入再按固定价格返售给卖出方的证券等金融资产所融出的资金。该科目借方登记证券公司按规定买入返售证券实际支付的款项；贷方登记证券返售时转出的账面余额；期末借方余额反映证券公司已经买入但尚未到期返售证券的摊余成本。本科目应当按照买入返售金融资产的类别和融资方进行明细核算。

2. "卖出回购金融资产款"科目

该科目为负债类科目，核算证券公司按回购协议先卖出再按固定价格买入的证券等金融资产所融入的资金。该科目贷方登记证券公司按规定卖出证券实际收到的款项；借方登记证券回购时转出的账面余额；期末贷方余额反映证券公司尚未到期的卖出回购证券款。该科目应当按照卖出回购金融资产的类别和融资方进行明细核算。

3. "代理业务资产"科目

该科目为资产类科目，核算证券公司不承担风险的代理业务形成的资产，如受托理财业务进行的证券投资和受托贷款等。证券公司的代理买卖证券、代理承销证券、代理兑付证券不在该科目核算。该科目借方登记用代理业务资金购买证券的实际成本、卖出证券发生的亏损以及结转的投资收益；贷方登记结转已售证券的成本、卖出证券形成的收益以及结转的投资损失；期末借方余额反映证券公司代理业务资产的价值。该科目可按委托单位、资产管理类别（如定向、集合和专项资产管理业务）、贷款对象，分"成本""已实现未结算损益"等项目进行明细核算。

4. "代理业务负债"科目

该科目为负债类科目，核算证券公司不承担风险的代理业务收到的款项，如受托投资资金、受托贷款资金等。证券公司的代理买卖证券款、代理承销证券款、代理兑付证券款，不在该科目核算。该科目贷方登记收到的代理业务款项和属于委托单位的投资收益；借方登记受托投资过程中应由委托单位负担的损失和按规定划转、核销或退还委托单位的代理业务资金；期末贷方余额反映证券公司收到的代理业务资金。该科目可按委托单位、资产管理类别（如定向、集合和专项资产管理业务）等进行明细核算。

（二）买入返售证券业务

买入返售证券业务是指证券公司与其他企业以合同或协议的方式，按一定价格买入证券，到期日再按合同规定的价格将该批证券返售给对方，以获取买入价与卖出价的差价收入。公司应于买入某种证券时，按实际发生的成本确认为一项资产；证券到期返售时，按返售价格与账面价值的差额，确认为当期收入。

其一，证券公司根据返售协议购入返售证券时，应按实际支付的款项和交易费用之和确定买入返售证券的初始确认金额。编制会计分录：

借：买入返售金融资产——买入返售证券
　　贷：银行存款（或结算备付金）

其二，资产负债表日，计提买入返售证券利息收入时，应按计算确定的买入返售证券的利息收入，编制会计分录：

借：应收利息
　　贷：利息收入——买入返售金融资产利息收入

收到支付的买入返售证券的利息时，编制会计分录：

借：银行存款（或结算备付金）
　　贷：应收利息

其三，返售证券宣告发放现金股利，按返售证券持有量计算的返售证券应收的现金股利时，编制会计分录：

借：应收股利
　　贷：投资收益

收到支付的买入返售证券的现金股利时，编制会计分录：

借：银行存款（或结算备付金）
　　贷：应收股利

其四，到期时，按照协议，以合同价格将该批证券返售给对方企业时，编制会计分录：

借：银行存款（结算备付金——自有）（实际收到的金额）
　　贷：买入返售金融资产——买入返售证券（账面余额）
　　　　利息收入（投资收益）（借方和贷方差额）

（三）卖出回购证券业务

卖出回购证券业务是指证券公司与其他企业以合同或协议的方式，按一定价格卖出证券，到期日再按合同规定的价格买回该批证券，以获得一定时期内资金的使用权。公司应于卖出证券时，按实际收到的款项确认为一项负债；证券到期购回时，按实际支付的款项与卖出证券时实际收到的款项差额，确认为当期费用。

其一，证券公司根据回购协议卖出回购证券时，应按实际收到的金额入账。编制会计分录：

借：银行存款（结算备付金——自有）

      贷：卖出回购金融资产款——卖出回购证券款

其二，资产负债表日，计提卖出回购证券利息费用时，应按计算确定的卖出回购证券的利息费用，编制会计分录：

借：利息支出

      贷：应付利息

其三，到期时，按照协议，以合同价格将该批证券从对方企业回购时，编制会计分录：

借：卖出回购金融资产款（账面余额）

      应付利息（账面余额）

      利息支出（借方和贷方差额）

      贷：银行存款（结算备付金）（实际支付的金额）

（四）受托资产管理业务

受托资产管理业务是指证券公司接受委托负责经营管理受托资产的业务。公司受托经营管理资产，应按实际受托资产的款项，同时确认为一项资产和一项负债；合同到期，与委托单位结算收益或损失时，按合同规定比例计算的应由证券公司享有的收益或承担的损失，确认为当期的收益或损失。

其一，公司收到代理业务款项时，编制会计分录：

借：银行存款（结算备付金等）

      贷：代理业务负债

其二，公司受用委托资金购买证券等时，编制会计分录：

借：代理业务资产——成本

      贷：结算备付金——客户

其三，将购买的证券卖出，按实际收到价款核算，编制会计分录：

借：结算备付金——客户

      贷：代理业务资产——成本

借记或贷记：代理业务资产——未结算损益（按其差额）

其四，公司与委托单位按合同约定比例计算其代理业务资产收益进行结算，如有收益，编制会计分录：

借：代理业务资产——未结算损益

      贷：代理业务负债（委托客户的收益）

         手续费及佣金收入（本公司的收益）

如发生亏损，编制会计分录：

借：代理业务负债

    手续费及佣金支出

      贷：代理业务资产——已实现未结算损益

其五, 到期退还委托管理的资金及损益时, 编制会计分录:

借: 代理业务负债

　　贷: 银行存款 (或其他科目)

【课外思考 8-3】何为证券内幕交易? 举例说明。

实务训练

一、单项选择题

1. 金融企业代理发行证券, 如果证券发行的风险全部由发行人自行承担, 这种代理发行方式属于 (　　　)。

A. 代销方式　　　　　　　　　　　B. 全额承购包销方式

C. 余额承购包销方式　　　　　　　D. 购入证券方式

2. 下列证券公司使用的科目 (账户) 中, 不属于资产类的是 (　　　)。

A. 清算备付金　　B. 代兑付债券　　C. 代买卖证券款　　D. 代理发行证券

3. 自营证券业务的损益情况反映在 (　　　) 科目中。

A. 证券销售　　　B. 证券发行　　　C. 自营库存证券　　D. 证券买卖

4. 全额承购包销的代理发行证券损益在 (　　　) 科目中反映。

A. 证券销售　　　B. 代发行证券　　C. 证券发行　　　D. 证券买卖

5. 买入时划分为交易性金融资产的自营证券, 应按证券的 (　　　) 作为交易性金融资产的初始入账成本。

A. 公允价值　　　　　　　　　　　B. 公允价值 + 交易费用

C. 重置成本　　　　　　　　　　　D. 公允价值 - 交易费用

6. 买入时划分为可供出售金融资产的自营证券, 应按证券的 (　　　) 作为交易性金融资产的初始入账成本。

A. 公允价值　　　　　　　　　　　B. 公允价值 + 交易费用

C. 重置成本　　　　　　　　　　　D. 公允价值 - 交易费用

7. 自营证券业务期末计价按 (　　　) 原则计量。

A. 成交价　　　　　　　　　　　　B. 成交价与手续费

C. 成交价与印花税　　　　　　　　D. 成交价、手续费与印花税

8. 证券公司代发行人发售证券, 在承销期结束时, 将未售出的证券全部退还给发行人的承销方式是 (　　　)。

A. 证券自销　　　B. 证券外销　　　C. 证券代销　　　D. 证券包销

9. 卖出回购金融资产属于 (　　　) 会计科目。

A. 资产类　　　　　B. 负债类　　　　　C. 所有者权益类　　　D. 损益类

10. 金融企业为解决资金暂时不足而进行的证券业务是（　　　）。

A. 代买卖证券　　　B. 代发行证券　　　C. 买入返售证券　　　D. 卖出回购证券

二、多项选择题

1. 金融企业代理发行证券业务按发售方式，有（　　　）方式。

A. 代销　　　　　　　　　　　　B. 全额承购包销

C. 卖出回购证券　　　　　　　　D. 余额承购包销

E. 买入返售证券

2. 金融企业通过以下（　　　）方式取得自营证券。

A. 通过交易自营买入

B. 以代销方式承销的证券在发行期满未售出

C. 以全额包销方式承销的证券在发行期满未售出

D. 以余额包销方式承销的证券在发行期满未售出

E. 代理客户购入的证券

3. 证券自营业务会计核算涉及的会计科目（账户）有（　　　）。

A. 交易性金融资产　　　　　　　B. 可供出售金融资产

C. 结算备付金　　　　　　　　　D. 资产减值损失

4. 证券承销业务会计核算涉及的会计科目（账户）有（　　　）。

A. 代理承销证券款　　　　　　　B. 代理发行证券

C. 可供出售金融资产　　　　　　D. 交易性金融资产

5. 金融企业以买卖证券的形式融通资金的业务包括（　　　）。

A. 代理发行证券业务　　　　　　B. 买入返售证券业务

C. 卖出回购证券业务　　　　　　D. 自营证券业务

E. 代理买卖证券业务

6. 证券公司经营的具有融通资金作用的业务有（　　　）。

A. 证券经纪业务　　　　　　　　B. 证券自营业务

C. 买入返售证券业务　　　　　　D. 卖出回购证券业务

三、判断题

1. 我国经纪类证券公司可以经营证券自营业务。　　　　　　　　　　（　　）

2. 证券经纪业务一般要由委托人、证券公司、证券交易所、证券交易对象以及登记清算公司五个参与主体共同完成。　　　　　　　　　　　　　　　　（　　）

3. 金融企业卖出回购证券业务，获取的是买入证券、卖出证券的差价收入。（　　）

4. 买入返售证券业务，金融企业一般要支付卖出证券、买入证券的差价。（　　）

5. "代兑付债券"是资产类科目（账户）。　　　　　　　　　　　　（　　）

6. 买入时划分为交易性金融资产的自营证券，对发生的交易费用，应记入"投资收

益"账户。 ( )

7. "证券销售"科目余额反映代理发行证券业务的收益状况,"证券发行"科目余额反映自营证券业务的收益状况。 ( )

8. 证券公司一般采用余额承购包销方式承购无记名证券。 ( )

9. 金融企业通过证券交易所带来证券买卖业务,与客户清算时应按代买入、代卖出的差额清算。 ( )

10. 在卖出回购证券业务中,卖出价一般高于回购价,差额即资金使用费。 ( )

四、业务题

目的: 练习证券公司业务的核算。

资料:

1. 2月1日,某证券公司从上海证券交易所买进股票成交总额为800 000元,卖出股票成交总额为500 000元,应代扣代缴的印花税为800元,证券公司应负担的交易费用为200元,应向客户收取的佣金为5 000元。

2. 2月13日,某证券交易所完成中签认定工作,将未中签资金500 000元退还客户。中签交付的认股款项为25 000元。手续费率为3.35‰,由发行公司支付并已收到。

3. 2月20日,某证券公司从上市所购入B上市公司股票200万股,准备近期出售,列为交易性金融资产。购买日价款(公允价值)2 000万元,另支付相关交易费用50 000元。5月20日B上市公司宣告发放现金股利,每10股0.80元。6月20日收到股利。6月30日公司持有B公司股票公允价值为2 400万元,10月12日某证券公司将持有的B公司股票全部售出,取得价款2 500万元。

4. 3月6日,某证券公司从二级市场购入股票60万股,每股市价3元,手续费15 000元,初始确认时,划分为可供出售金融资产。6月30日仍持有股票,市价为2元。9月6日出售该股票,售价为5元。另支付交易费用1万元。假定不考虑其他因素。

5. 某证券公司接受即将上市A公司的委托,以全额包销方式代其发行股票5 000万股,承购价为每股2.5元,发行价为每股3元,发行期结束时有100万股尚未卖出,转为金融企业的自营证券。

(1)公司按承购价格全部购进,并向发行者支付全部证券款项。

(2)公司按发行价格向社会转售给投资者。

(3)公司按承购价格结转售出证券的实际成本。

(4)在发行期结束时,按承购价格将没有售出的证券转为公司的自营证券。

6. 6月1日,某证券公司接受即将上市B公司的委托,采用代销方式通过证券交易所上网发行其记名股票300万股,发行价格为4元/股,手续费为发行额的0.2%,发行期结束时还有10万股尚未卖出,将其退还给公司。

(1)公司收到委托单位转来要发行的证券按约定的发行价格核算。

(2)公司在约定期内按发行价格售给投资者。

(3)期末对未售出的证券某公司退还给委托单位。

（4）发行期结束时，将筹集的证券款项支付给委托单位。

7. 某证券公司与 M 公司签订合同，在深圳证券交易所按每百元面值 105 元购买 M 公司持有的有价证券面值 500 万元的返售证券，4 个月后按每百元面值 108 元返售 M 公司。办理购买手续。4 个月到期时办理返售手续。

8. 7 月 2 日，甲证券公司与乙证券公司签订协议，约定当日以 6 元/股向乙证券公司卖出 A 股票 100 万股，10 月 2 日再以 7 元/股从乙证券公司买入 100 万股 A 股票。

要求：根据以上业务编制会计分录。

第九章

基金管理公司主要业务的核算

【学习内容与要求】熟悉证券投资基金的概念和种类，了解证券投资基金的当事人；掌握证券投资基金发行及增减变动的核算方法；学习并掌握证券投资基金投资业务会计核算的主要内容；掌握证券投资基金收入费用及税收的核算特点。

第一节　证券投资基金概述

基金管理公司是指依据有关法律、法规设立的对基金的募集、基金份额的申购和赎回、基金投资、收益分配等基金运作活动进行管理的公司。

一、基金管理公司成立的条件

根据《证券投资基金法》的规定，设立基金管理公司，应当具备下列条件：有符合《证券投资基金法》和《公司法》规定的章程；注册资本不低于 1 亿元人民币，且必须为实缴货币资本；主要股东具有从事证券经营、证券投资咨询、信托资产管理或者其他金融资产管理较好的经营业绩和良好的社会信誉，最近三年没有违法记录，注册资本不低于 3 亿元人民币；取得基金从业资格的人员达到法定人数；有符合要求的营业场所、安全防范设施和基金管理业务有关的其他设施；有完善的内部稽核监控制度和风险控制制度；法律、行政法规规定的和经国务院批准的国务院证券监督管理机构规定的其他条件。

二、证券投资基金的种类

证券投资基金的种类较多，根据研究角度不同，可以分为以下几种：

（一）按照是否可以增加或赎回分类

按照基金单位是否可以增加或赎回，可分为封闭式基金和开放式基金。

1. 封闭式基金

封闭式基金发行总额和存续期是事先确定，在发行完毕后和规定的期限内，除非发生扩募等特殊情况，基金单位总数保持不变。封闭式基金的募集期限为 3 个月，自该基金批准之日起计算。封闭式基金自批准之日起 3 个月内募集的资金超过该基金批准规模 80% 的，该基金方可成立；募集期满时所募集的资金少于该基金批准规模 80% 的，该基金不得成立。封闭式基金在证券交易所上市，投资者不能对基金进行申购和赎回，如果要购买或出售所持的基金份额，只能在证券交易市场按市场价格进行买卖。

2. 开放式基金

开放式基金与封闭式基金相对应，基金发行总额不固定，基金单位总数随时增减，而投资者可以根据市场状况和自己投资决策退回或增加购买该基金单位份额。开放式基金自批准之日起 3 个月内净销售额超过 2 亿元的，该基金方可成立；自批准之日起 3 个月内净销售额少于 2 亿元的，该基金不得成立。开放式基金不在证券交易所上市交易，投资者可以在国家规定的营业场所，依据基金单位净值申购或赎回一定数量的基金单位，基金的规模也随投资者的买卖而变化。由于开放式基金随时可能发生基金的赎回，所以其必须保持足够的基金或者国家债券，以备支付赎金，因此，与封闭式基金相比，开放式基金进行长期投资会受到一定的限制。

（二）按组织形式分类

按组织形式不同分为公司型基金和契约型基金。

1. 公司型基金

公司型基金组织是一种专门的股份公司，公司依法成立，以盈利为目的、通过发行股票将集中起来的资本投资于各种有价证券的投资机构。公司型基金在组织结构、筹资、利润分配等方面与股份有限公司类似。公司型基金发行普通股票，供投资人购买并享有收益，然后基金将集中起来的资金进行专业性投资管理，以此分散风险、提高收益。

2. 契约型基金

契约型基金又称为信托型基金，契约型基金本身不成立公司，一般由基金管理公司、基金托管机构和投资者三方签订基金契约，并依据基金契约发行受益凭证设立基金并运作。契约型基金筹集资金的方式一般是发行基金受益券或者基金单位，表明投资人对基金资产的所有权，凭借所有权参与投资权益的分配。公司型基金相比，契约型基金不具有法人资格，不能向银行借款来扩大基金运营规模。

（三）按经营目标分类

按照基金经营目标的不同，基金可以分为积极成长型基金、成长型基金、成长及收入型基金、平衡型基金、收入型基金。

1. 积极成长型基金

积极成长型基金也称为高成长投资基金、最大成长投资基金，这类基金把追求最大资本利得作为其投资目标，当期收入不在其考虑范围之内，通常投资风险很大。基金一般投资于具有资本增值潜力的小盘、成长型公司的股票。

2. 成长型基金

成长型基金又称作长期成长基金，这类基金是指以资本长期增值为投资目标的投资基金，因此其投资对象主要是市场中资信好、具有较大升值潜力的小公司股票和一些新兴行业的股票。

3. 成长及收入型基金

成长及收入型基金以既能提高当期收入又能实现资本长期成长为目标，兼顾长期资本增值与稳定的股利收入。为实现这一目标，成长及收入型基金的投资策略比成长型基金要保守些，主要投资于运转良好，具有未来成长性并且能长期稳定支付股利的普通股。

4. 平衡型基金

平衡型基金是指具有追求多重目标的投资基金。这类基金主要有确保投资者的投资本金、支付当期收入、资本与收入的长期成长三个投资目标。平衡型基金的风险和收益介于成长型基金和收入型基金之间。

5. 收入型基金

收入型基金是指以追求基金当期收入为投资目标的投资基金，其投资对象主要是那些绩优股、债券、可转让大额定期存单等收入比较稳定的有价证券。收入型基金一般把所得的利息、红利都分配给投资者。

（四）按投资对象分类

按照投资对象不同，基金可以分为股票基金、债券基金、货币市场基金、期货基金和期权基金。

1. 股票基金

股票基金是指以股票作为投资对象的投资基金。股票基金以追求资本利得和长期资本增值为投资目标，风险要较优先股基金高。根据股票基金所投资的股票内容不同，可以将股票基金划归到积极成长型基金、成长型基金和成长收入型基金中。

2. 债券基金

债券基金是指以债券作为投资对象的投资基金。债券基金基本上属于收益型投资基金，是一种获利稳定、风险较小的、长短皆宜的有价证券，因此投资于债券的基金可以保证投资者获得稳定的投资收益，而且面临的风险小。一般情况下债券基金会定期派息，基金回报率比较稳定，但是由于风险小相应的回报率也较低。

3. 货币市场基金

货币市场基金是指在货币市场上，以短期有价证券投资作为对象的一种基金。该基金主要投资于短期货币工具，如以 1 年期以下的国库券、银行大额可转让存单、商业票据等短期有价证券。由于货币市场基金是一个低风险、流动性强的市场，所以货币市场基金具有收益高、流动性强、购买限额低、资本安全性高等特点。

4. 期货基金

期货基金是指以各类期货品种作为主要投资对象的投资基金。所谓期货，是一种合约，是一种高收益、高风险的投资方式，具有较强的投机性，这使期货基金具有可以以较小的投资获得较高收益，同时风险也较大的特点。

5. 期权基金

期权基金是指以能分配股利的股票期权作为投资对象的投资基金。期权也是一种合约，是指在一定时期内按约定的价格买入或卖出一定数量的某种投资标的的权利。如果市场价格变动有利，期权持有者就会行使期权；反之，则放弃期权。作为对这种权利占有的代价，期权购买者需要向期权出售者支付一笔期权费（期权的价格）。期权基金的风险较小，适合收入稳定的投资者。

三、证券投资基金的当事人

尽管从不同角度可以把基金划分为多种类别，但一般来说均涉及基金发起人、基金持有人、基金管理人和基金托管人四个方面的基金当事人。

(一) 基金发起人

基金发起人是指以基金的设立和组建为目的，采取必要的措施和步骤来设立和组建基金的法人。契约型基金的发起人在基金成立后一般成为该基金的管理人，或组建一家专门的基金管理公司来管理该基金，发起人则成为该基金管理公司的主要股东；在公司型基金中，发起人是基金管理公司的主体，它发行股票筹措资金，股东就是基金持有人。根据《证券投资基金管理暂行办法》，我国基金主要发起人为按照国家有关规定设立的证券公司、信托投资公司及基金管理公司。

（二）基金持有人

基金持有人，又称基金投资人或基金受益人，是基金单位或基金受益凭证的持有人，既可以是自然人，也可以是法人。基金持有人是基金资产的最终所有人，其权利包括本金受偿权、收益分配权及参与持有人大会行使表决权。基金持有人通过基金持有人大会行使表决权。基金持有人大会由全体基金单位持有人或委托代表参加，主要讨论有关基金持有人利益的重大事项，如修改基金契约、提前终止基金、更换基金托管人、更换基金管理人、延长基金期限、变更基金类型以及召集人认为要提交基金持有人大会讨论的其他事项。

（三）基金管理人

基金管理人即基金管理公司，泛指各类基金管理经营单位，即根据法律、法规及基金章程或基金契约的规定，运用基金资产，凭借专门的知识与经验，进行科学的投资组合决策，使其所管理的基金资产不断增长，使基金持有人获得尽可能多收益的机构。

基金管理人是基金资产的管理者和运用者，基金管理公司的管理和运用基金资产水平直接决定了基金的收益水平，因此必须对基金管理公司严格把关。

（四）基金托管人

经批准设立的基金，应当委托商业银行作为基金托管人托管基金资产，基金托管人必须将其托管的基金与托管人的自有资产严格分开，对不同基金分别设置账户，实行分账管理，根据基金管理公司的指令对基金资产进行处理。

基金托管人是基金资产的保管人与名义持有人。为了保证基金资产的安全，按照资产管理和资产保管分开的原则运作基金，基金设有专门的基金托管人保管基金资产。基金托管人应为基金开设独立的基金资产账户，负责款项收付、资金划拨、证券清算、分红派息等。

【课外思考9-1】目前，我国有关证券基金的会计规范性文件有哪些?

第二节　证券投资基金发行及增减变动的核算和管理

基金管理公司的日常业务处理包括证券投资基金的发行和设立、办理申购和赎回、投资管理、核算和披露净值、收益分配等。本节主要介绍基金发行及增减变动、开放式基金申购和赎回、净值计算等业务的核算。

一、证券投资基金发行及增减变动核算的科目设置

"应收申购款"科目。该科目属于资产类,核算应向办理申购业务的机构收取的申购款项(不含申购费)。借方登记发生应收而尚未收回的有效申购款,贷方登记已收回的申购款,期末借方余额反映尚未收回的有效申购款。本科目应按办理申购业务的机构设置明细账,进行明细核算。

"实收基金"科目。该科目属于所有者权益类,核算对外发行的基金单位总额。本科目期末贷方余额反映封闭式基金或开放式基金的基金单位总额。

"未实现利得"科目。该科目属于所有者权益类,核算按照规定的估值原则以及基金契约和招募说明载明的估值事项,对资产估值时形成的未实现利得。基金申购、赎回款中所含的未实现利得也在本科目核算。本科目应分别设置"投资估值增值""未实现利得平准金"明细科目,进行明细核算。本科目的期末贷方余额反映未实现的利得。

"应付赎回款"科目。该科目属于负债类,应按办理赎回业务的销售机构或申请赎回投资人设置明细科目,进行明细核算,期末其贷方余额反映尚未支付投资人基金赎回款。

"应付赎回费"科目。该科目属于负债类,应按办理赎回业务的机构设置明细科目,进行明细核算,期末其贷方余额反映尚未支付的基金赎回费用。

二、证券投资基金发行的核算

证券投资基金发起人要发起或扩募基金必须向国务院证券监督管理机构提出设立基金申请,并提交申请报告、基金合同草案、基金托管协议草案、招募说明书草案及有关证明文件等。经国务院证券监督管理机构审查核准后,向投资者推销基金单位、募集资金,这称为基金发行。

(一) 证券投资基金发行的管理

基金的发行按其选择投资者的不同可以分为公募发行和私募发行;按是否通过券商或其他中介机构发行可分为自办发行和代理发行;按是否通过与证券交易所交易系统联网的全国各地证券营业部向广大社会公众发售基金单位而分为网上发行和网下发行。基金的发行价格往往与票面面值不同,按发行价格与票面面值的关系,可以分为溢价发行、平价发行和折价发行。

发行基金期间募集的资金应当存入专门账户,在基金发行行为结束前,任何人不得动用。投资人缴纳认购基金单位的款项时,基金合同成立。基金的设立申请自被批准之日起计算,称为基金的募集期。封闭式基金的募集期为3个月,自该基金批准之日起计算。基金募集期限届满,封闭式基金募集的基金份额总额达到核准规模的80%以上,该基金方可成立,募集期满时其所募集的资金少于该基金批准规模的80%的,该基金不得成立。开放式基金募集的基金份额总额超过核准的最低募集份额总额,并且基金份额持有人人数

符合国务院证券监督管理机构规定的，基金管理人应当自募集期限届满之日起10日内聘请法定验资机构验资，自收到验资报告之日起10日内，向国务院证券监督管理机构提交验资报告，办理基金备案手续，并予以公告，同时，基金合同生效。

（二）证券投资基金发行的账务处理

基金管理公司以基金作为会计核算的主体，独立建账、独立核算，不同基金之间在名册登记、账户设置、资金划拨、账簿记录等方面都是相互独立的。

1. 封闭式基金的处理

封闭式基金事先确定发行总额，在封闭期内，基金单位总数不变。基金成立时，实收基金按实际收到的基金单位发行总额入账。基金发行费收入扣除相关费用后的结余，作为其他收入处理。

基金募集发行期结束后：

借：银行存款（按实际收到的金额）

　　贷：实收基金（按基金单位发行总额）

按其差额，借记或贷记"其他收入"科目。

2. 开放式基金的处理

开放式基金的基金单位总额固定不变，基金单位总数随时增减。基金成立时，实收基金按实际收到的基金单位发行总额入账。

基金募集发行期结束后：

借：银行存款（按实际收到的金额）

　　贷：实收基金（按基金单位发行总额）

基金发行收入应及时存入开户银行，并按开户银行、存款种类等分别设置"银行存款日记账"，并根据收款凭证、付款凭证，按照业务的发生顺序逐笔登记，每日终了时应结出余额。"银行存款日记账"应定期与"银行对账单"核对，至少每月核对一次。每月终了时，银行存款账面结余与银行对账单余额之间如有差额，必须逐笔核对、查明原因进行处理，并应按月编制"银行存款余额调节表"，以达到调节相符。

【例9-1】2017年3月1日，某开放式基金ABC基金募集期满，基金规模为5亿元。应编制会计分录：

借：银行存款——××银行××分行　　　　　　　　　　　　　　500 000 000

　　贷：实收基金　　　　　　　　　　　　　　　　　　　　　　　　500 000 000

三、开放式基金的申购和赎回的核算

开放式基金的基金单位总额固定不变，基金单位可以根据基金发展需要而追加发行，而投资者也可根据市场状况和自己的投资决策退回或增加购买该基金单位总额。基金单位

金融企业会计学

总额可随时增减。开放式基金可以在规定的场所和开放时间内，由投资人向基金管理人申请申购基金单位，或者按基金投资人的要求，由基金管理人赎回投资人持有的基金单位。《开放式证券投资基金试点办法》第二十四条规定：开放式基金每周至少有一天应为基金的开放日，办理基金投资人申购、赎回、变更登记、基金之间转换等业务申请。开放式基金的申购价格和赎回价格是依据申购或赎回日基金单位资产净值加、减相关费用计算得出的。

（一）基金净值和基金单位资产净值的计算

基金单位净值是指在某一时点上，对全部基金资产进行估值的总市值扣除总负债以后的余额，即基金单位持有人的权益。对基金资产进行估值的过程就是按照公允价格计算基金资产价值的过程，对基金资产估值的方法将在下一节介绍。基金单位资产净值是每一基金单位所代表的基金资产的净值，应当按照开放日闭市后基金资产净值除以当日基金单位的余额数量计算。基金单位资产净值的计算公式如下：

基金单位资产净值 =（总资产 - 总负债）/基金单位总数

上式中，总资产是指基金所持有的所有资产，包括银行存款、结算备付金、交易保证金、各种股票、债券及其他有价证券等。总资产按照当日的公允价值进行计算。

总负债是指基金在运作过程中所形成的各种应付款项、短期借款等。

基金单位总数是指开放日发行在外的基金单位的余额数量。

开放式基金的基金管理人即基金管理公司应于估值日计算基金净值和基金单位净值，并于每个开放日的第二天公告开放日基金单位资产净值。

【例 9 - 2】ABC 开放式基金 2017 年 3 月 1 日的资产负债表如表 9 - 1 所示，计算该基金单位资产净值。

计算该基金单位资产净值如下：

基金单位资产净值 =（总资产 - 总负债）/基金单位总数

=（620 044 000.00 - 205 044 000.00）/390 000 000.00 = 1.0641

表 9 - 1 资产负债表

会证基 01 表

编报单位：××基金管理公司 　　　　　2017 年 3 月 1 日 　　　　　单位：元

资产	期末数	负债及持有人权益	期末数
资产：		负债：	
银行存款	200 000 000.00	应付债券清算款	5 000 000.00
清算备付金	400 000 000.00	应付赎回款	
应收利息	44 000.00	应付管理人报酬	22 000.00
应收申购款		应付托管费	3 000.00
股票投资市值	20 000 000.00	应付佣金	10 000.00
其中：股票投资成本	15 000 000.00	应付利息	9 000.00
债权投资市值		卖出回购证券款	200 000 000.00

续表

资产	期末数	负债及持有人权益	期末数
其中：债券投资成本		负债合计	205 044 000.00
其他资产		持有人权益：	
		实收基金	390 000 000.00
		未实现利得	10 000 000.00
		未分配收益	
		持有人权益合计	400 000 000.00
资产总计	620 044 000.00	负债及持有人权益合计	620 044 000.00

（二）开放式基金申购的核算

1. 开放式基金申购的计算与管理

开放式基金成立初期，需要有较长一段时间逐步依市场状况完成持股布局，所以在基金契约和招募说明书一般都规定只接受申购，不办理赎回的期限，这一期间称作封闭期，但封闭期最长不得超过3个月。在封闭期结束后，投资者即可进行基金的申购和赎回。基金管理人应当在收到投资人申购、赎回申请之日起3个工作日内，对该交易的有效性进行确认。

开放式基金的投资者在进行收购时，是按购买的金额提出申请，而不是按购买的份额提出申请，即开放式基金的申购金额里包含了申购费用和净申购金额。投资者在进行申购时要交纳申购费，我国《开放式证券投资基金试点办法》规定申购费不得超过申购金额的5%。申购费可以在申购基金时收取，也可以在赎回时从赎回金额中扣除。办理申购业务的机构按规定收取的申购费，如在基金申购时收取的，由办理申购业务的机构直接向投资人收取，不纳入基金会计核算范围；如在基金赎回时收取的，待基金投资人赎回时从赎回款中抵扣。对某一笔申购金额可以买到的基金单位计算方法如下：

申购费用 = 申购金额 × 申购费率

净申购金额 = 申购金额 − 申购费用

申购份数 = 净申购金额/申购当日基金单位资产净值

2. 开放式基金申购的账务处理

基金管理公司应当在接受基金投资人有效申请之日3个工作日内收回申购款项，尚未收回之前作为"应收申购款"入账。

基金申购确认日：

借：应收申购款（按有效申购款）

　　贷：实收基金（按有效申购款中含有的实收基金）

　　　　未实现利得（按有效申购款中含有的未实现利得）

损益平准金（按有效申购款中含有的未分配收益）

收到有效申购款时：

借：银行存款

　　贷：应收申购款

【例9-3】承【例9-2】，2017年9月2日，投资者申购ABC开放式基金200万元，当日该基金单位资产净值为1.0641，申购费率为1%，按照基金契约规定，高于基金单位1元的部分在扣除费用后，将60%作为未实现利得，40%作为未分配收益，因此：

申购费用 = 2 000 000 × 1% = 20 000（元）

净申购金额 = 2 000 000 - 20 000 = 1 980 000（元）

申购份数 = 1 980 000/1.0641 = 1 860 727.38（元）

未实现利得 = (1.0641 - 1) × 1 860 727.38 × 60% = 71 563.57

未分配收益 = (1.0641 - 1) × 1 860 727.38 × 40% = 47 709.05

编制会计分录：

借：应收申购款	1 980 000.00
贷：实收基金	1 860 727.38
未实现利得	71 563.57
损益平准金	47 709.05

目前，我国基金采用"T+1"交割方式，则9月3日款项交割时应编制会计分录：

借：银行存款	1 980 000.00
贷：应收申购款	1 980 000.00

（三）开放式基金赎回的核算

开放式基金可以根据基金管理运作的实际需要收取赎回费，赎回率一般不超过赎回金额3%，赎回收入在扣除基本手续费后，余额归基金所有。

1. 开放式基金赎回的计算与管理

开放式基金赎回是按份额赎回，即投资者在提出赎回申请时是按卖出的份额提出申请，而不是按卖出的金额提出。基金赎回时投资者所得到的金额是赎回总额扣除赎回费用的部分。其计算公式如下：

赎回总额 = 赎回份数 × 赎回当日基金单位净值

赎回费用 = 赎回总额 × 赎回费率

赎回金额 = 赎回总额 - 赎回费用

如果在某一日，基金净赎回申请超过了上一日基金总份额的10%，即认为发生了巨额赎回。在出现巨额赎回时，如果基金管理公司认为有能力兑付投资人的全部赎回申请，按正常赎回程序执行，对投资人的利益没有影响。如果基金管理公司认为兑付投资人的赎回申请有困难，可在当日接受赎回比例不低于上一日基金总份额10%的前提下，对其余赎回申请延期办理。

2. 开放式基金赎回的账务处理

基金管理公司应当在接受基金投资人有效申请之日起 7 个工作日内支付赎回款项，尚未支付之前作为"应付赎回款"入账；开放式基金按规定收取的赎回费，其中基本手续费部分归办理赎回业务的机构所有，尚未支付之前作为应付赎回费入账；赎回费在扣除基本手续费后的余额归基金所有，作为其他收入入账。

基金赎回确认日：

借：实收基金（按赎回款中含有的实收基金）

损益平准金（按赎回款中含有的未分配收益）

未实现利得（按赎回款中含有的未实现利得）

贷：应付赎回款（按应付投资人的赎回款）

应付赎回费（按赎回费中属于销售机构所有的部分）

其他收入——赎回费（按赎回费中属于基金所有的部分）

支付投资人赎回款时：

借：应付赎回款

贷：银行存款

向办理赎回业务的机构支付赎回费时：

借：应付赎回费

贷：银行存款

【例 9-4】承【例 9-3】，2017 年 9 月 5 日，投资者申请赎回 ABC 开放式基金 50 万份，当日该基金单位资产净值为 1.3681，赎回费率为 0.5%，应付代为办理赎回业务的 × 银行 200 元，同时按照规定结转为实现利得，因此：

赎回总额 = 500 000 × 1.3681 = 684 050.00（元）

赎回费用 = 684 050.00 × 0.5% = 34 202.50（元）

赎回金额 = 584 050.00 - 34 202.50 = 649 847.50（元）

编制会计分录：

借：实收基金 500 000.00

未实现利得 110 430.00

损益平准金 73 620.00

贷：应付赎回款 649 847.50

其他收入——赎回费 34 002.50

应付赎回费——×银行 200.00

2017 年 9 月 5 日，款项交割时应编制会计分录：

借：应付赎回款 649 847.50

贷：银行存款 649 847.50

向代为办理赎回业务的 × 银行支付赎回费时：

借：应付赎回费 200

贷: 银行存款

【课外思考 9-2】举例说明交易费用在基金投资核算中的重要性。

第三节　证券投资基金投资业务的核算与管理

证券投资基金成立后，各类投资基金提出选择其认为最能取得投资效益的资产组合和经营运作方式，不论其采用何种资产组合方式，我国《证券投资基金管理暂行办法》规定: 基金投资于股票、债券的比例，不能低于该基金资产总值的 80%，投资于国家债券的比例，不得低于该基金资产净值的 20% 。

一、证券投资基金投资业务核算设置的科目

证券投资基金投资业务主要设置"股票投资""证券清算款""股票差价收入""债券投资""债券差价收入""投资估值增值"等多个科目进行核算。

"股票投资"科目，属于资产类科目，用于核算股票投资的实际成本。本科目应按股票的种类设置明细科目，进行明细核算。该科目的期末借方余额反映持有各类股票的实际成本。

"证券清算款"科目，属于资产类科目，该科目核算因买卖证券、回购证券、申购新股、配售股票等业务而发生的应与证券登记结算机构办理资金清算的款项。本科目所属明细科目的贷方余额反映尚未支付的证券清算款，在资产负债表负债方的"应付债券清算款"项目反映。

"股票差价收入"科目，属损益类科目，用于核算买卖股票实现的差价收入。"股票差价收入"账户按股票种类设置明细账进行明细核算。期末，应将本账户的余额全部转入"本期收益"账户，结转后本账户应无余额。

"债券投资"科目，属于资产类科目。该科目应按债券的种类设置明细科目，进行明细核算。期末该科目的借方余额反映企业持有各种债券的实际成本。

"债券差价收入"科目，属于损益类科目，用于核算买卖债券现券实现的差价收入。该科目应按债券种类，如国债、企业债、转换债等设置明细账进行明细核算。

"投资估值增值"科目，应按所估资产的种类设置明细账进行明细核算。期末，"投资估值增值"科目借方余额反映未实现资产估值增值，贷方余额则反映未实现资产估值减值。

"股利收入"科目，属于损益类科目，用于核算基金通过证券交易所购买股票进行投资，在股票持有期间上市公司的分红派息。该科目应按股票种类设置明细账进行明细核算。期末，应将"股利收入"账户的贷方余额全部转入"本期收益"账户，结转后本账

户应无余额。

"债券利息收入"科目，属于损益类科目，用于核算基金进行债券投资的债券持有期间实现的利息收入。该科目应按债券种类等设置明细账进行明细核算。期末，应将本账户的贷方余额全部转入"本期收益"账户，结转后本账户应无余额。

"存款利息收入"科目，属于损益类科目，用于核算基金将货币资金存入银行或将清算备付金存入证券交易所获得的存款利息收入。该科目应按银行存款、清算备付金存款等设置明细账进行明细核算。

"买入返售证券收入"科目，属于损益类科目，用于核算在国家规定的场所进行融券业务而取得的收入。该科目应按买入返售证券的种类设置明细账进行明细核算。期末，"买入返售证券"科目借方余额反映已经买入但尚未到期返售证券的实际成本。

"卖出回购证券款支出"科目，属于损益类科目，用于核算在国家规定场所进行证券回购业务时发生的卖出回购证券支出，该科目应按证券种类等设置明细账进行明细核算。期末，"卖出回购证券款"科目贷方余额反映卖出尚未回购的证券款。

其他相关科目在实际核算中介绍。

二、股票投资的核算与管理[①]

证券投资基金欲在证券登记结算机构进行证券买卖交易，必须先在证券登记结算机构存入一定数额的款项，以备进行证券交易时的资金交割与交收。为证券交易的资金交割与交收而存入证券登记结算机构的款项，通过"清算备付金"账户核算。

将款项存入证券登记结算机构，借记"清算备付金"账户，贷记"银行存款"账户；从证券登记结算机构收回资金，借记"银行存款"账户，贷记"清算备付金"账户。"清算备付金"账户按不同证券登记结算机构，如上海证券中央登记结算公司、深圳证券登记结算有限公司等设置明细账进行明细核算。期末，"清算备付金"账户借方余额反映存入证券登记结算机构尚未使用的款项。

（一）购入股票的核算

基金在证券市场购买股票通过"股票投资""证券清算款"两个账户核算。买入股票应于成交日确认为股票投资。股票投资按成交日应支付的全部价款（包括成交总额和相关费用）入账。

1. 买入股票成交日

借：股票投资（按股票成交总额加相关费用）
　　贷：证券清算款（按应支付的证券清算款）
　　　　应付佣金（按应付给券商的佣金）

---

① 王允平. 金融企业会计学［M］. 北京：经济科学出版社，2011：419 - 421.

证券公司收取的证券交易佣金是证券公司为客户提供证券代理买卖服务收取的报酬，其计算公式如下：

佣金 = 交易金额 ×（佣金费率 − 经手费率 − 证管费率）

2. 资金交收日

借：证券清算款（按实际支付的价款与证券登记结算机构进行清算）

    贷：清算备付金

3. 申购新股时

（1）股票如果是通过交易所网上发行的。

借：证券清算款（按实际交付的申购款）

    贷：清算备付金

（2）申购新股中签时。

借：股票投资（按确认的中签金额）

    贷：证券清算款

（3）收到退回余款（未中签部分）时。

借：清算备付金

    贷：证券清算款

（4）如果是通过网下发行的。

借：其他应收款（按实际预交的申购款）

    贷：银行存款

4. 申购新股确认日

（1）如果实际确认的申购新股金额小于已经预交的申购款。

借：股票投资（按实际确认的申购新股金额）

    贷：其他应收款

（2）收到退回余款时。

借：银行存款

    贷：其他应收款

（3）如果实际确认的申购新股金额大于已经预交的申购款。

借：股票投资（按实际确认的申购新股金额）

    贷：其他应收款

（4）补付申购款时。

借：其他应收款（按支付的余额）

    贷：银行存款

【例 9 − 5】2017 年 4 月 1 日，ABC 基金在上海证券中央登记结算公司购入 100 万股 A 股票，购入价格为 5 元/股，应付佣金为 10 000 元，其他各项费用为 2 000 元，印花税税

率为 2‰, 因此:

股票投资的成本 = 5 000 000 + 10 000 + 2 000 + 5 000 000 × 2‰ = 5 022 000 (元)

编制会计分录:

借: 股票投资——A 股票   5 022 000

    贷: 证券清算款——上海证券中央登记结算公司   5 012 000

        应付佣金——上海证券中央登记结算公司   10 000

次日为资金交收日, 应编制会计分录:

借: 证券清算款——上海证券中央登记结算公司   5 022 000

    贷: 清算备付金——上海证券中央登记结算公司   5 022 000

(二) 卖出股票的核算

卖出股票应于成交日确认股票差价收入。股票差价收入按卖出股票成交总额与其成本和相关费用的差额入账。卖出股票应逐日结转成本, 结转的方法采用移动加权平均法。

1. 卖出股票成交日

借: 证券清算款 (按应收取的证券清算款)

    贷: 股票投资 (按结转的股票投资成本)

        应付佣金 (按应付券商佣金)

按其差额, 贷记或借记 "股票差价收入" 账户。

2. 资金交收日

借: 清算备付金 (按实际支付的证券清算款)

    贷: 证券清算款

【例 9 - 6】承【例 9 - 5】, 2017 年 4 月 16 日, ABC 基金以 10 元/股的价格卖出 A 股票 50 万股, 应支付的佣金为 10 000 元, 其他费用为 3 000 元, 印花税税率为 2‰, 则:

应收取的证券清算款 = 5 000 000 - 10 000 - 5 000 000 × 2‰ = 4 980 000 (元)

应结转的股票投资成本 = 5 022 000 × 50/100 = 2 511 000 (元)

编制会计分录:

借: 证券清算款   4 980 000

    贷: 股票投资——A 股票   2 511 000

        应付佣金——×× 交易所   10 000

        股票差价收入   2 459 000

4 月 17 日为资金交收日, 编制会计分录:

借: 清算备付金——×× 交易所   4 980 000

    贷: 证券清算款——×× 交易所   4 980 000

（三）股票持有期间分派的股票股利、现金股利和配股权证的核算

股票持有期间上市公司分派的股票股利（包括送红股和公积金转增股本），应于除权日，根据上市公司股东大会决议公告，按股权登记日持有的股数及送股或转增比例，计算确定增加的股票数量，在"股票投资"账户"数量"栏进行记录。

1. 因持有股票而享有的配股权

（1）从配股除权日起到配股确认日止。
借：配股权证（按市价高于配股价的差额逐日进行估值）
    贷：未实现利得
（2）向证券交易所确认配股时。
借：股票投资
    贷：证券清算款
同时，将配股权的估值冲减为零：
借：未实现利得
    贷：配股权证
（3）资金交收日，实际支付配股款时。
借：证券清算款
    贷：清算备付金

2. 放弃配股权

在配股期限内没有向证券交易所确认配股而放弃配股权的，应将配股权的估值冲减为零。
借：未实现利得
    贷：配股权证

3. 股票投资应分派的现金股利

（1）在除息日。按照上市公司宣告的分红派息比例确认股利收入实现。
借：应收股利
    贷：股利收入
（2）实际收到现金股利时。
借：清算备付金
    贷：应收股利

【例9-7】承【例9-6】，2017年4月3日，上市公司宣布A股票股利政策：以2017年4月3日为除权日，每10股送3股、转2股、配2股、派发1元现金股利，配股价为5元/股，当日收盘价为10元/股，则：

由于送红股和现金股利都要缴纳所得税（所得税税率20%），故ABC基金可得到的

现金股利收入：

500 000 × ［0. 1 × （1 − 20%） − 0. 3 × 20%］ = 10 000 （元）

编制会计分录：

借：应收股利——A 股票　　　　　　　　　　　　　　　　　10 000

　　贷：股利收入　　　　　　　　　　　　　　　　　　　　　　　　　10 000

ABC 基金可得到的股票股利共 25 万股，其中：送红股 15 万股 （150 × 3/10），公积金转增股本 10 万股 （50 × 2/10）。ABC 基金在 "股票投资" 账户 "数量" 栏增加 25 万股，但金额不变。

关于因持有股票而享有的配股权，在实际操作中，常常在配股除权日就记入 "股票投资" 账户，并单独为其设立明细账户进行核算，同时在配股除权日起到配股确认日止，按市价高于配股价的差额逐日进行估值，借记 "配股权证" 账户，贷记 "未实现利得" 账户。如果在配股期限内未向证券交易所配股，再将其冲销。

三、债券投资的核算

债券投资业务的核算主要包括买入债券、卖出债券、对证券投资估值增值、买入返售证券和卖出回购证券款等内容。

（一）买入债券的核算

1. 买入上市债券应于成交日确认债券投资

债券投资按成交日应支付的全部价款入账，应支付的全部价款中包含的自债券起息日或上次除息日至购买日止的利息，应作为应收利息单独核算，不构成债券投资成本。资金交收日，按实际支付的价款与证券登记结算机构进行资金交收。

买入上市债券时：

借：债券投资 （按成交日应支付的证券清算款扣除债券起息日或上次除息日至购买日止的利息）

　　应收利息 （按债券起息日或上次除息日至购买日止的利息）

　　贷：证券清算款 （按应支付的证券清算款）

2. 买入非上市债券应于实际支付价款时确认债券投资

债券投资按实际支付的全部价款入账。如果实际支付的价款中包含自债券起息日或上次除息日至购买日止的利息，应作为应收利息单独核算，不构成债券投资成本。

（1）买入非上市债券时。

借：债券投资 （按成交日应支付的证券清算款扣除债券起息日或上次除息日至购买日止的利息）

　　应收利息 （按债券起息日或上次除息日至购买日止的利息）

贷：银行存款

（2）购入新发行的国债时。

借：债券投资（根据承购合同规定，按国债面值）

　　贷：其他应付款

（3）实际付款时。

借：其他应付款

　　贷：银行存款

【例9－8】2017年4月1日，ABC基金在上交所购入B债券20万张，含息价108元/张，每张含息5元，支付各种手续费1 000元，编制会计分录：

借：债券投资——B债券　　　　　　　　　　　　　　20 601 000

　　应收利息——应收B债券利息　　　　　　　　　　 1 000 000

　　　　贷：证券清算款——上海证券中英登记结算公司　　　21 601 000

4月2日，资金交收时：

借：证券清算款——××交易所　　　　　　　　　　　21 601 000

　　　　贷：清算备付金——××交易所　　　　　　　　　　21 601 000

（二）卖出债券的核算

1. 卖出上市债券

卖出上市债券应于成交日确认债券差价收入。债券差价收入按卖出债券应收取的全部价款与其成本、应收利息和相关费用的差额入账。卖出债券的成本应逐日进行结转，结转采用移动加权平均法。卖出上市债券时编制会计分录：

借：证券清算款（按成交日应收取的证券清算款）

　　贷：应收利息（按应收利息）

　　　　债券投资（按债券投资成本）

按其差额，贷记或借记"债券差价收入"账户。

2. 卖出非上市债券

卖出非上市债券应于实际收到全部价款时确认债券差价收入。债券差价收入按实际收到的全部价款与其成本、应收利息的差额入账。卖出债券的成本应逐日进行结转，结转时采用移动加权平均法。

卖出非上市债券时编制会计分录：

借：银行存款（按实际收到金额）

　　贷：债券投资（按已售债券成本）

　　　　应收利息（按应收利息）

按其差额，贷记或借记"债券差价收入"账户。

3. 购入国债

购入到期还本付息的国债，在持有到期时编制会计分录：

借：银行存款（按实际收到的本息）

　　贷：债券投资

　　　　应收利息

【例9－9】承【例9－8】，2017年4月2日，以含息价110元/张的价格卖出B债券10万张，支付手续费1 200元，编制会计分录：

借：证券清算款——上海证券中央登记结算公司　　　　　　　11 000 000

　　贷：债券投资——B债券　　　　　　　　　　　　　　　　10 300 500

　　　　应收利息——应收B债券利息　　　　　　　　　　　　　 500 000

　　　　债券差价收入　　　　　　　　　　　　　　　　　　　　199 500

4. 股票和债券综合操作

基金经理一般每天都要对多种股票和债券进行大量买入和卖出操作，可以将所有买卖交易合并处理。

（1）证券成交日，如果买入证券成交总额大于卖出证券成交总额，应编制会计分录：

借：相关账户

　　贷：证券清算款

　　　　相关账户

（2）如果卖出证券成交总额大于买入证券成交总额，应编制会计分录：

借：证券清算款

　　相关账户

　　贷：相关账户

（3）资金交收日，如果买入证券成交总额大于卖出证券成交总额，应编制会计分录：

借：证券清算款（按资金交收日实际支付金额，即买入证券与卖出证券成交总额的差额，加相关费用）

　　贷：清算备付金

（4）如果卖出证券成交总额大于买入证券成交总额，应编制会计分录：

借：清算备付金（按资金交收日实际收到的金额，即买入证券与卖出证券成交总额的差额，减相关费用）

　　贷：证券清算款

（三）对证券投资估值增值的核算

证券市场每天都在波动，基金资产净值也随之不断变化，而基金单位资产净值又是制定基金单位交易价格的依据，因此对基金资产进行适时的估值，能够客观、准确地反映基金资产是否增值、保值，同时也能够真实地反映基金当时的实际价值，便于基金单位在市场上交易。

估值日是指对基金资产进行估值的实际日期，大部分基金每个开放日都对基金资产进行估值，即每个开放日都是估值日。

1. 证券投资估值增值的管理

我国《证券投资基金会计核算办法》规定投资估值原则如下：

（1）任何上市流通的有价证券，以其估值日在证券交易所挂牌的市价（平均价或收盘价）估值；估值日无交易的，以最近交易日的市价估值。

（2）未上市的股票应区分以下情况处理：

配股和增发新股，按估值日在证券交易所挂牌的同一股票的市价估值；首次公开发行的股票，按成本估值。

（3）配股权证，从配股除权日起到配股确认日止，按市价高于配股价的差额估值；如果市价低于配股价，按配股价估值。

（4）如有确凿证据表明按某种方法进行估值不能客观反映其公允价值，基金管理公司应根据具体情况与基金托管人商定后，按最能反映公允价值的价格估值。

（5）如有新增事项，按国家最新规定估值。

2. 证券投资估值增值的账务处理

（1）估值日，按照基金契约和招募说明书载明的估值事项，对资产估值时所估价值与其成本的差额在"投资估值增值"账户核算。

（2）估值日，对证券投资和配股权证进行估值时产生的估值增值或减值，应确认为未实现利得。

借：投资估值增值（按所估价值与上一日所估价值的差额）
　　贷：未实现利得
（3）如为估值减值：
借：未实现利得（按所估价值与上一日所估价值的差额）
　　贷：投资估值增值

（四）买入返售证券和卖出回购证券款的核算

通过在国家规定的场所进行融券业务和证券回购业务，实质上是通过债券的卖出（购入），并由卖出证券的一方在约定的日期回购证券来实现资金的融通。发生这种交易时，通常由买卖双方事先约定好回购日期和利息，并由双方按照约定的利息和日期逐日计提利息。

进行融券业务发生的实际成本，通过"买入返售证券"账户核算。

1. 买入返售证券的核算

（1）通过证券交易所进行融券业务，通过国家规定的场所进行融资业务，购入返售证券时。

借：买入返售证券（按成交日应付金额）
　　其他费用
　　贷：证券清算款

（2）在资金交收日。

借：证券清算款（按实际支付金额）
　　贷：清算备付金

（3）逐日计提利息时。

借：应收利息
　　贷：买入返售证券收入

（4）证券到期返售时。

借：证券清算款（按返售证券的应收金额）
　　贷：买入返售金融资产
　　　　应收利息

（5）资金交收日。

借：清算备付金（按实际收到金额）
　　贷：证券清算款

（6）通过银行间市场买入证券业务，买入证券时。

借：买入返售证券（按实际支付的价款）
　　贷：银行存款

（7）逐日计提利息。

借：应收利息
　　贷：买入返售证券收入

（8）证券到期返售时。

借：银行存款（按实际收到金额）
　　贷：买入返售证券
　　　　应收利息

【例9－10】2017年9月1日，ABC基金买入返售证券1 000万元，其他费率为0.004‰，三日后返售，利息为21 000元，编制会计分录：

（1）9月1日，记录该笔业务并计提应收利息时。

借：买入返售证券——三日返售	10 000 000
其他费用——手续费	40
贷：证券清算款——上海证券中央登记结算公司	10 000 040
借：应收利息	7 000
贷：买入返售证券收入	7 000

（2）9月2日、3日计提应收利息时：

| 借：应收利息 | 7 000 |

$\qquad$ 贷：买入返售证券收入   7 000

（3）9月4日，证券到期返售时：

借：证券清算款——上海证券中央登记结算公司   10 021 000

$\qquad$ 贷：买入返售证券——三日返售   10 000 000

$\qquad\qquad$ 应收利息   21 000

2. 卖出回购证券的核算

在国家规定的场所进行证券回购业务卖出证券取得的款项，通过"卖出回购证券款"账户核算。

（1）通过证券交易所卖出证券业务。

成交时：

借：证券清算款（按成交日应收金额）

$\qquad$ 其他费用

$\qquad$ 贷：卖出回购金融资产款

资金交收日：

借：清算备付金（按实际收到的价款）

$\qquad$ 贷：证券清算款

在融资期限内逐日计提融资利息支出时：

借：卖出回购证券支出

$\qquad$ 贷：应付利息

到期购回该批证券时：

借：卖出回购证券金融资产款

$\qquad$ 应付利息（按已提未付利息）

$\qquad$ 贷：证券清算款（按应付金额）

资金交收日：

借：证券清算款（按实际支付金额）

$\qquad$ 贷：清算备付金

（2）通过银行间市场卖出回购证券业务。

卖出证券时：

借：银行存款（按卖出证券实收金额）

$\qquad$ 贷：卖出回购证券金融资产款

在融资期限内逐日计提融资利息支出：

借：卖出回购证券支出

$\qquad$ 贷：应付利息

到期购回该批证券时：

借：卖出回购证券款

$\qquad$ 应付利息（按已提未付利息）

贷：银行存款（按实际支付金额）

【课外思考9－3】股票投资和债券投资的核算有何区别？

第四节　证券投资基金收入和费用的核算

　　证券投资基金投资于股票就是为了获利，这种获利来源有两部分：一是股息和分红；二是股票价值增长，即买卖股票所实现的差价收入。同时，证券投资基金投资于股票时会产生基金管理年费、基金托管费、利息支出等相应的费用。因此，证券投资基金收入、费用及其损益的核算是基金管理公司会计核算的主要内容之一。

一、基金收入的核算

　　基金收入业务的核算主要包括投资于股票所获收入、投资于债券所获收入、存款利息收入、买入返售证券收入及其他收入等内容。

（一）投资于股票所获收入

　　一般来说，投资于股票的基金，尤其是一些以积极成长为经营目的的基金所看重的并非是股票所分配的股利，而是股票价格的增长，按照"低进高出"原则进行短期股票交易，以赚取股票差价利润。

　　基金通过证券交易所购买股票进行投资，在股票持有期间因上市公司分红派息而确认的股利收入通过"股利收入"账户核算。股利收入应于除息日确认，并按上市公司宣告的分红派息比例计算金额入账。

　　1. 基金持有股票时

　　借：应收股利（应在除息日按上市公司宣告的分红派息比例计算确认的股利收入）
　　　　贷：股利收入

　　2. 卖出股票成交日

　　借：证券清算款（按应收取的证券清算款）
　　　　贷：股票投资（按结转的股票投资成本）
　　　　　　应付佣金（按应付券商佣金）
　　按其差额，贷记或借记"股票差价收入"科目。
　　通过证券交易所买卖股票所实现的差价收入在"股票差价收入"账户核算。股票差价收入应在卖出股票成交日确认，并按卖出股票成交总额与其成本和相关费用的差额入账。

（二）投资于债券所获收入

证券投资基金投资于债券与投资于股票相似，其获利来源也分为两部分：一是债券利息收入；二是买卖债券所实现的差价收入。

1. 利息收入

基金进行债券投资在债券持有期间实现的利息收入通过"债券利息收入"账户核算。在债券持有期间收到的自债券起息日或上次除息日至购买日止的利息，不作为利息收入，直接冲减"应收利息"账户。债券利息收入应在债券实际持有期内逐日计提，并按债券票面价值与票面利率计提的金额入账。

（1）买入上市债券。逐日计提持有期债券利息时。

借：应收利息
　　贷：债券利息收入

债券除息日：

借：证券清算款（按应收利息）
　　贷：应收利息

资金交收日：

借：清算备付金（按实收债券利息）
　　贷：证券清算款

（2）买入非上市债券。逐日计提持有期债券利息时。

借：应收利息
　　贷：债券利息收入

收到债券利息时：

借：银行存款
　　贷：应收利息

2. 差价收入

买卖债券实现的差价收入通过"债券差价收入"账户核算。期末，应将本账户的余额全部转入"本期收益"账户，结转后本账户应无余额。

（1）卖出上市债券于成交日确认债券差价收入，并按应收取的全部价款与其成本、应收利息和相关费用的差额入账。

卖出上市债券时：

借：证券清算款（按成交日应收取的证券清算款）
　　贷：应收利息（按已计利息）
　　　　债券投资（按结转的债券投资成本）

按其差额，贷记或借记"债券差价收入"科目。

（2）卖出非上市债券于实际收到价款时确认债券差价收入，并按应收取的全部价款与其成本、应收利息的差额入账。

卖出非上市债券时：

借：银行存款（按实际收到的金额）
　　贷：债券投资（按结转的债券投资成本）
　　　　应收利息（按已计利息）

按其差额，贷记或借记"债券差价收入"科目。

（三）存款利息收入

基金将货币资金存入银行或将清算备付金存入证券交易所就会产生存款利息收入，因存款而实现的利息收入通过"存款利息收入"账户核算。期末，应将"存款利息收入"账户贷方余额全部转入"本期收益"账户，结转后本账户应无余额。存款利息收入应逐日计提，并按本金与适用的利率计提金额入账。

逐日计提银行存款、清算备付金存款等各项存款利息时：

借：应收利息
　　贷：存款利息收入

实际结息时：

借：银行存款
　　清算备付金
　　贷：应收利息

（四）买入返售证券收入

通过在国家规定的场所进行融券业务，实质上是通过购入债券并约定由卖出债券的一方在约定日期回购证券来实现资金的融通。发生这种交易时，通常由买卖双方事先约定好回购日期和利息。在国家规定场所进行融券业务而取得的收入通过"买入返售证券收入"账户核算。"买入返售证券收入"账户应按证券种类等设置明细账进行明细核算。期末，应将"买入返售证券收入"账户贷方余额全部转入"本期收益"账户，结转后本账户应无余额。

买入返售证券收入应在证券持有期内采用直线法逐日计提，并按计提的金额入账。买入返售证券在融券期限内逐日计提的利息，借记"应收利息"账户，贷记"买入返售证券收入"账户。

（五）其他收入

除上述收入以外，在基金运作过程中还会发生其他一些收入项目，如赎回费扣除基本手续费后的余额、配股手续费返还等。在基金运作过程中发生的其他各项收入，在"其他收入"账户核算。"其他收入"账户应按其他收入种类设置明细账进行明细核算。期末，应将"其他收入"账户的贷方余额全部转入"本期收益"账户，结转后本账户应无余额。

发生的其他收入，借记有关账户，贷记"其他收入"科目。

二、基金费用和税收的核算

在基金费用和税收的核算中，主要涉及基金管理年费、基金托管费、卖出回购证券支出、利息支出及其他费用等内容。

（一）基金费用

1. 基金管理年费

基金管理公司经营、管理基金每年要从基金资产中提取一定的管理费，用于基金管理公司该年度的各项必要开支。基金管理费按照基金资产净值的一定比例收取，基金管理费的提取比率为基金资产净值的 0.25% ~ 0.5%，一般是逐日累计，按月支付。提取基金管理费时按照前一日的基金资产净值乘以按当年实际天数折算的日费率计算。其计算方法如下：

管理人报酬 = 前一日基金资产净值 × 年管理费率/当年天数

按基金契约和招募说明书规定计提的基金管理人报酬，包括管理费和业绩报酬在"管理人报酬"账户核算。管理人报酬应按照基金契约和招募说明书规定的方法和标准计提，并按计提的金额入账。

（1）计提基金管理费和业绩报酬时。

借：管理人报酬

    贷：应付管理人报酬

（2）支付基金管理人报酬时。

借：应付管理人报酬

    贷：银行存款

"应付管理人报酬"账户和"管理人报酬"账户都应分别按照管理费和业绩报酬设置明细账进行明细核算。期末，应将"管理人报酬"账户的借方余额全部转入"本期收益"账户，结转后"管理人报酬"账户应无余额，"应付管理人报酬"账户期末贷方余额反映尚未支付结算的基金管理人基金管理费和业绩报酬。

2. 基金托管费

基金托管人保管并处理基金资产也要收取一定费用，即托管费。托管费的年费用标准一般为基金资产净值的 0.2%，计提方式也是逐日累计，按月支付。其计算方法如下：

基金托管费 = 前一日基金资产净值 × 年托管费率/当年天数

按基金契约和招募说明书的规定，计提的基金托管费通过"基金托管费"账户核算。基金托管费应按照基金契约和招募说明书规定的方法和标准计提，并按计提的金额入账。

（1）计提基金托管费时。

借：基金托管费

　　贷：应付托管费

（2）支付基金托管费时。

借：应付托管费

　　贷：银行存款

期末，应将"基金托管费"账户的借方余额全部转入"本期收益"账户，结转后"基金托管费"账户应无余额，"应付托管费"账户的贷方余额反映尚未支付给基金托管人的基金托管费。

3. 卖出回购证券支出

在国家规定的场所进行证券回购业务发生的卖出回购证券支出，通过"卖出回购证券支出"账户核算。卖出回购证券支出应在该证券持有期内采用直线法逐日计提，并按计提的金额入账。

卖出回购证券在融资期限内逐日计提的利息支出：

借：卖出回购证券支出

　　贷：应付利息

"卖出回购证券支出"账户应按卖出回购证券的种类等设置明细账进行明细核算。期末，应将"卖出回购证券支出"账户的借方余额全部转入"本期收益"账户，结转后本账户应无余额。

4. 利息支出

基金运作过程中发生的利息支出，如银行借款利息支出在"利息支出"账户核算。利息支出应在借款期内逐日计提，并按借款本金与适用的利率计提的金额入账。

计提利息支出时：

借：利息支出

　　贷：应付利息

"利息支出"账户应按利息支出的种类设置明细账进行明细核算。期末，应将"利息支出"账户的借方余额全部转入"本期收益"账户，结转后本账户应无余额。

5. 其他费用

基金运作过程中发生的除上述费用支出以外的其他各项费用，如注册登记费、上市年费、信息披露费用、持有人大会费用、审计费用、律师费用等，通过"其他费用"账户核算。

发生的其他费用如果影响基金单位净值小数点后第五位的，即发生的其他费用大于基金净值1/100 000，应采用待摊或预提的方法，待摊或预提计入基金损益。发生的其他费用如果不影响基金单位净值小数点后第五位的，即发生的其他费用小于基金净值

1/100 000,应于发生时直接计入基金损益。

（1）发生的其他费用，如不影响估值日基金单位净值小数点后第五位。发生时直接计入基金损益：

借：其他费用

　　贷：银行存款

（2）已经发生的其他费用，如影响估值日基金单位净值小数点后第五位。采用持摊方法的，发生时：

借：待摊费用

　　贷：银行存款

摊销时：

借：其他费用

　　贷：待摊费用

（3）采用预提方法的，预提时：

借：其他费用

　　贷：预提费用

实际支付费用时：

借：预提费用

　　贷：银行存款

"其他费用"账户应按费用种类设置明细账进行明细核算。期末，应将"其他费用"账户的借方余额全部转入"本期收益"账户，结转后本账户应无余额。

（二）基金的税收

由于我国证券投资基金还处于起步阶段，需要政策扶植，从财政部和国家税务总局联合下发的文件中可以看出，我国在税收方面给予了基金很大的政策优惠。目前，对证券投资基金（封闭式证券投资基金、开放式证券投资基金）管理人运用基金买卖股票、债券的差价收入，采取免征营业税和企业所得税的做法。

基金管理人运用基金买卖股票要按照2‰的税率缴纳印花税。对投资者（包括个人和企业）买卖基金单位或申购和赎回基金单位，暂不征收印花税。

三、基金的收益与分配的核算

基金收益主要由基金收入、基金费用和税收构成，所形成的基金收益必须按规定进行分配。因此，基金收益和分配是证券投资基金业务核算的主要内容之一。

（一）基金净收益

基金净收益是指基金收益扣除按照有关规定应扣除的费用后的余额。本期实现的基金净收益（基金净亏损）通过"本期收益"账户核算。计算公式如下：

本期实现的净收益 = 本期收入 – 本期支出

1. 基金净收益核算

结转基金收益时:
借: 股票差价收入
　　债券差价收入
　　股利收入
　　债券利息收入
　　存款利息收入
　　买入返售证券收入
　　其他收入
　　　贷: 本期收益
借: 本期收益
　　贷: 管理人报酬
　　　　基金托管费
　　　　卖出回购证券支出
　　　　利息支出
　　　　其他费用

2. 收益分配核算

将本期实现的净收益转入"收益分配"账户贷方:
借: 本期收益
　　贷: 收益分配——未分配收益
如为净亏损,作相反的会计分录,结转后"本期收益"账户应无余额。

(二) 收益分配

基金收益按照有关规定扣除必要的费用后的基金净收益再扣除应纳的税额即为基金可分配的收益。由于我国目前对基金免征营业税和所得税,而股票交易的印花税在股票交易的同时已经缴纳,所以,目前基金可分配的收益就是基金净收益。我国《证券投资基金管理暂行办法》规定:基金收益分配应当采用现金方式,每年至少分配一次。基金收益分配比例不得低于基金净收益的90%。按规定分配给基金持有人的净收益以及历年分配后(或弥补亏损后)的结存余额,通过"收益分配"账户核算。

1. 除权日

根据基金收益分配方案:
借: 收益分配——应付收益
　　贷: 应付收益

2. 再投资

基金持有人用分配的红利再投资时：

借：应付收益

　　贷：实收基金

　　　　损益平准金

　　　　未实现利得

3. 期末

本期实现的净收益：

借：本期收益

　　贷：收益分配——未分配收益

如为净损失，作相反的会计分录。

借：损益平准金

　　贷：收益分配——未分配收益

借：收益分配——未分配收益

　　贷：收益分配——应付收益

"收益分配"账户应分别对应付收益、未分配收益设置明细账进行明细核算。"收益分配"账户期末贷方余额反映基金历年积存的未分配收益，借方余额反映未弥补亏损。

（三）以前年度损益的调整

本年度发生的调整以前年度损益的事项"以前年度损益调整"账户核算。本年度资产负债表日至财务会计报告批准报出日之间发生的需要调整报告年度损益的事项也在"以前年度损益调整"账户中核算。

本年度发生的调整以前年度的事项，应当调整本年度会计报表相关项目的年初数或上年实际数；在年度资产负债表日至财务报告批准报出日之间发生的调整报告年度损益的事项，应当调整报告年度会计报表相关项目的数字。

其一，调整增加的以前年度收益和调整减少的以前年度亏损：

借：有关账户

　　贷：以前年度损益调整

其二，调整减少的以前年度收益或调整增加的以前年度亏损：

借：以前年度损益调整

　　贷：有关账户

其三，经上述调整后，应同时将本账户的余额转入"收益分配——未分配收益"账户：

如为贷方余额：

借：以前年度损益调整

贷：收益分配——未分配收益

如为借方余额，做相反会计分录。结转后本账户应无余额。

【课外思考9－4】举例说明购买"老鼠仓"基金应如何维权。

实务训练

一、单项选择题

1. 不具有法人资格，不能向银行借款扩大基金运营规模的基金是（　　）。

A. 公司型基金　　　　B. 契约型基金　　　　C. 平衡型基金　　　　D. 托管型基金

2. 基金资产的运用者和管理者是（　　）。

A. 基金管理人　　　　B. 基金托管人　　　　C. 基金持有人　　　　D. 基金发起人

3. 具有多重投资目标的投资基金是（　　）。

A. 积极成长型基金　　B. 成长型基金　　　　C. 平衡型基金　　　　D. 收入型基金

4. 以基金的设立和组建为目的，采取必要的措施和步骤来设立和组建基金的法人是（　　）。

A. 基金保证人　　　　B. 基金托管人　　　　C. 基金持有人　　　　D. 基金发起人

5. 开放式基金的投资者在进行申购时，是按购买的（　　）提出申请。

A. 数额　　　　　　　B. 份额　　　　　　　C. 金额　　　　　　　D. 净额

6. （　　）是指在某一基金估值时点上，对全部基金资产进行估值的总市值扣除总负债以后的余额，即基金单位持有人的权益。

A. 基金资产净值　　　　　　　　　　B. 基金单位资产净值

C. 基金资产价值　　　　　　　　　　D. 基金资产单位净值

7. 基金赎回时投资者所得到的金额是（　　）。

A. 基金总额　　　　　　　　　　　　B. 基金总额扣除税金的部分

C. 基金总额扣除损失的部分　　　　　D. 赎回总额扣除赎回费用的部分

8. 卖出股票应于（　　）确认股票差价收入。

A. 成交日　　　　　　B. 次日　　　　　　　C. 除权日　　　　　　D. 收到入账通知时

二、多项选择题

1. 证券投资基金的当事人有（　　）。

A. 基金发起人　　　　B. 基金持有人　　　　C. 基金保证人

D. 基金管理人　　　　E. 基金托管人

2. 按照基金经营目标的不同，基金可以分为（　　）。

A. 积极成长型基金　　B. 成长型基金　　　　C. 成长及收入型基金

D. 平衡型基金　　　　E. 收入型基金

3. 基金按照投资对象的不同，可以分为（　　　）。

A. 股票基金　　　　　B. 债券基金　　　　　C. 货币市场基金

D. 期货基金　　　　　E. 期权基金

4. 按照基金单位是否可以增加或赎回，基金可以分为（　　　）。

A. 开放式基金　　　　B. 契约型基金　　　　C. 公司型基金

D. 平衡型基金　　　　E. 封闭式基金

5. 基金管理公司会计核算的主要特点有（　　　）。

A. 建立独立的会计核算体系　　　　　　B. 计算和公告基金单位净值

C. 按公允价值计量　　　　　　　　　　D. 按购买股票的种类分别计价

三、判断题

1. 开放式基金，基金发行总额不固定，基金单位总数可以有变化。　　　　（　　　）

2. 封闭式基金在证券交易所上市，开放式基金不在证券交易所上市。　　　（　　　）

3. 基金单位资净值是制定基金单位交易价格的依据。　　　　　　　　　　（　　　）

4. 基金资产净值是指在某一基金估值时点上，对全部基金资产进行估值的总市值扣除总负债以后的余额。　　　　　　　　　　　　　　　　　　　　　　　（　　　）

5. 基金资产净值是基金单位管理人的权益。　　　　　　　　　　　　　　（　　　）

四、业务题

目的：练习基金管理公司业务的核算。

资料：

1. 201×年3月1日，某开放式基金筹集期满，基金规模为50亿元人民币，存入××银行上海公司。基金分别在上海证券中央登记结算公司转入20亿元资金，在深圳登记结算有限公司转入25亿元资金，以备进行证券交易的资金交割与交收。

2. 201×年4月2日，某基金在上海证券中央登记结算公司购入50万股A股票，购入价格4.5元/股，应付佣金45 000元，其他各项费用1 600元，印花税税率为2‰。

3. 承上题，201×年9月1日，某基金以8元/股的价格卖出A股票50万股，应支付的佣金为9 000元，其他费用2 000元，印花税税率为2‰。

4. 201×年×月×日，上市公司宣告B股票政策：以当日为除权日，每10股送2股、转1股、配1股、派发1元现金股利，配股价为7元/股，当日，某基金持有B股票200万股。

5. 201×年5月3日，某基金在深交所购入A债券50万张，含息价109元/张，每张含息5元，该基金支付各种手续费1 000元。

6. 承上题，201×年9月2日，某基金以含息价110元/张的价格卖出A债券30万张，支付手续费1 200元。

7. 201×年 6 月 12 日，某投资者申购某开放式基金 200 万张，当日该基金单位资产净值为 1.003 元，申购率为 1%。

8. 201×年 8 月 20 日，某投资者申请赎回某开放式基金 50 万份，当日该基金单位资产净值为 1.003 1 元，申购率为 0.5%，持有人权益总额为 501 550 元，组成如下：实收基金 500 000 元，未实现利得 1 498 元，未分配收益 52 元。

9. 201×年 9 月 1 日，某基金的基金资产净值为 501 550 000 元，约定基金管理费提取比例为 0.5%，基金托管费的提取比例为 0.2%，当年实际天数为 365 天，计算应当提取的管理人报酬和托管费。

10. 201×年 10 月 2 日，某基金买入返售证券 600 万元，其他费率为 0.004‰，三日后返售，利息为 18 000 元。

要求：根据以上业务编制会计分录。

第十章

期货经纪公司主要业务的核算

【学习内容与要求】 了解期货经纪公司业务内容、流程及管理，熟悉期货经纪公司会计核算的特点；掌握商品期货会计核算的主要内容；掌握金融期货核算等主要内容，了解金融期权。

第一节　期货经纪公司业务概述

随着期货交易市场的形成和发展，提供专业化代理业务的期货经纪公司纷纷涌现。期货经纪公司是代理客户从事期货交易的企业法人或由企业法人设立的分支机构。期货经纪公司是市场经济发展的产物，是期货交易发展不可或缺的一个组成部分。

一、期货

期货（Futures），通常是指期货合约，是由期货交易所统一制定的、规定在将来某一特定时间和地点交割一定数量标的物的标准化合约。这个标的物，既可以是某种商品，也可以是某个金融工具，还可以是某个金融指标。期货合约的买方，如果将合约持有到期，那么他有义务买入期货合约对应的标的物；期货合约的卖方，如果将合约持有到期，那么他有义务卖出期货合约对应的标的物，期货合约的交易者还可以选择在合约到期前进行反向买卖来冲销这种义务。广义的期货概念还包括交易所的期权合约，大多数期货交易所同时上市期货和期权产品。

二、期货经纪公司经营内容

期货经纪公司接受期货投资者的委托，按照客户下达的指令，以自己的名义代期货投资者进行期货交易并收取佣金。按目前的政策规定，期货经纪公司只能为客户进行代理，不得进行自营业务。符合条件的经纪公司经批准也可以下设营业部。

期货经纪公司经营的业务品种包括商品期货、金融期货和金融期权业务等。

(一) 期货经纪公司的基本业务环节

期货交易法规定，只有交易所会员才能进入交易所进行期货交易，并且只有全权会员才能接受非会员的委托，代理其进行期货交易。所以，想参与期货交易又不是交易所会员，只能委托经纪公司代理其进行期货交易。期货经纪公司的基本业务程序如下：

1. 开户

客户选择了合适的经纪公司和经纪人后，经纪公司就会按一定的标准，严格审查客户的开户资格和财务状况，帮助客户开设一个期货交易账户。

2. 交保证金

客户首先要按规定交付一定数额的保证金，作为将来履约的保证。

3. 在交易所实施买卖交易

开户后，客户通过市场分析在一定的时间向经纪公司下达交易指令，经纪公司再立即用其他方式通知经纪公司在交易所的出市代表。场内出市代表则立即按照订单上的要求进行买卖交易，从电脑输入订单上要求的价格及数量，由计算机自动撮合成交。

4. 期货合约结算

若期货合约成交，则由经纪公司和交易所的结算部门进行合约结算。

5. 交易所、期货公司日终处理

交易所根据当日交易的结算价，确定每笔交易合约应付的保证金金额，并计算出每位会员的保证金应调整数额。每日交易结束，经纪公司也根据交易所结算部门公布的结算价格，相应调整客户的保证金，并收取有关的费用。

(二) 期货经纪公司的基本职能

期货经纪公司作为代理客户在期货交易所进行交易的中介机构，它的主要职能表现如下：接受客户的委托，按照客户下达的指令代客户买卖期货合约，办理各种交易手续，按客户的要求提供期货服务；向客户收取保证金，向期货交易所保证客户的履约责任，并随时向客户报告合约的交易情况和保证金的变化情况；为客户提供市场行情，充当客户的交易顾问，为客户提供咨询服务或培训等；代理客户进行实物交割。

期货经纪公司作为交易所与客户的中介，在众多想从事期货交易的客户与交易所之间架起了一座桥梁。

1. 与交易所的关系

期货经纪公司通过自身的服务，对交易所的规则制度、交易情况、价格信息等及时有效地对外传播。由于客户与交易所并不发生直接关系，每一笔交易都是由期货经纪公司对交易所负责。因此，期货经纪公司都有专门的保证金账簿管理部门，负责监督每一个客户的保证金账户，确保每一个客户都有足够的保证金去履行期货合约。它们还密切注视客户的获利状况，防止个别客户超过其经济能力进行交易。

2. 与客户的关系

客户要求期货经纪公司为其期货进行代理，期货经纪公司则要求客户履行一定的手续，要求他们在交易过程中承担相应的义务，使广大客户的期货交易活动进一步规范化和制度化，期货经纪公司利用自身优势帮助客户收集信息、分析行情，便于客户根据反馈的市场信息及时、灵活地调整交易方针，更有效地获取经济效益，尽可能地避免由信息不及时带来的经济损失。

三、期货经纪公司结算制度

作为交易所与客户的中介，期货经纪公司在期货交易中负有双重责任，即与客户之间的委托买卖关系和与期货交易所发生的关于期货交易的保证金和手续费的收取、支付业务。期货经纪公司的这种特殊地位，决定了它在期货交易中面临的风险不容忽视。为此，期货经纪公司都建立有较完善的结算制度。这些制度包括以下几个方面：

（一）与期货交易所对应的法规和制度

1. 登记结算制度

每份期货合约必须经过期货交易所登记、担保、结算，才能成为核算的期货合约。

2. 保证金制度

保证金是确保买卖双方履约的一种财力担保。不过，虽然期货交易所会计和期货经纪机构会计都有内容相同的保证金制度，但却有着不同的性质，在会计核算上有重要区别。对于期货经纪机构来说，保证金分为以下几种：

（1）基础保证金。期货经纪机构要预先向期货交易所缴纳一笔巨额的基础保证金，在一般情况下，这笔保证金不得用作交易保证金或结算款项。在经纪公司退出期货交易所时，这笔基础保证金也随之归还。

（2）交易保证金。作为期货交易的代理者，期货经纪公司要向期货交易所交纳持仓合约占用的保证金。主要有以下三种：

一是初始保证金。在新开仓时期货经纪公司存入一笔款项到交易所，用以担保初始买卖的期货合约，其数额由交易所规定。

二是维持保证金。期货交易所规定交易者必须维持的最低保证金水平。一旦持仓合约价值变化，使存入结算账户的资金余额低于维持保证金水平，经纪公司必须补交保证金达到期货交易所的初始保证金水平。

三是追加保证金。期货经纪机构补交的保证金，就是追加保证金。

3. 每日结算无负债制度

每日收市时交易所对每个会员的交易结算，计算出各结算会员当日的盈亏。若亏损，必须补交差额资金；若盈余，则交易所会将超过规定的保证金水平的款项在第二天自动支付给各期货经纪公司。

4. 违约处理制度

若期货经纪公司破产或不能履约，交易所将根据违约处理制度来限制风险，保证履约，一般用交易保证金和结算准备金抵债，若仍不能完全弥补，则用经纪公司的基础保证金补足差额。

（二）与客户对应的法规和制度

1. 账户分立制度

期货经纪公司应将所有客户交存的保证金在银行开立一个客户专用基金账户，然后再为每一客户分别开立分账户。客户专用基金与经纪机构自有资金不得相互混淆，各客户的资金也不能相互挪用。

2. 保证金制度

经纪公司要求客户为每一笔交易缴纳保证金，以保证履行合约。保证金的水平由经纪公司自行确定，一般比经纪公司交给交易所的保证金比例略低。与其经纪公司交给交易所的保证金相对应，客户交给经纪公司的交易保证金可分为初始保证金、维持保证金和追加保证金三种。

3. 每日结算制度

期货经纪公司对客户的未平仓合约及财务状况应进行逐日盯市，每日计算。对于发生亏损，保证金数额低于维持保证金水平的客户，经纪公司要在下一个交易日开市前，书面通知客户结算状况，限期缴纳追加保证金。

4. 强制平仓制度

若客户在规定的时间内没有追加保证金，则经纪公司有权对客户的未平仓合约进行强制平仓，直到账户中的保证金余额能够维持剩余"头寸"为止。

5. 手续费制度

无论交易是卖还是买都必须交付一笔手续费，其支付金额由交易所规定，有的按成交金额的比例收取，有的按合约张数收取。经纪公司向客户收取的手续费构成了经纪公司的主要业务收入来源。

期货交易是保证金交易，从参与期货交易的资金来讲，都是先以资金形态存在，然后因被持仓而转化为合约占用状态，通过买进或卖出合约平仓了结交易，合约占用形态的资金又转化为货币资金形态，按照这种顺序周而复始地运转，并在周转过程中增值或减值。与保证金的循环周转相联系，期货经纪公司与交易所、客户之间存在着手续费的支出和收入过程。期货市场这样正常有序地运转，也就构成了期货经纪公司的会计核算对象。

四、期货经纪公司会计核算的内容

期货经纪公司成立后，为了取得进入期货交易所交易的权利，必须取得期货交易所的会员资格，获得交易所会员资格后，期货经纪公司还需缴纳年会费，以维持期货交易所的日常开支。为了获得入场交易的权利，期货经纪公司还要向交易所购买席位，缴纳席位费。

完成了以上准备工作以后，期货经纪公司即可开始其代理业务，在替客户下单开始交易前，首先要求客户缴纳一笔保证金，为即将开始的期货交易作担保。客户交来这笔资金后，期货经纪机构要将其作为结算准备金转交给交易所。客户下达指令开始交易后，则根据持仓和结算情况调整保证金。具体而言，期货经纪公司的会计核算包括以下几部分：

其一，与期货交易所有关的业务核算。包括与会员席位有关的业务核算和与日常交易有关的业务核算。与会员席位有关的业务包括期货经纪公司为取得会员资格缴纳的会员资格费；会员资格进行转让时取得的损益；自己本席位以外需要缴纳的席位占用费及退还席位时收回的席位占用费；期货经纪公司每年对期货交易所缴纳年会费的核算。与期货交易所日常交易业务有关的核算包括期货经纪公司将期货保证金存入期货交易所、保证金的划回和保证金的提取；客户平仓后代扣的手续费；当不能用货币资金补充保证金时，提交质押物进行融资的业务；代理客户对未平仓的合约进行实物交割；交易盈亏的结转。

其二，对客户业务的核算。包括吸收客户期货保证金的核算和客户保证金清退的核算；平仓后从保证金中收取代理手续费的核算；对客户不能用货币资金追加保证金时，接受保证金质押业务的核算；代理客户进行实物交割业务的核算；客户平仓盈亏的核算。

其三，其他业务的核算。包括期货经纪公司按规定提取风险准备金及其支用的核算；由于各种原因形成的错单交易的核算；对期货经纪公司存在的结算差异的反映；客户违约处罚的核算等。

五、期货经纪公司所执行的会计规范

期货经纪公司最早实施的期货会计准则是 1997 年 3 月财政部颁发的《商品期货交易财务管理暂行规定》（以下简称《规定》），《规定》对期货经纪公司的财务管理制度有非常详细的规定，明确了期货经纪公司的性质，并对具体的期货业务进行了规范。2000 年11 月底，财政部颁发了《期货经纪公司商品期货业务会计处理暂行规定》，对期货经纪公司的期货业务会计处理进行了规范。2001 年 11 月底，财政部颁发了《金融企业会计制度》，其中第二条明确规定适用范围包括期货经纪公司，但是《金融企业会计制度》仍然缺乏对期货业务的具体实务指引。2006 年 2 月，财政部颁布了新的《企业会计准则》（以下简称新会计准则），要求自 2007 年 1 月 1 日起在上市公司范围内施行，同时鼓励其他企业执行。为了规范期货经纪公司的会计核算，提高期货经纪公司会计信息质量，强化期货经纪公司风险管理意识，促进期货行业更快、更好地发展。为了使新会计准则施行工作高效、稳妥地进行，证监会给予各期货经纪公司半年时间做好相关准备工作，各公司可以推迟到 2007 年 6 月 30 日前将会计核算系统等调整到位。在会计核算系统调整到位之前，各公司可以沿用现行的会计核算系统生成财务会计报表，但须针对新旧会计准则的差异点，调整财务会计报表使之符合新会计准则的要求。同时，证监会指出，期货经纪公司应按照新会计准则以及期货经纪公司年度报告的编制要求核算账务，编制 2007 年年度报告。

【课外思考 10 - 1】 如何理解期货经纪公司会计业务的主要特征？

第二节　商品期货的核算

期货合约中规定一定数量的某种商品的期货交易为商品期货交易。具体内容包括农产品期货商品、金属期货商品、能源期货商品等。

一、期货经纪公司商品期货业务的会计科目设置

根据《期货经纪公司商品期货业务会计处理暂行规定》，经纪公司在开展商品期货业务时，应在现行会计制度的基础上，设置以下科目：

"应收保证金"科目，核算对期货交易所（以下简称交易所）划出和追加的用于办理期货业务的保证金。本科目应按交易所进行明细核算。

"应收席位费"科目，核算为取得基本席位之外的席位而缴纳的席位占用费。本科目应按交易所进行明细核算。

"应付保证金"科目，核算收到客户划入的保证金。本科目应按客户进行明细核算。

"结算差异"科目，核算经纪公司同交易所及客户办理结算时，因采用的计算方式和结算程序形成的应收保证金与应付保证金之间的差额。

"风险准备"科目，核算按规定从手续费收入中提取的期货风险准备。

"应收风险损失款"科目，应设置"客户垫付"和"客户罚款"两个明细科目。"客户垫付"明细科目，核算经纪公司在违约客户保证金不足时，为客户实际垫付的风险损失款项。"客户罚款"明细科目，核算因为客户有违约、违规等行为对其实施的罚款。本科目应按客户进行明细核算。

"长期股权投资"科目，应设置"期货会员资格投资"明细科目，核算为取得会员资格以缴纳会员资格费的方式对交易所的投资。本科目应按交易所进行明细核算。

"营业费用"科目，应设置"期货年会费"和"提取期货风险准备"明细科目。"期货年会费"明细科目，核算向交易所缴纳的年会费；"提取期货风险准备"明细科目，核算按规定提取的期货风险准备。

"手续费收入"科目，核算从事代理业务取得的手续费收入。

"应付账款"科目，应设置"代收手续费"明细科目，核算从客户保证金中划转的，为交易所代收代付的手续费。

二、期货经纪公司业务的核算[①]

根据业务开展的基本环节，期货经纪公司的会计核算内容具体包括会员资格费、席位占用费、缴纳会费、开仓、持仓与保证金、平仓盈亏、结算差异、手续费、实物交割、期货风险准备及质押保证金等。

(一) 会员资格费的核算

会员资格费是期货经纪公司进入期货交易所交易的资格，也是取得经纪公司并开始营业的权利代价，类似于公司的创建支出，因此，它的核算不同于其他费用。

1. 经纪公司取得会员资格

期货经纪公司进行期货代理业务，首先要取得会员资格。会员资格的取得方式为向期货交易所认交会员资格费。《商品期货业务会计处理暂行规定》中规定，"期货经纪机构向期货交易所缴纳的会员资格费，作为长期投资处理，并按历史成本核算"。

从会员资格费本身的性质来看，会员资格费是一笔建设性的投资。此外，当期货经纪机构退出期货交易所时，可以在市场上公开出售这一会员资格。根据我国会计准则中对于长期投资的有关规定，考虑会员资格投资的特殊性，为了正确体现期货交易中会员资格费的特殊性，把会员资格费支出作为长期投资处理，在"长期股权投资"科目中设置"期货会员资格投资"明细科目，用于核算期货经纪公司为取得会员资格而以缴纳会员资格

---

① 王允平. 金融企业会计学 [M]. 北京：经济科学出版社，2011：392-401.

费的形式对期货交易所形成的投资。

经纪公司为取得交易所会员资格而缴纳会员资格费时：

借：长期股权投资——期货会员资格投资（应按实际支付的款项）

　　贷：银行存款

【例10－1】某期货经纪公司向A交易所缴纳会员资格费200万元，用银行存款支付。实际交付时，应编制会计分录：

借：长期股权投资——期货会员资格投资——A交易所　　　　　2 000 000

　　贷：银行存款　　　　　　　　　　　　　　　　　　　　　　　2 000 000

2. 经纪公司让渡或被取消会员资格

《商品期货业务会计处理暂行规定》指出，"期货经纪机构申请退会、转让会员资格费或取消会员资格费，在清结期货交易后，对所欠期货交易所的各项费用应予补交，收到期货交易所退还缴纳会员资格费，作为长期投资处理，如有差额作为投资损益处理。"

按此规定可知，经纪公司转让或被取消会员资格时：

借：银行存款（应按实际收到的转让收入或交易所实际退还的会员资格费）

　　贷：长期股权投资——期货会员资格投资（按经纪公司会员资格投资的账面价值）

按其差额，借记或贷记"投资收益"账户。

【例10－2】承【例10－1】，某经纪公司在经营过一段时期的期货业务后，决定让渡其在该期货交易所的会员资格，经交易所理事会批准后，转让给乙方，协商作价为180万元，转让手续已办妥并收妥价款。编制会计分录：

借：银行存款　　　　　　　　　　　　　　　　　　　　　　　1 800 000

　　投资收益　　　　　　　　　　　　　　　　　　　　　　　　200 000

　　贷：长期股权投资——期货会员资格投资——A交易所　　　　2 000 000

（二）席位占用费的核算

企业在期货交易所认购了会员资格后，成为期货交易所的一名会员，并取得了一个基本交易席位。经纪公司有了一个基本交易席位后，若一个席位费不能满足交易需要，还想取得更多的席位，则必须申请并缴纳席位占用费。对于支付的席位占用费，单独设置"应交席位费"账户，用于核算企业为取得本席位之外的席位而缴纳的席位占用费。当经纪公司因经营的需要，认为不必要占用太多的交易席位时，可以向交易所退还申请增加的交易席位，此时交易所应全额归还原来向会员收取的席位占用费。企业取得的基本席位之外的席位不可转让。

1. 取得席位

经纪公司为取得基本席位之外的席位而向交易所缴纳的席位占用费：

借：应收席位费

贷：银行存款

2. 退还席位

如退还席位，收到交易所退还的席位占用费，作相反的会计分录。

【例10－3】某期货经纪公司在 A 交易所除获得基本席位外，考虑其经营业务，还另外购买两个交易席位，并支付席位占用费20万元。编制会计分录：

借：应收席位费 200 000

贷：银行存款 200 000

（三）缴纳会费的核算

期货经纪公司应按期货交易所的规定，定期（一般是每年）向交易所缴纳年会费，以维持交易所为会员服务所必需的费用开支。年会费按占用席位和期货交易所理事会审议通过的标准向期货交易所缴纳。

经纪公司向交易所缴纳年会费时：

借：营业费用——期货年会费（按实际支付的款项）

贷：银行存款

（四）开仓、持仓与保证金的核算

在期货经纪公司的业务中，保证金的核算是主要内容，按其交易对象可分为与期货交易所的保证金和与客户的保证金的核算。

1. 与期货交易所的保证金核算

期货交易所对会员实施严格的保证金制度，要求每一个会员单位必须在交易所结算部门存入资金，为期货合约买卖提供财力保证。经纪公司向交易所缴纳的保证金按是否被合约占用可分为两类：结算准备金和交易准备金。结算准备金是尚未被合约占用的准备金；交易保证金是已经被合约占用的保证金，随着持仓合约价格的变动而变动。

（1）结算准备金。结算准备金是指期货经纪公司在期货交易所存入的，为交易结算预先准备的款项，它是尚未被合约占用的保证金。从资金管理角度还可进一步分为基础保证金和可用保证金。期货交易所一般会要求期货经纪公司将基础保证金一次性存入保证金账户。会员单位在正常交易过程中一般不动用基础保证金，交易所也不允许动用。可用保证金是经纪公司在下单买卖合约前存入交易所的款项，其他来源还包括尚未提取的平仓盈利款及经纪公司将来交易需要增加存入的款项。期货经纪公司对这部分保证金拥有支配权，可以随时划回。不过经纪公司划回保证金必须经交易所结算部门批准。

将基础保证金与用于结算准备的保证金一起作为结算准备金，需设同一个账户进行管理。在这种情况下，交易所只是在结算准备金账户中确定一个基本金额，在正常的交易中不准使用，只有在会员单位其他的保证金不足时方可动用。

【例10－4】某期货经纪公司在交易所下单买卖合约前，存入 A 交易所的保证金账户

90万元。交易所要求会员单位存入的保证金中应保持50万元在正常的交易中不可动用（即基础保证金），只能在追加保证金不足时才可运用这笔资金。编制会计分录：

借：应收保证金——A交易所 900 000

贷：银行存款 900 000

【例10－5】承【例10－4】，该期货经纪公司在A交易所做多，买入合约后价格一路下跌，在某一结算日形成的浮动亏损为30万元。某公司存入的保证金总额为90万元，已被合约占用30万元，基础保证金占用50万元，还有10万元可用于支付浮动亏损。在这种情况下，交易所要求某公司追加保证金20万元，若某公司不能及时追加保证金到位，交易所就会动用基础保证金先抵补这部分浮动亏损。向交易所支付追加保证金时应编制会计分录：

借：应收保证金——A交易所 200 000

贷：银行存款 200 000

根据持仓合约的变化及浮动盈亏情况，交易所会减少结算准备金余额，而增加交易保证金余额，或者反之。在交易所要求追加保证金时，期货经纪公司应尽快补足被动用的基础保证金，编制会计分录如下：

借：应收保证金

贷：银行存款

（2）交易保证金。交易保证金是被合约占用的保证金，它随着交易量及结算价的变动而变动。交易保证金增加的情况包括：期货经纪公司开新仓及持仓合约发生异常变化，交易所要求增加交易保证金（如接近交割期交易所为了保证合约的履行一般要求增加保证金的水平）。交易保证金的减少是通过对冲平仓或实物交割了结期货交易，合约占用的保证金被释放退回到结算准备金账户中去。

1）交易保证金的分类。交易保证金还可进一步划分为初始保证金、维持保证金和追加保证金。在新开仓时从结算准备金账户中划转出的部分保证金，称为"初始保证金"。随着交易的进行，在每日收盘后，期货交易所结算部门将根据当时的盈亏情况调整会员单位的保证金账户，将盈利增加保证金金额，亏损减少保证金金额。若会员单位可用保证金账户出现亏损或因持有未平仓合约数量过多而使其保证金数额低于维持保证金水平，就必须在规定的时间内再存入一笔款项，增加交易保证金，使其达到初始保证金水平。这种补交的保证金，通常称为"追加保证金"。

2）交易保证金的核算。客户向经纪公司下达开仓指令后，若开仓合约成交，则期货交易所结算部门就会根据成交合约的市价按一定的比例，将结算准备金账户中的可动用保证金划转到交易保证金中去。这部分被划转的保证金，经纪公司失去使用权，不能再将其用于开新仓或弥补交易亏损。

开新仓的经济业务本身并不涉及期货经纪公司的账务处理，交易所结算部门进行的结算准备金向交易准备金的划转并不涉及期货交易所与经纪公司间的资金运动，经纪公司无须做出会计处理。只通过结算部门的每日结算反映在结算单据上。

期货经纪公司按客户的指令开仓买入或卖出合约后，在尚未对冲平仓前的状态称为持仓。在持仓过程中，合约市价处于不断变化中，形成浮动盈亏。当浮动亏损达到一定程度时，可能会导致可动用的保证金低于结算准备金的最低水平，这时交易所就会发出追加保证金通知，经纪公司需追加保证金。在实务中，交易所每天在交易结束后计算每个会员的当日结算准备金金额，当会员的结算准备金低于最低余额时，该结果即视为交易所向会员发出的追加保证金通知。交易所通过结算银行从会员的专用资金账户中划扣。

经纪公司支付追加保证金时：

借：应收保证金

　　贷：银行存款

【例10－6】某经纪公司在A交易所进行期货交易，12月13日持有的期货合约全线下跌，发生浮动亏损100万元，当日未发生开仓和平仓业务，上一交易日的结算准备金余额为140万元，交易所要求的结算准备金最低余额为50万元。

该经纪公司当日的结算准备金余额为40万元（140－100），应追加的保证金为10万元（50－40），则交易所从经纪公司专用账户划拨资金。经纪公司应编制会计分录：

借：应收保证金——A交易所　　　　　　　　　　　　　　　　100 000

　　贷：银行存款　　　　　　　　　　　　　　　　　　　　　　100 000

2. 与客户的保证金核算

客户向经纪公司缴纳的保证金，是保证其履约的财力担保。与交易所对会员单位的保证金制度不同。目前我国经纪公司一般不要求客户缴纳基础保证金，只要求缴纳交易保证金。因此，经纪公司收到的客户开户资金，实际上就是客户最初存入经纪公司准备用于下单买卖合约的保证金。经纪公司对客户的开户金额一般规定一个下限，客户可以根据自己将来要进行交易的数量向经纪公司预存一定数额的保证金。期货经纪公司必须按每一个客户开设保证金账户，进行明细分类核算。

（1）经纪公司对收到的客户保证金，通过"应付保证金"账户核算。

收到客户划入的保证金时：

借：银行存款（按实际划入的款项）

　　贷：应付保证金

收受客户划出的保证金时，则作相反会计分录。

【例10－7】某经纪公司收到客户张兰的开户保证金100万元，将其设专户存入银行。编制会计分录：

借：银行存款　　　　　　　　　　　　　　　　　　　　　　1 000 000

　　贷：应付保证金——张兰　　　　　　　　　　　　　　　　1 000 000

【例10－8】承【例10－7】，客户张兰在进行一段时间的交易后，因需要资金向经纪公司申请，将未被合约占用的保证金划出20万元，应编制会计分录：

借：应付保证金——张兰　　　　　　　　　　　　　　　　　200 000

　　贷：银行存款　　　　　　　　　　　　　　　　　　　　　200 000

经纪公司代客户下单成交以后，将成交合约应占用的保证金从客户缴存的保证金账户中划出，形成交易保证金。经纪公司划转的客户交易保证金数额一般是在交易所划转的基础上略有增加。交易保证金的划转仅仅是结算需要，以确定是否追加保证金，并不涉及经纪公司与客户之间的真实资金运动，因此，不涉及期货经纪公司同客户之间保证金的账务处理。

（2）追加保证金的核算。随着交易的进行，在每日收盘后，经纪公司将根据客户当日的盈亏情况调整客户的保证金账户，将盈利增加保证金金额，将亏损减少保证金金额。按交易所规定，会员的交易保证金账户中必须维持其最低的保证金额度，经纪公司对客户也有相似的风险管理要求。若客户保证金账户划转交易保证金后出现亏损或因持有未平仓合约数量过多或合约价格向不利于客户的方向变动而出现浮动亏损，使其保证金数额低于维持保证金水平，就必须在规定的时间内再存入一笔款项，使保证金数额达到应有的水平，即追加保证金的概念。

【例10-9】某期货经纪公司代客户李明在大连商品交易所做大豆期货。4月12日，收取客户保证金15万元。4月20日，接受客户指令，以2 800元/吨的价格开新仓卖出9月期货合约100手，每手10吨，计1 000吨。期货经纪公司按5%的比率收取保证金。4月26日的结算价与成交价相同，4月29日的结算价为2 750元。不考虑手续费，经纪公司应编制会计分录：

4月12日存入保证金时：

借：银行存款　　　　　　　　　　　　　　　　　　　　　　　　　150 000

　　贷：应付保证金——李明　　　　　　　　　　　　　　　　　　　150 000

4月20日开新仓，按成交价格计算开新仓合约应占用的保证金为140 000元（2 800 × 100 × 10 × 5%），当日收盘价与成交价相同，当日可用的保证金大于合同占用的保证金，故无须追加保证金，不需进行账务处理。

5月29日发生浮动亏损时：

$$期货价格下跌发生的浮动亏损 = （2 750 - 2 800）× 100 × 10$$
$$= -50 000（元）$$

当日保证金余额 = 150 000 - 140 000 - 50 000 = -40 000（元）

由于浮动亏损，该客户在经纪公司的保证金可运用部分已成负数，期货经纪公司要求该客户在5月30日开盘前补交发生的浮动亏损40 000元。

收到保证金时，应编制会计分录：

借：银行存款　　　　　　　　　　　　　　　　　　　　　　　　　40 000

　　贷：应付保证金——李明　　　　　　　　　　　　　　　　　　　40 000

3. 结算准备金存款利息的核算

经纪公司存入交易所结算准备金时，尚未被期货合约占用的保证金，对经纪公司来讲，这种结算准备金等同在交易所的一种存款，因此交易所应支付相应的存款利息。在一般情况下，交易所是按同期银行活期存款利率向经纪公司支付结算准备金存款利息。

交易所向经纪公司支付的结算准备金存款利息，是通过会员的保证金账户直接划转的。经纪公司收到交易所划转的保证金存款利息时，应编制会计分录：

　　借：应收保证金

　　　　贷：财务费用

【例 10 - 10】 在第二季度末，某经纪公司在 A 交易所存入的结算准备金余额为 100 万元，其中：基础保证金 50 万元，可用保证金 50 万元。经纪公司收到交易所支付的第二季度利息 5 000 元（假设年利率按 1% 支付）。编制会计分录：

　　借：应收保证金——A 交易所　　　　　　　　　　　　　　　　　　5 000

　　　　贷：财务费用　　　　　　　　　　　　　　　　　　　　　　　　5 000

【例 10 - 11】 承**【例 10 - 10】**，经纪公司将该笔存款利息从保证金账户中划出，应编制会计分录：

　　借：银行存款　　　　　　　　　　　　　　　　　　　　　　　　　5 000

　　　　贷：应收保证金——A 交易所　　　　　　　　　　　　　　　　　5 000

（五）平仓盈亏的核算

　　通过平仓买入或卖出而建仓的合约，以对冲平仓的形式予以了结是期货交易中最普通的业务，持仓合约通过对冲了结可能出现的情况有三种：一是平仓价等于开仓价，整个交易过程不盈不亏；二是多头的平仓价高于开仓价或空头的平仓价低于开仓价，实现平仓盈利；三是多头的平仓价低于开仓价或空头的平仓价高于开仓价，实现平仓亏损。期货交易所对会员单位合约所实现的平仓盈亏通过结算准备金账户进行保证金的划转，对上述三种情况的处理也各不相同。

　　1. 不盈不亏

　　平仓价等于开仓价时，整个交易过程不盈不亏，此时交易所对经纪公司的结算业务只是将原合约占用的交易保证金划转为不被合约占用的结算准备金。因此，经纪公司不需要对这类业务进行账务处理，只需要将结算单据作为资料备查即可。

　　2. 平仓盈利

　　在平仓盈利的情况下，交易所对经纪公司的结算包括两部分：一是将平仓会员实现的盈利增加其结算准备金；二是将原合约占用的交易保证金划转为不被合约占用的结算准备金，这部分不需进行账务处理。

　　经纪公司对平仓实现的盈利，通过"应收保证金"和"应付保证金"账户核算，按期货交易所结算单据载明的平仓盈利金额，借记"应收保证金"账户，贷记"应付保证金"账户。

【例 10 - 12】 某经纪公司代理一家客户在大连商品交易所做大豆期货交易。2 月 5日，按客户张强指令买入 6 月到期的大豆合约 20 手共 200 吨，成交价为 2 500 元/吨。持仓到 5 月 15 日，客户下达平仓指令，将大豆合约全部平仓了结。大豆合约的平仓成交价为 2 600 元/吨。

平仓盈利 = （2 600 – 2 500）×200 = 20 000（元）

不考虑手续费，该期货经纪公司应编制会计分录：

借：应收保证金——大连   20 000

 贷：应付保证金——张强   20 000

3. 平仓亏损

在平仓亏损的情况下，交易所对经纪公司的结算包括两部分：一是将平仓会员实现的亏损减少其结算准备金；二是将原合约占用的交易保证金划转为不被合约占用的结算准备金，这部分不需进行账务处理。

经纪公司对平仓实现的亏损，通过"应收保证金"和"应付保证金"账户核算，按期货交易所结算单据载明的平仓亏损金额，借记"应付保证金"账户，贷记"应收保证金"账户。

【例 10 – 13】某经纪公司代理客户孙刚在上海期货交易所作铜期货交易。4 月 5 日，按客户指令卖出 8 月到期的铜期货 10 手共 100 吨，成交价为 18 000 元/吨。4 月 15 日，上述铜期货因国际市场影响价格上扬，该客户为减少风险决定先平掉 5 手，平仓成交价为19 000 元/吨。

平仓亏损 = （18 000 – 19 000）×50 = –50 000（元）

不考虑手续费，该期货经纪公司应编制会计分录：

借：应付保证金——孙刚   50 000

 贷：应收保证金——上海   50 000

（六）结算差异的核算

结算差异是由于交易所与经纪公司的平仓范围、顺序和结算方法的不同而产生的差异。交易所与经纪公司之间实行每日无负债结算和逐日盯市制度，交易所每天在交易结束后按当天的结算价进行计算，不再区分浮动盈亏和平仓盈亏，统一进行资金的结算和划拨，而经纪公司与客户之间的结算则必须区分已实现损益和未实现损益。

会计上通过设置"结算差异"账户进行结算差异的核算。当经纪公司与交易所及客户办理结算时，对应收保证金与应付保证金之间的差异通过本账户进行核算。从会计理论上讲，交易所同经纪公司之间的结算采用了会计市价原则，而经纪公司同客户的结算执行的仍是历史成本原则。则两种会计原则在期货业务中的衔接就是通过"结算差异"账户来进行的。

1. 由交易时间不同引起的差额

由于交易所是按时间顺序平仓，而经纪公司是根据客户指定的交易价位进行平仓，两者计算的平仓盈亏不同而出现差额。由于这一原因形成的结算差异一般数额较小。

【例 10 – 14】某经纪公司客户张强持有小麦合约 100 手，计 1 000 吨，买入时间分别是 4 月 10 日和 4 月 15 日，买入价格分别是 1 400 元/吨和 1 350 元/吨，每次均购入 50

手。4月20日客户指定平掉4月15日买入的合约，平仓价为1 600元/吨。

按交易所结算单计算的平仓盈利＝（1 600－1 400）×50＝10 000（元）

按客户指令计算的平仓盈利＝（1 600－1 350）×50＝12 500（元）

不考虑手续费，结算差异＝12 500－10 000＝2 500（元）

不考虑因浮动盈亏产生的结算差异，经纪公司对该笔业务进行处理时，应编制会计分录：

借：应收保证金   10 000

  结算差异   2 500

   贷：应付保证金   12 500

2. 由交易方式不同引起的盈亏

结算差异形成的另一原因是因为交易所与经纪公司的结算方式不同而形成。浮动盈亏是指按持仓合约的当日结算价与其前一日的结算价或初始成交价计算出的潜在盈利或亏损金额，它是尚未实现的收益。浮动盈亏是反映期货交易持仓风险情况的一个重要指标。

交易所与经纪公司之间实行每日无负债结算和逐日盯市制度，交易所每天在交易结束后按当天的结算价与上一交易日的结算价格逐日盯市，不再区分浮动盈亏和平仓盈亏，统一进行保证金的结算和划拨；经纪公司对客户的保证金核算，是按照客户的开仓价和平仓价计算平仓盈亏，对浮动盈亏不入账，月末仅对平仓盈亏入账，调整保证金账户。这样交易所和经纪公司计算出的保证金因对盈亏的计算口径不同而产生差异。这部分差异实质上即是浮动盈亏。

（1）对于期货合约当日计算的盈利，经纪公司应作如下账务处理：

借：应收保证金（根据交易所结算单据列明的盈利金额，包括平仓盈利和浮动盈利）

   贷：应付保证金（按照同客户结算的平仓盈利金额）

若交易所结算金额小于经纪公司与客户结算金额的差额，借记"结算差异"科目；若交易所结算金额大于经纪公司与客户结算金额的差额，贷记"结算差异"科目。

（2）对于期货合约当日结算的亏损，经纪公司应编制如下会计分录：

借：应付保证金（按照同客户结算的平仓亏损金额）

   贷：应收保证金（根据交易所结算单据列明的亏损金额，包括平仓亏损和浮动亏损）

交易所结算金额小于经纪公司与客户结算金额的差额，贷记"结算差异"账户；交易所结算金额大于经纪公司与客户结算金额的差额，借记"结算差异"账户。

【例10－15】某经纪公司在A交易所进行期货交易，12月18日收到交易所的结算单据，显示当日的结算结果为盈利50万元，其中持仓合约的盈利为40万元，当日的平仓盈利为10万元；经纪公司与客户的结算结果为平仓盈利10万元，对客户的浮动盈亏不划拨资金。经纪公司根据当日的结算单据编制会计分录：

借：应收保证金——A交易所   500 000

   贷：应付保证金——客户   100 000

结算差异 　　　　　　　　　　　　　　　　　　　　　　　　　　　400 000

为了对经纪公司整体的持仓风险情况做出反应，经纪公司应在资产负债表日按结算价计算出全体客户持仓合约所形成的浮动盈亏金额，在会计报表补充资料中予以披露。

（七）手续费的核算

期货交易所按成交情况向其会员单位收取手续费，期货经纪公司也按成交情况向客户收取手续费。在我国期货交易中，按单边收取手续费，即不管交易者是买入还是卖出，是开新仓还是对冲平仓，只要合约成交都必须按一定的标准缴纳手续费。按现行制度规定，期货交易所向会员收取的手续费不能超过成交合约金额的万分之五；期货经纪公司向客户收取的手续费一般不应低于其向交易所上交的部分。在实务中，交易所对不同的期货品种，收取的手续费标准也不同，不同的期货经纪公司向客户收取的手续费标准也不一样。

期货经纪公司向客户收取的手续费，除去上交给交易所的部分，其余部分构成了期货经纪公司营业收入。手续费的具体收取方法，有的是规定每手交易有一个绝对的手续费金额，手续费总额依据成交手数的多少来计算确定；有的则是按成交合约的交易金额一定比例收取。由于经纪公司向客户收取的手续费并非全部归经纪公司所有，在进行账务处理时应区别对待。

经纪公司向客户收取交易手续费、交割手续费时：

借：应付保证金（按实际划转的款项）

　　贷：手续费收入（按实际划转的款项中属于经纪公司收入的部分）

　　　　应付账款——代收手续费（按属于为交易所代收代付的部分）

向交易所支付手续费时：

借：应付账款——代收手续费（按结算单据列明的金额）

　　贷：应收保证金

【例 10-16】甲期货经纪公司代理客户张强在大连商品交易所进行大豆期货交易，12月13日一次成交100手计1 000吨，买入成交价为2 500元/吨，大连商品交易收取大豆合约的交易手续费为4元/手，甲经纪公司向客户收取手续费为10元/手。则经纪公司编制会计分录：

（1）经纪公司从客户保证金账户中划转手续费时：

借：应付保证金——张强 　　　　　　　　　　　　　　　　　　1 000

　　贷：应付账款——代收手续费——大连 　　　　　　　　　　　　　　400

　　　　手续费收入 　　　　　　　　　　　　　　　　　　　　　　　600

（2）交易所从某经纪公司的结算准备金账户中划转手续费时：

借：应付账款——代收手续费——大连 　　　　　　　　　　　　　　400

　　贷：应收保证金——大连 　　　　　　　　　　　　　　　　　　　400

（3）12月31日结转营业收入：

借：手续费收入 　　　　　　　　　　　　　　　　　　　　　　　600

　　贷：本年利润 　　　　　　　　　　　　　　　　　　　　　　　　600

（八）实物交割的核算

实物交割是标准仓单的转手过程，具体是指期货合约到期时，交易双方通过该期货合约所载商品所有权的转移，了解未平仓合约的过程。当然，大部分期货交易是通过对冲平仓了结合约的，实物交割只占全部期货交易的 2% ~ 3% 。由于期货交易是标准化合约的交易，所以，作为交割的货物必须符合合约规定的商品标准和数量标准。

实物交割可分为卖方交割、双方交割两种。双方交割，是指期货交易的买卖双方都可以提出交割申请的交割方式，现在的大连商品交易所、上海期货交易所都采用这种方式；卖方交割，是指只有卖方才有权利提出交割申请的交割方式，而买方无权主动提出交割。目前国内的郑州商品交易所就是采用这种交割方式。

1. 实物交割程序

实物交割是期货交易和现货交易的交叉点，完整的实物交割程序可分为两步：第一步，实物交割双方先按最后交易日的交割结算价将合约对冲平仓完成期货交易过程；第二步，实物交割双方按最后交易日的实物结算价进行实物商品的现货交易。

由于市场的逐日盯市制度，结算价变动引起的盈亏在每日的期货交易账户中已经反映，所以，在最后交易日结束后买卖双方发生实物交割时，均按最后交易日的结算价作为双方应收或应付的货款。对于以实物交割的合约，按交割结算价先作对冲平仓处理。

2. 实物交割核算

经纪公司代理买方客户进行实物交割的，应按交易所计算的实物交割货款金额向客户收取。收到交易所转来的由买方提供的实物仓单及增值税专用发票应及时转交给买方客户。经纪公司代理卖方客户进行实物交割的，应按交易所的交割规定及时向交易所提供实物仓单，并向卖方开出增值税专用发票。在收到交易所结转的实物交割货款时，应及时划转给客户。

（1）代理买方客户进行实物交割的，依据交易所提供的交割单据：

借：应付保证金（按实际划转支付的交割货款金额，含增值税额，下同）

贷：应收保证金

（2）代理卖方客户进行实物交割的，依据交易所交割单据：

借：应收保证金（按实际划转收到的交割货款）

贷：应付保证金

实物交割中有时会出现某一方违约的行为，即交割违约。如卖方客户不能按时向交易所提交货物仓单，或提供的提货凭单因手续不全提不到货，所交的实物质量不符合规定等都属于交割违约。如买方客户不能及时足额将货款汇入交易所账户，不按提货日规定的期限提货等也属于交割违约。对于交割的违约行为，交易所往往对违约方处以交易金额一定比例的违约金和罚款。

期货经纪公司在代理客户进行实物交割时发生的违约罚款，通过"应收风险损失款——客户罚款"账户进行核算。

（3）代理客户向交易所缴纳违约罚款支出时：

借：应收风险损失款——客户罚款

    贷：应收保证金

（4）实际从客户保证金中划转违约罚款支出时：

借：应付保证金

    贷：应收风险损失款——客户罚款

【例 10 - 17】某经纪公司代理某客户在大连商品交易所进行大豆期货的套期保值，6月 15 日买入 11 月到期的合约 100 手，每手 10 吨，计 1 000 吨，成交价为 2 200 元/吨，保证金率为 5%。进入交割月准备进行实物交割。有关资料如下：

（1）第一通知日后交易所将保证金比例一次性提高到 30%。第一通知日期前的保证金累计金额为 60 万元。

（2）第一通知日的结算价为 2 220 元/吨。最后交易日的结算价为 2 300 元/吨，前一交易日的结算价为 2 280 元/吨。

（3）交易所要求支付的交割手续费为 25 元/手。

（4）某客户未能按时将交割款汇入交易所，按规定被处以交易额 1% 的罚款。

对以上经济业务进行账务处理：

（1）5 月 15 日支付保证金 110 000 元，假设某客户在经纪公司的保证金专户中有足额存款，足够支付新开仓合约的保证金，经纪公司与客户间无账务处理的必要。

（2）第一通知日后，按交易所规定，应追加交割保证金。应交保证金为 2 220 × 1 000 × 30% = 666 000（元），应追加保证金为 66 000 元，即 666 000 - 600 000 = 66 000（元）。编制会计分录：

借：应收保证金——大连   66 000

    贷：银行存款   66 000

（3）按最后交易日的交割结算价将合约作对冲平仓处理。对客户而言，事项的平仓盈利为（2 300 - 2 200）× 1 000 = 100 000（元）；由于交易所与经纪公司之间实行每日盯市制度，其结算的平仓盈利应为（2 300 - 2 280）× 1 000 = 20 000（元）。编制会计分录：

借：应收保证金——大连   20 000

    结算差异   80 000

    贷：应付保证金——某客户   100 000

（4）实际应向交易所支付交割贷款 230 万元，经纪公司代理甲客户存放在交易所结算账户中的保证金总额为 766 000 万元（666 000 + 100 000），尚需追加 1 534 000 万元。收到客户支付的货款并划转结交易所，编制会计分录：

借：银行存款   1 534 000

    贷：应付保证金——某客户   1 534 000

同时：

借：应付保证金——某客户   1 534 000

　　　　贷：应收保证金——大连　　　　　　　　　　　　　　　　　　　　1 534 000

（5）假设未能按时将交割款汇入交易所被处以罚款，交易所先从经纪公司的结算准备金账户中扣除，编制会计分录：

　　　　借：应收风险损失款——客户罚款　　　　　　　　　　　　　　　　　15 340

　　　　　　贷：应收保证金——大连　　　　　　　　　　　　　　　　　　　15 340

　　客户向经纪公司缴纳交割违约款时，编制会计分录：

　　　　借：应付保证金——客户　　　　　　　　　　　　　　　　　　　　　15 340

　　　　　　贷：应收风险损失款——客户罚款　　　　　　　　　　　　　　　15 340

（九）提取和使用期货风险准备

由于期货行业的高风险性，国家允许经纪公司提取风险准备金，来应付随时可能出现的风险。按现行制度规定，期货经纪公司应按客户收取的手续费净收入（即手续费收入总额扣除为交易所代收、代付部分的余额）的5%提取，并计入营业费用。

经纪公司按规定以手续费收入的一定比例提取风险准备时：

　　借：营业费用——提取期货风险准备（按实际提取的金额）

　　　　贷：风险准备

【例10-18】某经纪公司10月代理期货业务得到的手续费净收入为100 000元，按5%的比例提取风险准备金，应编制会计分录：

　　　　借：营业费用——提取期货风险准备　　　　　　　　　　　　　　　　50 000

　　　　　　贷：风险准备　　　　　　　　　　　　　　　　　　　　　　　　50 000

经纪公司代理客户进行期货交易，导致期货风险准备的使用包括以下情形：

1. 经纪公司代理客户交易发生错单

经纪公司代理客户进行期货交易，发生错单。如计算机输入客户指令时，输错了方向，将买单输成卖单，输错数量、价格等。

按现行财务制度的规定，发生错单时，错单合约平仓产生亏损：

　　借：风险准备（按结算单据列明的金额）

　　　　贷：应付保证金

错单平仓实现盈利，做相反的会计分录。

2. 经纪公司自身发生错误

因经纪公司自身原因造成的风险损失，应按照有关规定追究有关当事人的责任：

　　借：其他应收款（按应由当事人负担的金额）

　　　　风险准备（按应由经纪公司负担的金额）

　　　　风险准备（按实际向交易所或客户划转的金额）

　　　　贷：应收保证金或应付保证金（按实际向交易所或客户划转的金额）

3. 因客户责任造成的风险损失

需要经纪公司为客户垫付时：
借：应收风险损失款——客户垫付（按实际向交易所划转的金额）
　　贷：应收保证金
向客户收回垫付的风险损失款时：
借：应付保证金
　　贷：应收风险损失款——客户垫付
按规定对难以收回的风险损失垫付款予以核销时：
借：风险准备
　　贷：应收风险损失款——客户垫付

4. 因客户有违约、违规等行为对其实施的罚款

在客户支付罚款前：
借：应收风险损失款——客户罚款
　　贷：营业外收入
实际收到客户支付的罚款时：
借：应付保证金或银行存款
　　贷：应收风险损失款——客户罚款

【例 10 – 19】某客户向某经纪公司下达交易指令，买入大连商品交易所 10 月的大豆期货 200 手计 2 000 吨。指定价位为 2 400 元/吨，由下单员错输成了 2 500 元/吨，这笔错单在当天收市后才发现。按经纪公司的规定在第二天开市后尽快进行对冲平仓，平仓成交价为 2 450 元/吨。错单交易造成的损失经批准后，下单员承担 50%，其余 50% 用风险准备金弥补。编制会计分录：

（1）错单合约平仓实现亏损 100 000 元，即：
（2 500 – 2 450）×2 000 = 100 000（元）

借：应付保证金　　　　　　　　　　　　　　　　　　　　　　　　　100 000
　　贷：应收保证金——大连交易所　　　　　　　　　　　　　　　　　　100 000
（2）经批准后弥补。
借：其他应收款　　　　　　　　　　　　　　　　　　　　　　　　　　50 000
　　风险准备　　　　　　　　　　　　　　　　　　　　　　　　　　　50 000
　　贷：应付保证金　　　　　　　　　　　　　　　　　　　　　　　　100 000

【例 10 – 20】某经纪公司代理客户在上海期货交易所进行铜期货交易，因客户对市场变化判断失误，导致平仓损失 80 万元，由经纪公司先为客户垫付。应编制会计分录：
（1）为客户垫付交易损失款时。
借：应收风险损失款——客户垫付　　　　　　　　　　　　　　　　　800 000
　　贷：应收保证金——上海交易所　　　　　　　　　　　　　　　　　800 000

（2）为客户垫付款确认无法收回予以核销。

借：风险准备　　　　　　　　　　　　　　　　　　　　　800 000

　　贷：应收风险损失款——客户垫付　　　　　　　　　　　　　80 000

（十）质押保证金的核算

根据交易所规定，会员单位也可采用质押的形式取得保证金。质押是指会员单位提出申请并经交易所批准，将持有的权利凭证移交交易所，作为会员履行保证金债务的担保行为。质押只可应用于会员保证金的担保，会员发生的交易亏损、费用、税金等，只能用货币资金结算。

可用于质押的权利凭证仅限于国债和交易所注册的标准仓单。质押价的确定方法：以国债质押的，按同日（或验券交存日前一交易日）该品种上交所和深交所收盘价中较低价格作为基准价；以标准仓单质押的，以该品种最近已交割合约最后交易日的结算价（或交割结算价）作为基准价；质押不得高于基准价的80%。

对于质押品的核算，可以不单独设置一级账户，而是作为报表补充资料予以披露，对于质押品完整的业务过程，可以通过质押品备查登记簿做出全面、完整的反映。对于获取的质押品额度通过结算部门来掌握，不进行单独的会计核算。

用作质押的可上市流通国债或标准仓单存入交易所后其所有权并未发生转移，仍归经纪公司或客户所有，一旦有了足够的货币资金作为保证金，经纪公司就可以赎回质押品。

同期货经纪公司向交易所质押保证金相同，客户也可以向经纪公司质押保证金。对于可用于质押资产的要求及政策，经纪公司向交易所质押和客户向经纪公司质押相同：可上市流通的国债，按不小于10%的折价比率提供保证金；套期保值的标准仓单，参照交易所的规定以一定的质抵率提供保证金。对于客户质押业务的处理只作报表附注披露，不再单独进行核算。期货公司应当对质押业务做出详尽的备查登记，完整记录和反映客户的质押情况。

【课外思考10-2】期货公司主要通过哪些会计科目进行核算？商品期货的核算主要包括哪些？

第三节　金融期货和金融期权的核算与管理

金融期货与期权是金融领域的新生事物，作为衍生金融工具的主要品种，金融期货与期权的发展方兴未艾。本节仅参照国外的规定，及近年对金融期货和金融期权领域的科学研究，对二者的业务处理进行相关的介绍。

一、金融期货概述

金融期货（Financial Futures）是指交易双方在金融市场上，以约定的时间和价格，买卖某种金融工具的具有约束力的标准化合约，以金融工具为标的物的期货合约。金融期货一般分为外汇期货、利率期货和股票指数期货三类。金融期货作为期货交易中的一种，具有期货交易的一般特点，但与商品期货相比较，其合约标的物不是实物商品，而是传统的金融商品，如证券、货币、利率等。金融期货交易产生于20世纪70年代的美国市场，目前，金融期货交易在许多方面已经走在商品期货交易的前面，占整个期货市场交易量的80%。成为西方金融创新成功的例证。

（一）金融期货的分类

与金融相关联的期货合约品种很多。目前已经开发出来的品种主要有五大类：

1. 利率期货

利率期货是指以利率为标的物的期货合约。世界上最先推出的利率期货是1975年由美国芝加哥商业交易所推出的美国国民抵押协会的抵押证期货。利率期货主要包括以长期国债为标的物的长期利率期货和以2个月短期存款利率为标的物的短期利率期货。

2. 货币期货

货币期货指以汇率为标的物的期货合约。货币期货是适应各国从事对外贸易和金融业务的需要而产生的，目的是借此规避汇率风险。1972年美国芝加哥商业交易所的国际货币市场推出第一张货币期货合约并获得成功。其后，英国、澳大利亚等国相继建立货币期货的交易市场，货币期货交易成为一种世界性的交易品种。目前国际上货币期货合约交易所涉及的货币主要有英镑、美元、德国马克、日元、瑞士法郎、加拿大元、法国法郎、澳大利亚元以及欧洲货币单位等。

3. 股票指数期货

股票指数期货指以股票指数为标的物的期货合约。股票指数期货是目前金融期货市场最热门和发展最快的期货交易。股票指数期货不涉及股票本身的交割，其价格根据股票指数计算，合约以现金清算形式进行交割。

4. 外汇期货

外汇期货，是交易双方约定在未来某一时间，依据现在约定的比例，以一种货币交换另一种货币的标准化合约的交易。是指以汇率为标的物的期货合约，用来回避汇率风险。它是金融期货中最早出现的品种。自1972年5月芝加哥商品交易所的国际货币市场分部推出第一张外汇期货合约以来，随着国际贸易的发展和世界经济一体化进程的加快，外汇期货交易一直保持着旺盛的发展势头。它不仅为广大投资者和金融机构等经济主体提供了有效的套期保值的工具，而且也为套利者和投机者提供了新的获利手段。

5. 国债期货

国债期货是指通过有组织的交易场所预先确定买卖价格并于未来特定时间内进行钱券交割的国债派生交易方式。国债期货属于金融期货的一种，是一种高级的金融衍生工具。它是在 20 世纪 70 年代美国金融市场不稳定的背景下，为满足投资者规避利率风险的需求而产生的。

（二）金融期货交易的基本特征及其制度

金融期货交易作为买卖标准化金融商品期货合约的活动是在高度组织化的、有严格规则的金融期货交易所进行的。

1. 金融期货交易的基本特征

（1）交易的标的物是金融商品。这种交易对象大多是无形的、虚拟化了的证券，它不包括实际存在的实物商品。

（2）金融期货是标准化合约的交易。作为交易对象的金融商品，其收益率和数量都具有同质性、标准性，如货币币种、交易金额、清算日期、交易时间等都作了标准化规定，唯一不确定的是成交价格。

（3）金融期货交易采取公开竞价决定买卖价格。它不仅可以形成高效率的交易市场，而且透明度、可信度高。

（4）金融期货交易实行会员制度。非会员要参与金融期货的交易必须通过会员代理，由于直接交易限于会员之间，因而交易的信用风险较小，安全保障程度较高。

（5）交割期限的规格化。金融期货合约的交割期限大多是 3 个月、6 个月、9 个月或 12 个月，最长的是 2 年，交割期限内的交割时间随交易对象而定。

2. 金融期货的主要交易制度

（1）集中交易制度。金融期货在期货交易所或证券交易所进行集中交易。期货交易所是专门进行期货合约买卖的场所，是期货的核心，承担着组织、监督期货交易的重要职能。

（2）标准化的期货合约和对冲机制。期货合约是由交易所设计、经主管机构批准后向市场公布的标准化合约。期货合约设计成标准化的合约是为了便于交易双方在合约到期前分别做一笔相反的交易进行对冲，从而避免实物交收。

（3）保证金制度。为了控制期货交易的风险和提高效率，期货交易所的会员经纪公司必须向交易所或结算所缴纳结算保证金，而期货交易双方在成交后都要经过经纪人向交易所或结算所缴纳一定数量的保证金。由于期货交易的保证金比例很低，因此有高度的杠杆作用。

（4）结算所和无负债结算制度。结算所是期货交易的专门结算机构。结算所实行无负债的每日结算制度，称为"逐日盯市制度"，即每种期货合约在交易日收盘前规定时间内的平均成交价为当日结算价。与每笔交易成交时的价格作对照。计算每个结算所会员账户的浮动盈亏，进行随市清算。由于逐日定时制度以一个交易日为最长的结算周期，对所有账户的交易头寸按不同到期日分别计算，并要求所有的交易盈亏都能及时结算，从而能及时调整保证金账户，控制市场风险。

（5）限仓制度。限仓制度是交易所为了防止市场风险过度集中和防范操纵市场的行为，而对交易者持仓数量加以限制的制度。

（6）大户报告制度。大户报告制度是交易所建立限仓制度后，当会员或客户的持仓量达到交易所规定的数量时，必须向交易所申报有关开户、交易、资金来源、交易动机等情况，以便交易所审查大户是否有过度投机和操纵市场行为，并判断大户交易风险状况的风险控制制度。

（7）每日价格波动限制和断路器规则。为防止期货价格出现过大的非理性变动，交易所通常对每个交易时段允许的最大波动范围做出规定。一旦达到涨、跌幅限制，则高于、低于该价格的买入、卖出委托无效。

（三）金融期货和商品期货的区别

金融期货交易的对象是虚拟化了的金融证券的合约，而不是具有实物形态的商品。金融期货和商品期货在交易机制、合约特征、机构安排方面并无二致，但两者也有不一样的地方：

其一，有些金融期货没有真实的标的资产（如股份指数期货等），而商品期货交易对象是具有实物形态的商品，例如农产品等。

其二，股份指数期货在交割日以现金清算，利率期货可以通过证券的转让清算，商品期货则可以通过实物所有权的转让进行清算。

其三，金融期货合约到期日都是标准化的，一般到期日有3月、6月、9月、12月几种。商品期货合约的到期日根据商品特性的不同而不同。

其四，金融期货适用的到期日比商品期货要长，美国政府长期国库券的期货合约有效期限可长达数年。

其五，持有成本不同，将期货合约持有到期满日所需的成本费用即持有成本包括三项：贮存成本、运输成本、融资成本。各种商品需要仓储存放，需要仓储费用，金融期货合约标的物所需贮存费用较低，有些如股指甚至不需要贮存费用。如果金融期货的标的物存放在金融机构，则还有利息，例如，股票的股利、外汇的利息等，有时这些利息会超出存放成本，产生持有收益（即负持有成本）。

其六，投机性能不同，由于金融期货市场对外部因素的反应比商品期货更敏感，期货价格的波动更频繁、更大，因而比商品期货具有更强的投机性。

（四）金融期货的核算

金融期货属于典型的衍生金融工具。按照企业会计准则的规定，衍生工具不作为有效套期工具的，一般应按交易性金融资产或金融负债核算。其主要账务处理如下：

1. 向期货经纪公司申请开立金融期货买卖账户时

借：其他货币资金（按存入的资金）
　　贷：银行存款

2. 企业取得衍生工具时

借：衍生工具（按其公允价值）
　　投资收益（按发生的交易费用）
　　贷：其他货币资金（按实际支付的金额）

3. 资产负债表日衍生工具的公允价值高于其账面余额的差额时

借：衍生工具
　　贷：公允价值变动损益
衍生工具的公允价值低于其账面余额的差额，做相反的会计分录。

4. 衍生工具终止确认时

衍生工具终止确认时应当比照"交易性金融资产""交易性金融负债"等科目的相关规定进行处理。

二、金融期权概述

金融期权是20世纪70年代以来国际金融创新中发展起来的又一种新的金融交易形式。自从产生以来，发展非常迅速，应用非常广泛，尤其是在金融风险管理中，它更是一种颇受投资者欢迎的套期保值新工具。

（一）金融期权的概念

金融期权是以期权为基础的金融衍生产品，指以金融商品或金融期货合约为标的物的期权交易。具体地说，其购买者在向出售者支付一定费用后，就获得了能在规定期限内以某一特定价格向出售者买进或卖出一定数量的某种金融商品或金融期货合约的权利。金融期权是赋予其购买者在规定期限内按双方约定的价格（协议价格或执行价格）购买或出售一定数量某种金融资产（潜在金融资产，或标的资产）权利的合约。

（二）金融期权的种类

场内交易的金融期权主要包括股票期权、股指期权、利率期权和外汇期权。股票期权是在单个股票基础上衍生出来的选择权。股指期权主要分为两种：一种是股指期货衍生出来的股指期货期权，例如，新加坡交易所交易的日经 225 指数期权，是从新加坡交易所交易的日经 225 指数期货衍生出来的；另一种是从股票指数衍生出来的现货期权，例如，大阪证券交易所日经 225 指数期权，是日经 225 指数衍生出来的。两种股指期权的执行结果是不一样的，前者执行得到的是一张期货合约，而后者则进行现金差价结算。

（三）金融期权的特征

与金融期货相比，金融期权的主要特征在于它仅仅是买卖双方权利的交换。期权的买方在支付了期权费后，就获得了期权合约所赋予的权利，即在期权合约规定的时间内，以事先确定的价格向期权的卖方买进或卖出某种金融工具的权利，但并没有必须履行该期权合约的义务。期权的买方可以选择行使他所拥有的权利；期权的卖方在收取期权费后就承担着在规定时间内履行该期权合约的义务。即当期权的买方选择行使权利时，卖方必须无条件履行合约规定的义务，而没有选择的权利。

（四）金融期权与金融期货的区别

作为国际金融创新的一种新型金融工具，金融期权与金融期货之间有明显的差异。

1. 标的物不同

金融期权与金融期货的标的物不尽相同。一般来说，凡可作期货交易的金融商品都可作期权交易，然而，可作期权交易的金融商品却未必可作期货交易。在实践中，只有金融期货期权，而没有金融期权期货，即只有以金融期货合约为标的物的金融期权交易，而没有以金融期权合约为标的物的金融期货交易。一般而言，金融期权的标的物多于金融期货的标的物。

随着金融期权的日益发展，其标的物还有日益增多的趋势，不少金融期货无法交易的东西均可作为金融期权的标的物，甚至连金融期权合约本身也成了金融期权的标的物，即所谓复合期权。

2. 投资者权利与义务的对称性不同

金融期货交易的双方权利与义务对称，即对任何一方而言，都既有要求对方履约的权利，又有自己对对方履约的义务。金融期权交易双方的权利与义务存在明显的不对称性，期权的买方只有权利而没有义务，而期权的卖方只有义务而没有权利。

3. 履约保证不同

金融期货交易双方均需开立保证金账户，并按规定缴纳履约保证金。在金融期权交易中，只有期权出售者，尤其是无担保期权的出售者才需开立保证金账户，并按规定缴纳保证金，以保证其履约的义务。至于期权购买者，因期权合约未规定其义务，其无须开立保证金账户，也就无须缴纳任何保证金。

4. 现金流转不同

金融期货交易双方在成交时不发生现金收付关系，但在成交后，由于实行逐日金融期权交易结算制度，交易双方将因价格的变动而发生现金流转，即盈利一方的保证金账户余额将增加，而亏损一方的保证金账户余额将减少。当亏损方保证金账户余额低于规定的维持保证金时，他必须按规定及时缴纳追加保证金。因此，金融期货交易双方都必须保有一定的流动性较高的资产，以备不时之需。

在金融期权交易中，在成交时，期权购买者为取得期权合约所赋予的权利，必须向期权出售者支付一定的期权费，但在成交后，除了到期履约外，交易双方不发生任何现金流转。

5. 盈亏的特点不同

金融期货交易双方都无权违约，也无权要求提前交割或推迟交割，而只能在到期前的任一时间通过反向交易实现对冲或到期进行实物交割。在对冲或到期交割前，价格的变动必然使其中一方盈利而另一方亏损，其盈利或亏损的程度决定于价格变动的幅度。因此，从理论上说，金融期货交易中双方潜在的盈利和亏损都是无限的。

相反，在金融期权交易中，由于期权购买者与出售者在权利和义务上的不对称性，他们在交易中的盈利和亏损也具有不对称性。从理论上说，期权购买者在交易中的潜在亏损是有限的，仅限于所支付的期权费，而可能取得的盈利却是无限的；相反，期权出售者在交易中所取得的盈利是有限的，仅限于所收取的期权费，而可能遭受的损失却是无限的。当然，在现实的期权交易中，由于成交的期权合约事实上很少被执行，因此，期权出售者未必总是处于不利地位。

6. 套期保值的作用与效果不同

金融期权与金融期货都是人们常用的套期保值工具，但它们的作用与效果是不同的。

人们利用金融期货进行套期保值，在避免价格不利变动造成损失的同时，必须放弃若价格有利变动可能获得的利益。人们利用金融期权进行套期保值，若价格发生不利变动，套期保值者可通过执行期权来避免损失；若价格发生有利变动，套期保值者又可通过放弃期权来保护利益。这样，通过金融期权交易，既可避免价格不利变动造成的损失，又可在相当程度上保住价格有利变动而带来的利益。

但是，这并不是说金融期权比金融期货更有利。如从保值角度来说，金融期货通常比金融期权更为有效，也更便宜，而且要在金融期权交易中真正做到既保值又获利，事实上也并非易事。

所以，金融期权与金融期货可谓各有所长，各有所短，在现实的交易活动中，人们往往将两者结合起来，通过一定的组合或搭配来实现某一特定目标。

【课外思考10-3】金融期货业务和金融期权业务存在哪些联系与区别？

实务训练

一、单项选择题

1. 期货经纪公司要向期货交易所交纳持仓合约占用的保证金，这种保证金是（　　　）。

A. 基础保证金　　　B. 交易保证金　　　C. 初始保证金　　　D. 维持保证金

2. 若期货经纪公司破产或不能履约，交易所将根据违约处理制度来限制风险，保证履约。一般以交易保证金和结算准备金抵债，若仍不能完全弥补，则用经纪公司的（　　　）补足差额。

A. 初始保证金　　　B. 维持保证金　　　C. 基础保证金　　　D. 追加保证金

3. 若客户在规定时间内没有追加保证金，则经纪公司有权对客户的未平仓合约进行强制平仓，直到账户中的保证金余额能够维持剩余（　　　）为止。

A. 余额　　　　　　B. 寸头　　　　　　C. 资金　　　　　　D. 金额

4. 经纪公司向客户收取的（　　　）构成了经纪公司的主要业务收入来源。

A. 保证金　　　　　B. 利息　　　　　　C. 押金　　　　　　D. 手续费

5. 期货经纪公司应按期货交易所的规定每年向交易所缴纳年会费，做（　　　）处理。

A. 营业费用　　　　B. 应收款项　　　　C. 应收席位费　　　D. 长期投资

6. 被合约占用，并随着交易及结算价的变动而变动的保证金是（　　　）。

A. 可用保证金　　　B. 基础保证金　　　C. 交易保证金　　　D. 追加保证金

7. 下列制度中，属于期货经纪公司与期货交易所之间对应的制度是（　　　）。

A. 账户分立制度　　　　　　　　　　B. 每日结算制度

C. 强制平仓制度　　　　　　　　　　D. 每日结算无负债制度

8. 下列制度中，属于期货经纪公司与客户之间对应的制度是（　　　）。

A. 登记结算制度　　　　　　　　　　B. 违约处理制度

C. 强制平仓制度　　　　　　　　　　D. 每日结算无负债制度

9. 每日收市时，交易所对每个会员的交易进行核算，计算出各结算会员当日的（　　　）。若（　　　），必须补交差额资金；若（　　　），则交易所会将超过规定的保证金水平的款项在第二天自动支付给各期货经纪公司。

A. 盈亏、亏损、盈余　　　　　　　　B. 利润、盈余、亏损

C. 利润、亏损、盈余　　　　　　　　D. 盈亏、盈余、亏损

二、多项选择题

1. 期货经纪公司经营的业务品种包括（　　　）。

A. 商品期货　　　B. 金融期货　　　C. 金融期权　　　D. 商品期权

2. 客户交给经纪公司的交易保证金可分为以下几种（　　　）。

A. 初始保证金　　B. 存款保证金　　C. 维持保证金　　D. 追加保证金

3. 金融期权按期权的权利来划分，主要有（　　　）。

A. 看涨期权　　　B. 履约期权　　　C. 看跌期权

D. 指数期权　　　E. 双向期权

4. 期货经纪公司与客户对应的法规和制度有（　　　）。

A. 账户分立制度　B. 保证金制度　　C. 每日结算制度

D. 强制平仓制度　E. 手续费制度

5. 通过平仓买入或卖出而建仓的合约，以对冲平仓的形式予以了结，是期货交易中最普通的业务。持仓合约通过对冲了结可能出现的情况有（　　　）。

A. 不盈不亏　　　B. 平仓盈利　　　C. 平仓亏损　　　D. 盈亏不明

三、判断题

1. 我国期货经纪公司只能为客户进行代理，不得进行自营业务。　　　（　　）

2. 会员单位、交易所在正常交易过程中一般不动用基础保证金。　　（　　）

3. 保证金的水平由经纪公司自行确定，一般比经纪公司交给交易所的保证金比例率低。　　　（　　）

4. 目前，我国经纪公司一般不要求客户缴纳基础保证金，只要求缴纳交易保证金。　　　（　　）

5. 每份期货合约必须经过期货交易所担保、结算，才能成为核算的期货合约。　　　（　　）

6. 保证金是确保买卖双方履约的一种信用担保。　　　（　　）

7. 若客户在规定的时间内没有追加保证金，则经纪公司有权对客户的未平仓合约进行强制平仓，直到账户中的保证金余额能够维持剩余寸头为止。　　　（　　）

8. 期货经纪公司按客户的指令开仓买入或卖出合约后，尚未对冲平仓前的状态称为持仓。　　　（　　）

9. 每日结算无负债制度是期货经纪公司与客户之间对应的制度。　　（　　）

10. 金融期货交易的对象是虚拟化了的金融证券的合约，而非具有实物形态的商品。　　　（　　）

四、业务题

目的：练习期货公司业务的核算。

资料：

1. 2017 年 4 月 1 日，某期货经纪公司向交易所交纳会员资格费 100 万元，交纳席位占用费 100 万元，同时向交易所交纳一次性年会费 60 000 元，用银行存款支付。

2. 6 月 5 日向交易所存入保证金 100 万元，用于期货交易保证金。

3. 6 月 7 日收到甲客户的开户金 100 万元，将其设专户存入银行。

4. 7 月 1 日收到交易所划转的保证金存款利息 2 000 元。

5. 某经纪公司代理一家客户在大连商品交易所做大豆期货交易。4 月 5 日，按客户李某的指令买入 9 月到期的大豆合约 10 手共 100 吨，成交价为 2 550 元/吨。持仓到 7 月 20 日，客户下达平仓指令，将大豆合约全部平仓了结。大豆合约的平仓成交价为 2 600 元/吨。

6. 6 月 21 日某经纪公司在交易所结转账单上的盈利为 30 万元，而公司提供的内部交易汇总结算账单的平仓盈利为 25 万元。

7. 7 月 15 日，收取客户交易手续费 6 万元，其中交易所代收手续费为 3 万元。

8. 某经纪公司 6 月代理期货业务得到的手续费净收入为 100 万元，按 5% 提取风险准备金。

9. 由于报单员的失误，造成 40 000 元失误，个人承担 50% 损失，其余 50% 由风险准备金弥补。

要求： 根据以上业务编制会计分录。

第十一章

其他金融公司主要业务的核算

【学习内容与要求】了解信托的概念、种类及其管理，掌握信托存款与委托存款、信托贷款与委托贷款、信托投资与委托投资的区别及其核算的主要内容；了解租赁的特征、分类，掌握融资租赁与经营租赁的区别，熟悉融资租赁与经营租赁的会计核算方法。

第一节　信托投资公司主要业务的核算

信托与银行、证券、保险并称为金融业的四大支柱，具有"信用"和"委托"的双重含义，是指委托人基于对受托人的信任，将其财产委托给受托人，由受托人按委托人的意愿，以自己的名义，为收益人的利益或者特定目的，进行管理或者处分的行为。信托是社会经济发展到一定阶段的产物，是随着商品货币关系的发展而发展的。它是以资产为核心、以信任为基础、以委托为方式的财产管理制度。

信托有广义和狭义之分。广义信托，包括商品信托和金融信托。狭义信托是指金融信托。金融信托是一种具有融通资金、融资与标的物以及融资与财产管理相结合的金融性质的信托业务，是金融业的一个重要组成部分。标的物主要是委托人的资金或财产等。本章所讲的是金融信托。

一、信托业务概述

信托是多边信用关系，必须具备三方当事人：委托人、受托人、受益人。委托人是信托财产的所有者，他提出信托要求，是信托行为的起点；受托人是有经营能力的信托机构，它通过自身经营的信托业务，满足委托人的要求，使受益人获利，它是信托行为的桥梁；受益人是信托关系中得到实际利益的一方，他可以是委托人自身，也可以是委托人指定的第三者或不确定的多数人，或者同时为委托人和第三者，他是信托行为的终点。

（一）信托业务的种类

信托业务是指信托公司以营业和收取报酬为目的，以受托人身份承诺信托和处理信托事务的经营行为。信托业务可按不同标准进行划分。

1. 按信托受益对象不同划分为私益信托和公益信托

（1）私益信托。是指委托人为了自己和其他特定人的利益而设立的信托。

（2）公益信托。在英美法系中也被称为慈善信托，是指委托人为了社会公共利益而设立的信托。

2. 按信托服务对象不同划分为个人信托和法人信托

（1）个人信托，即以个人身份委托受托人办理信托业务。个人信托又分为生前信托和身后信托。生前信托是个人在世时就以委托人身份与受托人建立了信托关系，其信托契约限于委托人在世时有效；身后信托则根据个人遗嘱办理身后的有关信托事项，如执行遗嘱、管理财产、为保寿险者在身后代领赔款等，它只限于委托人去世后生效。

（2）法人信托，又称公司信托，即委托人不是某个人，而是单位或公司等具备资格的法人委托受托人办理信托业务。

3. 按性质不同划分为信托业务和代理业务

（1）信托业务，即财产所有者作为信托行为当事人的一方，为其指定人或自己的利益，将其财产托付于可信任的另一方，要求按交办信托的目的，代行有效管理或妥善处理。

（2）代理业务，即信托行为的一方依其既定的信托目的，授权另一方代为办理一定的经济事务。

4. 按信托财产种类不同划分为资金信托、实物信托、债权信托和经济事务信托

（1）资金信托，又称金钱信托。它是一种以货币资金为标的物的信托业务。如单位资金信托、公益资金信托、劳保基金信托、个人特约信托等。

（2）实物信托，它是一种以动产或不动产为标的物的信托业务。动产指原材料设备、物资、交通工具等；不动产指厂房、仓库和土地等。

（3）债权信托，它是一种以债权凭证为标的物的信托业务，代为清理和代为收付款项、代收人寿保险公司赔款等。

（4）经济事务信托，它是一种以委托代办各种经济事务为内容、委托凭证为标的物的信托业务。如委托设计、专利转让、委托审查、委托代理会计事务等。

5. 按信托是否跨国划分为国内信托和国际信托

（1）国内信托，即信托关系人及信托行为在国内进行。其业务主要有信托、委托、

代理、租赁、咨询及其他类业务。

（2）国际信托，即信托关系人及信托行为跨国进行。其业务主要有国际信托投资、国际租赁、代理发行外币有价证券、对外担保见证及国际咨询业。

（二）办理信托业务注意事项

为及时、准确地办理信托业务，应该注意以下几方面内容：

其一，信托投资公司因接受信托而取得的财产以及因信托资产的管理、处分或者其他情形而取得的财产，称为信托资产。信托资产不属于信托投资公司的自有财产，也不属于信托投资公司对收益人的负债。信托投资公司终止时，信托资产不属于其清算资产。

其二，信托投资公司的自有资产与信托资产应分开管理、分别核算。信托投资公司管理不同类型的信托业务，应分别按项目设置信托业务明细账进行核算管理。

其三，信托投资公司对不同信托资产按来源和运用设置相应会计科目进行核算反映。

其四，来源类科目应按类别、委托人等设置明细账。具体分为短期信托资产来源、长期信托资产来源。

其五，运用类科目应按类别、使用人和委托人等设置明细账。具体分为短期信托资产运用、长期信托资产运用。

二、信托存款与委托存款业务的核算

信托存款的资金来源基本限于非直接经营单位可自行支配的专项资金。按《金融信托投资机构资金管理暂行办法》规定，信托机构可吸收以下五种 1 年期以上的信托存款：财政部委托投资或贷款的信托资金；企事业主管部门委托投资或贷款的信托资金；劳动保险机构的劳保基金；科研单位的科研基金；各种学会、基金会的基金。信托存款每笔资金都单独管理、单独核算，信托机构对信托存款的运用效益决定信托存款的收益，并且其收益由信托机构按合同规定支付给委托人本人或委托人指定的第三人。

委托存款是指委托人将定额资金委托给信托机构，由其在约定期限内按规定用途进行营运。营运收益是指扣除一定信托报酬后全部归委托人的所有。

（一）信托存款的核算

客户提出申请，填写《存款委托书》，信托机构应审查其资金来源是否符合规定，然后与客户签订《信托存款协议书》，写明信托存款金额、期限、信托受益支付方法、指定受益人、手续费率等。信托机构为委托人开立账户，委托人将信托存款划转到信托机构开立的银行账户，信托机构相应签发存款证给委托人。

1. 科目设置

信托机构为全面反映和监督对信托存款的吸收、归还、付息及结余情况，应设置"代理业务负债——信托存款""应付利息"和"营业费用——信托存款利息支出"等科目。

"代理业务负债——信托存款"属于负债类科目，核算企业不承担风险的代理业务收到的各类款项，如委托投资资金、委托贷款资金等。信托存款包括长期信托存款和短期信托存款。本科目应按存款客户设置明细科目。

"应付利息"属于负债类科目，贷方反映应计提的存款利息，借方反映实际支付的存款利息，期末贷方余额反映应付而未付利息。本科目应按存款客户设置明细科目。

"营业费用——信托存款利息支出"属于损益类科目，借方反映预提的应付利息或实际支付的各项利息，会计期末，应将本科目借方发生额从贷方转入"本年利润"科目借方，期末无余额。本科目应按存款客户设置明细科目。

2. 账务处理

信托存款业务的核算主要包括开户、计息、到期支取等。

信托公司接受客户委托，为客户开立信托存款账户时：

借：银行存款、存放中央银行款项或吸收存款

    贷：代理业务负债——××单位信托存款

信托存款是定期存款，原则上在期满后利随本清，但在存款期限内根据权责发生制原则定期计算应付利息。

借：营业费用——××单位信托存款利息支出

    贷：应付利息——××单位

存款单位在信托存款期满后，凭信托存款单向信托机构提取存款，并结清利息。如果存款单位因各种客观原因，与信托机构协商后可提前支取，但利率按银行同期活期存款利率计算。

借：代理业务负债——××单位信托存款

    应付利息——××单位

    营业费用——××单位信托存款利息支出

    贷：银行存款

【例 11 -1】2017 年 5 月 1 日，某信托公司收到 A 公司存入信托存款 100 万元，存期 1 年，利率 2.25%，采取利随本清的结息方式，2018 年 5 月 1 日 A 公司前来支取本息。

2017 年 5 月 1 日，信托投资公司接收存款时，应编制会计分录：

借：银行存款   1 000 000

    贷：代理业务负债——A 公司信托存款   1 000 000

2018 年 5 月 1 日，支付 A 公司信托存款本息时，计算存款利息如下：

信托存款利息 = 1 000 000 × 2.25% × 1 = 22 500（元）

应编制会计分录：

借：代理业务负债——A 公司信托存款   1 000 000

    营业费用——短期信托存款利息支出   22 500

    贷：银行存款   1 022 500

（二）委托存款的核算

客户与信托机构商定办理委托业务后，双方应签订《委托存款协议书》，写明存款的资金来源、金额、期限及双方的责任等。信托机构根据协议书为客户开立委托存款账户，由客户将委托存款资金存入到信托机构开立的银行账户，信托机构则向客户开具"委托存款单"。

1. 科目设置

信托机构为全面反映和监督对委托存款业务情况，应设置"代理业务负债——委托存款""营业费用——委托存款利息支出"等科目。

"代理业务负债——委托存款"属于负债类科目，贷方反映公司代客户向指定的单位或项目进行贷款或投资而收到客户存入的款项，借方反映归还的委托资金，期末贷方余额反映尚未归还的委托存款资金。委托存款按委托业务持续时间的不同，分为长期委托存款和短期委托存款，本科目应按存款客户设置明细科目。

2. 账务处理

开户时，编制会计分录：

借：银行存款

贷：代理业务负债——××单位委托存款

信托机构按银行同期活期存款利率，按季给委托存款计息，计息的基数是委托存款与委托贷款余额的轧差数。计息时，编制会计分录：

借：营业费用——××委托存款利息支出

贷：应付利息——××单位委托存款

委托人可随时支取委托存款，但只能限制在委托存款余额与委托存款余额的轧差数之内。信托机构收到委托人支取委托存款的通知后，将款项划入委托人的银行账户。支取时，编制会计分录为：

借：代理业务负债——××单位委托存款

贷：银行存款

【例11-2】2017年4月1日，某信托公司接收B公司委托存款300万元，应编制会计分录：

借：银行存款   3 000 000

贷：代理业务负债——B公司委托存款   3 000 000

三、信托贷款与委托贷款的核算

信托贷款，是指信托机构运用自有资金、信托存款或筹集的其他资金，对自行审定的企业和项目，自主发放贷款的业务。信托贷款的对象、用途、期限和利率都由信托机构根据国家政策自行确定，贷款的风险责任也由信托投资公司自行承担。信托贷款主要是解决企业单位某些正当、合理而银行限于制度无法支持的资金需求。信托贷款虽与银行贷款相似，但更灵活、方便、及时。

委托贷款，是指信托机构接受委托人委托，在委托人存入的委托存款额度内，按委托人指定的对象、用途、期限、利率及金额发放贷款，监督使用并到期收回本息的业务。由于信托资金的运用对象、范围等均由委托人事先指定，因此，信托机构对委托贷款能否达到预期收益及到期能否收回不负任何经济责任。

（一）信托贷款的核算

借款单位向信托机构提出申请后，由信托机构进行审查。审查决定贷款后，由借款单位出具借据并按要求出具贷款担保，然后与信托机构签订信托借款合同，合同写明贷款的金额、期限、利率等。贷款到期时，信托机构收回本息。如借款单位确有困难不能还款，应在到期前提出申请，有担保的还需原担保单位承诺担保，然后经信托机构审查同意办理一次续展，续展期最长不超过半年。

1. 科目设置

"贷款——信托贷款"属于资产类科目，本科目核算信托项目管理运用、处分信托财产而持有的各项贷款。借方登记信托机构发放的信托本金，贷款本金方登记收回的信托贷款本金，期末借方余额表示发放的信托贷款的余额，具体分为期限不超过一年的短期信托贷款和一年期以上的长期信托存款，本科目应按贷款单位进行明细核算。

"应收利息"属于资产类科目，本科目核算信托项目应收取的利息，包括债券投资、拆出资金、贷款、买入返售证券、买入返售信贷资产计提的利息等，借方登记信托机构应向借款单位收取的利息，贷方登记实际收回或预收的利息，期末借方余额表示应收未收利息。本科目应按往来客户设置明细账。

"利息收入"属损益类科目，贷方登记发生的各项贷款利息收入，期末贷方余额结转"本年利润"贷方，结转后期末无余额。本科目应按往来客户设置明细账。

2. 账务处理

信托贷款业务核算主要包括开户、计息、到期收回贷款本息等内容。
（1）开户。
借：贷款——××单位信托贷款
　　贷：银行存款或吸收存款
（2）计息。信托机构按季根据每个借款单位的借款积数分别计算利息。
借：应收利息
　　贷：利息收入——××贷款利息收入
（3）到期收回。信托贷款到期后，信托机构要及时收回信托贷款本金。
借：银行存款

贷：贷款——××单位信托贷款

应收利息——××贷款利息收入

【例11-3】 某信托公司贷放给 C 公司信托贷款 200 万元，年利率 7%，期限 1 年，采取利随本清的结息方式。

发放贷款时，应编制会计分录：

借：贷款——C 公司信托贷款　　　　　　　　　　　　　　　2 000 000

　　贷：银行存款　　　　　　　　　　　　　　　　　　　　2 000 000

到期收回贷款本利时，应编制会计分录：

借：银行存款　　　　　　　　　　　　　　　　　　　　　2 140 000

　　贷：贷款——C 公司信托贷款　　　　　　　　　　　　　2 000 000

　　　　应收利息——C 公司贷款利息收入　　　　　　　　　　140 000

（二）委托贷款的核算

委托贷款管理的主要内容为：由委托人向信托机构提出办理委托贷款的申请，信托机构审查同意后，应与委托人签订委托贷款合同；委托人按合同向信托机构交存委托基金，信托机构为其开立委托存款户进行专项存储；信托机构按委托人指定的对象或项目、金额、期限、利率等发放贷款并督促借款单位按期归还贷款。委托期满，信托机构将已收回的委托贷款和尚未发放的委托存款退回委托人并收取规定的手续费；手续费按委托金额和期限征收，手续费率每月最高不超过 3‰，付款方式、付款时间由双方商定。如有到期未收回的委托贷款，信托机构应保留相应委托存款资金，待委托贷款全部收回后再全部归还。

1. 科目设置

"代理客户资产——委托贷款"属于资产类科目，核算信托机构接受客户委托代理发放的贷款。借方反映委托贷款的发放，贷方反映委托贷款的收回，期末借方余额反映委托贷款实有额。本科目应按委托单位设置明细账。

"应付受托人报酬"属负债类科目，贷方反映受贷方交来的应付给委托方的贷款利息（不合受托方按合同规定收取的手续费），借方反映交付给委托人的委托贷款利息。期末贷方余额反映已收回但尚未交给委托方的委托贷款利息，是公司的一项短期债务。本科目应按委托单位设置明细账。

"其他收入——委托贷款手续费收入"属损益类科目，核算信托机构收取的手续费。贷方反映各项手续费收入。期末将贷方余额结转"本年利润"科目的贷方，期末无余额。本科目应按手续费及佣金收入类别进行明细核算。

2. 账务处理

委托贷款账务处理有发放贷款、收取手续费、结息、到期收回等。具体核算内容如下：

（1）发放贷款。委托贷款的发放，事先要由委托人通过书面形式通知信托机构，内容包括贷款单位名称、贷款用途、贷款金额、贷款时间、贷款利率等。贷款单位按规定向信托机构报送有关资料并填写借据、签订借款合同后，信托机构将贷款款项划到借款单位的银行账户中。

借：代理客户资产——××单位委托贷款
　　贷：银行存款

（2）收取手续费。信托机构向委托人收取手续费，作为委托贷款业务的劳务收入。手续费计算基数以委托贷款额为准，按双方商定的比率收取。

借：银行存款
　　贷：其他收入——委托贷款手续费收入

如果按存贷利差收取手续费，则是在按季计算贷款利息时收取。

借：银行存款
　　贷：应付受托人报酬——××单位
　　　　其他收入——委托贷款手续费收入

（3）结息。信托机构按季收取利息，在委托贷款到期时付给委托单位。

借：银行存款
　　贷：应付利息——××单位

（4）到期收回。委托贷款到期时，由信托机构负责收回。

借：银行存款
　　贷：代理客户资产——××单位委托贷款

（5）如果协议规定贷款收回后终止委托时，则将款项划转到委托方的存款账户。

借：代理客户资产——××单位委托贷款
　　贷：银行存款

【例11-4】某信托公司接受A公司的委托，贷放给B公司委托贷款100万元，贷款期限1年，年利率为6%，双方约定某信托公司在放款时收取贷款金额的1%作为手续费。

（1）发放贷款时，应编制会计分录：

借：代理客户资产——B公司委托贷款　　　　　　　　　　　　　　　　　1 000 000
　　贷：银行存款　　　　　　　　　　　　　　　　　　　　　　　　　　　　1 000 000

（2）收取手续费时，应编制会计分录：

借：银行存款　　　　　　　　　　　　　　　　　　　　　　　　　　　　　　10 000
　　贷：其他收入——委托贷款手续费收入　　　　　　　　　　　　　　　　　10 000

（3）贷款到期时，某信托公司代A公司收回委托贷款本金及季度利息，应编制会计分录：

借：银行存款　　　　　　　　　　　　　　　　　　　　　　　　　　　　　1 015 000
　　贷：代理客户资产——B公司委托贷款　　　　　　　　　　　　　　　　　1 000 000
　　　　应付利息——A公司　　　　　　　　　　　　　　　　　　　　　　　　15 000

四、信托投资与委托投资业务的核算

信托投资，是指信托机构以投资者身份，直接参与企业的投资及其经营成果的分配，并承担相应的经济责任的业务。其资金主要来源于信托机构的自由资金及各种信托存款，而非委托投资为用于明确投资对象的专项资金。

信托投资是信托机构以自有资金或未指定使用对象和范围的信托存款进行投资，信托机构对现有项目进行审查初选，在初选项目上进行评估，然后对可否投资提出结论性意见。决定投资后，信托机构与投资单位签订投资合同，合同一般应写明投资项目的经营内容、规模、方式、投资金额、参与投资的方式和具体条件，投资各方受益的分配方法等。

委托投资，是指委托人将资金事先存入信托机构作为委托投资基金，委托信托机构按其指定的对象、范围和用途进行投放，并对资金的使用、被投资企业的经营管理和利润分配等进行管理和监督的业务。信托机构要对受托资金进行单独管理，单独核算，按期结清损益，在扣除规定的费用之外，损益归委托人所有。委托投资既可以直接投资于企业，也可用于购买股票、债券等有价证券。

(一) 信托投资的核算

信托投资通过"交易性金融资产"和"可供出售金融资产"科目进行核算。

1. 交易性金融资产的核算

"交易性金融资产"科目核算企业为交易目的所持有的债券投资、股票投资、基金投资等交易性金融资产的公允价值。

信托公司对外投资取得交易性金融资产的，按其公允价值，编制会计分录：

借：交易性金融资产——成本

投资收益——交易费用

应收利息（已到付息期但尚未领取的利息）

或应收股利（已宣告但尚未发放的现金股利）

贷：银行存款或存放中央银行款项或结算备付金

交易性金融资产持有期间被投资单位宣告发放的现金股利，或在资产负债表日按分期付息、一次还本债券投资的票面利率计算的利息，应编制会计分录：

借：应收股利或应收利息

贷：投资收益

资产负债表日，交易性金融资产的公允价值高于账面价值的差额，应编制会计分录：

借：交易性金融资产——公允价值变动

贷：公允价值变动损益

公允价值低于其账面价值的差额，作相反的分录。

信托公司出售交易性金融资产：

借：银行存款、存放中央银行款项或结算备付金（实际收到的金额）

　　　贷：交易性金融资产（账面价值）

按其贷方的差额，借记或贷记"投资收益"，同时将原计入该交易性金额资产的公允价值变动转出，贷记或借记"公允价值变动损益"科目，贷记或借记"投资收益"科目。

2. 可供出售金融资产的核算

"可供出售金融资产"科目核算信托企业持有的可供出售的金融资产的公允价值，包括可供出售的股票投资、债券投资等金融资产。本科目按可供出售金融资产的类别和品种分为"成本""利息调整""应计利息""公允价值变动"等明细科目核算。

信托企业取得可供出售的金融资产为股票投资的：

借：可供出售金融资产——成本（公允价值与交易费用之和）

　　　应收股利（支付的价款中包含的已宣告但尚未发放的现金股利）

　　　贷：银行存款、存放中央银行款项或结算备付金

信托企业取得可供出售金融资产为债券投资的：

借：可供出售金融资产——成本（面值）

　　　应收利息（支付的价款中包含的已到付息期但尚未领取的利息）

　　　贷：银行存款、存放中央银行款项或结算备付金

按借贷方差额，借记或贷记"可供出售金融资产——利息调整"。

资产负债表日，可供出售债券的分期付息、一次还本债券投资的，应按票面利率计算确定的应收未收利息：

借：应收利息

　　　贷：投资收益（按可供出售债券的摊余成本和实际利率计算确定的利息收入）

按借贷方差额，借记或贷记"可供出售金融资产——利息调整"科目。

可供出售债券为一次还本付息债券投资的，应于资产负债表日按票面利率计算确定的应收未收利息：

借：可供出售金融资产——应计利息

　　　贷：投资收益（按可供出售债券的摊余成本和实际利率计算确定的利息收入）

按借贷方差额，借记或贷记"可供出售金融资产——利息调整"科目。

资产负债表日，可供出售金融资产的公允价值高于其账面余额的差额：

借：可供出售金融资产——公允价值变动

　　　贷：资本公积——其他资本公积

公允价值低于其账面余额的差额作相反的会计分录。

确定可供出售金融资产发生减值时：

借：资产减值损失（减记的金额）

　　　贷：资本公积——其他资本公积（从资本公积中转出原计入资本公积的累积损
　　　　　　失金额）

按借贷方差额，借记或贷记"可供出售金融资产——公允价值变动"科目。

对已确认减值损失的可供出售金融资产，在随后的会计期间内公允价值已上升，经确定如与发生减值损失事项有关，则应按照原确认的减值损失：

借：可供出售金融资产——公允价值变动

　　贷：资产减值损失

当可供出售金融资产为股票等权益工具投资的（不含在活跃市场上没有报价、公允价值不能可靠计量的权益工具投资）：

借：可供出售金融资产——公允价值变动

　　贷：资本公积——其他资本公积

出售可供出售金融资产，应按实际收到的金额：

借：银行存款、存放中央银行款项或吸收存款

　　贷：可供出售金融资产——成本

　　　　　　　　　　　　——公允价值变动

　　　　　　　　　　　　——利息调整

　　　　　　　　　　　　——应计利息

按应从所有者权益中转出的公允价值累积变动额，借记或贷记"资本公积——其他资本公积"科目，按其差额贷记或借记"投资收益"科目。

（二）委托投资的核算

委托投资是信托机构接受企业的委托资金，按其指定对象、范围和用途进行投资，信托机构受托监督投资资金的使用、被投资企业经营状况及利润分配等。委托投资的收益全部归委托人所有，信托机构一般只收取一定比例的手续费，投资风险也由委托人承担。

1. 科目设置

"代理业务资产——委托投资"属于资产类科目，核算信托机构接受客户委托代理客户进行的投资，借方反映受客户委托投出的资金，贷方反映收回的投资，期末借方余额反映尚未收回的委托投资。本科目按委托单位和投资种类设置明细账。

"其他收入——委托投资手续费收入"属损益类科目，核算信托机构收取的手续费。贷方反映各项手续费收入，期末将贷方余额结转"本年利润"科目的贷方，结转后无余额。

2. 账务处理

信托公司接受委托时：

借：银行存款

　　贷：代理业务负债——××单位委托存款

收到委托资金对外投资时：

借：代理业务资产——委托投资——××投资单位

　　贷：银行存款

委托投资的资金分得的红利划到信托机构的银行账户，并转入委托人的账户进行分红时：

借：银行存款

　　贷：代理业务负债——××单位委托存款

开办委托投资业务，信托公司收取手续费的核算与经办委托贷款业务收取手续费的核算相同。

借：银行存款

　　贷：其他收入——委托投资手续费收入

【例11-5】某信托投资公司接受A公司存入资金200万元用于投资B公司，经协商，某信托投资公司收取投资额1.5%的手续费。应编制会计分录：

（1）收到投资资金时：

借：银行存款　　　　　　　　　　　　　　　　　　　　　2 000 000

　　贷：代理业务负债——A公司委托存款　　　　　　　　　　　　2 000 000

（2）对外投资时：

借：代理业务资产——委托投资——B公司　　　　　　　　　2 000 000

　　贷：银行存款　　　　　　　　　　　　　　　　　　　　　　　2 000 000

（3）收取手续费时：

借：银行存款　　　　　　　　　　　　　　　　　　　　　　30 000

　　贷：其他收入——委托投资手续费收入　　　　　　　　　　　　30 000

【课外思考11-1】信托贷款与委托贷款存在哪些异同点？

第二节　租赁公司业务的核算

租赁是人类古老的经济行为，性质属于信用范畴。随着社会经济环境的变化，租赁业务迅猛发展，成为企业筹资、融资或投资的重要理财活动之一。租赁的发展大致经历了传统租赁、融资租赁和创新租赁三个阶段。

传统租赁，发展历史比较久远，一般为短期租借行为，租期不超过两年。融资租赁，是为了获得长期融资以各种生产设备为租赁对象的租赁方式，是现代化生产方式的需要。创新租赁，是在保障租赁当事人各方利益的同时，将风险分散到当事人中间，具体做法灵活多变。我国租赁已经进入了第三发展阶段——创新租赁。

一、租赁业务概述

租赁，是指在约定的期间内，出租人将资产使用权让与承租人，以获取租金的协议。

租赁体现的是资产所有者和资产使用者之间一种有偿的借贷关系。《企业会计准则第21号——租赁》中将租赁定义为"在约定的期间内，出租人将资产使用权让与承租人，以获取租金的协议"。

(一) 租赁的特征

由于租赁转移的是资产的使用权而不是所有权，并且这种转移是有偿的，即资产使用者（承租人）取得资产使用权是以向资产所有者（出租人）支付租金为代价的，因此，租赁既有别于转移资产所有权的资产购置，也有别于不转移资产使用权的服务性合同（劳务合同、运输合同、保管合同、仓储合同等）以及无偿提供资产使用权的借用合同。

与其他业务相比，租赁呈现以下特征：

1. 租赁是资产所有权与使用权相分离的交易

无论是经营租赁还是融资租赁，在整个租赁合同期间，出租人始终拥有租赁资产的所有权，承租人在租期内以支付租金为代价只获得相关资产的使用权，从而使资产的所有权与使用权相分离。

2. 租赁是以分期支付租金形式偿付本息

在租赁交易中，出租人将租赁资产使用权让与承租人后，承租人以分期支付租金的形式陆续偿还出租人购置租赁资产的价款及相应利息。由于支付金额分布在整个租期内，从而可以避免承租人由于购买而一次性支付巨额资金所造成的财务压力。租赁的这一特征在融资租赁业务中表现得尤为突出。

3. 租赁的形式比较灵活

承租人可以根据实际需要灵活选择租赁形式，如经营租赁或融资租赁、短期租赁或长期租赁等；租赁期满时，承租人可以根据自身需要选择延期续租、退还租赁资产给出租人或者购买该租赁资产等方式。

(二) 租赁业务相关术语简介

1. 租赁开始日

租赁开始日是指租赁协议日与租赁各方就主要租赁条款做出承诺日中的较早者。在租赁开始日，承租人和出租人就应当确认租赁是融资租赁还是经营租赁。

2. 租赁期开始日

租赁期开始日是指承租人有权行使其使用租赁资产权利的日期，表明租赁行为的开始。在租赁期开始日，出租人应当对租入资产、最低租赁付款额和未确认融资费用进行初始确认；出租人应当对应收融资租赁款、未担保余值和未实现租赁收益进行初始确认。

3. 租赁期

租赁期是指租赁合同规定的不可撤销的租赁期间。租赁合同签订后一般不可撤销，但下列情况除外：第一，经出租人同意；第二，承租人与原出租人就同一资产或同类资产签订了新的租赁合同；第三，出租人支付一笔足够大的额外款项；第四，发生某些很少会出现的或有事项。

承租人有权选择租赁该资产，并在租赁开始日就可以合理确定承租人将会行使这种选择权，不论是否再支付租金，续租期也包括在租赁期之内。

4. 最低租赁付款额

最低租赁付款额是指在租赁期内，承租人应支付或可能被要求支付的款项（不包括或有租金和履约成本），加上由承租人或与其有关的第三方担保的资产余值。

承租人有购买租赁资产选择权，所订立的购买价款预计将远低于行使选择权时租赁资产的公允价值，因而在租赁开始日就可以合理确定承租人将会行使这种选取权的，购买价款应计入最低租赁付款额。

5. 或有租金

或有租金是指金额不固定、以时间长短以外的其他因素（如销售量、使用量、物价指数等）为依据计算的租金。

6. 履约成本

履约成本是指租赁期内为租赁资产支付的各种使用费用，如技术咨询和服务费、人员培训费、维修费、保险费等。

7. 租赁收款额

租赁收款额是指最低租赁付款额加上独立于承租人和出租人的第三方对出租人担保的资产余值。

8. 租赁内含利率

租赁内含利率是指在租赁开始日，使最低租赁收款额的现值与未担保余值的现值之和，等于租赁资产公允价值与出租人的初始直接费用之和的折现率。

9. 担保余值

担保余值就承租人而言，是指由承租人或与其有关的第三方担保的资产余值；就出租人而言，是指就承租人而言的担保余值加上独立于承租人和出租人的第三方担保的资产余值。

10. 资产余值

资产余值是指在租赁开始日，估计的租赁期届满时租赁资产的公允价值。

11. 未担保余值

未担保余值是指租赁资产余值中扣除就出租人而言的担保余值以后的资产余值。

（三）租赁业务的种类

租赁业务按照以下不同标准进行分类：

1. 按租赁的性质进行分类

按租赁的性质不同可以将租赁划分为经营租赁和融资租赁。此分类是以与租赁资产所有权有关的风险和报酬是否转移为依据来划分的。

按照《企业会计准则第21号——租赁》，融资租赁，是指实质上转移了资产所有权有关的全部风险和报酬的租赁，其所有权最终可能转移，也可能不转移。"风险"是指由于资产闲置或技术陈旧而发生的损失以及由于经营情况变化导致有关收益发生的变动。所谓"报酬"，是指在资产有效使用年限内直接使用它而获得的收益，资产本身的增值以及处置所实现的收益。一项租赁只有实质上转移了与租赁资产所有权有关的全部风险和报酬才能被认定为融资租赁。

经营租赁是指除融资租赁以外的其他租赁，即承租方由于生产经营中的短期需要或季节性需要向出租人短期租赁某类资产的租赁。采用经营租赁形式，承租人的目的只是想获得资产的短期内使用权，而不想取得资产的所有权，通常在租赁期满后，将租赁资产退还给出租人。在经营租赁方式下，与租赁资产所有权有关的风险和报酬实质上并未转移给承租人。

2. 按是否享有纳税优惠进行分类

按是否享有纳税优惠，可将租赁划分为节税租赁和非节税租赁。

节税租赁是指一项能够真正享受税收优惠待遇的租赁，出租人和承租人都能从国家提供的税收优惠中得到好处。例如，在一项租赁行为中，出租人可以获得加速折旧及投资减税等税收优惠政策；承租人支付的租金可以作为当期费用处理，减少了应纳税所得额，从而享受纳税优惠政策。

非节税租赁，又称为销售式租赁，是指出租人通过租赁方式把资产分期售给承租人而获得收益的租赁形式。出租人可以从销售资产和获取利息两个途径获取收益。销售式租赁在合同中通常有承租人享受留购权条款，或者承租人支付的租金中包括获取租赁资产所有权的部分。承租人向出租人支付的租金，不能作为费用从成本中扣除。

3. 按出租人资产来源不同分类

按出租人资产来源不同可以分为直接租赁、转租赁和回租等。

直接租赁是指由出租人在资金市场上筹资并向资产的制造商支付货款后取得该项资产，然后直接租给承租人的一种租赁方式。采用直接租赁方式时，租赁双方应签订租赁合同，并根据承租人的订货要求，出租人与制造商签订资产的买卖合同。

转租赁是指由出租人将从其他租赁公司或直接从制造商租入资产后，再转租给承租人的一种租赁形式。这种租赁方式签订两种合同：一种是租赁公司之间签订的租赁合同；另一种是租赁公司与承租人之间签订的转租赁合同。

回租（售后租赁）是指承租人将自有设备卖给出租人，而后通过与该出租人签订租赁合同再将该设备租回的租赁形式。企业与租赁公司既签订买卖合同又签订租赁合同。采用这种租赁方式是因为承租人资金比较紧张，而租赁资产又是企业正在使用的资产，因此其出售只是一种形式，通过分期支付租金的形式继续使用原来的资产。

4. 按融资货币不同进行分类

按融资货币不同可以分为本币租赁和外币租赁。

本币租赁是指以人民币为基础计算租金的租赁服务；外币租赁是指以外币为基础计算租金的租赁服务。

5. 按服务地区不同进行分类

按租赁交易涉及的地理区域不同分为境内租赁和跨国租赁。

境内租赁是指租赁交易只涉及国内区域，即租赁交易中涉及的出租人和承租人都在中华人民共和国境内的租赁业务。

跨国租赁是指租赁交易的范围扩展到国外，即租赁交易中涉及的出租人和承租人有一方在中华人民共和国境外的租赁业务。

二、融资租赁业务的核算

现代租赁业务主要以融资租赁为主，融资租赁实质上是集贸易、金融、租借于一体的一项综合性金融产品。

融资租赁业务通常涉及出租人、承租人和供应商三方，租赁资产价值高、租赁期长，租赁的程序也较复杂。

（一）融资租赁的判断标准

在实际租赁发生时，根据《企业会计准则第 21 号——租赁》的规定，如果某项租赁符合下列一项或数项标准的，应当认定为融资租赁。

其一，在租赁期届满时，租赁资产的所有权转移给承租人。这种情况通常是指在开始签订租赁协议时已经约定，或者租赁开始日，根据相关条件做出合理判断，租赁期满后，租赁资产的所有权将转移给承租人，而无论承租人届时是否支付购买价款。

其二，承租人有购买租赁资产的选择权，所订立的购买价款预计将远低于行使选择权时租赁资产的公允价值，因而在租赁开始日就可以合理确定承租人将会行使这种选择权。

其三，即使资产的所有权不转移，但租赁期占租赁资产使用寿命的大部分。其中"大部分"是指掌握在租赁期应该至少占租赁资产尚可使用年限的75%。应注意的是，如果租赁资产在开始租赁前已使用年限超过该资产全新时可使用年限的大部分时，即使租赁期占租赁资产剩余使用年限的大部分，也不应该确定为融资租赁，而应确定为经营租赁，也就是说，属于融资租赁的必须是全新或较新的资产，否则都应该确定为是经营租赁。

其四，承租人在租赁开始日的最低租赁付款额现值，几乎相当于租赁开始日租赁资产公允价值；出租人在租赁开始日的最低租赁收款额现值，几乎相当于租赁开始日租赁资产公允价值。其中"几乎相当于"是指通常掌握在90%以上（含90%）。

其五，租赁资产性质特殊，如果不作较大改造，只有承租人才能使用。

（二）出租人的会计核算

出租人提供的是金融服务，而不是单纯的租借服务。出租人根据承租人的要求购入资产，并拥有租赁资产的所有权。

1. 出租人的核算内容及要求

（1）租赁开始日租赁债权的确认。在租赁开始日，出租人应当将租赁开始日最低租赁收款额作为应收融资租赁款的入账价值，并同时记录未担保余值；将最低租赁收款额、初始直接费用及未担保余值之和与它们现值之和的差额记录为未实现融资收益。出租人在租赁期开始日，按照上述规定转出租赁资产，租赁资产的公允价值与其账面价值如有差额，应当直接计入当期损益。

（2）未实现融资收益分配的账务处理。未实现融资收益的分配，是出租人会计核算的核心内容。根据《企业会计准则第21号——租赁》的规定，未实现融资收益应当在租赁期内各个期间进行分配，出租人应当采用实际利率法计算确认当期的融资收入，而不再允许出租人使用直线法、年数总和法等其他方法。实际利率法考虑了货币时间价值的因素，计算比较准确，分配结果较为合理。

（3）未担保余值的账务处理。出租人至少应当于每年年度终了，对未担保余值进行复核。未担保余值增加的，不作调整；有证据表明未担保余值已经减少，应当重新计算租赁内含利率，并将由此而引起的租赁投资净额的减少，计入当期损益；以后各期根据修正后的租赁投资净额和重新计算的租赁内含利率确认融资收入。其中，租赁投资净额是指融资租赁中最低租赁收款额与未担保余值之和与未实现融资收益之间的差额。

已确认损失的未担保余值得以恢复，应当在原已确认的损失金额内转回，并重新计算租赁内含利率，以后各期根据修正后的租赁投资净额和重新计算的租赁内含利率确认融资收入。

（4）或有租金的账务处理。或有租金是否发生、何时发生、发生的金额是多少等都具有不确定性。针对这一特点，《企业会计准则第21号——租赁》规定，或有租金应当在实际发生时计入当期损益。这一规定与国际会计准则一致。

（5）关于融资租赁的列报。出租人应当在资产负债表中，将应收租赁款减去未实现的融资收益的差额，作为长期债权列示。

出租人应当在附注中披露与融资租赁有关的下列信息：

第一，资产负债表日后连续 3 个会计年度每年将收到的最低租赁收款额以及以后年度将收到的最低租赁收款额。

第二，未实现融资收益的余额以及分配未实现融资收益所采用的方法。

2. 出租人核算的会计科目

"融资租赁资产"科目，属于资产类科目，用于核算出租人为开展融资租赁业务取得资产的成本。期末余额通常在借方，反映企业融资租赁资产的成本。本科目可按承租人、租赁资产类别和项目进行明细核算。

"长期应收款"科目，属于资产类科目，用于核算企业融资租赁产生的应收款和采用递延方式分期收款、实质上具有融资性质的销售商品和提供劳务等经营活动产生的应收款项。期末余额在借方，表示尚未收回的长期应收款。本科目应按债务人设明细核算。

"未担保余值"科目，属于资产类科目，用于核算企业（租赁）采用融资租赁方式租出资产的未担保余值。未担保余值发生减值的，可以单独设置"未担保余值减值准备"科目。本科目期末借方余额，反映企业融资租出资产的未担保余值。本科目可按承租人、租赁资产类别的项目进行明细核算。

"未实现融资收益"科目，属于资产类科目，用于核算企业分期计入租赁收入或利息收入的未实现融资收益。本科目期末贷方余额，反映企业尚未转入当期损益的未实现融资收益。本科目可按未实现融资收益项目进行明细核算。

"租赁收入"科目，属于资产类科目，用于核算企业（租赁）确认的租赁收入。期末，应将本科目余额转入"本年利润"科目，结转后本科目无余额。本科目可按租赁资产类别进行明细核算。

3. 出租人的账务处理

出租人的租赁业务主要包括购入资产、资产租赁、资产到期收回、按期收回租金等环节，各环节会计处理如下：

（1）租赁开始日，出租人将租赁资产租给承租人。

借：长期应收款（按租赁开始日最低租赁收款额与初始直接费用之和）

　　未担保余值

　　营业外支出

　　贷：融资租赁资产（按最低租赁收款额的现值和未担保余值的现值之和）

　　　　银行存款等（初始直接费用）

　　　　营业外收入（借：营业外支出）

　　　　未实现融资收益

（2）每期收取租金时。

借：银行存款

　　贷：应收融资租赁款

同时按实际利率法计算确定的租赁收入：

借：未实现融资收益

　　贷：租赁收入

（3）初始直接费用的处理，在租赁期内确认各期租赁收入时，应当按照各期确认的收入与未实现融资收益的比例，对初始直接费用进行分摊，冲减租赁期内各期确认的租赁收入。

借：租赁收入

　　贷：长期应收款——应收融资租赁款

（4）资产负债表日，确定未担保余值发生减值的，按应减记的金额，编制会计分录。

借：资产减值损失

　　贷：未担保余值减值准备

同时，将未担保余值减少额与由此产生的租赁投资净额减少额的差额做如下处理：

借：未实现融资收益

　　贷：资产减值损失

未担保余值减值以后又得以恢复的，应在原已计提的未担保余值减值准备金额内，按恢复增加的金额：

借：未担保余值减值准备

　　贷：资产减值损失

同时，将未担保余值恢复额与由此产生的租赁投资净额的增加额的差额做如下处理：

借：资产减值损失

　　贷：未实现融资收益

（5）或有租金的处理。出租人在融资租赁下收到的或有租金，应计入当期损益：

借：银行存款

　　贷：租赁收入

（6）租赁期届满时的处理。租赁期届满时，承租人将租赁资产交还出租人。

对资产余值全部担保的，出租人收到承租人交还的租赁资产时：

借：融资租赁资产

　　贷：长期应收款——应收融资租赁款

如果收回的租赁资产价值低于担保余值，则应向承租人收取价值损失补偿金：

借：其他应收款

　　贷：营业外收入

对资产余值部分担保的，出租人收到承租人交还的租赁资产时：

借：融资租赁资产

　　贷：长期应收款——应收融资租赁款

　　　　未担保余值等

如果收回的租赁资产价值扣除未担保余值后的余额低于担保余值，则应向承租人收取价值损失补偿金：

借：其他应收款

　　贷：营业外收入

对资产余值全部未担保的，出租人收到承租人交还的租赁资产时：

借：融资租赁资产

　　贷：未担保余值等

优惠续租租赁资产时，如果承租人行使续租选择权，则出租人应视同该项租赁一直存在而做出相应的账务处理，如继续分配未实现融资收益等。如租赁期届满时，承租人没有续租，根据租赁合同规定应向承租人收取违约金时，应将其确认为营业外收入。同时，将收回的租赁资产按上述规定进行处理。

留购租赁资产时，租赁期届满时，承租人行使了优惠购买选择权，出租人应按收到的承租人支付的购买资产的价款，编制会计分录：

借：银行存款等

　　贷：长期应收款——应收融资租赁款

【例 11 - 6】① 2012 年 1 月 1 日，某租赁公司购入设备一台，公允价值为 700 000 万元。现以融资租赁方式出租给甲公司，租期为 6 年，承租人担保余值为 100 万元，无未担保余值。每年末等额支付租金 150 000 万元，内含利率为 7.7%。

分析：该租赁为融资租赁。

最低租赁收款额 = 150 000 × 6 + 100 = 900 100 （万元）

未实现融资收益 = 900 100 - 700 000 = 200 100 （万元）

出租人每期收到的租金包含利息收入和租金本金两部分。据此编制应收租赁的摊销及利息收入计算表，如表 11 - 1 所示。

表 11 -1　应收租赁的摊销及利息收入计算表　　　　　单位：万元

日期：a	租金：b	确认的融资费用：c = 上期 e × 7.7%	应付本金减少额：d = b - c	应付本金金额：e = 上期 - d
2012. 1. 1				700 000.00
2012. 12. 31	150 000	53 900.00	96 100.00	603 900.00
2013. 12. 31	150 000	46 500.30	103 499.70	500 400.30
2014. 12. 31	150 000	38 530.82	111 469.18	388 931.12
2015. 12. 31	150 000	29 947.70	120 025.30	268 878.82
2016. 12. 31	150 000	20 703.67	129 296.33	139 582.49
2017. 12. 31	150 000	10 517.51	139 482.49	100.00
合计	900 000	200 100.00		

出租人的会计处理（单位：万元）如下：

（1）2012 年 1 月 1 日，确认租赁资产的价值及应收融资租赁款：

---

① 王允平. 金融企业会计学 [M]. 北京：经济科学出版社，2011 (4)：376.

借：应收融资租赁款   900 100

    贷：融资租赁资产   700 000

       未实现融资收益   200 100

（2）第一年末，2012 年 12 月 31 日收到租金时，编制会计分录：

借：银行存款   150 000

    贷：应收融资租赁款   150 000

确认利息收入时的会计分录：

借：未实现融资收益   （700 000×7.7%）53 900

    贷：租赁收入   53 900

（3）2013 年 12 月 31 日收到租金时应编制会计分录：

借：银行存款   150 000

    贷：应收融资租赁款   150 000

确认利息收入时应编制会计分录：

借：未实现融资收益   （603 900×7.7%）46 500.30

    贷：租赁收入   46 500.30

（4）第三年、第四年的会计分录比照上述处理。

（5）租赁期届满后，某租赁公司行使优惠购买权，甲公司收取价款 100 万元时应编制会计分录：

借：银行存款   100

    贷：应收融资租赁款   100

（三）承租人的会计核算

融资租赁所租赁的资产由承租人确定，承租人根据租赁合同支付租金并通过租入资产使其在没有资金的条件下取得了资产的使用权，扩大了生产。在租赁期间，承租人应承担租赁资产的保险费、维修费及折旧费，租赁资产本身及其产生的损益和风险均由风险人承担。

1. 承租人的核算内容及要求

（1）租赁期开始日租入资产的入账价值。租赁期开始日，将租赁开始日租赁资产公允价值和最低租赁付款额现值两者中较低者作为租入资产的入账价值，将最低租赁付款额作为长期应付款的入账价值，其差额作为未确认融资费用；承租人在租赁谈判和签订租赁合同过程中发生的，可归属于租赁项目的手续费、律师费、差旅费、印花税等初始直接费用，应当计入租入资产价值。

（2）最低租赁付款额的计算。承租人在计算最低租赁付款额的现值时，能够取得出租人租赁内含利率的，应当采用租赁内含利率作为折现率；否则，应当采用租赁合同规定的利率作为折现率。承租人无法取得出租的租赁内含利率且租赁合同没有规定利率的，应当采用同期银行贷款利率作为折现率。如果是从国外取得的融资租赁，则同期银行贷款利率应为同期国外银行贷款利率。

（3）关于未确认融资费用。未确认融资费用应当在租赁期内各个期间进行分摊。承租人应当采用实际利率法计算确认当期的融资费用。承租人采用实际利率法分摊未确认融资费用时，应当根据租赁期开始日租入资产入账价值的不同情况，对未确认融资费用采用不同的分摊率：①以出租人的租赁内含利率为折现率将最低租赁付款额折现，且以该现值作为租入资产入账价值的，应当将租赁内含利率作为未确认投资费用的分摊率。②以合同规定利率作为折现率将最低租赁付款额折现，且以该现值作为租入资产入账价值的，应当将合同规定利率作为未确认投资费用的分摊率。③以银行同期贷款利率作为折现率将最低租赁付款额折现，且以该现值作为租入资产入账价值的，应当将银行同期贷款利率作为未确认投资费用的分摊率。④以租赁资产公允价值作为入账价值的，应当重新计算分摊率。该分摊率是使最低租赁付款额的现值与租赁资产公允价值相等的折现率。

（4）关于租赁资产的折旧。承租人应当采用与自有固定资产相一致的折旧政策集体租赁资产折旧。能够合理确定租赁期届满时将会取得租赁资产所有权的，应当在租赁资产尚可使用年限内计提折旧；无法合理确定租赁期届满时能够取得租赁资产所有权的，应当在租赁期与租赁资产尚可使用年限两者中较短的时间内计提折旧。

（5）或有租金的处理。或有租金是指金额不固定、以时间以外的其他因素（如销售量、使用量、物价指数等）为依据计算的租金。这类租金由于事先难以估计其金额，因此，一般于实际发生时才进行处理。企业会计准则规定，或有租金应当在实际发生时计入当期损益。

（6）关于融资租赁的列报。承租人应当在资产负债表中，将与融资租赁有关的长期应付款减去未确认融资费用的差额，长期负债和一年内到期的长期负债应分别列示。

承租人应当在附注中披露与融资租赁有关的信息：各类租入固定资产的初始和期末原价、累计折旧额；资产负债表日后连续三个会计年度每年将支付的最低租赁付款额，以及以后年度将支付的最低租赁付款额总额；未确认融资费用的余额以及分摊未确认融资费用所采用的方法。

2. 承租人核算的会计科目

"长期应付款——应付融资租赁款"科目，属于负债类科目，用于核算企业除长期借款和应付债券以外的其他各种长期应付款项，包括应付融资租入固定资产的租赁费、以分期付款方式购入固定资产等发生的应付款项等。该科目期末贷方余额表示企业尚未偿付的应付融资租赁款。"长期应付款"科目应按长期应付款的种类进行明细核算。

"固定资产——融资租入固定资产"科目，属于资产类科目，用于核算以融资性租赁方式租入的固定资产，对于融资租入固定资产的原价确定、安装费用和维修费用，按自有设备比照处理。

"累计折旧——融资租入固定资产折旧"科目，属于资产类科目，用于核算企业对融资租入的固定资产所提的折旧。

"未确认融资费用"科目，属于损益类科目，用于核算应付未付的利息和手续费，以待日后分摊。该科目期末借方余额表示尚未支付的利息和手续费。

3. 承租人的账务处理

承租人的账务处理包括租入设备、支付租金、确认利息费用、计提折旧及租期满取得资产所有权。

（1）租入设备时，应编制会计分录：

借：固定资产——融资租入固定资产（在建工程）（租赁开始日租赁资产公允价值与
　　　　　　最低租赁付款额现值两者中较低者，加上初始直接费用）
　　未确认融资费用
　　贷：长期应付款——应付融资租赁款
　　　　银行存款（初始直接费用）

（2）每期支付租金时，应编制会计分录：

借：长期应付款——应付融资租赁款
　　贷：银行存款

（3）确认利息费用时，应编制会计分录：

借：财务费用
　　贷：未确认融资费用

（4）支付或有租金时，应编制会计分录：

借：销售费用
　　贷：银行存款

（5）计提折旧时，应编制会计分录：

借：业务及管理费
　　贷：累计折旧——融资租入固定资产折旧

（6）租期届满取得资产所有权时，应编制会计分录：

借：固定资产
　　贷：固定资产——融资租入固定资产

【例11-7】2017年1月1日，甲公司从某租赁公司租入机器设备1台，账面价值为700 000万元，租期6年，预计剩余使用年限为8年。租金每年末支付一次，每次150 000元，期满无残值。甲公司享有优惠购买选择权为100元，承租人采用直线法折旧。出租人的租赁内含利率为7.7%。

分析：甲公司具有优惠购买权，因此该租赁应确定为融资租赁。

最低租赁付款额 = 150 000 × 6 + 100 = 900 100（万元）

未确认融资费用 = 900 100 - 700 000 = 200 100（万元）

承租人确定到期日将取得资产的所有权，故以8年计提折旧，每期折旧额 = 700 000 ÷ 8 = 87 500（万元）

承租人每期支付的租金中包含利息费用和租赁负债本金（长期应付款）的偿还两部

分。据此，编制长期应付款的摊销及利息费用的计算表，如表11-2所示。

承租人的会计处理（单位：万元）如下：

（1）2017年1月1日租入设备时，应编制会计分录：

借：固定资产——融资租入固定资产　　　　　　　　　　　　　　　　　700 000

　　　未确认融资费用　　　　　　　　　　　　　　　　　　　　　　　200 100

　　　　贷：长期应付款——应付融资租赁款　　　　　　　　　　　　　　　900 100

（2）2017年12月30日支付租金时，编制会计分录：

借：长期应付款——应付融资租赁款　　　　　　　　　　　　　　　　150 000

　　　贷：银行存款　　　　　　　　　　　　　　　　　　　　　　　　　150 000

表11-2　长期应付款的摊销及利息费用计算表　　　　　　　　　　　　单位：万元

日期：a	租金：b	确认的融资费用c=上期e×7.7%	应付本金减少额：d=b-c	应付本金金额：e=上期-d
2017.1.1				700 000.00
2017.12.31	150 000	53 900.00	96 100.00	603 900.00
2018.12.31	150 000	46 500.30	103 499.70	500 400.30
2019.12.31	150 000	38 530.82	111 469.18	388 931.12
2020.12.31	150 000	29 947.70	120 025.30	268 878.82
2021.12.31	150 000	20 703.67	129 296.33	139 582.49
2022.12.31	150 000	10 517.51	139 482.49	100.00
2023.1.1	100			
合计	900 000	200 100.00	700 000	

（3）年末确认利息费用时，编制会计分录：

借：财务费用　　　　　　　　　　　　　　　　　　　　　　　　　53 900

　　　贷：未确认融资费用　　　　　　　　　　　　　　　　　　　　　53 900

（4）2017年末计提折旧时，编制会计分录：

借：业务及管理费　　　　　　　　　　　　　　　　　　　　　　　87 500

　　　贷：累计折旧——融资租入固定资产　　　　　　　　　　　　　　87 500

（5）以后年度会计分录比照上述处理。

（6）2023年1月1日支付买价100万元时，编制会计分录：

借：固定资产　　　　　　　　　　　　　　　　　　　　　　　　　　100

　　　贷：固定资产——融资租入固定资产　　　　　　　　　　　　　　　100

2017年12月31日，承租人甲公司应当对融资租赁作如下披露：

（1）本公司租入该类设备的账面原值为700 000万元，已提累计折旧87 500万元，账面净值为612 500万元。

（2）本公司将在2018年至2022年支付的最低租赁付款额分别为150 000万元，2023年最低租赁付款额为100万元。以后年度将支付的最低租赁付款额总额为750 100万元。

（3）未确认融资费用的余额为146 200万元。

（4）未确认融资费用采用实际利率法的方法进行分摊，内含利率为7.7%。

三、经营租赁业务的核算

经营租赁是指除融资租赁以外的其他租赁。经营租赁资产的所有权不转移，租赁期满后，承租人有退租或续租的选择权，但不存在优惠购买选择权。

（一）出租人的会计核算

1. 出租人核算的会计科目

"应收经营租赁款"科目，属于资产类科目，用来核算企业采用经营租赁方式租出资产而应向承租人收取的租金（含利息）以及向承租方收取的手续费。借方登记按期计算出的应收租金额，贷方登记按规定日期收取的租金额。

"经营租赁资产"科目，属于资产类科目，用来核算企业为经营租赁购建资产的实际成本，包括租赁资产的价款、贸易手续费、银行手续费、运输费、运输保险费、仓储保管费、财产保险费、增值税等税款以及租前借款费用等。如果租赁资产是从境外购入的，还应包括境外运输费、境外运输保险费和进口关税。当资产没有租出时，在租赁开始日之前，资产价值在"固定资产"账户下核算。

"经营租赁资产累计折旧"科目，属于资产类科目，用来核算企业采用经营租赁方式租出资产的折旧的计提。折旧发生时记入其贷方，在资产最终报废清理时记入借方转销。期末余额在贷方，表明企业的经营性目的资产折旧总额。租赁资产的折旧应按同类资产所采用的正常的折旧政策进行计提。

"租金收入"科目，属于损益类科目，用来核算专门从事租赁业务的企业进行经营租赁而取得的收入。

2. 出租人的账务处理

出租人购置租赁的资产时，应按实际支付的成本入账。

借：经营租赁资产——未出租资产

　　贷：银行存款

出租人与承租人签订合同时，根据租赁合同出租资产。

借：经营租赁资产——已出租资产

　　贷：经营租赁资产——未出租资产

出租人为专业租赁公司，其基本业务就是从事资产租赁，因此在确认租赁收益时，计入租赁收入。出租人为非专业租赁公司的，将其业务收支在其他业务收支项目中核算。

借：应收经营租赁款（银行存款）

　　贷：租赁收入——租金收入

出租人对购入的租赁资产必须视同自有资产，每期应按企业自有的固定资产计提折旧。

借：业务及管理费

贷：经营租赁资产累计折旧

　　出租人在租赁期内发生的直接费用，如修理费用等应计入损益进行核算。

　　　　借：业务及管理费

　　　　　　贷：银行存款

　　经营租赁资产租金的构成因素主要包括租赁资产的原价、租赁资产折旧、租赁期间的利息、租赁资产的维护费用、税金、保险金等。当出租人收到租金时，编制会计分录：

　　　　借：银行存款

　　　　　　贷：应收经营租赁款

　　租赁期满收回资产时：

　　　　借：固定资产

　　　　　　贷：经营租赁资产——已出租资产

　　【例 11 - 8】 某租赁公司将新购入的设备 1 台出租给甲公司，价值为 500 000 元，经济使用年限为 10 年，租赁期为 5 年，每年末收取租金 30 000 元，租赁过程发生的直接费用为 15 000 元，该租赁公司应编制会计分录：

　　（1）支付直接费用时。

　　　　借：业务及管理费　　　　　　　　　　　　　　　　　　　　15 000

　　　　　　贷：银行存款　　　　　　　　　　　　　　　　　　　　　　15 000

　　（2）交付设备使用权时。

　　　　借：经营租赁资产——已出租资产　　　　　　　　　　　　　500 000

　　　　　　贷：经营租赁资产——未出租资产　　　　　　　　　　　　　500 000

　　（3）每年确认租金时。

　　　　借：应收经营租赁款　　　　　　　　　　　　　　　　　　　　30 000

　　　　　　贷：租赁收入——租金收入　　　　　　　　　　　　　　　　30 000

　　（4）每年收到租金时。

　　　　借：银行存款　　　　　　　　　　　　　　　　　　　　　　　30 000

　　　　　　贷：应收经营租赁款　　　　　　　　　　　　　　　　　　　30 000

　　（5）各年计提折旧时。

　　每年的折旧额为 = 500 000/10 = 50 000（元）

　　　　借：业务及管理费　　　　　　　　　　　　　　　　　　　　　50 000

　　　　　　贷：经营租赁资产累计折旧　　　　　　　　　　　　　　　　50 000

（二）承租人的会计核算

　　在经营租赁中，由于与租赁资产所有权有关的风险和报酬并未发生转移，而是仍由出租人承担，因此，承租人对经营租赁的会计处理比较简单，主要应解决应付租金与计入当期费用的关系。

　　经营租赁的租金应当在租赁期内（包括优惠免租期）的各个期间用直线法确认为费用；如果其他方法更合理，也可以采用其他方法。出租人所承担的该由承租人负担的费用金额应从租金总额中扣除，并在租赁期内进行分配。承租人发生的直接费用，应当确认为当期费用。

1. 承租人核算的会计科目

"业务及管理费——租赁费"科目，属于损益类科目，用来核算应由承租人支付的各种费用，期末，应结转到"本年利润"的借方。

"应付经营租赁款"科目，属于负债类科目，用来核算每期应付而未付的租赁款，在期末支付租金的情况下使用，属于一项负债。

"待摊费用"科目，属于资产类科目，用来核算租赁初期预付租金以待日后摊销的余额，一般期末余额在借方，属于一项资产。

2. 承租人的账务处理

（1）承租人期初预付租金时。

借：待摊费用

　　贷：银行存款

（2）分期摊销预付的租金时。

借：业务及管理费

　　贷：待摊费用

（3）按期支付租金时。

借：业务及管理费

　　贷：银行存款

【例 11 - 9】乙公司从某租赁公司以经营租赁方式租入办公设备 1 套，租期 3 年。设备价值为 2 000 000 元，经济使用年限为 10 年，无残值。合同规定，租赁开始日租赁公司向乙公司收取租金 140 000 元，第一年末与第二年末各收取租金 100 000 元，第三年末收取租金 80 000 元。期满后租赁公司收回设备使用权。

（1）预付租金时。

借：待摊费用　　　　　　　　　　　　　　　　　　　　　　　140 000

　　贷：银行存款　　　　　　　　　　　　　　　　　　　　　　140 000

（2）第一年末支付租金并摊销费用时，租金总额 = 140 000 + 100 000 + 100 000 + 80 000 = 420 000（元），每期应负担的租金费用 = 420 000/3 = 140 000（元）。编制会计分录：

借：业务及管理费——租赁费　　　　　　　　　　　　　　　　140 000

　　贷：银行存款　　　　　　　　　　　　　　　　　　　　　　100 000

　　　　待摊费用　　　　　　　　　　　　　　　　　　　　　　 40 000

（3）第二年末支付租金并摊销费用。

借：业务及管理费——租赁费　　　　　　　　　　　　　　　　140 000

　　贷：银行存款　　　　　　　　　　　　　　　　　　　　　　100 000

　　　　待摊费用　　　　　　　　　　　　　　　　　　　　　　 40 000

（4）第三年末支付租金并摊销费用。

借：业务及管理费——租赁费　　　　　　　　　　　　　　　140 000

　　贷：银行存款　　　　　　　　　　　　　　　　　　　　　　80 000

　　　　待摊费用　　　　　　　　　　　　　　　　　　　　　　60 000

【课外思考 11 – 2】 什么是融资租赁？什么是经营租赁？两种租赁的区别是什么？

实务训练

一、单项选择题

1. 信托机构吸收直接经营单位可自行支配专项资金的存款是（　　　）。

A. 信托存款　　　　　B. 委托存款　　　　　C. 银行存款　　　　　D. 活期存款

2. 信托机构以救济贫困、扶助残疾人为目的而设立的信托是（　　　）。

A. 法人信托　　　　　B. 私益信托　　　　　C. 公益信托　　　　　D. 资金信托

3. 信托机构以发展医疗卫生事业为目的而设立的信托是（　　　）。

A. 法人信托　　　　　B. 私益信托　　　　　C. 公益信托　　　　　D. 资金信托

4. 委托存款属于贷款基金性质的存款，为相应委托贷款的保证金。因此，应（　　　）。

A. 先用后存　　　　　B. 先存后用　　　　　C. 用后存入　　　　　D. 按比例存入

5. 对委托存款的计息基数应为（　　　）。

A. 全部存款余额

B. 定期委托存款余额

C. 委托存款的月末余额

D. 委托存款余额与委托贷款余额的差额

6. 某单位向信托机构存入委托存款 800 万元，按照该单位的要求，信托机构已贷出委托贷款 600 万元。近日该单位需用资金欲支取该笔委托存款，该单位可以支取（　　　）。

A. 800 万元　　　　　B. 600 万元　　　　　C. 200 万元　　　　　D. 100 万元

7. 信托存款一般为（　　　）的存款。

A. 定期 1 年以上　　　B. 定期 3 年以上　　　C. 定期 5 年　　　　D. 活期

8. 信托公司管理不同类别的信托业务，应分别按（　　　）设置信托业务明细账进行核算管理。

A. 资金性质　　　　　B. 项目　　　　　　　C. 金额数量　　　　　D. 委托人

9. 融资租赁所租赁的资产所有权归（　　　）所有。

A. 承租人　　　　　　B. 出租人　　　　　　C. 使用人　　　　　　D. 担保人

10. 融资租赁在租赁期间，租赁资产的保险费、维修费及折旧，由（　　　）承担。

A. 承租人　　　　　　B. 出租人　　　　　　C. 购买人　　　　　　D. 担保人

11. 承租人有购买租赁资产的选择权，这种租赁是（   ）。

    A. 经营租赁　　　　　B. 融资租赁　　　　　C. 转租赁　　　　　D. 回租

12. 出租人从另外一家租赁公司或直接从制造商租入资产后，再转租给承租人的租赁，这种方式是（   ）。

    A. 直接租赁　　　　　B. 转租赁　　　　　C. 回租　　　　　D. 销售式租赁

13. 租赁开始日，（   ）将租赁开始日租赁资产公允价值与最低租赁付款额现值两者中较低者，作为租入资产的入账价值。

    A. 承租人　　　　　B. 出租人　　　　　C. 使用人　　　　　D. 担保人

14. 对于融资租入资产计提折旧，承租人应采用（   ）的折旧政策。

    A. 与租入资产相适应

    B. 不计提折旧

    C. 临时摊销费用

    D. 与自有资产相一致

15. 如果无法合理确定租赁期届满后承租人是否能够取得租赁资产的所有权，应以租赁期与租赁资产寿命两者中（   ）作为折旧期间。

    A. 较高者

    B. 与资产可存续期间相近

    C. 较短者

    D. 以上都不对

16. 资产余值是指在租赁开始日估计的租赁期届满时租赁资产的（   ）。

    A. 账面价值　　　　　B. 市值　　　　　C. 公允价值　　　　　D. 净剩值

17. 融资租赁资产的性能不好或设备陈旧等引起的风险，由（   ）承担。

    A. 供货人　　　　　B. 出租人　　　　　C. 承租人　　　　　D. 第二承租人

18. 融资租赁资产的残值在协议中订明由承租人担保的，如到期租赁资产残值收入不足担保残值的，其不足部分由（   ）承担。

    A. 出租人　　　　　B. 供货人　　　　　C. 承租人　　　　　D. 转租赁人

二、多项选择题

1. 根据《中华人民共和国信托法》的规定，信托公司可以经营（   ）。

    A. 资金信托　　　　　B. 实物信托　　　　　C. 责权信托　　　　　D. 经济事物信托

2. 信托行为的确立必须具有三方当事人，包括（   ）。

    A. 委托人　　　　　B. 中介人　　　　　C. 受托人

    D. 受益人　　　　　E. 经纪人

3. 委托业务的重要特点是（   ）。

    A. 委托对资金的运用提出非常具体的要求

    B. 金融机构能够自主地运用资金

    C. 委托人不承担风险

    D. 金融机构收取办理业务的手续费作为收益

    E. 金融机构以收取的贷款利息作为收益

4. 对信托存款应按规定计息，其利息（   ）。

    A. 按季向存款人支付

B. 从金融机构开出存单之日起息

C. 在存款期满后利随本清

D. 在存期内要定期计算应付利息

E. 按信托存款与信托贷款的差额计算

5. 对信托贷款应按规定计息，其利息（　　　）。

A. 按季向借款人收取

B. 从借款人在银行的存款账户上收取

C. 在贷款期满后利随本清

D. 按信托存款与信托贷款的差额计算

E. 从信托贷款中扣收

6. 下列能视为融资租赁标准的是（　　　）。

A. 租赁期届满时，租赁资产的所有权转移给承租人

B. 租赁资产只有承租人才能使用

C. 承租人在购买租赁资产的选择权

D. 租赁资产使用寿命75%以上（含75%）

E. 最低租赁付款额的现值90%以上（含90%）

7. 出租人通过租赁方式把资产分期售给承租人而从销售资产和获取利息两个途径获得收益。这种租赁方式是（　　　）。

A. 非节税租赁　　　　B. 节税租赁　　　　　C. 直接租赁

D. 转租赁　　　　　　E. 销售式租赁

8. 融资租赁所租赁的资产由（　　　）确定。

A. 出租者　　　　　　B. 承租者　　　　　　C. 生产者

D. 销售者　　　　　　E. 使用者

三、判断题

1. 信托资产不属于信托投资公司的自有财产，也不属于信托投资公司对收益人的负债。　　　　　　　　　　　　　　　　　　　　　　　　　　　　　　（　　　）

2. 信托贷款、委托贷款是信托机构自主发放的贷款。　　　　　（　　　）

3. 办理委托业务，金融机构不承担风险，收取办理业务的手续费作为收益。（　　　）

4. 信托机构对委托存款自存入日起至支取日计付利息。　　　　（　　　）

5. 对于委托贷款，金融机构应根据委托人确定的利率向借款人收取利息作为本机构的利息收入。　　　　　　　　　　　　　　　　　　　　　　　　　　　（　　　）

6. 信托存款一般为固定存期，因而不能提前支取。　　　　　　（　　　）

7. 信托投资公司终止时，信托资产不属于其清算资产。　　　　（　　　）

8. 租赁是资产的所有权与使用权分离的交易。　　　　　　　　（　　　）

9. 租出物件后，其所有权归出租人，在租期内承租人拥有使用权，出租人应承担设备租赁保养维修费。　　　　　　　　　　　　　　　　　　　　　　　　　（　　　）

10. 直接租赁的租赁收益通过"未实现租赁收益"科目反映，该科目的贷方余额反映未实现的租赁收益。 （　　）

11. 即使资产的所有权不转移，但租赁期占租赁资产使用寿命的 75% 以上（含 75%），这种租赁是融资租赁。 （　　）

四、业务题

目的：练习信托及租赁业务的核算。

资料：

1. 3 月 15 日某集团公司开出基本存款账户的转账支票，转账存入委托存款 825 000 元，转账支票交给 A 信托投资公司，A 信托投资公司将支票存入开户银行后，为某集团公司开立委托存款账户并向其开出"委托存款单"。

2. 上述某集团公司存入委托存款后，要求 A 信托投资公司向其下属单位××分厂发放贷款 600 万元，期限为 1 年，年利率 6.5%，采用利随本清的结息方式。贷款发放时按 1‰向委托人收取手续费。

3. 3 月 20 日某信托投资公司从上交所购入 C 上市公司股票 100 万股，准备近期出售，将其划为交易性金融资产。购买日价款（公允价值）1 200 万元，另支付相关交易费用 21 000 元。5 月 20 日 C 上市公司宣告发放现金股利，每 10 股 0.60 元。

6 月 20 日收到股利。7 月 30 日公司持有 C 公司股票公允价值为 1 300 万元。

8 月 2 日公司将持有的 C 公司股票全部售出，取得价款 1 400 万元。

4. 4 月 6 日某信托投资公司从二级市场购入股票 10 万股，每股市价 2 元，手续费 12 000 元，初始确认为可供出售金融资产。6 月 30 日信托公司仍持有该股票，市价 3 元。8 月 6 日出售该股票，售价为 5 元。另支付相关交易费用 1 万元。假定不考虑其他因素。

5. 6 月 1 日，甲公司与乙公司签订一份租赁合同，合同主要条款如下：

（1）租赁标的物：××生产线。

（2）起租日：2015 年 7 月 1 日。

（3）租赁期：2015 年 7 月 1 日至 2018 年 7 月 1 日，共计 36 个月。

（4）租金支付：自 2015 年 7 月 1 日起每隔 6 个月于月末支付租金 180 000 元。

（5）该生产线的保险、维修费等均由甲公司负担，估计每年 10 000 元。

（6）该生产线于 2015 年 6 月 1 日的公允价值为 900 000 元。

（7）租赁合同规定的年利率为 12%（乙公司租赁的内含利率为 8%）。

（8）甲公司在租赁谈判和签订租赁合同过程中发生的可归属于租赁项目的手续费等 2 000 元。

（9）该生产线估计使用年限为 8 年，已使用 4 年，期满无残值。承担人采用直线法计提折旧。

（10）租赁期届满时，甲公司有优惠购买该生产线的选择权，购买价为 1 000 元，估计该日租赁资产的公允价值为 100 000 元。

6. 甲公司根据与乙公司签订的租赁合同的规定，从 2015 年 1 月 1 日起，每三个月支付一期租金，每期租金中所含融资收入均为 60 万元，于每月末根据合理的分配方法确认当期的融资收入。假设乙公司 2015 年 3 月 31 日，"递延收益——未实现融资收益"科目的借方发生额合计为 60 万元，"主营业务收入——融资收入"科目贷方余额为 60 万元。但在 2015 年 6 月 30 日，仍未收到第一期租金。

（1）乙公司在 2015 年 6 月 30 日应如何对第一期租金进行处理。

（2）乙公司对 6 月租金是否应确认，如何确认？请编制会计分录。

（3）若乙公司于 2015 年 7 月 5 日收到第一期租金，请编制会计分录。

7. 2015 年 1 月 1 日，甲公司从乙公司租全新办公用房一套，租期 3 年。办公用房原账面价值为 30 000 000 元，预计使用年限为 25 年。租赁合同约定，开始日甲公司向乙公司一次性预付租金 1 200 000 元，第一年末支付租金 100 000 元，第二年末交付租金 1 200 000 元，第三年末支付租金 250 000 元。租赁期满后预付租金不退回，乙公司收回办公用房使用权（假设甲公司和乙公司均在年末确认租金费用和经营租赁收入，并且不存在租金逾期支付的情况）。

8. 某公司 2015 年 12 月 5 日因租赁交易而发生的谈判费用 50 000 元，律师费 30 000 元，已用银行存款支付。

要求：根据以上业务编制会计分录。

第四篇　共性业务的核算及财务会计报告

第十二章

所有者权益的核算

【学习内容与要求】 了解金融企业所有者权益的内容；掌握实收资本、资本公积、留存收益等各项目的账务处理方法。

第一节　所有者权益概述

所有者权益，又称股东权益或资本，是指金融企业资产扣除负债后由所有者享有的剩余权益。其金额为资产减去负债后的余额。用公式表示：所有者权益 = 净资产 = 总资产 − 总负债。

企业发行的权益工具通常构成所有者权益的重要组成内容。权益工具，是指能证明拥有某个企业在扣除所有负债后资产中剩余权益的合同。

一、权益工具与金融负债的区分

企业的所有者权益和负债在资产负债表中都反映在右边，它们都是对企业资产的要求权，但是，两者在性质、对象、期限、权利、风险和收益、确认和计量上存在明显的区别。同理，权益工具和金融负债之间也有很大区别。按照新《企业会计准则——金融工具列报》规定，要严格区分权益工具和金融负债：

其一，如果企业不能无条件地避免以交付现金或其他金融资产来履行一项合同义务，则该合同义务符合金融负债的定义。有些金融工具虽然没有明确地包含交付现金或其他金融资产义务的条款和条件，但有可能通过其他条款和条件间接地形成合同义务。

其二，如果一项金融工具须用或可用企业自身权益工具进行结算，需要考虑用于结算该工具的企业自身权益工具，是作为现金或其他金融资产的替代品，还是为了使该工具持有方享有在发行方扣除所有负债后的资产中的剩余权益。如果是前者，该工具是发行方的金融负债；如果是后者，该工具是发行方的权益工具。在某些情况下，一项金融工具合同规定企业须用或可用自身权益工具结算该金融工具，其中合同权利或合同义务的金额等于可获取或需交付的自身权益工具的数量乘以其结算时的公允价值，则无论该合同权利或合同义务的金额是固定的，还是完全或部分地基于除企业自身权益工具的市场价格以外变量（例如，利率、某种商品的价格或某项金融工具的价格）的变动而变动，该合同应当分类为金融负债。

二、金融企业所有者权益的构成

金融企业的所有者权益，按其主要来源包括投资者投入资本、直接计入所有者权益的利得和损失、留存收益等。通常，为方便投资者和其他报表使用者了解金融企业所有者权益的来源及其变动情况，在会计核算中，将金融企业所有者权益分为股本（实收资本）、资本公积（含股本溢价或资本溢价、其他资本公积）、盈余公积和未分配利润。同时，针对金融企业经营特点及高风险性，为了防范金融风险，从事不同业务的金融企业必须按照国家有关法律、法规的规定，按一定比例从净利润中计提有关准备金，这些准备金也构成金融企业所有者权益的组成部分。例如，商业银行、保险公司、证券公司等金融机构在税后利润中提取的一般风险准备，也构成其所有者权益。其他资本公积，是指股本溢价（或资本溢价）以外的资本公积。

第二节　实收资本的核算

金融企业的实收资本是指投资者按照企业章程或合同、协议的约定，实际投入金融企业的资本。金融企业除股份有限公司应通过"股本"科目核算，其他各类企业应通过"实收资本"科目核算。

"实收资本"或"股本"科目核算，投资者按照企业章程或合同、协议的约定，实际投入金融企业的资本。账户的贷方登记金融企业实际收到投资者投入的资本、按法定程序结转的资本公积、盈余公积转增资本的增加数；借方一般不作记录，只在规定的范围内或企业破产清理时借记减少数；余额在贷方，表示金融企业实有的资本或股本数额。企业收到投资者超过其在注册资本或股本中所占份额的部分，作为资本溢价或股本溢价，在"资本公积"科目核算。该账户按投资者情况进行明细核算。

一、实收资本的核算

我国有关法律规定，投资者设立企业首先必须投入资本。《企业法人登记管理条例》规定，企业申请开业，必须具备国家规定的与其经营和服务规模相适应的资金。为了反映和监督投资者投入资本的增减变动情况，企业必须按照相关准则、制度规定进行实收资本的核算，真实地反映所有者投入企业资本的状况，维护所有者各方在企业的权益。

（一）接受现金投资的核算

当投资者以货币资金作为资本投资时，金融企业应当以投资者在注册资本或股本中所占份额作为实收资本入账。实际收到的金额超过其在该商业银行注册资本中所占份额的部分，计入资本公积。

借：库存现金（银行存款、存放中央银行款项等科目）

　　贷：实收资本——国家投资

　　　　　　　——其他单位投资

　　　　　　　——个人投资

　　　资本公积——资本溢价

若投资者以外币作为资本的投入方式，金融企业收到外币投资时，首先在外币账簿中登记收到的外币金额，同时，还应按照当日国家外汇牌价折合成人民币金额登记库存现金等相关账户。

企业收到投资者以外币投入的资本，采用交易日即期汇率折算成人民币金额，不再采用合同约定汇率折算，外币投入资本与相应的货币性项目的记账本位币金额之间不产生外币资本折算差额。

借：库存现金等科目

　　贷：实收资本

【例12-1】某商业银行收到国家投入资本5 000 000元。应编制会计分录：

借：银行存款（存放中央银行款项）　　　　　　　　　　　　　　5 000 000

　　贷：实收资本——国家资本　　　　　　　　　　　　　　　　　　5 000 000

【例12-2】某合资银行收到某外商企业投入5 000 000美元，款项已存入银行，当日市场汇价为USD1 = CNY6.82。应编制会计分录：

借：银行存款——美元　　　　　　　　　　　　　　　　　　　34 100 000

　　贷：实收资本——××外商　　　　　　　　　　　　　　　　　34 100 000

实收资本的构成比例即投资者的出资比例或股东的股份比例，是确定所有者在企业所有者权益中所占的份额和参与企业财务经营决策的基础，也是企业进行利润分配或股利分配的依据，同时还是企业清算时确定所有者对净资产的要求权的依据。

（二）接受非现金资产投资的核算

我国《公司法》规定，股东可以用货币投资，也可用实物投资、知识产权、土地使用权等可以用货币估价并可以依法转让的非货币财产作价出资。

1. 接受投入实物资产

金融企业接受投资者以实物形态进行的投资，需按照装评估确认的建筑或按投资合同或协议约定价值和在注册资本中享有的份额入账。

当收到投资者投入的房屋、汽车、机器设备等固定资产时，编制会计分录：

借：固定资产

　　贷：实收资本——××投资者

当收到投资者投入材料等时，编制会计分录：

借：原材料

　　应交税费——应交增值税（进项税额）

　　库存商品

　　贷：实收资本

2. 接受投入无形资产

金融企业接受投资者以无形资产进行的投资，应按照无形资产评估价值和在注册资本中享有的份额入账。接受投资时，编制会计分录：

借：无形资产

　　贷：实收资本

【例 12 - 3】某金融公司于设立时收到 A 公司作为资本投入的非专利技术一项。该非专利技术投资合同约定价值为 50 000 元，同时收到 B 公司作为资本投入的土地使用权一项，投资合同约定价值为 70 000 元。假定某金融公司接受该非专利技术和土地使用权符合国家注册资本管理的相关规定，可按合同约定作实收资本入账，合同约定价值与公允价值相符，不考虑其他因素。某金融公司进行会计处理时，应编制会计分录：

借：无形资产——非专利技术 　　　　　　　　　　　　　　　50 000

　　　　　　　——土地使用权 　　　　　　　　　　　　　　70 000

　　贷：实收资本——A 公司 　　　　　　　　　　　　　　　50 000

　　　　　　　　——B 公司 　　　　　　　　　　　　　　　70 000

二、股本的核算

股份制金融企业的股本核算，应按以下规定：金融企业的股本应当在核定的股本总额及核定的股份总额范围内发行股票或股东出资取得。公司发行的股票，应按其面值作为股本，超过面值发行取得的收入，其超过面值的部分，作为股本溢价，计入资本公积；境外上市公司以及在境内发行外资股的上市公司，按确定的人民币股票面值和核定的股份总额乘积计算的金额，作为股本入账，按收到股款当日汇率折合的人民币金额与按人民币计算的股票面值总额差额，作为资本公积处理。

股份制金融企业应当通过"股本"科目进行实收资本的核算。股份制金融企业应当在核定的股本总额及核定的股份总额范围内发行股票。金融企业发行股票时，既可以按面值发行，也可以按溢价发行（我国目前不准许折价发行）。发行的股票，在收到现金等资产时，编制会计分录：

借：库存现金（存放中央银行款项）（实际收到的金额）

　　贷：股本（股票面值和核定股份总额的乘积）

资本公积——股本溢价（借贷方差额）

【例12-4】假定某股份制金融企业发行普通股10 000 000股，每股面值1元，每股发行价格5元。假定股票发行成功，股款50 000 000元已全部收到，不考虑发行过程中的税费等因素。某股份制金融企业进行会计处理时，编制会计分录：

借：银行存款　　　　　　　　　　　　　　　　　　　　　　　50 000 000

　　贷：股本　　　　　　　　　　　　　　　　　　　　　　　10 000 000

　　　资本公积——股本溢价　　　　　（50 000 000 - 10 000 000）40 000 000

三、实收资本（股本）的增减变动

　　在一般情况下，企业的注册资本是固定不变的。但在某些特殊情况下，企业的注册资本也可能发生增减变动。符合增资条件，并经有关部门批准增资的，在实际取得股东的出资时，登记入账；金融企业按法定程序报经批准减少注册资本的，在实际返还投资时登记入账；采用收购本企业股票方式减资的，在实际购入本企业股票时，登记入账；金融企业应当将因减资而注销股份、发还股款以及因减资需要更新的变动情况，在股本账户的明细账及有关备查簿中详细记录。

　　我国《企业法人登记管理条例》规定，除国家另有规定外，企业的注册资金应与实有资金一致。该条例还规定，企业法人实有资金比原注册资金数额增加或减少超过20%时，应持资金证明和验资证明，向原申请机关申请变更登记。

（一）实收资本（股本）增加的核算

　　金融企业增加资本主要有三个途径：接受投资者追加资本、资本公积转增资本和盈余公积转增资本。

　　1. 接受投资者追加资本

　　金融企业接受投资者追加投入资本时，则应在实际收到投资者投入的追加资金时登记入账。

借：银行存款

　　固定资产

　　贷：实收资本（或股本）

　　需要注意的是，如果投资者投入资金的数额大于按照约定投资比例计算的投资数额，则其差额不应记入"股本"账户，应记入"资本公积"账户。

　　2. 资本公积或盈余公积转增资本

　　金融企业的资本公积或盈余公积转增资本时：

借：资本公积

　　盈余公积

贷：实收资本（或股本）

需要注意的是，资本公积和盈余公积增加资本的同时，应按照原股东所持有的比例相应增加各股东的股权。

【例12-5】某金融公司由甲、乙、丙三人共同投资设立，原注册资本为4 000 000元，甲、乙、丙各出资500 000元、2 000 000元和1 500 000元。为扩大经营规模，某金融公司注册资本扩大为5 000 000元，甲、乙、丙按照原出资比例分别追加投资125 000元、500 000元和375 000元。某金融公司如期收到三方追加的现金投资。某金融公司应编制会计分录：

借：银行存款	1 000 000
贷：实收资本——甲	125 000
——乙	500 000
——丙	375 000

【例12-6】承［例12-5］某金融公司因扩大经济规模需要，经批准，按原出资比例将资本公积1 000 000元转增资本。某金融公司应编制会计分录：

借：资本公积	1 000 000
贷：实收资本——甲	125 000
——乙	500 000
——丙	375 000

（二）实收资本（股本）减少的核算

在一般情况下，金融企业的实收资本不应相对固定不变，但在某些特定情况下，实收资本也可能发生增减变化。我国《企业法人登记管理条例》规定，除国家另有规定外，企业的注册资金应当与实收资本相一致，当实收资本比原注册资金增加或减少的幅度超过20%时，应持资金信用证明或者验资证明，向原登记主管机构申请变更登记。如擅自改变注册资本或者抽逃资金，要受到工商行政管理部门的处罚。

1. 非股份制金融企业

非股份制金融企业按法定程序报经批准建设注册资本的，在实际发生时，登记入账。应编制会计分录：

借：实收资本
　　贷：银行存款

2. 股份有限制金融企业

股份有限制金融企业采用收购本公司股票方式减资的，按照股票面值和注销股数计算的股票面值总额冲减股本，按注销库存股的账面余额与所冲减股本的差额冲减股本溢价，股本溢价不足以冲减的，继续用盈余公积冲减直到未分配利润。如果回购股票支付的价款低于面值总额的，所注销库存股的账面余额与所冲减股本的差额作为增加本的溢价处理。

按照新企业会计准则规定，回购自身权益工具（库存股）支付的对价和交易费用，应当减少所有者权益，不得确认金融资产。库存股可由企业自身购回和持有，也可由集团合并范围内的其他成员购回和持有。库存股是指已经认购缴款，由发行公司通过购入、赠予或其他方式重新获得，可供再行出售或注销之用的股票。库存股是所有者权益抵减科目，它的增减跟所有者权益相反。

（1）当股份有限制金融企业回购本企业股票时，购回股票支付的价款大于面值总额，应编制会计分录：

借：库存股
　　贷：银行存款
同时，注销本企业股票时，应编制会计分录：
借：股本
　　资本公积——股本溢价
　　　贷：库存股

（2）当股份有限制金融企业回购本企业股票时，购回股票支付的价款大于面值总额，应编制会计分录：

借：库存股
　　贷：银行存款
同时，注销本企业股票时，应编制会计分录：
借：股本
　　库存股
　　　贷：资本公积——股本溢价

【例12-7】某金融股份有限公司，2017年12月31日的股本为100 000 000股，面值1元，资本公积（股本溢价）30 000 000元，盈余公积40 000 000元。经股东大会批准，该金融企业以现金回购本公司股票20 000 000股，并注销。假定该金融企业按每股2元回购股票，不考虑其他因素，某金融企业应编制会计分录：

（1）回购本公司股票时：

库存股成本 = 20 000 000 × 2 = 40 000 000（元）

借：库存股　　　　　　　　　　　　　　　　　　　　　　40 000 000
　　贷：银行存款　　　　　　　　　　　　　　　　　　　　　　40 000 000

（2）注销本公司股票时：

应冲减的资本公积 = 20 000 000 × 2 - 20 000 000 × 1 = 20 000 000（元）

借：股本　　　　　　　　　　　　　　　　　　　　　　　20 000 000
　　资本公积——股本溢价　　　　　　　　　　　　　　　　20 000 000
　　　贷：库存股　　　　　　　　　　　　　　　　　　　　　40 000 000

【例12-8】按【例12-7】中的资料，假定该金融企业按每股3元回购股票，其他条件不变，该金融企业应编制会计分录：

（1）回购本公司股票时。

库存股成本 = 20 000 000 × 3 = 60 000 000 （元）

借：库存股　　　　　　　　　　　　　　　　　　　　　　60 000 000

　　贷：银行存款　　　　　　　　　　　　　　　　　　　　　60 000 000

（2）注销本公司股票时。

应冲减的资本公积 = 20 000 000 × 3 - 20 000 000 × 1 = 40 000 000 （元）

借：股本　　　　　　　　　　　　　　　　　　　　　　　20 000 000

　　资本公积——股本溢价　　　　　　　　　　　　　　　　30 000 000

　　盈余公积　　　　　　　　　　　　　　　　　　　　　　10 000 000

　　贷：库存股　　　　　　　　　　　　　　　　　　　　　60 000 000

由于应冲减的资本公积大于公司现有的资本公积，所以只能冲减资本公积 30 000 000 元，剩余的 10 000 000 元应冲减盈余公积。

【例 12 - 9】按【例 12 - 7】中的资料，假定该金融企业按每股 0.9 元回购股票，其他条件不变，该某金融企业应编制会计分录：

库存股成本 = 20 000 000 × 0.9 = 18 000 000 （元）

（1）回购本公司股票时。

借：库存股　　　　　　　　　　　　　　　　　　　　　　18 000 000

　　贷：银行存款　　　　　　　　　　　　　　　　　　　　　18 000 000

（2）注销本公司股票时。

应增加的资本公积 = 20 000 000 × 1 - 20 000 000 × 0.9 = 2 000 000 （元）

借：股本　　　　　　　　　　　　　　　　　　　　　　　20 000 000

　　贷：库存股　　　　　　　　　　　　　　　　　　　　　18 000 000

　　　　资本公积——股本溢价　　　　　　　　　　　　　　　2 000 000

由于折价回购，股本与库存股成本的差额 2 000 000 元应作为增加资本公积处理。

【课外思考 12 - 1】举例说明实收资本和注册资本有何区别。

第三节　资本公积的核算

在金融企业筹集的资本金中，有一些虽属于资本性质，但不能记入"实收资本（股本）"科目，应作为资本公积，这些项目主要包括资本（股本）溢价和其他资本公积。

一、资本公积概述

资本公积是指由投资人或其他人（或单位）投入商业银行，所有权属于投资者，但不构成实收资本的那部分资本或资产。

（一）资本公积与实收资本的区别

资本公积与实收资本都属于投入资本的范畴，但是实收资本是投资者投入的、为谋求价值增值的原始投资，它与企业注册资本相一致。因此，实收资本的来源和金额都受到严格限制。相比之下，资本公积有特定来源，是投资者投入企业却无法直接以资本形式表现出来的那部分价值。同时，资本公积还包括由投资者共同享有的，无须投资者投入，并且不谋求经济利益的那部分价值，例如企业接受的现金或非现金资产捐赠。

（二）金融企业资本公积的内容

金融企业资本公积主要包括资本（或股本）溢价、接受非现金资产捐赠准备、接受现金捐赠、股权投资准备、外币资本折算差额、关联交易差价、其他资本公积等。资本公积的主要作用是转增资本。但是，《企业会计准则》规定，资本公积各准备项目不能转增资本（股本）。因为在实质上其价值并没有完全为企业所掌握，因此，其实质是所有者权益的一种准备，在相应资产处置前，不得用于转增资本或股本。当这部分资产处置后，其价值已经得到实现，这部分经济利益已经完全流入企业，才可以用于转增资本。

二、资本公积的核算

为了核算资本公积的形成以及运用情况，企业应设置"资本公积"账户。该账户为损益类科目，由于各种原因引起企业资本公积的增加记入"资本公积"贷方，用资本公积转增资本记入"资本公积"借方，该科目的贷方余额表示企业资本公积的实有数额。同时，该科目按照资本公积的类别分别设置明细科目。

（一）资本溢价、股本溢价的核算

1. 资本溢价

资本溢价是指金融企业投资者投入的资金超过其在注册资本中所占份额的部分。除股份有限公司外的其他类型企业，在企业创立时，投资者认缴的出资额与注册资本一致，一般不会产生资本溢价。但在企业重组或有新投资者加入时，常常会出现资本溢价。因为金融企业进入正常经营期后，其资本利润率一般要高于初创期间的资本利润率。另外，经过一段时间的经营运转，企业的留存收益是原投资者投入资本所创造的价值，新的投资者要想获得与原投资者相同的资本权利，分享企业原来的留存收益，就必须付出大于其所占份额的资金，超出部分就是资本溢价。

非股份制金融企业收到投资者投入的资金时，应编制会计分录：

借：银行存款（实际收到的金额）

　　贷：实收资本（在注册资本中所占份额）

资本公积（资本溢价）

【例 12 - 10】某金融有限责任公司由甲、乙两位投资者投资 20 000 000 元设立，每位投资者出资 10 000 000 元。一年后，为扩大经营规模，经批准，某金融公司注册资本增加到 30 000 000 元，并引入丙投资者加入。按照投资协议，新投资者需缴入现金 12 000 000 元，同时享有该公司 1/3 的股份。某金融公司已收到该现金投资。假定不考虑其他因素，某金融公司应编制会计分录：

借：银行存款　　　　　　　　　　　　　　　　　　　　　　　　　12 000 000
　　贷：实收资本——丙　　　　　　　　　　　　　　　　　　　　　　10 000 000
　　　　资本公积——资本溢价　　　　　　　　　　　　　　　　　　　 2 000 000

2. 股本溢价

股份有限公司以发行股票的方式筹集股本的，股票可按面值发行，也可溢价发行，依据目前国家有关规定，股票不许折价发行。股本溢价是指股份制金融企业溢价发行股票时实际收到的价款超过股票面值总额的差额。

股份制金融企业按面值发行股票时，企业发行股票取得的收入，应全部作为股本处理。

股份制金融企业溢价发行股票时，应编制会计分录：

借：银行存款（实际收到的金额）
　　贷：股本（股票面值和核定的股份总额的乘积计算的金额）
　　　　资本公积——股本溢价

发行股票相关的手续费、佣金等交易费用，如果是溢价发行应从溢价中抵扣，冲减资本公积（股本公积）；如果无溢价发行或溢价金额不足以抵扣，应将不足抵扣的部分冲减盈余公积和未分配利润。

3. 境外上市的金融企业以及在境内发行外资股企业收到的股款

应编制会计分录：

借：银行存款等（收到股款当日的汇率折合人民币的金额）
　　贷：股本（确定的人民币股票面值和核定的股份总额的乘积计算的金额）
　　　　资本公积——股本溢价

【例 12 - 11】某金融股份有限公司首次公开发行了普通股 50 000 000 股，每股面值 1 元，每股发行价格 4 元。某金融股份有限公司以银行存款支付发行手续费、咨询费等费用共计 6 000 000 元。假定发行收入已全部收到，发行费用已全部支付，不考虑其他因素，某金融企业应编制会计分录：

（1）收到发行收入时。

应增加的资本公积 = 50 000 000 × （4 - 1）= 150 000 000（元）

借：银行存款　　　　　　　　　　　　　　　　　　　　　　　　　200 000 000
　　贷：股本　　　　　　　　　　　　　　　　　　　　　　　　　　 50 000 000

资本公积——股本溢价	150 000 000

（2）支付发行费时。

借：资本公积——股本溢价　　　　　　　　　　　　　　　　6 000 000

　　贷：银行存款　　　　　　　　　　　　　　　　　　　　　　6 000 000

（二）其他资本公积的核算

除上述由于投资者投入资本与在企业注册资本中享有的权益份额不同形成的资本溢价和股本溢价外，其他由企业非日常活动所形成的、会导致所有者权益发生增减变动的，与所有者投入资本或者向所有者分配利润无关的经济利益的流入或流出，直接记入"资本公积——其他资本公积"科目。

1. 资本公积用于转增资本

企业按规定的程序增资时，应按其他资本公积转增资本的数额，编制会计分录：

借：资本公积

　　贷：实收资本

2. 股权投资准备

股权投资准备是指金融企业对被投资单位的长期股权投资采用权益法核算时，因被投资单位直接计入所有者权益的利得和损失等引起的变动。当被投资企业发生计入所有者权益利得时，投资企业按其持股比例计算应享有的份额变动。编制会计分录：

借：长期股权投资

　　贷：资本公积——其他资本公积

当被投资企业发生计入所有者权益损失时，投资企业按其持股比例计算应享有的份额变动，作相反的会计分录。

【例12-12】某金融公司于2017年1月1日向A公司投资9 000 000元，拥有该公司25%的股份，并对该公司有重大影响，因而对A公司长期股权投资采用权益法合算。2017年12月31日，A公司净损益之外的所有者权益增加了1 000 000元。假定除此之外，A公司的所有者权益没有变化，某金融公司的持股比例没有变化，A公司资产的账面价值与公允价值一致，不考虑其他因素。某金融公司应编制会计分录：

某金融公司增加的资本公积 = 1 000 000 × 20% = 200 000（元）

借：长期股权投资　　　　　　　　　　　　　　　　　　　　200 000

　　贷：资本公积——其他资本公积　　　　　　　　　　　　　　200 000

本例中，某金融公司对A公司的长期股权投资采用权益法核算，持股比例未发生变化，A公司发生了除净损益之外的所有者权益的其他变动，A公司应按其持股比例计算应享有的A公司权益的数额200 000元，作为增加其他资本公积处理。

【课外思考12-2】金融企业的资本公积包含哪些内容？如何核算？

第四节 留存收益的核算

金融企业留存收益是企业从历年实现的利润中提取或形成的留存于企业内部的积累，是企业通过生产经营活动所实现的净利润而未向投资者分配的部分，包括一般风险准备、盈余公积和未分配利润三个部分。

一、盈余公积

盈余公积是指企业按照规定从净利润中提取的企业积累资金。

（一）盈余公积的分类

盈余公积包括法定盈余公积、任意盈余公积。

1. 法定盈余公积

法定盈余公积是指金融企业按照规定比例从净利润中提取的盈余公积。公司制企业法定盈余公积金按照税后利润的10%提取，累积提取额达到注册资本的50%时，可不再提取。需要注意的是，金融企业在计算提取法定盈余公积的基数时，不应包括企业年初未分配利润。

2. 任意盈余公积

任意盈余公积是指金融企业经股东大会或类似机构批准按规定比例从净利润中提取的盈余公积。

公司制企业可根据股东大会的决议提取任意盈余公积。非公司制企业经类似权力机构批准，也可提取任意盈余公积。法定盈余公积和任意盈余公积的区别在于其各自计提的依据不同，前者以国家的法律法规为依据，后者以企业的权力机构为依据。

（二）盈余公积的核算

金融企业应设置"盈余公积"科目，核算反映盈余公积的提取和使用情况。该科目属于损益类科目，贷方记录企业按照规定提取的盈余公积数额，借方记录由于弥补亏损或转增资本等原因转出的盈余公积数额，期末余额在贷方，反映企业从历年利润中提取的尚未转出的盈余公积的累计结存数。企业分别按"法定盈余公积""任意盈余公积"和"法定公益金"等进行明细核算。

1. 提取盈余公积的核算

企业提取法定盈余公积、任意盈余公积和法定公积金，通过"盈余公积"以及三个明细科目进行核算。企业提取盈余公积的过程也是企业进行利润分配的过程。此外，还要通过"利润分配"及其明细科目来体现利润分配过程。

企业提取盈余公积时：

借：利润分配——提取法定盈余公积

        ——提取任意盈余公积

        ——提取法定公益金

  贷：盈余公积——法定盈余公积

        ——任意盈余公积

【例 12 – 13】某金融股份有限公司本年实现净利润 5 000 000 元，年初未分配利润为 0。经股东大会批准，某金融股份有限公司按当年净利润的 10% 和 5% 分别提取法定盈余公积与任意盈余公积。假定不考虑其他因素，某金融股份有限公司应编制会计分录：

本年提取法定盈余公积金额 = 5 000 000 × 10% = 500 000（元）

本年提取任意盈余公积金额 = 5 000 000 × 5% = 250 000（元）

借：利润分配——提取法定盈余公积   500 000

        ——提取任意盈余公积   250 000

  贷：盈余公积——法定盈余公积   500 000

        ——提取任意盈余公积   250 000

2. 盈余公积的用途核算

企业提取盈余公积主要用于弥补亏损、转增资本、发放现金股利或利润等。

（1）盈余公积补亏。企业发生亏损时，应由企业自行弥补。弥补亏损的主要渠道如下：

第一，用以后年度税前利润弥补。企业发生亏损可以用以后五年内实现的税前利润弥补。

第二，用以后年度税后利润弥补。企业发生的亏损经过五年期间未弥补足额的，尚未弥补的亏损应该用所得税后的利润弥补。

第三，以盈余公积弥补亏损。企业以提取的盈余公积弥补亏损时，应当由公司董事会提议，并经股东大会批准。

企业采用盈余公积弥补亏损时：

借：盈余公积

  贷：利润分配——盈余公积金补亏

【例 12 – 14】经股东大会批准，某金融股份有限公司用以前年度提取的盈余公积弥补当年亏损，当年弥补亏损的数额为 800 000 元。假定不考虑其他因素，该公司应编制会计分录：

借：盈余公积   800 000

    贷：利润分配——盈余公积金补亏   800 000

借：利润分配——盈余公积金补亏   800 000

    贷：利润分配——未分配利润   800 000

（2）盈余公积转增资本。企业经股东大会决议批准，可以将盈余公积用于转增资本。在实际转增时，要按照转增前实收资本的结构比例，相应增加各投资者对企业的资本投资。盈余公积转增资本后，留存盈余公积的数额不得少于注册资本的25%。

经股东大会批准，企业用盈余公积转增资本时：

借：盈余公积

    贷：实收资本（或股本）

【例 12 - 15】因扩大经营规模，经股东大会批准，某金融股份有限公司将盈余公积 600 000 元转增资本。假定不考虑其他因素，该公司应编制会计分录：

借：盈余公积   600 000

    贷：实收资本   600 000

二、一般风险准备

为防范风险，按照国家有关法律、法规的规定，金融企业还要从净利润中计提一般风险准备。

为达到稳健经营的目的，金融企业所提取的准备可分为两类：一类是根据不良贷款内在损失程度计提的贷款损失准备。由于其与已基本形成的特定资产损失相关，所以作为一项费用计入当期损益，以抵减纳税所得。此类准备金前面已经介绍。另一类是按一定比例从净利润中计提的一般风险准备金，和贷款损失准备金不同，一般风险准备金与特定资产的损失无关，它是为了避免贷款损失准备金不足，对金融企业资本过度侵蚀而设立的准备金，具有资本的性质，可作为附属资本参加资本充足率的计算。因而一般风险准备除特殊情况外，不免征所得税，而作为一项利润分配，从净利润中提取。

金融企业提取一般风险准备时，应编制会计分录：

借：利润分配——提取一般风险准备

    贷：一般风险准备

按规定使用一般风险准备弥补亏损时，应编制会计分录：

借：一般风险准备

    贷：利润分配——一般风险准备补亏

三、未分配利润

未分配利润是金融企业经过弥补亏损、提取法定盈余公积、提取一般风险准备、提取任意盈余公积和向投资者分配利润等利润分配之后剩余的利润，它是留存金融企业用于以后年度分配的利润，是企业所有者权益的重要组成部分。相对于企业所有者权益的其他组成部分来说，企业对这部分利润的使用分配有较大的自主权。

每年年度终了，金融企业应当将各财务收入科目、财务支出科目的余额通过"本年利润"科目结转出当年的净利润，再将"本年利润"科目余额转入"利润分配——未分配利润"账户。在按规定作了各种分配后，将"利润分配"科目其他各账户的余额转入"未分配利润"账户。结转后，"未分配利润"账户的贷方余额就是未分配利润的数额，如出现借方余额，则表示尚未弥补的亏损数额。

年度终了，金融企业应将全年实现的净利润，从"本年利润"转入"利润分配"科目，同时应编制会计分录：

借：本年利润

　　贷：利润分配——未分配利润

如为亏损，做相反会计分录。

同时，将"利润分配"科目下其他明细科目的余额转入"利润分配"科目下"未分配利润"明细科目，其会计分录：

借：利润分配——未分配利润

　　贷：利润分配——其他明细科目

结转后，除"未分配利润"明细科目外，"利润分配"科目的其他明细科目应无余额。"未分配利润"明细科目期末贷方余额，反映历年积累的未分配的利润；期末借方余额，反映历年尚未弥补的亏损。

实务训练

一、单项选择题

1. 金融企业直接计入所有者权益的利得和损失，应在（　　）中反映。

A. 实收资本　　　　B. 资本公积　　　　C. 盈余公积　　　　D. 一般风险准备

2. 金融企业需要提取风险准备，风险准备是从（　　）中提取的。

A. 净利润　　　　B. 利润总额　　　　C. 未分配利润　　　　D. 营业成本

3. 股份有限公司溢价发行股票时，其超过面值的溢价金额应列入"（　　）"账户。

A. 盈余公积　　　　B. 投资收益　　　　C. 营业外收入　　　　D. 资本公积

4. 银行提取的法定盈余公积金如已超过注册资本的（　　）时，可以不再提取。

A. 25%　　　　B. 50%　　　　C. 75%　　　　D. 100%

5. 法定公益金主要用于（　　）。

A. 弥补亏损　　　　　　　　　　B. 转增资本

C. 固定资产更新改造　　　　　　D. 职工集体福利设施

6. 金融企业所有者权益中不能用于转增资本的是（　　）。

A. 资本公积　　　　B. 盈余公积　　　　C. 一般风险准备　　　D. 资本溢价

7. 盈余公积不能用于（　　）。

A. 弥补亏损　　　　B. 转增资本　　　　C. 分配股利　　　　D. 支付薪酬

8. 投资者以无形资产的方式出资，金融企业接受的无形资产必须评估作价，并且作价金额不得超过金融公司注册资本的（　　）。

A. 15%　　　　　　B. 20%　　　　　　C. 25%　　　　　　D. 30%

二、多项选择题

1. 以下不属于资本公积的有（　　）。

A. 投资者占注册资本 5% 的投资　　　　B. 按净利润 5% 提取的公益金

C. 股权投资准备　　　　　　　　　　　D. 外币资本折算差价

E. 资本溢价

2. 所有者权益包括实收资本、（　　）。

A. 资本公积　　　　B. 盈余公积　　　　C. 一般风险准备

D. 未分配利润　　　E. 法定准备

3. 资本公积形成的来源有（　　）。

A. 接受捐赠　　　　B. 资本溢价　　　　C. 外币资本折算差额

D. 拨款转入　　　　E. 专项准备

4. 盈余公积可以用于（　　）。

A. 弥补亏损　　　　B. 转增资本　　　　C. 分派利润或现金股利

D. 发放职工奖金　　E. 弥补贷款损失

5. 留存收益是企业历年实现的净利润留存于企业的部分，主要有（　　）。

A. 实收资本　　　　B. 资本公积　　　　C. 盈余公积

D. 一般风险准备　　E. 未分配利润

6. （　　）可以按规定用于转增实收资本。

A. 资本公积金　　　B. 法定盈余公积金　　C. 法定公益金

D. 未分配利润　　　E. 一般风险准备

7. 其他资本公积主要包括的内容有（　　）。

A. 享有的被投资单位资本公积变动的份额

B. 持有至到期投资转换为可供出售金融资产公允价值与账面价值的差额

C. 可供出售金融资产的公允价值变动

D. 自用房地产或存货转换为投资性房地产公允价值与账面价值的差额

E. 以权益结算股份支付时权益工具授予日的公允价值

三、判断题

1. 投资者的投资收益与银行经营的好坏密切相关，而债权人的投资收益与银行经营

好坏无关。　　　　　　　　　　　　　　　　　　　　　　（　　）

2. 企业的实收资本又称注册资本，它是企业对外承担经济责任的限度。（　　）

3. 注册资本可以一次或分次筹集，采取一次性筹集的，应在营业执照签发之日起，在 3 个月内筹足。　　　　　　　　　　　　　　　　　　　（　　）

4. 优先股比普通股有一定的优先权，因此获得的股利丰厚，投资风险也小。（　　）

5. 资本公积和盈余公积均可用于转增银行资本。　　　　　　　　（　　）

6. 资本公积和盈余公积与银行的净利润没有任何关系。　　　　　（　　）

7. 金融企业需要提取风险准备。风险准备同盈余公积和未分配利润一样都是从净利润中提取的，是企业所得净收益的积累。　　　　　　　　　　（　　）

8. 盈余公积转增资本后，留存的盈余公积的数额不得少于注册资本的 25%。（　　）

四、业务题

目的：练习所有者权益的核算。

资料：

1. 收到国家增加资本金 5 000 万元。

2. 收到××公司以房屋 1 幢作为投入资本，按投资各方确认的 5 000 000 元入账（未提折旧）。

3. 收到投资方以无形资产×专利投入。确认价值为 800 万元。

4. 收到外单位捐赠某设备一台，确认价值 80 000 万元。

5. 接受 A 公司捐赠款项 20 万元存入银行。

6. 增发普通股 5 000 000 股，每股面值 1 元，委托证券公司溢价发行，每股 5 元，发行费用 200 000 元。证券公司发行完毕后，扣除发行费用，转收到的发行款 24 800 000 元，存入本公司存款户。

7. 经批准将 300 万元资本公积转为资本金。

8. 本年实现净利润 9 800 000 元，按 10% 的比例提取法定盈余公积金，按 5% 的比例提取法定公益金，经股东大会通过，按 8% 的比例提取任意盈余公积金。

9. 用法定公益金 600 000 元购置职工体育文化设施，已验收使用，款项签发转账支票付讫。

10. 经董事会研究批准动用盈余公积 100 万元作现金股利发放。

要求：根据以上业务编制会计分录。

第十三章

收入、成本费用及利润的核算

【学习内容与要求】 了解金融企业收入、成本费用及利润的构成和基本要求；明确金融企业收入的确认方法，掌握金融企业收入、成本费用利润的核算方法；理解金融企业经营管理中利润的作用。

第一节 收入的核算

收入是指企业在日常活动中形成的、会导致所有者权益增加的、与所有者投入资本无关的经济利益的总流入。其中"日常活动"，是指金融企业为完成其经营目标所从事的经常性活动以及与之相关的其他活动。因此，金融企业日常经营活动最终目的就是获得最大化的利润，而收入则是利润的最基本来源。

一、金融企业收入实现的确认

金融企业一项经济利益的流入要被确认为收入必须具备以下几方面的条件：

其一，收入是从金融企业的日常活动中产生的，而不是从偶发的交易或事项中产生，这是营业收入与营业外收入的最大区别。

其二，收入可能表现为资产的增加，如增加金融企业财务往来、应收手续费等，也可能表现为负债的减少，如以手续费收入抵偿债务，或者两者兼而有之，如手续费收入款项中部分抵偿债务，部分收取现金。

其三，收入可能导致所有者权益的增加。金融企业确认收入的前提是经济利益的流入，因此，收入能增加资产或减少负债或者兼而有之。因此，根据"资产 = 负债 + 所有者权益"的公式，金融企业取得收入一定能增加所有者权益。

其四，收入是一个与成本费用相对应的概念。

金融企业的收入是与一定的费用紧密联系的，是金融企业先期垫付费用的回报。任何一项收入是以一定费用支出为前提的。这与会计的收入费用配比原则是一致的。

其五，收入只包括金融企业自身经济利益的流入，不包括为第三方或客户代收的款项。

代收的款项，一方面增加金融企业的资产，另一方面增加金融企业的负债，因此，不增加金融企业的所有者权益，也不属于金融企业的经济利益，不能作为金融企业的收入。

金融企业在日常活动中形成的经济利益为营业收入，包括主营业务取得的收入和其他业务取得的收入（含投资取得的收入），而在日常活动以外取得的经济利益为利得，即营业外收入。本节主要介绍金融企业营业收入的核算。

二、金融企业营业收入的核算

为了全面反映和监督金融企业营业收入的实现，公司应根据其业务经营范围设置相关的营业收入类科目，主要有"利息收入""手续费及佣金收入""租赁收入""其他业务收入""汇兑损益""公允价值变动损益"和"投资收益"等，并在各科目下设置有关明细账户进行核算。该类收入性质的科目，贷方记录金融企业发生的各项收入，会计期末通过这些科目的借方转入"本年利润"的贷方。期末结转后，该类科目没有余额。

（一）利息收入的核算

利息收入是指金融企业依法向企事业单位贷出款项，按规定收取的利息及办理贴现业务的利息收入。具体包括贷款利息收入、银行存款利息收入、金融企业往来利息收入、贴现利息收入等。利息收入应按让渡资金使用权的时间和适用率计算确定。

1. 利息收入核算设置的科目

利息收入在会计核算时，设置"利息收入"科目进行核算。该科目属损益类科目，专门核算金融企业发放的各类贷款及按规定收取的利息及办理贴现业务利息收入的增减变动情况，贷方反映到期实收的利息和到期应收未收的利息，期末结转"本年利润"后无余额。

"利息收入"科目的明细科目设置：①存放同业利息收入；②存放中央银行利息收入；③发放贷款及垫款利息收入；④买入返售金融资产利息收入；⑤其他利息收入等。

2. 利息收入的核算

金融企业在计算当期收取利息时，填制有关凭证，办理转账。编制会计分录：

借：吸收存款——××

贷：利息收入——××利息收入

按权责发生制原则，凡属于金融企业本期应收取的利息，应确认收入的实现，计入当期损益。依据新《企业会计准则》的规定，资产负债表日，金融企业应按合同约定的名义利率计算确定的应收利息的金额，按金融工具确认和计量准则计算确定的利息收入金额，差额调整相应科目。编制会计分录：

借：应收利息或买入返售金融资产（按合同利率计算）

　　××贷款——利息调整

　　贷：利息收入——××利息收入（按实际利率计算）

或：

借：应收利息或买入返售金融资产

　　贷：利息收入——××利息收入

　　　　××贷款——利息调整

实际收到利息时，应编制会计分录：

借：吸收存款——××

　　贷：应收利息

期末，利息收入结转利润时，应编制会计分录：

借：利息收入——××利息收入

　　贷：本年利润

（二）手续费及佣金收入的核算

手续费及佣金收入主要是指金融企业在提供服务时向客户收取的费用，包括办理结算业务、咨询业务、担保业务、代保管等代理业务以及办理受托贷款及投资等取得的手续费。手续费及佣金收入，应当在向客户提供相关服务时确认收入。

1. 手续费及佣金收入核算设置的科目

手续费及佣金收入也是金融企业财务收入的主要来源之一。其结算方式可以采用现金结算，也可采用转账结算。手续费收入不同于其他营业收入，在会计核算中应设置"手续费及佣金收入"科目进行核算。

该科目属于损益类科目，专门用于核算企业在提供服务时向客户收取各种费用的增减变动情况，贷方反映发生的各项手续费及佣金收入，期末结转"本年利润"科目，结转后本科目应无余额。

"手续费及佣金收入"科目可设置的明细科目：①结算手续费收入；②佣金收入；③业务代办手续费收入；④基金托管收入；⑤咨询服务收入；⑥担保收入；⑦受托贷款手续费收入；⑧代保管收入等。

2. 手续费及佣金收入的核算

金融企业收取手续费及佣金的时间根据具体情况而定，既可定期，也可逐笔向有关单位和个人收取。

确认手续费及佣金收入时，应编制会计分录：

借：应收账款（或代理承销证券等科目）

　　贷：手续费及佣金收入——××收入

实际收到手续费及佣金收入时，应编制会计分录：

借：库存现金或存放中央银行款项（结算备付金或××活期吸收存款等科目）——
××收入

    贷：应收账款等

期末余额结转利润时，应编制会计分录：

借：手续费及佣金收入——××收入

    贷：本年利润

（三）租赁收入的核算

"租赁收入"科目属于损益类科目，用来核算金融企业根据租赁准则确认的租赁收入增减变动情况，贷方反映发生的保费收入，期末结转"本年利润"科目，结转后无余额。该科目应按照租赁资产类别进行明细核算。

金融企业确认租赁收入时，应编制会计分录：

借：未实现融资收益等科

    贷：租赁收入——××收入

有租金实际发生时，应编制会计分录：

借：库存现金等

    贷：租赁收入——××收入

期末余额结转时，应编制会计分录：

借：租赁收入——××收入

    贷：本年利润

（四）其他业务收入的核算

其他业务收入是指金融企业除主营业务收入之外的其他经营活动实现的营业性收入，包括出租固定资产、出租无形资产等实现的收入。我国金融企业目前实行分业经营、分业管理，因此某项具体业务在一个金融企业可能是主营业务，而在另一个金融企业则可能是非主营业务。金融企业在核算业务收入时应依据自身业务特点，区分主营业务和非主营业务进行核算。

1. 其他业务收入核算设置的科目

对于其他业务收入的核算，金融企业应设置"其他业务收入"科目，并按其他业务收入的种类设置明细科目。"其他业务收入"科目属于损益类科目，贷方反映发生的其他业务收入，期末将本科目结转"本年利润"科目，结转后无余额。金融企业（租赁）出租固定资产取得的租赁收入，在"租赁收入"科目核算，不在本科目核算。

"其他业务收入"科目可设置的明细科目：①出租固定资产收入；②出租无形资产收入等。

2. 其他业务收入的核算

金融企业在确认其他业务收入时，应编制会计分录：

借：应收账款等科目

　　贷：其他业务收入——××收入

期末结转利润时，应编制会计分录：

借：其他业务收入——××收入

　　贷：本年利润

（五）汇兑损益的核算

汇兑损益是指金融企业因外币兑换、汇率变动等原因而产生的收益，是外汇损益的一个方面。

金融企业发生的汇兑损益是通过"汇兑损益"科目核算，同时按外汇买卖币种分设明细科目。"汇兑损益"科目属于损益类科目，借方反映因汇率变动等原因而产生的汇兑损失，贷方反映因汇率变动等原因而产生的汇兑收益，期末将本科目结转"本年利润"科目，结转后无余额。汇兑损益应根据买入、卖出差价和汇率变动的净收益确认。

期末，按照期末汇率折合的记账本位币余额与"货币兑换——记账本位币"科目余额之间的差额记账，如为贷方余额，发生收益时，应编制会计分录：

借：货币兑换——记账本位币

　　贷：汇兑损益——××收益

如为借方余额，发生损失时，应编制会计分录：

借：汇兑损益——××收益

　　贷：货币兑换——记账本位币

期末结转利润时，应编制会计分录：

借：汇兑损益——××收益

　　贷：本年利润（本币）

（六）公允价值变动损益的核算

公允价值变动损益是金融企业持有的金融资产或金融负债由于公允价值变动形成的损益。金融企业对于交易性金融资产或金融负债和直接指定以公允价值计量且其变动计入当期损益的金融资产或金融负债，以及采用公允价值模式计量的衍生工具、套取业务中公允价值变动形成的应计入当期损益的利得和损失，通过设置"公允价值变动损益"科目进行核算。"公允价值变动损益"科目属于损益类科目，按照交易性金融资产、交易性金融负债、投资性房地产等进行明细核算。借方反映因公允价值变动而产生的损失，贷方反映因公允价值变动而产生的收益，期末将本科目结转"本年利润"科目，结转后无余额。

1. 交易性金融资产或采用公允价值模式计量的衍生工具等的核算

资产负债表日，金融企业应按交易性金融资产或采用公允价值模式计量的衍生工具等的公允价值高于其账面余额的差额，编制会计分录：

借：交易性金融资产——公允价值变动

　　贷：公允价值变动损益

若公允价值低于其账面余额的差额，作相反的会计分录。

出售交易性金融资产或采用公允价值模式计量的衍生工具时，应编制会计分录：

借：存放中央银行款项等科目（按实际收到的金额）

　　投资收益（差额）

　　贷：交易性金融资产——公允价值变动（按其账面余额）

或：

借：存放中央银行款项等可科目（按实际收到的金额）

　　贷：交易性金融资产——公允价值变动（按其账面余额）

　　　　投资收益（差额）

同时，将"交易性金融资产——公允价值变动"科目余额结转"投资收益"科目，应编制会计分录：

借：公允价值变动损益

　　贷：投资收益

或：

借：投资收益

　　贷：公允价值变动损益

2. 交易性金融负债的核算

资产负债表日，交易性金融负债的公允价值高于其账面余额的差额时，应编制会计分录：

借：公允价值变动损益

　　贷：交易性金融负债——公允价值变动

若公允价值低于其账面价值的差额时，作相反的会计分录。

出售交易性金融负债时，应编制会计分录：

借：交易性金融负债——公允价值变动（按其账面余额）

　　投资收益（差额）

　　贷：存放中央银行款项或结算备付金等科目（按实际支付的金额）

或：

借：交易性金融负债——公允价值变动（按其账面余额）

　　贷：存放中央银行款项或结算备付金等科目（按实际支付的金额）

　　　　投资收益（差额）

同时，将"交易性金融负债——公允价值变动"科目余额结转"投资收益"科目，应编制会计分录：

借：公允价值变动损益

　　贷：投资收益

或：

借：投资收益

　　贷：公允价值变动损益

期末结转利润时，应编制会计分录：

借：公允价值变动损益

　　贷：本年利润

（七）投资收益的核算

投资收益是商业银行通过购买有价证券或以现金、无形资产、实物等对外投资所取得的收益。

商业银行通过各种形式的对外投资所取得的收益，应设置"投资收益"科目进行核算。其中，债券投资在持有期间所取得的利息收入，也可以通过"利息收入"科目进行核算。"投资收益"科目可按投资项目进行明细核算，期末，应将该科目余额转入"本年利润"科目，结转后该科目无余额。在利润表上，投资收益应按对外投资所取得的收益，减去发生投资损失后的净额列报。

其一，金融企业取得交易性金融资产、持有至到期投资、可供出售金融资产期间取得的投资收益以及处置交易性金融资产、交易性金融负债、指定为以公允价值计量且其变动计入当期损益的金融资产实现的损益，比照"交易性金融资产""持有至到期投资""可供出售金融资产"等科目的相关规定进行处理。

其二，长期股权投资采用成本法核算的，金融企业应按投资单位宣告发放的现金股利或利润中属于本企业的部分，编制会计分录：

借：应收股利

　　贷：投资收益

属于被投资单位在取得投资前实现净利润的分配额，应作为投资成本的收回，编制会计分录：

借：应收股利

　　贷：长期股权投资

其三，长期股权投资采用权益法核算的，资产负债表日，应根据被投资单位实现的净利润或经调整的净利润计算应享有的份额，编制会计分录：

借：长期股权投资——损益调整

　　贷：投资收益

被投资单位发生亏损，按新规定应当以长期股权投资的账面价值以及其他实质上构成对被投资单位净投资的长期权益减记至零为限，投资方负有承担额外损失义务的除外。

金融企业分担亏损份额超过长期股权投资而冲减长期权益账面价值时，编制会计分录：

借：投资收益

　　贷：长期股权投资——损益调整

发生亏损的被投资单位以后年度实现净利润的，企业计算的应享有份额，如有未确认投资损失的，应先弥补未确认的投资损失，弥补损失后仍有余额的，恢复确认收益分享额。编制会计分录：

借：长期股权投资——损益调整

　　贷：投资收益

其四，出售长期股权投资，采用成本法核算时，编制会计分录：

借：银行存款等科目（按实际收到的金额）

　　贷：长期股权投资（按其账面余额）

　　　　应收股利（按尚未领取的现金股利或利润）

　　　　投资收益（差额）

或：

借：银行存款等科目（按实际收到的金额）

　　投资收益（差额）

　　贷：长期股权投资（按其账面余额）

　　　　应收股利（按尚未领取的现金股利或利润）

对于原已计提减值准备的，将借记"银行存款"科目改为"长期股权投资减值准备"科目。

其五，出售长期股权投资，采用权益法核算的，除上述账务处理外，还应按处置长期股权投资的投资成本比例结转原记入"资本公积——其他资本公积"科目的余额，编制会计分录：

借：资本公积——其他资本公积

　　贷：投资收益

或：

借：投资收益

　　贷：资本公积——其他资本公积

其六，投资收益结转利润的核算。期末"投资收益"科目贷方余额结转利润时，编制会计分录：

借：投资收益

　　贷：本年利润

如果期末"投资收益"科目为借方余额，则为投资损失，期末结转"本年利润"科目时，其会计分录与上相反。

三、金融企业营业外收入的核算

营业外收入是金融企业发生的与其业务经营活动无直接关系的各项经济利益的流入。营业外收入由金融企业的非日常活动形成，属于应直接计入当期利润的利得。主要包括非流动资产处置利得、非货币性资产交换利得、债务重组利得、政府补助、盘盈利得、捐赠利得等。

金融企业对发生的各项营业外收入，应设置"营业外收入"科目进行核算。该科目属于损益类科目，可以根据营业外收入项目分别设置明细科目进行核算。

发生营业外收入时，应编制会计分录：

借：固定资产清理等有关科目

　　贷：营业外收入

【课外思考 13 – 1】2014 年新《企业会计准则》中关于长期股权投资的修订内容有哪些?

第二节　成本费用的核算

成本是指企业为提供劳务和产品而发生的各种耗费；费用是指企业为销售商品、提供劳务等日常活动所发生的经济利益的总流出。企业在日常经营过程中，必然要发生各种耗费，导致经济利益的流出。

一、金融企业成本费用的概念

金融企业的营业成本是指在业务经营过程中发生的与业务经营有关的支出，包括利息支出、手续费支出、提取未到期责任准备金、提取保险责任金、赔付支出、保单红利支付、退保金、分出保费、分保费用和其他业务支出等项目。

金融企业的业务及管理费用指金融企业在业务经营及管理工作中发生的各项费用，包括折旧费、业务宣传费、业务招待费、电子设备运转费、钞币运送费、安全防卫费、邮电费、劳动保护费、外事费、印刷费、低值易耗品摊销、职工工资、差旅费、水电费、修理费、职工教育经费、工会经费、税金、会议费、诉讼费、公证费、咨询费、无形资产摊销、长期待摊费用摊销、待业保险费、劳动保险费、取暖降温费、聘请中介机构费、技术转让费、绿化费、董事会费、财产保险费、住房公积金、物业管理费、研究费用等。

金融企业在从事经营业务活动中形成的营业成本和费用，是以货币价值的形式表现出来的，共同构成金融企业的成本。

二、金融企业经营费用的确认

金融企业应根据权责发生制和收入费用配比原则确认经营费用，将一定期间的费用与相应的收入相对应。所谓配比原则，是根据收入与费用的内在联系，要求将一定时期内的收入与取得收入所发生的费用在同一期间进行确认和计量。因此，金融企业经营费用的确认是与经营收入密切相关的，根据收入与费用的相关程度，费用可以分为以下三类：

（一）直接费用

直接费用是指为取得营业收入而直接发生的费用，即与当期的营业收入有直接因果关系的费用，例如自营证券成本、手续费支出等。在确认营业收入的当期，就可以直接确认这些营业费用。

（二）期间费用

期间费用是指那些仅仅有助于当期营业收入的实现，或者数额不大，不便于在各期分配的费用，例如业务招待费、坏账损失等。期间费用在发生时即可确认为费用，与当期的营业收入相配比。

（三）跨期费用

跨期费用是指受益期限在一个会计期限以上的费用，即应当按照配比原则，按规定方法在受益期间进行分配的费用。例如固定资产折旧费等。

三、金融企业成本、费用的核算

金融企业的营业支出是指在业务经营过程中发生的与业务经营有关的支出，主要包括利息支出、手续费及佣金支出、业务及管理费用、其他业务支出、营业税金及附加等。

由于金融企业业务活动种类繁多，性质不同，无法一一介绍每类活动的核算，因此，此处仅以商业银行主要营业业务为例，说明金融企业营业业务的会计核算。

（一）利息支出

利息支出是指金融企业吸收的各种存款（单位存款、个人存款、信用卡存款、特种存款、转贷款资金等）、与其他金融机构之间发生资金往来业务、卖出回购金融资产等产生的利息支出。其中，商业银行与其他金融机构之间发生资金往来包括商业银行系统内、商业银行相互之间以及商业银行与中央银行及其他非银行金融机构之间发生的资金往来业务。

对商业银行发生的利息支出，在会计上应设置"利息支出"科目进行核算，该科目为损益类科目，可按利息支出项目进行明细核算。

1. 发生利息支出时

应编制会计分录：

借：利息支出——××利息支出

    贷：库存现金或××活期吸收存款——××

2. 预提应付利息

资产负债表日，编制会计分录：

借：利息支出——××利息支出（按金融工具和计量准则计算确定的各项利息费用的金额）

    ××活期吸收存款——折价（按其差额）

    贷：应付利息或卖出回购金融资产（按合同利率计算确定的应付未付利息）

或：

借：利息支出——××利息支出（按金融工具和计量准则计算确定的各项利息费用的金额）

    贷：应付利息或卖出回购金融资产（按合同利率计算确定的应付未付利息）

        ××活期吸收存款——溢价（按其差额）

3. 实际支付已预提的应付利息时

应编制会计分录：

借：应付利息

    贷：××活期吸收存款———××

4. 期末结转利润时

应编制会计分录：

借：本年利润

    贷：利息支出——××利息支出

（二）手续费及佣金支出的核算

手续费及佣金支出反映金融企业发生的与其经营活动相关的各项手续费、佣金等支出。手续费支付方式有两种：一种是现金支付；另一种是转账支付。

为了反映手续费及佣金支出的增减变动情况，金融企业设置"手续费及佣金支出"科目，该科目属于损益类科目，按照支出类别进行明细核算。

1. 发生手续费及佣金支出时

应编制会计分录：

借：手续费及佣金支出——××手续费支出

贷：存放中央银行款项（或存放同业或现金或应付账款等科目）

2. 期末

期末按"手续费及佣金支出"科目余额结转时，应编制会计分录：

借：本年利润

　　贷：手续费及佣金支出——××手续费支出

（三）业务及管理费的核算

业务及管理费是一种期间费用，是指金融企业在业务经营和管理过程中所发生的各项费用，主要包括折旧费、业务宣传费、业务招待费等在内的各项费用。

为核算营业费用的增减变动情况，金融企业应设置"业务及管理费"科目进行核算，该科目属于损益类科目，由于业务及管理费用的项目繁杂，因此，该科目应按照费用项目进行明细核算。

1. 业务宣传费的核算

为更好地展开业务，金融企业必须做好宣传工作，以吸引客户。如设置定点宣传栏、印发宣传资料、配合有关业务不定期上街宣传等，在这些活动中发生的业务宣传费实行比例控制。业务宣传费应按期如实列支，不得预提。

发生宣传费时，应编制会计分录：

借：业务及管理费用——业务宣传费

　　贷：银行存款（或库存现金等科目）

2. 业务招待费的核算

业务招待费是金融企业为业务经营的合理需要而发生的公关费用。业务招待费实行分档次按比例控制，必须当期如实列支，不得预提。

发生业务招待费时，应编制会计分录：

借：业务及管理费用——业务招待费

　　贷：银行存款（或库存现金等科目）

3. 业务管理费的核算

业务管理费是金融企业在业务管理工作中发生的各项费用。业务管理费包含的内容很多，一般根据具体项目设置更详细的明细账进行核算。

发生业务管理费时，应编制会计分录：

借：业务及管理费用——××费用

　　贷：应付工资、应付福利费或其他应付款等科目

4. 期末各业务及管理费用的结转

上述有关业务宣传费、业务招待费、业务管理费等，在期末按规定结转利润时，应编制会计分录：

借：本年利润
　　贷：业务及管理费用——××费用

（四）其他业务支出的核算

其他业务支出是指金融企业除主营业务活动以外的其他经营活动所发生的支出，包括出租固定资产的累计折旧、出租无形资产的累计摊销等。

金融企业应设置"其他业务支出"科目核算企业其他业务支出的增减变动情况，该科目属于损益类科目，按照其他业务支出的种类设置"出租固定资产的累计折旧""出租无形资产的累计摊销"等明细科目进行核算。

发生其他业务成本时，应编制会计分录：

借：其他业务成本——××
　　贷：累计折旧或累计摊销等科目

期末结转利润时，应编制会计分录：

借：本年利润
　　贷：其他业务成本——××

（五）营业税金及附加的核算

根据国家税法的规定，金融企业应向国家税务机关缴纳各种税金，包括营业税、城市维护建设税、教育附加等。

营业税是国家对以营利为目的的企业单位或个人就其营业收入和提供劳务收入而征收的一种税收。它是按照营业额和规定的税率计算应纳税额。目前，金融企业以其营业收入扣除金融企业往来收入为缴纳营业税的计税依据。其计算公式如下：

应纳营业税 = 营业额 × 适用税率

城市维护建设税是国家为加强城市维护建设，扩大和稳定城市维护建设资金的来源而征收的一个税种，其性质属于附加税。金融企业应以缴纳的营业税额为课税对象，缴纳城市维护建设税。其计算公式如下：

应纳城市维护建设税 = 应交营业税额 × 税率

教育费附加是为了加快发展地方教育事业，扩大地方教育的来源而征收的一个税种。教育费附加是以金融企业缴纳营业税额的一定比例计交的用于地方教育事业的费用附加。其计算公式如下：

应纳教育费附加 = 应交营业税额 × 教育费附加率

1. 营业税金及附加核算设置的科目

为核算金融企业营业税金及附加的增减变动情况，企业设置"营业税金及附加"科目，该科目属于损益类科目，用于核算金融企业缴纳的按规定计算确定的与经营活动相关的税费。本科目应按"营业税""城市维护建设税""教育费附加"等明细科目进行核算。

房产税、车船使用税、土地使用税、印花税等应在"业务及管理费"科目核算，不在该科目核算。但与投资性房地产相关的房产税、土地使用税在该科目核算。

2. 营业税金及附加的核算

金融企业期末计提应纳营业税金及附加时，应编制会计分录：

借：营业税金及附加
　　贷：应交税费——应交营业税
　　　　　　　　——应交城市维护建设税
　　　　　　　　——教育费附加

金融企业实际缴纳营业税金及附加时，应编制会计分录：

借：应交税费——应交营业税
　　　　　　——应交城市维护建设税
　　　　　　——教育费附加户
　　贷：存放中央银行款项

期末结转利润时，应编制会计分录：

借：本年利润
　　贷：营业税金及附加

四、营业外支出的核算

营业外支出是金融企业发生的与其业务经营活动无直接关系的各项经济利益的流出。营业外支出由金融企业的非日常活动产生，属于应直接计入当期利润的损失，主要包括非流动资产处置损失、非货币性资产交换损失、债务重组损失、公益性捐赠支出、非常损失、盘亏损失等。营业外收入和营业外支出应当分别核算，并在利润表中分别反映。

金融企业对发生的各项营业外支出，应设置"营业外支出"科目进行核算，该科目属于损益类科目，期末结转利润后，该科目无余额，可以根据营业外支出项目分别设置明细科目进行核算，明细科目为"处置非流动资产损失""非货币性资产交换损失""债务重组损失""罚款支出""捐赠支出"和"非常损失"等。

发生营业外支出时，其会计分录：

借：营业外支出
　　贷：库存现金（或待处理财产损溢等有关科目）

期末，结转利润时，应编制会计分录：

借：本年利润

    贷：营业外支出——××

第三节　利润及利润分配的核算

利润是指企业在一定会计期间的经营成果，其中包括收入减去费用后的净额、直接计入当期利润的利得和损失等。

一、金融企业利润的构成

我国金融企业与其他企业一样讲究经济效益，并且利润是金融企业自身发展和积累的基础，也是国家财政收入的重要组成部分。因此，加强金融企业利润的管理，对企业经济管理以及国民经济发展都具有重要作用。

我国金融企业利润主要由三部分构成：营业利润、利润总额和净利润。

（一）营业利润

营业利润是金融企业主要的利润来源，它是金融企业日常活动所产生的利润，是利润总额的主要组成部分，能够比较清楚地反映经营者的经营业绩。其计算公式：

营业利润 = 营业收入 - 营业支出 - 业务及管理费 + 公允价值变动净收益 + 投资净收益 + 汇兑净收益

营业利润包括投资净收益是金融企业与其他企业的主要区别。由于金融企业是进行资金融通的特殊企业，所经营的是特殊商品——货币，使投资业务成为金融企业的主要业务之一，其收益属于金融企业正常经营收入，在金融企业利润组成中占较大比重。因此，金融企业的公允价值变动净收益、投资净收益和汇兑净收益应该被包括在营业利润里，也应在损益表中的营业收入项目内反映。

（二）利润总额

利润总额是指营业利润减去营业税金及附加，加上营业外收入，减去营业外支出后的金额。用公式表示：

利润总额 = 营业利润 - 营业税金及附加 + 营业外收入 - 营业外支出

营业外收入和营业外支出，是指金融企业发生的与其经营业务活动无直接关系的各项收入和各项支出。这些收入或支出是企业日常经营活动以外偶然发生的，而且各项收入和支出之间彼此独立，没有相互对应关系。营业外收支虽然不是企业经常发生的经济利益的流动，但它是企业利润的组成部分，对企业的利润总额和净利润都有一定影响。

金融企业的营业外收入包括固定资产盘盈、处置固定资产净收益、处置无形资产净收益、处置抵债资产净收益、罚款收入等。营业外支出包括固定资产盘亏、处置固定资产净损失、处置无形资产净损失、抵债资产保管费用、处置抵债资产净损失、债务重组损失、罚款支出、捐赠支出、非常损失等。营业外收入和营业外支出应当分别核算，并在利润表中分别反映。

（三）净利润

净利润是指扣除资产损失后的利润总额减去所得税后的余额。表示如下：

净利润 = 扣除资产损失后的利润总额 − 所得税 = 利润总额 − 提取的资产损失 − 所得税

资产损失是指金融企业按规定提取（或转回）的贷款损失和其他各项资产损失。扣除资产损失后利润总额，是指利润总额减去（或加上）提取（或转回）的资产损失后的金额。所得税是指金融企业应计入当期损益的所得税费用。

二、金融企业所得税费用的核算

金融企业所得税费用是金融企业利润核算中的主要部分，正确、合理地确定所得税费用是形成金融企业利润的关键所在。金融企业应在每一会计期间计算所得税费用，并按照国家有关规定，计算交纳所得税。

（一）金融企业所得税费用核算的基本要求

1. 递延所得税资产、递延所得税负债的确认

所得税费用的核算是以金融企业的资产负债表及其附注为依据，结合相关账簿资料，分析计算各项资产、负债的计税基础，通过比较资产、负债的账面价值与其计税基础之间的差异，确定应纳税暂时性差异和可抵扣性差异。其中，资产的账面价值大于其计税基础或者负债的账面价值小于其计税基础，产生应纳税暂时性差异；资产的账面价值小于其计税基础或者负债的账面价值大于其计税基础，产生可抵扣暂时性差异。按照税法规定允许抵减以后年度利润的可抵扣亏损，视同可抵扣暂时性差异。

按照暂时性差异与适用税率计算的结果，确定递延所得税资产、递延所得税负债以及相应的递延所得税费用。

2. 递延所得税资产、递延所得税负债的转回

递延所得税资产和递延所得税负债确认后，相关的应纳税暂时性差异或可抵扣暂时性差异于以后期间转回的，应当调整原已确认的递延所得税资产、递延所得税负债以及相应的递延所得税费用。

3. 所得税费用在利润表中的列示

利润表中应当单独列示所得税费用。所得税费用由两部分内容构成：一是按照税法规

定计算的当期所得税费用（当期应交所得税）；二是按照上述规定计算的递延所得税费用，但不包括直接计入所有者权益项目的交易和事项以及金融企业合并的所得税影响。

综上所述，所得税费用的核算关键在于确定资产、负债的计税基础，资产、负债的计税基础一经确定，即可计算暂时性差异并在此基础上确认递延所得税资产、递延所得税负债以及递延所得税费用。

（二）资产、负债的计税基础

资产的计税基础是指在金融企业收回资产账面价值过程中，计算应纳税所得额时按照税法规定可以自应税经济利益中抵扣的金额；负债的计税基础是指负债的账面价值减去未来期间的计算应纳税所得额时按照税法规定可予以抵扣的金额。一般而言，短期借款、应付票据、应付账款、其他应交款等负债的确认和偿还，不会对当期损益和应纳税所得税额产生影响，其计税基础即为账面价值。

（三）所得税费用的计算

1. 所得税是根据企业应纳税所得额的一定比例上缴的一种税

金融企业在计算确定的当期所得税以及递延所得税费用（或收益）的基础上，应将两者之和确认为利润表中的所得税费用（或收益）。计算公式：

所得税费用（或收益）＝当期所得税＋递延所得税费用（－递延所得税收益）

递延所得税费用＝递延所得税负债增加额＋递延所得税资产减少额

递延所得税收益＝递延所得税负债减少额＋递延所得税资产增加额

2. 当期所得税的计算

应纳税所得额是在企业税前会计利润（利润总额）的基础上调整确定的。计算公式：

应纳税所得额＝税前会计利润＋纳税调整增加额－纳税调整减少额

其中，纳税调整增加额主要包括在税法规定允许扣除项目中，企业已计入当期费用但超过税法规定扣除标准的金额（如超过税法规定标准的业务招待费支出），以及企业已计入当期损失但税法规定不允许扣除项目的金额（如税收滞纳金、罚款、罚金）；纳税调整减少额主要包括按税法规定允许弥补的亏损和准予免税的项目，如前5年内未弥补的亏损和国债利息收入等。

企业当期所得税的计算公式：

应交所得税＝应纳税所得额×所得税税率

（四）所得税费用的核算

金融企业应根据企业会计准则的规定，对当期所得税加以调整计算后，据以确认应从当期利润总额中扣除的所得税费用。金融企业设置"所得税"科目进行核算，该科目属于损益类科目，按照"当期所得税费用""递延所得税费用"进行明细核算。期末本科目结转利润后无余额。其账务处理如下：

其一，发生各项所得税费用时，编制会计分录：

借：所得税
    贷：库存现金等科目

其二，资产负债表日，金融企业按照税法规定计算确定的当期应交所得税金额，编制会计分录：

借：所得税——当期所得税费用
    贷：应交税费——应交所得税

其三，在确认相关资产、负债时，根据所得税准则确认的递延所得税资产时，编制会计分录：

借：递延所得税资产
    贷：所得税——递延所得税费用
        或资本公积——其他资本公积

根据所得税准则确认的递延所得税负债时，编制会计分录：

借：所得税——递延所得税费用
    或资本公积——其他资本公积
        贷：递延所得税负债

其四，资产负债表日，根据所得税准则确认的递延所得税资产变动时，编制会计分录。

若变动大于"递延所得税资产"科目余额的差额：

借：递延所得税资产
    贷：所得税——递延所得税费用
        或资本公积——其他资本公积

若变动小于"递延所得税资产"科目余额的差额，作相反的会计分录。

其五，资产负债表日，根据所得税准则确认的递延所得税负债变动时，编制会计分录：

若变动大于"递延所得税负债"科目余额的差额：

借：所得税——递延所得税费用
    或资本公积——其他资本公积
        贷：递延所得税负债

若变动小于"递延所得税负债"科目余额的差额，作相反的会计分录。

其六，期末本科目余额结转利润时，编制会计分录：

借：本年利润
    贷：所得税——××

【例13-1】假如某金融企业当期应交所得税为 2 500 000 元，递延所得税负债年初数为 400 000 元，年末数为 500 000 元，递延所得税资产年初数为 250 000 元，年末数为 200 000 元。某金融企业作如下账务处理：

某金融企业所得税费用的计算：

递延所得税费用 = （500 000 – 400 000）+（250 000 – 200 000）= 150 000（元）

所得税费用 = 当期所得税 + 递延所得税费用 = 2 500 000 + 150 000 = 2 650 000（元）

某金融企业应编制会计分录：

借：所得税费用　　　　　　　　　　　　　　　　　　　　　　　　　　2 650 000

　　贷：应交税费——应交所得税　　　　　　　　　　　　　　　　　　　　2 500 000

　　　　递延所得税负债　　　　　　　　　　　　　　　　　　　　　　　　100 000

　　　　递延所得税资产　　　　　　　　　　　　　　　　　　　　　　　　50 000

三、金融企业利润及利润分配的核算

金融企业对于实现的利润及利润分配应分别核算，利润及利润分配各项目应当设置明细账，进行明细核算。金融企业提取的法定盈余公积、法定公益金（提取的储备基金、银行发展基金）、分配的优先股股利、提取的任意盈余公积、分配的普通股股利、转作资本（或股本）的普通股股利，以及年初未分配利润（或为弥补亏损）、期末未分配利润（或未弥补亏损）等，均应在利润分配表中分别列项予以反映。

（一）金融企业利润的核算

金融企业一般应计算利润，按月计算利润有困难的，可以按季或者按年计算利润。与此同时，金融企业还应计算并交纳所得税费用。

1. 本年利润的核算与结转

为了核算金融企业年度内实现的利润总额（或亏损总额），公司一般采用账结法，设置"本年利润"科目，用以核算公司在本年度实现的利润或亏损总额。期末，将各个收益类科目如"利息收入""手续费及佣金收入""其他业务收入""汇兑损益""营业外收入""投资收益"的发生额转入"本年利润"科目的借方或贷方。转账后，"本年利润"科目如为贷方余额，反映本年度自年初开始累计实现的净利润，本年实现净利润则记入"本年利润"账户的贷方；如为借方余额，反映本年自年初开始累计发生的净亏额，净亏损则记入"本年利润"账户的借方。

2. 金融企业结转损益类各科目时

应编制会计分录：

借：利息收入

　　手续费及佣金收入

　　保费收入

　　分保费收入

　　租赁收入

其他业务收入

汇兑损益

公允价值变动损益

投资收益

营业外收入等

　　贷：本年利润

借：本年利润

　　贷：利息支出

　　　　手续费及佣金支出

　　　　提取未到期责任准备金

　　　　提取保险责任准备金

　　　　赔付支出

　　　　保单红利支付

　　　　退保金

　　　　分出保费

　　　　其他业务支出

　　　　业务及管理费用

　　　　营业税金及附加

　　　　营业外支出

　　　　所得税等

　　年度终了，应将"本年利润"科目的全部累计余额，转入"利润分配"科目，如为净利润，转入"利润分配——未分配利润"科目贷方；为净亏损，转入"利润分配——未分配利润"科目借方。

　　年度决算日，按规定应结平"本年利润"科目，应编制会计分录：

　　若为净利润：

　　借：本年利润

　　　　贷：利润分配——未分配利润

　　若亏损：

　　借：利润分配——未分配利润

　　　　贷：本年利润

　　结转后，"本年利润"科目无余额。

　　【例13－2】某股份制金融企业在2017年度决算日，各损益类科目的本期发生额如下：

科目名称	本期发生额
利息收入	43 000 000
手续费及佣金收入	900 000
其他业务收入	500 000

汇兑损益	150 000
投资收益	1 000 000
营业外收入	40 000
利息支出	29 000 000
手续费及佣金支出	550 000
业务及管理费	7 500 000
营业税金及附加	900 000
其他业务支出	13 000
营业外支出	7 000
所得税费用	2 300 000

根据上述资料，金融企业应编制会计分录：

（1）将本期所有的金融企业收入从借方转入"本年利润"科目贷方：

借：利息收入	43 000 000
手续费及佣金收入	900 000
其他业务收入	500 000
汇兑损益	150 000
投资收益	1 000 000
营业外收入	40 000
贷：本年利润	45 590 000

（2）将本期所有的金融企业支出从贷方转入"本年利润"科目借方：

借：本年利润	40 270 000
贷：利息支出	29 000 000
手续费及佣金支出	550 000
业务及管理费用	7 500 000
营业税金及附加	900 000
其他业务支出	13 000
营业外支出	7 000
所得税费用	2 300 000

通过以上账务处理，"本年利润"科目余额 5 320 000 元即为本期形成的净利润。

（二）金融企业利润分配的政策

根据我国有关法规的规定，一般金融企业每期实现的净利润，首先是弥补以前年度发生而尚未弥补的亏损，然后应按以下顺序进行分配：

1. 提取法定盈余公积

提取法定盈余公积是指按照金融企业净利润和法定比例计提的盈余公积。

2. 提取法定公益金

（1）从事存贷款业务的金融企业，按规定提取的一般风险准备也作为利润分配处理。

（2）从事证券业务的金融企业，应按本年实现净利润的一定比例提取一般风险准备，用于弥补亏损，不得用于分红、转增资本。

（3）从事信托业务的金融企业，应按本年实现净利润的一定比例提取信托赔偿准备，用于弥补亏损，不得用于分红、转增资本。

（4）外商投资金融企业应当按照法律、行政法规的规定，按净利润提取储备基金、金融企业发展基金、职工奖励及福利基金等。

3. 应付优先股股利

这里是指金融企业按照利润分配方案分配给优先股股东的现金股利。

4. 提取任意盈余公积

这里是指金融企业按照规定提取任意盈余公积。

5. 应付普通股股利

这里是指金融企业按照利润分配方案分配给普通股股东的现金股利。金融企业分配给投资者的利润，也在本项目中核算。

6. 转作资本（或股本）的普通股股利

这里是指金融企业按照利润分配方案以分派股票股利的形式转作的资本（或股本）。金融企业以利润转增的资本，也在本项目中核算。

可供投资者分配的利润，在经过上述分配后，即为未分配利润（或未弥补亏损）。未分配利润留待以后年度进行分配。金融企业如发生亏损，依规定由以后年度利润进行弥补。金融企业未分配利润（或未弥补亏损）应当在资产负债表的所有者权益项目中单独列示。

（三）金融企业利润分配的核算

金融企业实现的利润总额，首先要依法缴纳所得税，税后利润才能按规定的分配顺序进行分配。

1. 利润总额的调整

根据制度规定，金融企业的利润总额在依法纳税前可以进行调整。调整的方法是盈亏互补。按照国家规定，如果金融企业年度中发生亏损，允许用缴纳所得税前的利润弥补，但连续弥补不得超过 5 年，5 年内未能连续弥补完的亏损，只能用交纳所得税后的利润弥补。按照国家有关规定允许金融企业在缴纳所得税前增减有关收入或支出的项目，例如，对上年度决算按国家规定进行调整；为避免对投资收益重复征税，在确定应税利润时，对已税收益加以扣除等。

2. 利润分配的核算

为了反映利润分配的过程和结果，应设置"利润分配"科目。该科目属于损益类科目，用于核算金融企业按规定分配的利润或应弥补的亏损和历年分配（或补亏）后的结存余额。借方反映各种利润分配事项，贷方反映抵减利润分配的事项，年末借方余额表示未弥补的亏损总额，贷方余额表示累计未分配利润总额。

"利润分配"科目的明细科目：提取法定盈余公积；提取法定公益金；应付优先股股利；提取任意盈余公积；应付普通股股利；转作股本的普通股股利；盈余公积转入；风险准备转入；提取风险准备；未分配利润等。

金融企业按规定进行利润分配时，账务处理如下：

（1）利润结转的核算。将本年度实现的利润总额转入"利润分配"科目。编制会计分录：

借：本年利润
　　贷：利润分配——未分配利润

如为亏损总额，则编制相反会计分录。

（2）抵补各项滞纳金、罚款、罚息的核算。为了用利益机制限制和约束金融企业的违规行为，国家规定，金融企业因各种违规行为所受的处罚在其税后利润中列支，不能计入成本。编制会计分录：

借：利润分配——罚没损失
　　贷：其他应付款

（3）支付各项罚款、罚息时，编制会计分录：

借：其他应付款
　　贷：存放中央银行款项或有关科目

（4）用盈余公积弥补亏损时，编制会计分录：

借：盈余公积
　　贷：利润分配——盈余公积补亏

（5）提取法定盈余公积时，编制会计分录：

借：利润分配——提取法定盈余公积
　　贷：盈余公积——法定盈余公积

（6）提取公益金时，编制会计分录：

借：利润分配——提取法定公益金
　　贷：盈余公积——公益金

（7）向优先股股东、普通股股东等投资者分配股利时，编制会计分录：

借：利润分配——应付优先股（普通股）股利
　　贷：应付股利（或应付利润）

（8）提取一般风险准备时，编制会计分录：

借：利润分配——提取一般风险准备金

　　贷：一般风险准备金

（9）按规定对利润进行分配后，将"利润分配"科目中各明细科目余额转入"未分配利润"明细科目。编制会计分录：

借：利润分配——未分配利润

　　贷：利润分配——罚没损失

　　　　　　——提取法定盈余公积

　　　　　　——提取法定公益金

　　　　　　——应付优先股（普通股）股利

　　　　　　——提取任意盈余公积

　　　　　　——提取风险准备金等

通过上述分录转账后，"利润分配"科目除"未分配利润"明细科目有余额外，其他明细科目均无余额。"未分配利润"余额若在贷方，则为留存收益，其年末余额表示历年积存的未分配利润；"未分配利润"余额若在借方，则表示未弥补亏损。

【例13－3】按【例13－2】中的资料，某金融企业2015年度按净利润的10%提取法定盈余公积金，按5%提取一般风险准备金，按5%提取任意盈余公积金，向投资者分配1 000 000元的利润，应编制会计分录：

借：利润分配——提取法定盈余公积金　　　　　　　　　532 000

　　　　　　——提取一般风险准备金户　　　　　　　　 266 000

　　　　　　——提取任意盈余公积金户　　　　　　　　 266 000

　　　　　　——向投资者分配利润　　　　　　　　　 1 000 000

　　贷：盈余公积——法定盈余公积　　　　　　　　　　 532 000

　　　　　　　——一般风险准备金　　　　　　　　　　 266 000

　　　　　　　——任意盈余公积　　　　　　　　　　　 266 000

　　　　应付股利　　　　　　　　　　　　　　　　　 1 000 000

【例13－4】按【例13－2】和【例13－3】的资料，某金融企业进行利润的年终结转，应编制会计分录：

（1）将"本年利润"科目余额转入"利润分配——未分配利润"科目：

借：本年利润　　　　　　　　　　　　　　　　　　 5 320 000

　　贷：利润分配——未分配利润　　　　　　　　　　 5 320 000

（2）结转"利润分配"各明细科目余额。

借：利润分配——未分配利润　　　　　　　　　　　 2 064 000

　　贷：利润分配——提取法定盈余公积金　　　　　　　 532 000

　　　　　　　——提取一般风险准备金　　　　　　　 266 000

　　　　　　　——提取任意盈余公积金　　　　　　　 266 000

　　　　　　　——向投资者分配利润　　　　　　　 1 000 000

通过上述会计处理后，"利润分配——未分配利润"科目贷方余额 3 256 000 元，表示到年底尚未分配的利润。

【课外思考 13 - 2】 目前我国在税收方面给予基金有哪些政策优惠？

实务训练

一、单项选择题

1. （　　）不在营业外支出中列支。
A. 固定资产盘亏　　　　　　　　　B. 计提无形资产减值准备
C. 短期投资跌价准备　　　　　　　D. 出纳短款损失

2. （　　）不计入营业外收入。
A. 处置固定资产净收益　　　　　　B. 转让无形资产使用权
C. 出纳长款收入　　　　　　　　　D. 罚款净收入

3. 金融企业未分配的利润（或未弥补的亏损）应当在（　　）中的所有者权益项目中单独反映。
A. 利润分配表　　　　　　　　　　B. 资产负债表
C. 利润表　　　　　　　　　　　　D. 所有者权益变动表

4. 政府补助利得应作（　　）处理。
A. 补充实收资本　　　　　　　　　B. 增加资本公积
C. 营业外收入　　　　　　　　　　D. 其他业务收入

5. 下列税、费计算后，应在"其他应付款"科目列账的是（　　）。
A. 营业税　　　　　　　　　　　　B. 城市维护建设费
C. 教育费附加　　　　　　　　　　D. 所得税

6. 所得税是以（　　）与所得税利率相乘而计算缴纳的。
A. 账面利润　　　B. 利润总额　　　C. 应纳税所得额　　　D. 营业利润

7. 下列不缴纳营业税的项目有（　　）。
A. 手续费收入　　　　　　　　　　B. 汇兑收益
C. 金融企业往来收入　　　　　　　D. 租赁业务收入

8. 利润分配科目"未分配利润"账户年末余额反映的是（　　）。
A. 应分而未分配给股东的利润　　　B. 当年尚未分配的利润
C. 应上缴国家的利润　　　　　　　D. 历年积存的未分配利润

9. 按照国家规定，如果金融企业年度中发生亏损，允许用交纳所得税前的利润弥补，但连续弥补期不得超过（　　）年。

A. 3　　　　　　　　　B. 4　　　　　　　　　C. 5　　　　　　　　　D. 6

10. 金融企业确实无法支付的应付款项应作为（　　　）处理。

A. 营业外收入　　　　　　　　　　　　B. 营业收入

C. 其他业务收入　　　　　　　　　　　D. 手续费及佣金收入

二、多项选择题

1. 营业收入是指企业在（　　　）日常活动中所形成的经济利益总流入。

A. 销售商品　　　　　B. 提供劳务　　　　　C. 让渡资产使用权

D. 为第三方代收款项　　　　　　　　　E. 以资金对外投资

2. 会计事项确认反映时应遵循例（　　　）会计原则。

A. 谨慎原则　　　　　　　　　　　　　B. 权责发生制原则

C. 配比原则　　　　　　　　　　　　　D. 划分收益性支出与资本性支出原则

E. 历史成本原则

3. 以下收入中属于营业外收入的是（　　　）。

A. 公允价值变动损益　　　　　　　　　B. 非货币性资产交换利得

C. 债务重组利得　　　　　　　　　　　D. 处置非流动资产利得

E. 汇兑损益

4. 利息支出是商业银行主要营业支出，具体是（　　　）。

A. 吸收存款和同业存放利息支出

B. 向中央银行借款利息支出

C. 卖出回购金融资产利息支出

D. 发行债券利息支出

E. 其他利息支出

5. 金融企业下列支出中属于营业外支出的是（　　　）。

A. 捐赠支出　　　　　B. 罚款支出　　　　　C. 佣金支出

D. 债务重组损失　　　E. 处置非流动资产损失

6. 构成利润总额的要素有（　　　）。

A. 营业利润　　　　　B. 营业外收入　　　　C. 营业税金及附加

D. 营业外支出　　　　E. 所得税

7. 根据金融企业会计制度规定，不得计入成本的支出有（　　　）。

A. 购买设备支付的运杂费　　　　　　　B. 支付的罚款

C. 长期待摊费用摊销　　　　　　　　　D. 基本建设工作人员工资

E. 抵债资产保管费用

8. 金融企业营业利润包含的内容有（　　　）。

A. 营业收入减去营业成本和业务及管理费用

B. 营业收入减去营业外支出后的金额

C. 投资净收益

D. 公允价值变动净收益

E. 汇兑净收益

三、判断题

1. 按规定金融企业往来收入不征收营业税。 （　　）

2. 收入不包括为第三方或者客户代收的款项，如金融企业代垫的工本费、代邮电部门收取的邮电费。 （　　）

3. 金融企业确实无法支付的应付款项应作为营业外收入处理。 （　　）

4. 利息支出是指金融企业以各种形式筹集的各类资金，也包括金融机构往来资金所发生的利息支出。 （　　）

5. 营业成本、营业费用和营业外支出的发生最终会导致银行资源的减少。 （　　）

6. 业务宣传费、业务招待费、代办手续费可以按一定比例预提。 （　　）

7. 营业外支出列入成本开支项目。 （　　）

8. 金融企业年终决算后，"利润分配——未分配利润"账户的余额，若在借方，表示未分配利润；若在贷方，则表示为弥补亏损。 （　　）

四、业务题

目的：练习收入、成本费用及利润的账务处理。

资料：

（1）收到中央银行转来收款凭证300万元的存款准备金的利息收入。

（2）个人小额抵押贷款计息余额表的本季度累计数分别为张某 2 700 000 元、李某 2 250 000 元，年利率为 5.4%。计提当期个人小额贷款应收利息。

（3）甲公司短期贷款 60 000 元已逾期 90 天，仍未收回，其结欠利息 1 080 元，予以转账（本金转"非应计贷款"略）。

（4）从各客户的存款账户收取转账结算手续费，A 公司为 180 元，B 公司为 200 元，C 公司为 350 元。

（5）收到财政部交来转账支票一张 50 万元，为代发行国库券的手续费收入，存入中央银行。

（6）报经批准，将处置固定资产的净收入 2 900 元转收益。

（7）"外汇买卖"美元账户平仓，结转汇兑收益 396 元，予以转账。

（8）支付中国工商银行同业存款利息 30 万元。

（9）一年期的单位定期存款 10 月、11 月、12 月的期初余额分别为 789 000 元、855 000 元和 912 000 元，年利率为 2.25%，预提本季度定期存款利息（按整月计算）。

（10）以现金支付业务招待费 500 元。

（11）以转账支票支付本月房屋租赁费 3 200 元。

（12）发放本月职工工资 200 000 元，其中离退休人员工资 18 000 元。

（13）计提本月固定资产折旧费 3 120 元。

（14）按 5% 的税率计算应交营业税金 50 万元、附加费 1 万元。

（15）银行全年的利息收入 9 000 万元，手续费及佣金收入 1 000 万元，金融企业往来收入 3 500 万元，其他营业收入 800 万元，汇兑收益 650 万元，投资收益 550 万元，营业外收入 74 万元，利息支出 6 200 万元，金融企业往来支出 3 100 万元，手续费及佣金支出 650 万元，营业费用 4 200 万元，营业税及附加 577.50 万元，其他营业支出 40 万元，汇兑损失 230 万元，营业外支出 35 万元。

要求： 1. 根据以上资料核算利润总额。

2. 根据第（15）题的资料题核算的利润总额按 25% 税率计算应交所得税额。

3. 根据上一题的结果核算税后净利润。

4. 将可分配利润转到利润分配账户。

5. 根据以上业务编制会计分录。

第十四章

金融企业财务会计报告

【学习内容与要求】熟悉财务会计报告的组成；掌握资产负债表、利润表、现金流量表、所有者权益变动表的格式及其编制方法；了解各种财务会计报表的作用；了解财务报表附注的内容及其作用。

第一节　财务会计报告概述

财务会计报告是指金融企业向有关方面及国家提供的反映金融企业某一特定日期的财务状况和某一会计期间的经营成果、现金流量等会计信息的书面文件，是会计核算工作的结果，是金融企业经营活动的总结。

一、金融企业财务会计报告的内容

金融企业应该根据《企业会计准则》《金融企业会计制度》的规定编制和对外提供真实、完整的财务会计报告。一般而言，金融企业的财务会计报告由会计报表、会计报表附注和财务情况说明书组成（不要求编制和提供财务情况说明书的金融企业除外）。财务报表是财务报告的核心，也称会计报表。会计报表的信息是会计确认、计量和报告的直接结果，其编制受到会计准则和会计制度的严格制约。

金融企业对外提供的财务会计报告的内容、会计报表的种类和格式、会计报表附注等在《金融企业会计制度》中有统一规定，而金融企业内部管理需要的会计报表则由金融企业自行规定内容、种类、格式等。不同的金融企业对外提供的财务会计报告不尽相同。

金融企业财务报告中至少应当由下列内容构成：

1. 会计报表

金融企业对外提供的会计报表包括资产负债表、利润表、现金流量表、所有者权益变动表以及其他有关附表。

2. 会计报表附注

会计报表附注是对资产负债表、利润表、现金流量表、所有者权益变动表等报表中列示的文字或明细资料，以及对未能在这些报表中列示项目进行说明，帮助报表的使用者理解会计报表的内容。会计报表附注应包括以下内容：金融企业的基本情况；财务报表编制基础；遵循企业会计准则的声明；重要会计政策和会计估计；会计政策和会计估计变更及差错的说明；对已在资产负债表、利润表、现金流量表、所有者权益变动表中列示的重要项目的进一步说明，包括终止经营税后利润的金额及其构成情况等；或有事项和承诺事项、资产负债表日后非调整事项、关联方关系及其交易等需要说明的事项；应当在附注中披露在资产负债表日后、财务报告批准报出日前提议或宣布发放的股利总额和每股股利金额（向投资者分配的利润总额）；有助于理解和分析会计报表需要说明的其他事项。

二、财务会计报告的分类

财务会计报告根据不同的需要，按照不同的标准进行分类。

（一）按经济内容不同

按经济内容不同分为会计报表、会计报表附注。会计报表是根据账簿记录和有关资料，按照规定的报表格式，总括反映一个金融企业或金融企业集团的财务状况、经营成果和现金流量的报告文件。会计报表附注是会计报表的补充说明，是为帮助理解金融企业会计报表的内容而对有关项目所作的解释。

（二）按编报时间不同

按编报时间不同分为月度报告、季度报告、半年度报告和年度报告。月度财务报告、季度财务会计报告是指月度和季度终了提供的财务会计报告。半年度财务会计报告是指在每个会计年度的前6个月结束后对外提供的财务会计报告。年度财务会计报告是指年度终了对外提供的财务会计报告。

月度财务报告、季度财务报告和半年度财务会计报告统称为中期财务会计报告。在一般情况下，年度财务报告和半年度财务会计报告中应包括会计报表、会计报表附注和财务情况说明书，而季度财务报告和月度财务会计报告大多不包括会计报表附注和财务情况说明书，一般也不包括会计报表中的现金流量表，而仅包括资产负债表和利润表（国家另有规定的除外）。

（三）按所反映资金运动形态不同

按所反映资金运动形态不同可以分为静态会计报表和动态会计报表。静态会计报表是指反映金融企业某一特定日期的资产、负债、所有者权益状况的会计报表，一般应根据各个账户的"期末余额"填列的资产负债表。动态会计报表是指反映金融企业一定时期的经营成果和现金流量的会计报表，一般应根据有关账户的"发生额"填列。比如利润表、现金流量表。

（四）按编报主体不同

按编报主体不同分为个别财务会计报告和合并财务会计报告。个别财务会计报告是以一个金融企业为编报主体，反映该单个金融企业的财务状况、经营成果和现金流量的报告文件。也就是我们通常意义上的财务会计报告。合并财务会计报告是将金融企业集团作为一个企业看待，将集团内部母子公司之间的投资、销售、服务等形成的债权、债务和收入、费用抵销后，编制的合并会计报表。

（五）按服务对象不同

按服务对象不同分为对外财务会计报告和对内财务会计报告。对外财务会计报告的内容、种类、格式都由《金融企业会计制度》明确规定，并应经过独立审计后对外报送。对内财务会计报告一般是因金融企业内部管理需要而编制，其内容、种类、格式等由金融企业自行规定。

三、财务会计报告的编制要求

金融企业为了真实、正确反映企业财务状况和经济活动成果，保证财务报告所提供的信息能够满足使用者的需要，必须按照一定的程序、方法和统一的要求进行编制。金融企业在编制财务会计报告过程中，应该做到以下几点：

（一）以持续经营为基础

金融企业应当以持续经营为基础，根据实际发生的交易和事项，按照企业会计准则的规定进行确认和计量，在此基础上编制财务报表。金融企业不应以附注披露代替确认和计量。金融企业管理层应当评价企业的持续经营能力，对持续经营能力产生重大怀疑的，应当在附注中披露导致对持续经营能力产生重大怀疑的影响因素。

（二）一致性

财务报表项目的列报应当在各个会计期间保持一致，不得随意更改，除以下情况外：第一，会计准则要求改变财务报表项目的列报。第二，企业经营业务的性质发生重大变化后，变更财务报表项目的列报内容能够提供更可靠、更相关的会计信息。

（三）重要性

在财务报表中列报的项目中，性质或功能不同的项目，应当在财务报表中单独列报；性质或功能类似的项目，其所属类别具有重要性的，应当按其类别单独列报。重要性是指财务报表某项目的省略或者错报会影响使用者据此做出经济决策的，该项目具有重要性。

（四）完整性

其一，在财务报表中的资产项目和负债项目的金额，收入项目、费用项目的金额不得相互抵销，按满足抵销条件的除外。

其二，当期财务报表的列报，至少应当提供所有列报内容中某一可比会计期间的比较数据；报表项目的列报内容发生变更的，需要在附注中说明。

其三，财务报表中必须披露的内容包括编报的金融企业名称、财务报表涵盖的会计期间、人民币金额单位、编报的范围。

其四，金融企业至少应当按年编制财务报表。年度财务报表涵盖时间短于一年的，在披露时应说明原因。

第二节 资产负债表

金融企业应根据自身所在行业的特点编制适合本行业使用的会计报表，本节以商业银行、保险公司、证券公司为例，分别介绍商业银行、保险公司、证券公司资产负债表的情况。

一、资产负债表的性质和作用

资产负债表是反映金融企业在一定时期全部资产、负债和所有者权益的会计报表。它按照"资产＝负债＋所有者权益"的会计恒等式，依照一定的分类标准和次序编制而成。

金融企业作为一种特殊企业，必须编制资产负债表，其所提供的财务信息主要包括以下内容：金融企业所掌握的经济资源及其构成；金融企业的负债渠道及其构成；金融企业所有者权益的构成；金融企业资产的运用；金融企业财务状况的变化趋势。

二、资产负债表的格式

根据各个报表项目的不同排列方式，资产负债表主要有报告式和账户式两种基本格式。

报告式资产负债表，又称垂直式资产负债表。它是将资产负债表的项目，自上而下排列，首先列示资产的数额，然后列示负债的数额，最后列示所有者权益的数额。报告式资产负债表使用的是"资产－负债＝所有者权益"的会计平衡公式。账户式资产负债表，又称为平衡式资产负债表，它根据"资产＝负债＋所有者权益"的会计恒等式，按照账户的形式列示各类项目，将资产项目列在报表的左边；负债和所有者权益项目，列在报表的右边，从而使资产负债表左右两边平衡。

金融企业等销售产品或提供服务不具有明显可识别营业周期的企业，其各项资产或负债按照流动性列示能够提供可靠且更相关信息的，可以按照其流动性顺序列示。从事多种经营的企业，其部分资产或负债按照流动和非流动列报、其他部分资产或负债按照流动性列示能够提供可靠且更相关信息的，可以采用混合的列报方式。

（一）商业银行资产负债表的格式

根据《企业会计准则——应用指南》的规定，我国商业银行的资产负债表采用账户式结构。账户式资产负债表分为左右两方，左方为资产总额，列示各类资产的分布使用状态；右方为负债和所有者权益总额，列示各项负债和所有者权益的构成。其格式如表 14 - 1 所示。

表 14 - 1　商业银行资产负债表

编制单位：　　　　　　　　　　年　月　日　　　　　　　　　　单位：元

资产	期末余额	年初余额	负债及所有者权益	期末余额	年初余额
资产			负债		
现金及存放中央银行款项			向中央银行借款		
存放同业款项			同业及其他金融机构存放款项		
贵金属			拆入资金		
拆出资金			交易性金融负债		
交易性金融资产			衍生金融负债		
衍生金融资产			卖出回购金融资产款		
买入返售金融资产			吸收存款		
应收利息			应付职工薪酬		
发放贷款和垫款			应交税费		
可供出售金融资产			应付利息		
持有至到期投资			预计费用		
长期股权投资			应付债券		
投资性房地产			递延所得税负债		
固定资产			其他负债		
无形资产			负债合计		
递延所得税资产			所有者权益		
其他资产			实收资本（或股本）		
			资本公积		
			减：库存股		
			盈余公积		
			一般风险准备		
			未分配利润		
			所有者权益（或股东权益）合计		
资产合计			负债及所有者权益（或股东权益）合计		

（二）保险公司资产负债表的格式

资产负债表是反映保险公司某特定日期财务状况的报表。保险公司资产负债表的基本格式如表14－2所示。

表14－2　保险公司资产负债表

编制单位：　　　　　　　　　　　　　　年　月　日　　　　　　　　　　　　　单位：元

资产	期末余额	年初余额	负债及所有者权益	期末余额	年初余额
资产：			负债：		
货币资金			短期借款		
拆出资金			拆入资金		
交易性金融资产			交易性金融负债		
衍生金融资产			衍生金融负债		
买入返售金融资产			卖出回购金融资产款		
应收利息			预收保费		
应收保费			应付手续费及佣金		
应收代位追偿款			应付分保账款		
应收分保账款			应付职工薪酬		
应收分保未到期责任准备金			应交税费		
应收分保未决赔款准备金			应付赔付款		
应收分保寿险责任准备金			应付保单红利		
应收分保长期健康险责任准备金			保户储金及投资款		
保户质押贷款			未到期责任准备金		
定期存款			未决赔款准备金		
可供出售金融资产			寿险责任准备金		
持有至到期投资			长期健康险责任准备金		
长期股权投资			长期借款		
存出资本保证金			应付债券		
投资性房地产			独立账户负债		
固定资产			递延所得税负债		
无形资产			其他负债		
独立账户资产			负债合计		
递延所得税资产			所有者权益（或股东权益）：		
其他资产			实收资本（股本）		
			资本公积		
			减：库存股		
			盈余公积		
			一般风险准备		

续表

资产	期末余额	年初余额	负债及所有者权益	期末余额	年初余额
			未分配利润		
			所有者权益（或股东权益）合计		
资产合计			负债及所有者权益（或股东权益）总计		

（三）证券公司资产负债表的格式

资产负债表是反映证券公司某特定日期财务状况的报表。证券公司资产负债表的基本格式如表 14 – 3 所示。

表 14 – 3　证券公司资产负债表

编制单位：　　　　　　　　　　　　　年　月　日　　　　　　　　　　　　单位：元

资产	期末余额	年初余额	负债及所有者权益	期末余额	年初余额
资产：			负债：		
货币资金			短期借款		
其中：客户资金			拆入资金		
结算备付金			交易性金融负债		
其中：客户备付金			衍生金融负债		
拆出资金			卖出回购金融资产款		
交易性金融资产			代理买卖证券款		
衍生金融资产			代理承销证券款		
买入返售金融资产			应付职工薪酬		
应收利息			应交税费		
存出保证金			应付利息		
可供出售金融资产			预计负债		
持有至到期投资			长期借款		
长期股权投资			应付债券		
固定资产			递延所得税负债		
无形资产			其他负债		
其中：交易席位费			负债合计		
递延所得税资产			所有者权益（或股东权益）：		
其他资产			实收资本（股本）		
			资本公积		
			减：库存股		
			盈余公积		

资产	期末余额	年初余额	负债及所有者权益	期末余额	年初余额
			未分配利润		
			所有者权益（或股东权益）合计		
资产合计			负债及所有者权益（或股东权益）总计		

三、资产负债表的编制

资产负债表的编制是以日常会计核算记录的数据为基础进行归类、整理和汇总，加工成报表项目的过程。资产负债表各项目都列有"期末余额"和"年初余额"两个栏目，以便于比较。

（一）"年初余额"的填列方法

资产负债表中"年初余额"栏内各项数字，应根据上年末资产负债表"期末余额"栏内所列数字填列。如上年度资产负债表规定的各个项目的名称和内容与本年度不一致，应对上年末资产负债表各项目的名称和数字按照本年度的规定进行调整，填入本表"年初余额"栏内。

（二）"期末余额"的填列方法

1. 商业银行资产负债表项目的列报方法

（1）"现金及存放中央银行款项"项目，反映商业银行期末持有的现金、存放中央银行款项等总额。本项目应根据"库存现金"和"存放中央银行款项"科目的期末余额加总填列。

（2）"存放同业款项"项目，反映商业银行与同业进行资金往来而发生的存放于同业的款项。本项目应根据"存放同业款项"科目的期末余额填列。

（3）"贵金属"项目，反映商业银行在国家允许范围内买入的黄金等贵重金属数量。本项目应根据"贵金属"科目总账的期末余额填列。

（4）"拆出资金"项目，反映商业银行与其他金融企业之间的资金拆借业务。本项目应根据"拆出资金"科目的期末余额，减去"贷款损失准备"科目所属相关明细期末余额后的金额分析计算填列。

（5）"交易性金融资产"项目，反映商业银行为交易目的而持有债券投资、股票投资、基金投资、权证投资等交易性金融资产的公允价值。本项目根据"交易性金融资产"科目的期末余额填列。

（6）"衍生金融资产"项目，反映商业银行期末持有的衍生工具、套期工具、被套期项目中属于衍生金融资产的金额。本项目根据"衍生工具"科目的期末借方余额、"套期工具"科目的期末借方余额、"被套期项目"科目的期末借方余额合计数填列。

（7）"买入返售金融资产"项目，反映商业银行按返售协议约定买入，再按固定价格返售给卖出方的票据、证券、贷款等金融资产所融出的资金。本项目应根据"买入返售金融资产"科目期末余额填列。买入返售金融资产计提坏账准备的，还应减去"坏账准备"科目所属相关明细科目的期末余额。

（8）"应收利息"项目，反映商业银行发放贷款、持有至到期投资、可供出售金融资产、存放中央银行款项、拆出资金、买入返售金融资产等应收取的利息。本项目应根据"应收利息"科目的期末余额，减去"坏账准备"科目中有关应收利息计提的坏账准备期末余额后的金额填列。

（9）"发放贷款和垫款"项目，反映商业银行按规定发放的各种客户贷款，包括质押贷款、抵押贷款、保证贷款、信用贷款等，还包括按规定发放的银团贷款、贸易融资、协议透支、信用卡透支、转贷款以及垫款等。本项目根据"发放贷款和垫款"所属明细科目期末余额，减去"贷款损失准备"科目所属明细科目期末余额后的金额分析计算填列。

（10）"可供出售金融资产"项目，反映商业银行持有的可供出售金融资产的公允价值。本项目应根据"可供出售金融资产"科目的期末余额，减去"可供出售金融资产减值准备"科目期末余额后的金额填列。

（11）"持有至到期投资"项目，反映商业银行持有至到期投资的摊余价值。本项目应根据"持有至到期投资"科目的期末余额，减去"持有至到期投资减值准备"科目期末余额后的金额填列。

（12）"长期股权投资"项目，反映商业银行持有的采用成本法和权益法核算的长期股权投资。本项目应根据"长期股权投资"科目期末余额，减去"长期股权投资减值准备"科目期末余额后的金额填列。

（13）"投资性房地产"项目，反映商业银行投资性房地产的价值。企业采用成本模式计量的投资性房地产的，本项目应根据"投资性房地产"科目的期末余额，减去"投资性房地产累计折旧（摊销）"和"投资性房地产减值准备"科目期末余额后的金额填列；企业采用公允价值模式计量的投资性房地产的，本项目应根据"投资性房地产"科目的期末余额填列。

（14）"固定资产"项目，反映商业银行持有各种固定资产原价减去累计折旧和累计减值准备后的净额。本项目应根据"固定资产"科目的期末余额，减去"累计折旧"和"固定资产减值准备"科目期末余额后的金额填列。

（15）"无形资产"项目，反映商业银行持有的无形资产，包括专利权、非专利权、商标权、著作权、土地使用权等。本项目应根据"无形资产"科目的期末余额，减去"累计摊销"和"无形资产减值准备"科目期末余额后的金额填列。

（16）"递延所得税资产"项目，反映商业银行确认的可抵扣暂时性差异产生的递延所得税资产。本项目应根据"递延所得税资产"科目的期末余额填列。

（17）"其他资产"项目，反映商业银行期末持有的存出保证金、应收股利、其他应收款等资产的账面余额，应根据有关科目的期末余额填列。已提减值准备的，还应扣除相应的减值准备。

长期应收款账面余额扣减累计减值准备和未实现融资收益后的净额、抵债资产账面余额扣减累计跌价准备后的净额、"代理兑付证券"减去"代理兑付证券款"后的借方余额，也在本项目中反映。

（18）"向中央银行借款"项目，反映商业银行从中央银行借入在期末尚未偿还的借款。本项目应根据"向中央银行借款"科目的期末余额填列。

（19）"同业及其他金融机构存放款项"项目，反映商业银行与同业进行资金往来而发生的同业存放于本企业的款项，以及吸收的境内、境外金融机构的存款。本项目应根据"同业存放"科目的期末余额填列。

（20）"拆入资金"项目。反映商业银行从境内、境外金融机构拆入资金在期末尚未偿还的金额。本项目应根据"拆入资金"科目的期末余额填列。

（21）"交易性金融负债"项目，反映商业银行承担的以公允价值计量且其变动计入当期损益的为交易目的所持有的金融负债。本项目应根据"交易性金融负债"科目的期末余额填列。

（22）"衍生金融负债"项目，反映衍生工具、套期项目、被套期项目中属于衍生金融负债的金额。本项目应根据"衍生工具"科目期末贷方余额、"套期工具"科目期末贷方余额、"被套期项目"科目期末贷方余额等科目的合计数填列。

（23）"吸收存款"项目，反映商业银行吸收的除同业存放款项以外的其他各种存款。本项目应根据"吸收存款"科目所属的"本金""利息调整"等明细科目期末余额计算填列。

（24）"卖出回购金融资产款"项目，反映商业银行按回购协议卖出票据、证券、贷款等金融资产所融入的资金。本项目应根据"卖出回购金融资产款"科目的期末余额填列。

（25）"应付职工薪酬"项目，反映商业银行根据有关规定为获得职工提供的服务而给予各种形式的报酬以及其他相关支出，包括职工工资、奖金、津贴和补贴；职工福利费；医疗保险费、养老保险费、失业保险费、工伤保险费和生育保险费等社会保险费；住房公积金；工会经费和职工教育经费；非货币性福利；因解除与职工的劳动关系给予的补偿；其他与获得职工提供的服务相关的支出。本项目应根据"应付职工薪酬"科目的期末余额填列。

（26）"应交税费"项目，反映商业银行按照税法规定计算应交纳的各种税费，包括增值税、消费税、营业税、所得税、资源税、土地增值税、城市维护建设税、房产税、城镇土地使用税、车船税、教育费附加、矿产资源补偿费等。企业代扣代交的个人所得税，也通过本项目列示。企业所交纳的税金不需要预计应交数的，如印花税、耕地占用税等，不在本项目列示。本项目应根据"应交税费"科目的期末贷方余额填列，如"应交税费"科目期末余额为借方，应以"－"号填列。

（27）"应付利息"项目，反映商业银行按照合同约定应支付的利息，包括吸收存款、分期付息到期还本的长期借款、企业债券等应支付的利息。本项目应根据"应付利息"科目的期末余额填列。

（28）"预计负债"项目，反映商业银行根据或有事项等相关准则确认的各项预计负债，包括对外提供担保、未决诉讼、产品质量保证、重组义务、亏损性合同以及固定资产和矿区权益弃置义务等产生的预计负债。本项目应根据"预计负债"科目的期末余额填列。

（29）"应付债券"项目，反映商业银行为筹集（长期）资金而发行的债券本金和利息。本项目应根据"应付债券"科目的明细科目期末余额分析填列。

（30）"递延所得税负债"项目，反映商业银行根据所得税准则确认的应纳税暂时性差异产生的所得税负债。本项目应根据"递延所得税负债"科目的期末余额填列。

（31）"其他负债"项目，反映商业银行除上述之外的各项负债，如"长期应付款""存入保证金""应付股利""其他应付款"等。本项目应根据所发生的其他负债科目期末余额合计数进行分析填列。长期应付款项账面余额减去来确认融资费用后的净额。

（32）"实收资本（或股本）"项目，反映商业银行实际收到的资本总额。本项目应根据"实收资本（或股本）"科目的期末余额填列。

（33）"资本公积"项目，反映商业银行收到投资者出资超过其在注册资本或股本中所占的份额以及直接计入所有者权益的利得和损失等。本项目应根据"资本公积"科目的期末余额，减去"库存股"科目期末余额后的净值填列。

（34）"盈余公积"项目，反映商业银行盈余公积的期末余额。本项目应根据"盈余公积"科目的期末余额填列。

（35）"一般风险准备"项目，反映商业银行按规定应从净利润中提取的一般风险准备。本项目应根据"一般风险准备"科目的期末余额填列。

（36）"未分配利润"项目，反映商业银行盈利中尚未分配的利润。本项目应根据"本年利润"科目和"利润分配"科目的余额计算填列。未弥补的亏损在本项目内以"－"号填列。

2. 保险公司资产负债表项目的列报方法

与其他金融企业相比，保险公司资产负债表的项目构成和项目名称有一定的特殊性，但编制原理和方法与商业银行类同，除以下项目外的其他项目，参照商业银行资产负债表项目的列报方法处理：

（1）"货币资金"项目，反映保险公司期末持有的现金、银行存款、其他货币资金等总额，应根据"库存现金""银行存款""其他货币资金"等科目的期末余额合计填列。保险公司持有的原始存款期限在3个月以内的定期存款，也在本项目反映。

（2）"应收保费""应收代位追偿款""应收分保账款""应收分保未到期责任准备金""保户质押贷款"等资产项目，反映保险公司期末持有的相应资产的时间价值，应根据"应收账款""应收代位追偿款""应收分保账款""应收分保未到期责任准备金""贷款"等科目期末借方余额，减去"坏账准备""贷款损失准备"等科目所属相关明细科目期末余额后的金额填列。

（3）"应收分保未决赔款准备金""应收分保寿险责任准备金""应收分保长期健康险责任准备金"项目，反映保险公司从事再保险业务应向再保险接受人摊回的相应准备金扣减累计减值准备后的账面价值，应根据"应收分保责任准备金"科目所属明细科目期末借方金额，减去"坏账准备"科目所属相关明细科目期末余额后的金额分析填列。

（4）"存出资本保证金""独立账户资产"等资产项目，反映保险公司期末持有的相应资产的价值，应根据"存出资本保证金""独立账户资产"等科目期末借方余额填列。

（5）"其他资产"项目，反映保险公司应收股利、应收代位追偿款、预付账款、存出保证金、其他应收款等资产的账面余额，应根据有关科目的期末余额填列。已计提减值准备的，还应扣减相应的减值准备。

长期应收款账面余额扣减累计减值准备和未实现融资收益后的净额、抵债资产账面余额扣减累计跌价准备后的净额、损余物资账面余额扣减累计跌价准备后的净额，也在本项目中反映。

（6）"预收保费""应付手续费及佣金""应付分保账款""保户储金及投资款""未到期责任准备金""独立账户负债"等负债项目，反映保险公司从事再保险业务应向再保险分出人或再保险接受人支付但尚未支付的款项等，应根据"预收账款""应付账款""应付分保账款""保户储金""未到期责任准备金""独立账户负债"等科目期末贷方余额填列。

（7）"未决赔款准备金""寿险责任准备金""长期健康险责任准备金"等负债科目，反映保险公司提取的未决赔款准备金、寿险责任准备金、长期健康险责任准备金期末余额，应根据"保险责任准备金"科目所属相关明细科目期末贷方余额分析填列。

（8）"其他负债"科目，反映保险公司应付股利、应付利息、存入保证金、预计负债等负债的账面余额，应根据有关科目的期末余额填列。

长期应付款账面余额减去未确认融资费用后的净额，也在本项目反映。

3. 证券公司资产负债表项目的列报方法

由于业务上的差异，证券公司资产负债表的项目构成和项目名称与其他金融企业相比有一定的差异，但编制原理、编制方法与商业银行类同，除以下项目外的其他项目，参照商业银行资产负债表项目的列报方法处理：

（1）"货币资金"项目，反映证券公司期末持有的库存现金、银行存款和其他货币资金等总额，应根据"库存现金""银行存款""其他货币资金"等科目的期末余额合计填列。证券经纪业务取得的客户资金存款应在本项目下单独反映。

（2）"结算备付金"项目，反映证券公司期末持有的为证券交易的资金清算与交收而存入指定清算代理机构的款项金额，应根据"结算备付金"科目的期末余额填列。证券经纪业务取得的客户备付金应在本项目下单独反映。

（3）"存出保证金"项目，反映证券公司因办理业务需要存出或缴纳的各种保证金款项期末余额，应根据"存出保证金"科目的期末余额填列。

（4）"无形资产"项目，反映证券公司无形资产在期末的实际价值，应根据"无形资产"科目的期末余额，减去"累计摊销""无形资产减值准备"等科目期末余额后的金额填列。证券公司缴纳的交易席位费可收回金额应在本项目下单独反映。

（5）"其他资产"项目，反映证券公司应收账款、应收股利、其他应收款、长期待摊费用等资产的账面余额，应根据有关科目的期末余额填列。已计提减值准备的，还应扣减相应的减值准备。

长期应收款账面余额扣减累计减值准备和未实现融资收益后的净额、抵债资产账面余额扣减累计跌价准备后的净额、"代理兑付证券"减去"代理兑付证券款"后的借方余额，也在本项目中反映。

（6）"代理买卖证券款""代理承销证券款"项目，反映证券公司接受客户有效的代理买卖证券资金、承销证券后应付未付给委托单位的款项，应根据"代理买卖证券款""代理承销证券款"科目的期末贷方余额填列。

（7）"其他负债"项目，反映证券公司应付股利、其他应付款、递延收益等负债的账面余额，应根据有关科目的期末余额填列。

长期应付款账面余额减去未确认融资费用后的净额、"代理兑付证券"减去"代理兑付证券款"后的贷方余额，也在本项目反映。

第三节　利润表

利润表是用来反映金融企业在某一会计期间经营成果的报表，它是一张动态的报表。本节同样以商业银行、保险公司、证券公司为例，分别介绍商业银行、保险公司、证券公司利润表的情况。

一、利润表的性质和作用

金融企业通过编制利润表，可以反映其在一定会计期间内实现的营业收入以及与收入相配比的成本费用等情况，并通过利润总额或亏损总额的计算，为考核银行的经营成果，分析利润增减变动原因提供相关信息。

利润表的主要作用如下：利润表能反映金融企业的经营成果；利润表是评价、考核金融企业经营管理水平和经济效益的依据；利润表是金融企业依法纳税的重要依据；通过分析利润表可以对金融企业未来的经营情况及获利能力进行科学的预测。

二、利润表的格式

通过编制利润表可以如实反映商业银行、保险公司、证券公司等金融企业实现的收入、发生的费用，以及应当计入当期利润的利得和损失的金额及其构成等情况。

(一) 利润表格式的分类

利润表为了提供与报表使用者经济决策相关的信息，其中的收入与费用有不同的列示方法，因而利润表主体部分可以有单步式和多步式两种格式。

1. 单步式利润表

它是将本期各项收入加在一起，所有费用支出加在一起，然后两者相抵减，一次计算求得本期最终利润（或亏损）的格式。这种格式比较简单，便于编制，但是缺少利润构成情况的详细资料，不利于直观分析银行的收益构成、收益质量及对银行未来获利能力的预测。

2. 多步式利润表

多步式利润表是将净利润的计算分解为多个步骤，各个步骤相配比。我国金融企业利润表的格式为多步式，主要分为三个部分：第一部分反映营业利润的构成情况，其公式为营业利润＝营业收入－营业支出；第二部分反映利润总额，其公式为利润总额＝营业利润＋营业外收入－营业外支出；第三部分反映净利润，其公式为净利润＝利润总额－所得税费用。这样的编排注重了收入与费用配比的层次性，便于报表使用者进行相关分析。

(二) 商业银行利润表的格式

由于不同的金融企业业务活动是有差别的，其利润表的具体格式也略有不同。商业银行利润表的具体格式如表14－4所示。

表14－4　商业银行利润表

编制单位：　　　　　　　　年　月　日　　　　　　　　单位：元

项　目	本期金额	上期金额
一、营业收入		
利息净收入		
利息收入		
利息支出		
手续费及佣金净收入		
手续费及佣金收入		
手续费及佣金支出		

续表

项　目	本期金额	上期金额
投资收益（损失以"－"号填列）		
其中：对联营企业和合营企业的投资收益		
公允价值变动收益（损失以"－"号填列）		
汇兑收益（损失以"－"号填列）		
其他业务收入		
二、营业支出		
营业税金及附加		
业务及管理费		
资产减值损失		
其他业务成本		
三、营业利润（亏损以"－"号填列）		
加：营业外收入		
减：营业外支出		
四、利润总额（亏损总额以"－"号填列）		
减：所得税费用		
五、净利润（净亏损以"－"号填列）		
六、每股收益		
（一）基本每股收益		
（二）稀释每股收益		

（三）保险公司利润表的格式

保险公司利润表是反映保险公司一定时期内经营成果的报表。保险公司利润表基本格式如表14－5所示。

表14－5　保险公司利润表

编制单位：　　　　　　　　　　　年　月　日　　　　　　　　　　　单位：元

项　目	本期金额	上期金额
一、营业收入		
已赚保费		
保险业务收入		
其中：分保费收入		
减：分出保费		
提取未到期责任准备金		
投资收益（损失以"－"号填列）		

续表

项　目	本期金额	上期金额
其中：对联营企业和合营企业的投资收益		
公允价值变动收益（损失以"－"号填列）		
汇兑收益（损失以"－"号填列）		
其他业务收入		
二、业务支出		
退保金		
赔付支出		
减：摊回赔付支出		
提取保险责任准备金		
减：摊回保险责任准备金		
保单红利支出		
分保费用		
营业税及附加		
手续费及佣金支出		
业务及管理费		
减：摊回分保费用		
其他业务成本		
资产减值损失		
三、营业利润（亏损以"－"号填列）		
加：营业外收入		
减：营业外支出		
四、利润总额（亏损总额以"－"号填列）		
减：所得税费用		
五、净利润（净亏损以"－"号填列）		
六、每股收益		
（一）基本每股收益		
（二）稀释每股收益		

（四）证券公司利润表的格式

证券公司利润表是反映证券公司一定时期内经营成果的报表。证券公司利润表基本格式如表14－6所示。

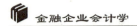

表 14 – 6　证券公司利润表

编制单位：　　　　　　　　　　　　　年　月　日　　　　　　　　　　　单位：元

项　　目	本期金额	上期金额
一、营业收入		
手续费及佣金收入		
其中：代理买卖证券业务净收入		
代理承销业务净收入		
受托客户资产管理业务净收入		
利息净收入		
投资收益（损失以"－"号填列）		
其中：对联营企业和合营企业的投资收益		
公允价值变动收益（损失以"－"号填列）		
汇兑收益（损失以"－"号填列）		
其他业务收入		
二、营业支出		
营业税及附加		
业务及管理费		
资产减值损失		
其他业务成本		
三、营业利润（亏损以"－"号填列）		
加：营业外收入		
减：营业外支出		
四、利润总额（亏损总额以"－"号填列）		
减：所得税费用		
五、净利润（净亏损以"－"号填列）		
六、每股收益		
（一）基本每股收益		
（二）稀释每股收益		

三、利润表的编制

由于金融企业行业间业务具有明显的区别，因此，此处以商业银行、保险公司和证券公司为例，分别介绍编制利润表的具体方法。

（一）商业银行利润表的编制方法

1. 商业银行利润表编制

商业银行编制利润表时，应根据审核无误的会计账簿中有关资料进行编制。本表各项目均须填列"本期金额"和"上期金额"两栏。其中,"上期金额"栏内各项数字,应根据上年度利润表"本期金额"栏内所列数字填列,反映各项目上期的实际发生数。如果上年度利润表中各个项目的名称和内容同本年度利润表不一致,应对上年度利润表各项目的名称和数字按照本年度规定进行调整。本期金额栏内各期数字,除"基本每股收益"和"稀释每股收益"项目外,应当按照各损益类科目的发生额进行分析填列。

2. 利润表各项目的内容和填列方法

(1)"营业收入"项目,反映商业银行经营业务取得的各种收入的总额。本项目根据"利息净收入""手续费及佣金净收入""投资收益""公允价值变动收益""汇兑收益""其他营业收入"等项目汇总计算填列。

(2)"利息收入"项目,反映商业银行根据收入准则确认的利息收入。本项目应根据"利息收入"所属明细科目期末发生额合计数填列。企业债券投资的利息收入,也可以在该项目中反映。

(3)"利息支出"项目,反映商业银行发生的利息支出。本项目应根据"利息支出"所属明细科目期末发生额合计数填列。企业发行债券的利息支出,也可以在该项目中反映。

(4)"手续费及佣金收入"项目,反映商业银行在经营活动中确认的各项手续费、佣金收入。本项目根据"手续费及佣金收入"科目所属明细科目期末发生额合计数填列。

(5)"手续费及佣金支出"项目,反映商业银行发生的与其经营活动相关的各项手续费、佣金等支出。本项目根据"手续费及佣金支出"所属明细科目期末发生额合计数填列。

(6)"投资收益"项目,反映商业银行确认的投资收益和投资损失。本项目应根据"投资收益"科目的发生额进行分析填列。

(7)"公允价值变动收益"项目,反映商业银行进行交易性金融资产、交易性金融负债以及公允价值模式计量的投资性房地产、衍生工具、套期保值业务中公允价值变动形成的应计入当期损益的利得和损失。本项目应根据"公允价值变动收益"所属明细科目期末发生额合计数填列。

(8)"汇兑损益"项目,反映商业银行发生外币交易因汇率变动而产生的汇兑收益。本项目应根据"汇兑收益"科目期末发生额填列(损失以"-"号列示)。

(9)"其他业务收入"项目,反映商业银行在经营的除主营业务以外其他业务所取得的收入,包括开办咨询服务等业务收取的其他业务收入等。本项目应根据"其他业务收入"所属明细科目期末发生额合计数填列。

(10)"营业支出"项目,反映商业银行各项营业支出的总额。本项目应根据"营业税金及附加""业务及管理费用""资产减值损失""其他业务成本"等项目汇总计算填列。

(11)"营业税金及附加"项目反映商业银行按规定缴纳应由经营收入负担的各种税

金及附加税费。本项目应根据"营业税金及附加"科目期末发生额填列。

（12）"业务及管理费"项目，反映商业银行在业务经营和管理过程中所发生的各项费用。本项目应根据"业务及管理费"科目期末发生额进行分析填列。

（13）"资产减值准备"项目，反映商业银行根据资产减值等准则计提各项资产减值准备所形成的损失。本项目应根据"资产减值准备"科目期末发生额填列。

（14）"其他业务成本"项目，反映商业银行在经营的除主营业务以外的其他业务所发生的成本、采用成本模式计量的投资性房地产的累计折旧或累计摊销等。本项目应根据"其他业务成本"科目期末发生额填列。

（15）"营业利润"项目，反映商业银行当期的经营利润，发生的经营亏损也在本项目反映，发生的亏损以"－"号表示。

（16）"营业外收入"项目，反映商业银行发生的与其经营活动无直接关系的各项收入。本项目应根据"营业外收入"所属明细科目期末发生额合计数填列。

（17）"营业外支出"项目，反映商业银行发生的与其经营活动无直接关系的各项支出。本项目应根据"营业外支出"所属明细科目期末发生额合计数填列。

（18）"利润总额"项目。反映商业银行当期实现的全部利润（或亏损）总额，如为亏损，则以"－"号表示。

（19）"所得税费用"项目，反映商业银行根据所得税准则确认的应从当期利润总额中扣除的所得税费用。本项目应根据"所得税费用"科目期末发生额填列。

（20）"净利润"项目，反映商业银行的利润总额减去所得税费用后的余额。

（21）"每股收益"项目，反映普通股或潜在普通股已公开交易的商业银行，以及正处于公开发行普通股或潜在普通股过程中的商业银行，还应当在利润表中列示每股收益信息。其中，基本每股收益、稀释每股收益按规定计算填列。

（二）保险公司利润表的编制方法

与其他金融企业相比，保险公司利润表的项目构成和项目名称有一定的特殊性，但编制原理和编制方法与商业银行的类同，除下列项目外的其他项目，参照商业银行利润表的编制方法。

1."营业收入"项目

"营业收入"项目反映"已赚保费""投资收益""公允价值变动收益""汇兑收益""其他业务收入"等项目的金额合计。定期存款、保户质押贷款、买入返售金融资产形成的利息收入，也在"投资收益"项目中反映。

2."已赚保费"项目

"已赚保费"项目反映"保险业务收入"项目减去"分出保费""提取未到期责任准备金"项目金额后的余额。

"保险业务收入"项目，反映保险公司从事保险业务确认的原保费收入和分保费收入，应根据"保费收入"科目的发生额分析填列。

"分出保费"项目，反映保险公司从事再保险业务分出的保费，应根据"分出保费"科目的发生额进行分析填列。

"提取未到期责任准备金"项目，反映保险公司提取的未到期责任准备金，应根据"提取未到期责任准备金"科目的发生额进行分析填列。

3. "营业支出"项目

营业支出项目反映"退保金""赔付支出""提取保险责任准备金""保单红利支出""分保费用""营业税金及附加""手续费及佣金支出""业务及管理费""其他业务成本""资产减值损失"等项目金额合计，减去"摊回赔付支出""摊回保险责任准备金""摊回分保费用"等项目金额后的余额。

"退保金"项目，反映保险公司寿险原保险合同提前解除时按照约定退还投保人的保单现金价值，应根据"退保金"科目的发生额进行分析填列。

"赔付支出"项目，反映保险公司因保险业务发生产生的赔付支出，包括原保险合同赔付支出和再保险合同赔付支出，应根据"赔付支出"科目的发生额进行分析填列。

"提取保险责任准备金"项目，反映保险公司提取的保险责任准备金，包括未决赔款准备金、寿险责任准备金、长期健康险责任准备金，应根据"提取保险责任准备金"科目的发生额进行分析填列。

"保单红利支出"项目，反映保险公司按原保险合同约定支付给投保人的红利，应根据"保单红利支出"科目的发生额进行分析填列。

"分保费用"项目，反映保险公司从事再保险业务支付的分保费用，应根据"分保费用"科目的发生额进行分析填列。

"摊回赔付支出""摊回保险责任准备金""摊回分保费用"等项目，反映保险公司从事再保险分出业务，向再保险接受人摊回的赔付支出、保险责任准备金、分保费用，应根据"摊回赔付支出""摊回保险责任准备金""摊回分保费用"等科目的发生额进行分析填列。

（三）证券公司利润表的编制方法

由于业务上的差异，证券公司利润表的项目构成和项目名称与其他金融企业有一定的差异，同样，编制原理和编制方法与商业银行的类同，除下列项目外的其他项目，参照商业银行利润表的编制方法。

1. "营业外收入"项目

"营业外收入"项目反映"手续费及佣金净收入""利息净收入""投资收益""公允价值变动收益""汇兑收益""其他业务收入"等项目金额的合计。

2. "手续费及佣金净收入"项目

"手续费及佣金净收入"项目反映企业确认的代理承销、兑付和买卖证券等业务实现的手续费及佣金收入减去发生的各项手续费、风险结算金、承销业务直接相关的各项费用及佣金支出后的净额,应根据"手续费及佣金收入""手续费及佣金支出"等科目的发生额进行分析计算填列。"代理买卖证券业务净收入""证券承销业务净收入""委托客户资产管理业务净收入"等应在本项目中单独反映。

第四节　现金流量表

金融企业现金流量表是以反映金融企业在一定会计期间现金和现金等价物流入和流出的报表。现金流量表中的现金包括现金及现金等价物,以商业银行为例,现金包括库存现金、存入本行营业部的银行存款、存放中央银行款项、存放同业款项、存放系统内款项;现金等价物是指商业银行持有的期限在 3 个月内,且利率变动对其价值影响不大的短期证券。

本节以商业银行、保险公司、证券公司为例,分别介绍商业银行、保险公司、证券公司的现金流量表。

一、现金流量表的作用

现金流量表通过将权责发生制基础上的收入和费用,转换成收付实现制基础上的现金流入和现金流出,进而反映经营活动、投资活动、筹资活动所引起的现金变动和流动情况,并以此说明企业资产、负债、所有者权益变动对现金的影响,从现金角度来说明企业的财务状况,反映企业在一定期间内的偿债能力和获取现金的能力。

二、现金流量表的内容及格式

(一) 商业银行现金流量表

商业银行的现金流量表主要由经营活动产生的现金流量、投资活动产生的现金流量以及筹集活动产生的现金流量组成。

1. 经营活动产生的现金流量

经营活动是指金融企业投资活动和筹资活动以外的所有交易和事项,包括对外发放的贷款和收回的贷款、吸收存款和支付的存款本金、同业存款及存放同业款项、向其他金融企业拆借的资金、利息收入和利息支出、收回的已于前期核销的贷款等。

表 14 - 7　商业银行现金流量表

编制单位：　　　　　　　　　　年　　月　　日　　　　　　　　单位：元

项　目	本期金额	上期金额
一、经营活动产生的现金流量		
客户存款和同业存放款项净增加额		
向中央银行借款净增加额		
向其他金融机构拆入资金净增加额		
收取利息、手续费及佣金的现金		
收到其他与经营活动有关的现金		
经营活动现金流入小计		
客户贷款及垫款净增加额		
存放中央银行和同业款项净增加额		
支付手续费及佣金的现金		
支付给职工以及为职工支付的现金		
支付的各项税费		
支付其他与经营活动有关的现金		
经营活动现金流出小计		
经营活动产生的现金流量净额		
二、投资活动产生的现金流量		
收回投资收到的现金		
取得投资收益收到的现金		
收到其他与投资活动有关的现金		
投资活动现金流入小计		
投资支付的现金		
购建固定资产、无形资产和其他长期资产支付的现金		
支付其他与投资活动有关的现金		
投资活动现金流出小计		
投资活动产生的现金流量净额		
三、筹资活动产生的现金流量		
吸收投资所收到的现金		
发行债券收到的现金		
收到的其他与筹资活动有关的现金		
筹资活动现金流入小计		
偿还债务支付的现金		
分配股利、利润或偿付利息所支付的现金		
支付其他与筹资活动有关的现金		
筹资活动现金流出小计		
筹资活动产生的现金流量净额		

项　目	本期金额	上期金额
四、汇率变动对现金及现金等价物的影响		
五、现金及现金等价物净增加额		
加：期初现金及现金等价物余额		
六、期末现金及现金等价物余额		

　　经营活动产生的现金流量是金融企业通过运用所拥有的资产自身创造的现金流量，主要是与企业净利润有关的现金流量。通过现金流量表中反映的经营活动产生的现金流入和流出，说明企业经营活动对现金流入和流出净额的影响程度。

　　2. 投资活动产生的现金流量

　　投资活动是指金融企业长期资产的购建和不包括在现金等价物范围内的投资及其处置活动，包括取得或收回权益性证券投资、购买或收回债券投资、购建和处置固定资产、无形资产和其他长期资产、处置子公司及其他营业单位收到的现金净额、取得子公司及其他营业单位支付的现金净额等。

　　投资活动产生的现金流量中不包括作为现金等价物的投资，作为现金等价物的投资属于现金自身的增减变化，如购买还有一个月到期的债券等，都属于现金内部该项目转换，不会影响现金流量净额的变动。通过现金流量表中反映的投资活动产生的现金流量，可以分析企业通过投资获取现金流量对企业现金流量净额的影响程度。

表 14 – 8　现金流量附注表

编制单位：　　　　　　　　　　　年　　月　　日　　　　　　　　　　单位：元

项　目	本期金额	上期金额
一、现金		
其中：库存现金		
可随时用于支付的银行存款		
可随时用于支付的存放中央银行款项		
存放同业存款		
拆放同业存款		
二、现金等价物		
其中：三个月内到期的债券投资		
三、期末现金及现金等价物余额		
其中：母公司或集团内子公司使用受限制的现金或现金等价物		

表 14-9 保险公司现金流量表

编制单位：   年   月   日   单位：元

项　目	本期金额	上期金额
一、经营活动产生的现金流量		
收到原保险合同保费取得的现金		
收到再保险业务现金净额		
保户储金及投资款净增加额		
收到其他与经营活动有关的现金		
经营活动现金流入小计		
支付原保险合同赔付款项的现金		
支付手续费及佣金的现金		
支付保单红利的现金		
支付给职工以及为职工支付的现金		
支付的各项税费		
支付其他与经营活动有关的现金		
经营活动现金流出小计		
经营活动产生的现金流量净额		
二、投资活动产生的现金流量		
收回投资收到的现金		
取得投资收益收到的现金		
收到其他与投资活动有关的现金		
投资活动现金流入小计		
投资支付的现金		
质押贷款净增加额		
购建固定资产、无形资产和其他长期资产支付的现金		
支付其他与投资活动有关的现金		
投资活动现金流出小计		
投资活动产生的现金流量净额		
三、筹资活动产生的现金流量		
吸收投资所收到的现金		
发行债券收到的现金		
收到的其他与筹资活动有关的现金		
筹资活动现金流入小计		
偿还债务支付的现金		
分配股利、利润或偿付利息所支付的现金		
支付其他与筹资活动有关的现金		
筹资活动现金流出小计		
筹资活动产生的现金流量净额		

项　　目	本期金额	上期金额
四、汇率变动对现金及现金等价物的影响		
五、现金及现金等价物净增加额		
加：期初现金及现金等价物余额		
六、期末现金及现金等价物余额		

3. 筹资活动产生的现金流量

筹资活动是指导致金融企业资本及债务规模和构成发生变化的活动，包括吸收权益性资本、发行债券、借入资金、支付股利、偿还债务等。通过现金流量表中筹资活动产生的现金流量，可以分析金融企业筹资的能力，以及筹资产生的现金流量对企业现金流量净额的影响程度。

我国商业银行现金流量表一般采用报告式结构，分类反映经营活动产生的现金流量、投资活动产生的现金流量和筹资活动产生的现金流量，最后汇总反映银行某一期间现金及现金等价物的净增加额。商业银行现金流量表的格式如表 14－7 所示。现金流量表的附注格式如表 14－8 所示。

（二）保险公司的现金流量表格式

保险公司现金流量表反映保险公司一定会计期间内有关现金和现金等价物流入和流出的信息。保险公司现金流量表的格式如表 14－9 所示。

（三）证券公司的现金流量表格式

证券公司现金流量表反映证券公司一定会计期间内有关现金和现金等价物流入和流出的信息。证券公司现金流量表的格式如表 14－10 所示。

表 14－10　证券公司现金流量表

编制单位：　　　　　　　　　　年　　月　　日　　　　　　　　　　单位：元

项　　目	本期金额	上期金额
一、经营活动产生的现金流量		
处置交易性金融资产净增加额		
收取利息、手续费及佣金的现金		
拆入资金净增加额		
回购业务资金净增加额		
收到其他与经营活动有关的现金		
经营活动现金流入小计		
支付利息、手续费及佣金的现金		

续表

项　　目	本期金额	上期金额
支付给职工以及为职工支付的现金		
支付的各项税费		
支付其他与经营活动有关的现金		
经营活动现金流出小计		
经营活动产生的现金流量净额		
二、投资活动产生的现金流量		
收回投资收到的现金		
取得投资收益收到的现金		
收到其他与投资活动有关的现金		
投资活动现金流入小计		
投资支付的现金		
购建固定资产、无形资产和其他长期资产支付的现金		
支付其他与投资活动有关的现金		
投资活动现金流出小计		
投资活动产生的现金流量净额		
三、筹资活动产生的现金流量		
吸收投资所收到的现金		
发行债券收到的现金		
收到的其他与筹资活动有关的现金		
筹资活动现金流入小计		
偿还债务支付的现金		
分配股利、利润或偿付利息所支付的现金		
支付其他与筹资活动有关的现金		
筹资活动现金流出小计		
筹资活动产生的现金流量净额		
四、汇率变动对现金及现金等价物的影响		
五、现金及现金等价物净增加额		
加：期初现金及现金等价物余额		
六、期末现金及现金等价物余额		

三、商业银行现金流量表的编制

编制商业银行现金流量表时，列报经营活动现金流量的方法有两种：一种是直接法；

另一种是间接法。这两种方法通常也称为编制现金流量表的方法。

直接法通过现金收入和现金支出的主要类别直接反映金融企业经营活动中产生的现金流量。在直接法下，一般以利润表中的营业收入为起算点，调整与经营活动有关项目的增减变动，然后计算出经营活动的现金流量。有关现金流量的信息可以通过下列途径之一取得：银行会计记录；根据有关项目对利润表中的营业收入、营业成本及其他项目进行调整采用直接法编制现金流量表的主表，便于分析金融企业经营活动产生的现金流量来源和用途，预测金融企业现金流量的未来前景。

间接法以本期净利润（净损失）为起算点，调整不涉及现金的收入、费用、营业外支出等有关项目；剔除投资活动、筹资活动对现金流量的影响，据此计算出经营活动产生的现金流量。由于净利润是以权责发生制为核算基础确定的，且包括了与投资活动和筹资活动相关的收益和费用，将净利润调节为经营活动现金流量，实际上就是将按权责发生制为核算基础确定的净利润调整为现金净流入，并剔除投资活动和筹资活动对现金流量的影响。采用间接法编制现金流量表，便于将净利润与经营活动产生的现金流量净额进行比较，了解净利润与经营活动产生现金流量差异的原因，从现金流量角度分析净利润的质量。

金融企业可以采用其他方法，如工作底稿和 T 形账户法，也可根据有关科目记录分析填列。

（一）经营活动产生的现金流量[①]

1. 经营活动产生的现金流入量

（1）"客户存款和同业存放款项净增加额"项目，反映商业银行本期吸收的境内外金融机构以及同业存放款项等各种存款的净增加额。本项目应根据"吸收存款""同业存放"等科目金额分析填列。

商业银行可根据需要增加项目，例如，本项目可以分解为"吸收活期存款净增加""吸收活期存款以外的其他存款""支付活期存款以外的其他存款""同业存放净增加额"等项目。

（2）"向中央银行借款净增加额"项目，反映商业银行本期向中央银行借入款项的净增加额。本项目可以根据"向中央银行借款"科目的金额分析填列。

（3）"向其他金融机构拆入资金净增加额"项目，反映商业银行本期从境内外金融机构拆入款项所取得的现金，减去拆借给境内外金融机构款项后的现金净额。本项目可以根据"拆入资金"和"拆出资金"等科目金额分析填列。本项目如为负数，应在经营活动现金流出类中单独列示。

（4）"收取利息、手续费及佣金的现金"项目，反映商业银行本期收到的利息、手续费及佣金净额。本项目可以根据"利息收入""手续费及佣金收入""应收利息"等科目

---

① 李海波. 金融会计［M］. 上海：立信会计出版社，2010（10）：322 - 326.

的金额分析填列。

（5）"收到其他与经营活动有关的现金"项目，反映商业银行除了上述各项目外所收到的其他与经营活动有关的现金，如罚款、流动资产损失中由个人赔偿的现金、经营租赁租金等。若某项其他与经营活动有关的现金流入金额较大，应单独列示项目反映。本项目应根据"库存现金""银行存款""营业外收入"等科目的金额分析填列。

2. 经营活动产生的现金流出量

（1）"客户贷款及垫款净增加额"项目，反映商业银行本期发放的各种客户贷款以及办理商业票据贴现、转贴现融出及融入资金等业务款项的净增加额。本项目可以根据"贷款""贴现资产""贴现负债"等科目的金额分析填列。

商业银行可以根据需要增加项目，例如，本项目可以分解成"中长期贷款""发放中长期贷款""发放短期贷款净增加额""垫款净增加额"等科目。

（2）"存放中央银行和同业款项净增加额"项目，反映商业银行本期存放于中央银行以及境内外金融机构款项的净增加额。本项目可以根据"存放中央银行款项""存放同业"等科目的金额分析填列。

（3）"支付手续费及佣金的现金"项目，反映商业银行本期支付的利息、手续费及佣金等。本项目应根据"手续费及佣金支出"等科目的金额分析填列。

（4）"支付给职工以及为职工支付的现金"项目，反映企业实际支付给职工以及为职工支付的现金，包括本期实际支付给职工的工资、奖金、各种津贴和补贴等，以及为职工支付的其他费用。

（5）"支付的各项税费"项目，反映商业银行按规定支付的各种税费，包括企业本期发生并支付的税费以及本期支付以前各期发生的税费和本期预交的税费。主要包括所得税、营业税、印花税、房产税、车船税、教育费附加等，但不包括计入固定资产价值、实际支付的耕地占用税和本期退回的所得税。本项目应根据"应交税费""库存现金""银行存款"等科目的金额分析填列。

（6）"支付的其他与经营活动有关的现金"项目，反映商业银行除了上述各项目外，支付的其他与经营活动有关的现金，如罚款支出、支付的差旅费、业务招待费、保险费、经营租赁支付的现金等。其他与经营活动有关的现金，如金额较大的，应单列项目反映。本项目应根据"库存现金""银行存款""业务及管理费""营业外支出"等有关科目的金额分析填列。

（二）投资活动产生的现金流量

1. 投资活动产生的现金流入量

（1）"收回投资收到的现金"项目，反映商业银行出售、转入或到期收回除现金等价物外的交易性金融资产、持有至到期投资、可供出售金融资产、长期股权投资、投资性房地产而收到的现金。

本项目不包括债权性投资收回的利息、收回的非现金资产以及处置子公司及其他营业单位收到的现金净额。债权性投资收回的本金，在本项目中反映；债权性投资收回的利息，在"取得投资收益收到的现金"项目中反映；处置子公司以及其他营业单位收到现金净额单设项目反映。

本项目应根据"交易性金融资产""持有至到期投资""可供出售金融资产""长期股权投资""投资性房地产""库存现金""银行存款"等科目的金额分析填列。

（2）"取得投资收益收到的现金"项目，反映商业银行因股权性投资而分得的现金股利，从子公司、联营企业或合营企业分得利润而收到的现金，因债权性投资而取得的现金利息收入。股票股利不在本项目中反映；包括在现金等价物范围内的债权性投资，其利息收入在本项目中反映。

本项目应根据"应收股利""应收利息""投资收益""现金""银行存款"等科目的金额分析填列。

（3）"收到其他与投资活动有关的现金"项目，反映商业银行除了上述各项目外，所收取的其他与投资活动有关的现金流入。例如，企业收回购买股票和债券时支付的已宣告但尚未领取的现金股利或已到付息期，但尚未领取的债券利息。若其他与投资活动有关的现金流入金额较大，应单列项目反映。本项目应根据"应收股利""应收利息""库存现金""银行存款"等科目的金额分析填列。

2. 投资活动产生的现金流出量

（1）"投资支付的现金"项目，反映商业银行取得除现金等价物外的对其他企业的权益工具、债务工具和合营中权益投资所支付的现金以及支付的佣金、手续费等交易费用，但取得子公司及其他营业单位支付的现金净额除外。本项目应根据"可供出售金融资产""持有至到期投资""长期股权投资""库存现金""银行存款"等科目的金额分析填列。

（2）"购建固定资产、无形资产和其他长期资产支付的现金"项目，反映商业银行本期购买、建造固定资产，取得无形资产和其他长期资产实际支付的现金以及用现金支付的应由在建工程和无形资产负担的职工薪酬，不包括为购建固定资产而发生的借款利息资本化部分以及融资租入固定资产支付的租赁费。企业支付的借款利息和融资租入固定资产支付的租赁费，在筹资活动产生的现金流量中反映。本项目应根据"固定资产""无形资产""库存现金""银行存款"等科目的金额分析填列。

（3）"支付其他与投资活动有关的现金"项目，反映商业银行除了上述各项目外，所支付的其他与投资活动有关的现金流出。例如，企业购买股票时实际支付的价款中包含的已宣告但尚未领取的现金股利，购买债券时支付的价款中包含的已到期但尚未领取的债券利息等。若某项其他与投资活动有关的现金流出金额较大的，应单列项目反映。本项目应根据"应收股利""应收利息""库存现金""银行存款"等科目的金额分析填列。

（三）筹资活动产生的现金流量

1. 筹资活动产生的现金流入量

（1）"吸收投资收到的现金"项目，反映商业银行以发行股票、债券等方式筹集资金实际收到的款项，减去直接支付的佣金、手续费、宣传费、咨询费、印刷费等发行费后的净额。本项目应根据"实收资本（股本）""库存现金""银行存款"等科目的金额分析填列。

（2）"发行债券收到的现金"项目，反映商业银行发行债券收到的现金，本项目应根据"应付债券"等科目的金额分析填列。

（3）"收到其他与筹资活动有关的现金"项目，反映商业银行除了上述各项目外所收到的其他与筹资活动有关的现金流入，例如，接受现金捐赠等。若某项其他与筹资活动有关的现金流入金额较大，应单列项目反映。本项目应根据"银行存款""库存现金""营业外收入"等科目的金额分析填列。

2. 筹资活动产生的现金流出量

（1）"偿还债务支付的现金"项目，反映商业银行偿还债务本金所支付的现金。企业支付的债券利息在"分配股利、利润或偿付利息支付的现金"项目反映，不包含在本某项中。本项目应根据"应付债券""库存现金""银行存款"等科目的金额分析填列。

（2）"分配股利、利润或偿付利息支付的现金"项目，反映商业银行实际支付的现金股利、支付给其他投资单位的利润或用现金支付的债券利息等。本项目可以根据"应付股利""应付利息""利息支出""库存现金""银行存款"等科目的金额分析填列。

（3）"支付其他与筹资活动有关的现金"项目，反映商业银行除了上述各项目外所支付的其他与筹资活动有关的现金流出，例如，捐赠现金支出、融资租入固定资产支付的租赁费等。若某项其他与筹资活动有关的现金流出金额较大，应单列项目反映。本项目应根据"营业外支出""长期应付款""银行存款""库存现金"等科目的金额分析填列。

（四）汇率变动对现金及现金等价物的影响

该项目反映商业银行外币现金流量以及境外子公司的现金流量折算为人民币时，所采用的现金流量发生日的即期汇率或按照系统合理的方法确定的、将现金流量发生日即期汇率近似汇率折算的人民币金额与"现金及现金等价物净增加额"中外币现金净增加额按期末汇率折算的人民币金额之间的差额。

在编制现金流量表时，可逐笔计算外币业务发生的汇率变动对现金的影响，也可采用简化的方法，即通过现金流量表补充资料来反映。

四、保险公司现金流量表的编制

与其他金融企业相比，保险公司现金流量表的项目构成和项目名称有一定的特殊性，但编制原理和编制方法与商业银行的类同，除下列项目外的其他项目，参照商业银行现金流量表的编制方法。

"收到原保险合同保费取得的现金"项目，反映保险公司本期收到的原保险合同保费取得的现金。包括本期收到的原保险保费收入、本期收到的前期应收取原保险保费、本期预售的原保险保费和本期代其他保险公司收取的原保险保费，扣除本期的原保险合同提前解除以现金支付的退保费。本项目应根据"库存现金""银行存款""应收账款""预收账款""保费收入"等科目的金额分析填列。

"收到再保业务现金净额"项目，反映保险公司本期从事再保业务实际收支的现金净额。本项目可以根据"银行存款""应收分保账款""应付分保账款"等科目的金额分析填列。

"支付原保险合同赔付款项的现金"项目，反映保险公司本期实际支付原保险合同赔付的现金。本项目应根据"赔付支出"科目的金额分析填列。

"保户储金净增加额"项目，反映保险公司向投保人收取的以储金利息作为保费收入的储金，以及以投资收益作为保费收入的投资保障型保险业务的投资本金，减去保险公司向投保人返还的储金和投资本金后的净额。本项目可以根据"库存现金""银行存款""保户储金""应收保户储金"等科目的金额分析填列。

"支付手续费及佣金的现金"项目，反映保险公司本期实际支付手续费及佣金的现金。本项目应根据"应付账款""手续费及佣金支出"等科目的金额分析填列。

"质押贷款净增加额"项目，反映保险公司本期发放保户质押贷款的现金净额。本项目应根据"贷款""银行存款"等科目的金额分析填列。

保险公司还可以单独设置"处置损余物资收到的现金净额"和"代位追偿款收到的现金"等项目，或者在"收到的其他与经营活动有关的现金"项目中反映。

五、证券公司现金流量表的编制

由于业务上的差异，与其他金融企业相比，证券公司现金流量表的项目构成和项目名称有一定的差异，但编制原理和编制方法与商业银行的类同，除下列项目外的其他项目，参照商业银行现金流量表的编制方法。

其一，"处置交易性金融资产"项目，反映证券公司本期自行买卖交易性金融资产所取得的现金净增加额。本项目应根据"交易性金融资产"等科目的金额分析填列。如果本项目为负数，应在经营活动现金流出类项目中单独列示。

其二，"拆入资金净增加额"项目，反映证券公司本期从境内外金融机构拆入款项所取得的现金，减去拆借给境内外金融机构款项而支付的现金后的净额。本项目可以根据"拆入资金""拆出资金"等科目的金额分析填列。本项目如为负数，应在经营活动现金流出类项目中单独列示。

其三，"回购业务资金净增加额"项目，反映证券公司本期按回购协议卖出票据、证券、贷款等金融资产所融入的现金，减去按返售协议约定先买入，再按固定价格返售给卖出方的票据、证券、贷款等金融资产所融出的现金后的现金净增加额。本项目应根据"买入返售金融资产""卖出回购金融资产款"等科目的金额分析填列。本项目如为负数，应在经营活动现金流出类项目中单独列示。证券公司可以根据需要将本项目分为"买入返售证券收到的现金净额""卖出回购证券支付的现金净额"等项目列示。

此外，为反映证券公司从事代理业务产生的现金流量。证券公司还可以根据需要单独设置"代理买卖业务的现金净额""代理兑付债券的现金净额"等科目。

第五节　所有者权益变动表

所有者权益变动表，是指反映构成所有者权益各组成部分当期增减变动情况的会计报表。所有者权益变动表应当全面反映一定时期所有者权益变动情况，不仅包括所有者权益总额的增减变动，还包括所有者权益增减变动的重要结构性信息，特别是要反映直接计入所有者权益的利得和损失，让报表使用者能够准确理解所有者权益增减变动的情况。

一、所有者权益变动表的内容

所有者权益变动表各项目，应当根据商业银行当期净利润、直接计入所有者权益的利得和损失、所有者投入资本和向所有者分配利润、从利润中提取盈余公积、一般风险准备金等情况分析填列。综合收益和与所有者（股东，下同）的资本交易导致的所有者权益变动，应当分别列示。[①]

所有者权益变动表至少应当单独列示反映下列信息的项目：综合收益总额，在合并所有者权益变动表中还应单独列示归属于母公司所有者的综合收益总额和归属于少数股东的综合收益总额；会计政策变更和前期差错更正的累积影响金额；所有者投入资本和向所有者分配利润等；按照规定提取的盈余公积；所有者权益各组成部分的期初和期末余额及其调节情况。

二、所有者权益变动表的列报格式

为了清楚地表明构成所有者权益各组成部分当期的增减变动情况，所有者权益变动表应当以矩阵的形式列示。一方面，列示导致所有者权益变动的交易或事项，改变了以往仅仅按照所有者权益各组成部分反映所有者权益变动情况，而是按所有者权益变动的来源对

---

① 与所有者的资本交易，是指企业与所有者以其所有者身份进行的、导致企业所有者权益变动的交易。

一定时期所有者权益变动情况进行全面反映；另一方面，按照所有者权益各组成部分（包括实收资本、资本公积、库存股、盈余公积、一般风险准备、未分配利润）及其总额列示交易或事项对所有者权益的影响。

根据财务报表列报准则的规定，企业需要提供比较所有者权益变动表，因此，所有者权益变动表还将各项目再分为"本年金额"和"上年金额"两栏分别填列。我国商业银行所有者权益变动表的具体格式如表 14 – 11 所示。

表 14 – 11　所有者权益变动表

编制单位：　　　　　　　　　　年　　　度　　　　　　　　　　单位：元

项目	本年金额							上年金额						
	实收资本（股本）	资本公积	减：库存股	盈余公积	一般风险准备	未分配利润	所有者权益合计	实收资本（股本）	资本公积	减：库存股	盈余公积	一般风险准备	未分配利润	所有者权益合计
一、上年末余额														
加：会计政策变更														
前期差错更正														
二、本年初余额														
三、本年增减变动金额（减少以"–"号填列）														
（一）净利润														
（二）直接计入所有者权益的利得和损失														
1. 可供出售金融资产公允价值变动净额														
（1）计入所有者权益的金额														
（2）转入当期损益的金融														
2. 现金流量套期工具公允价值变动净额														
（1）计入所有者权益的金额														
（2）转入当期损益的金额														
3. 计入被套期项目初始确认金融中的金额														
4. 与计入所有者权益项目相关的所得税影响														
5. 其他														
上述（一）和（二）小计														
（三）投资者投入和减少资本														
1. 所有者投入资本														
2. 股份支付计入所有者权益的金额														

续表

项目	本年金额							上年金额					
	实收资本（股本）	资本公积	减：库存股	盈余公积	一般风险准备	未分配利润	所有者权益合计	实收资本（股本）	资本公积	减：库存股	盈余公积	一般风险准备	未分配利润	所有者权益合计
3. 其他													
（四）利润分配													
1. 提取盈余公积													
2. 提取一般风险准备													
3. 对所有者（股东）的分配													
4. 其他													
（五）所有者权益内部结转													
1. 资本公积转增资本（股本）													
2. 盈余公积转增资本（股本）													
3. 盈余公积弥补亏损													
4. 一般风险准备弥补亏损													
5. 其他													
四、本年末余额													

三、所有者权益变动表的填列方法

所有者权益变动表的填列方法具体如下：

（一）"上年末余额"项目

反映商业银行上年资产负债表中实收资本（股本）、资本公积、库存股、盈余公积、未分配利润的年末余额。

（二）"会计政策变更""前期差错更正"项目

反映商业银行企业采用追溯调整法处理的会计政策变更的累积影响金额和采用追溯重述法处理的会计差错更正的累积影响金额。

（三）"本年增减变动额"项目

1. "净利润"项目

反映使用银行当年实现的净利润（或净亏损）金额，并对应列在"未分配利润"栏。

2. "直接计入所有者权益的利得和损失"项目

反映商业银行当年直接计入所有者权益的利得和损失金额。

（1）"可供出售金融资产公允价值变动净额"项目，反映商业银行持有的可供出售金融资产当年公允价值变动的金额，具体分为应计入所有者权益金额和转入当期损益的金额，并对应列在"资本公积"和"未分配利润"栏。

（2）"现金流量套期工具公允价值变动净额"项目，反映金融企业用于套期保值的现金流量套期工具公允价值变动的净额，具体分为应计入所有者权益金额和转入当期损益的金额，并对应列在"资本公积"和"未分配利润"栏。

（3）"权益法下被投资单位其他所有者权益变动的影响"项目，反映金融企业对按照权益法核算的长期股权投资，在被投资单位除当年实现的净损益外其他所有者权益当年变动中应享有的份额，并对应列在"资本公积"栏。

（4）"与计入所有者权益项目相关的所得税影响"项目，反映商业银行根据《企业会计准则18号——所得税》规定应计入所有者权益项目的当年所得税影响金额，并对应列在"资本公积"栏。

3. "净利润"和"直接计入所有者权益的利得和损失"小计项目

反映商业银行企业当年实现的净利润（或净亏损）金额和当年直接计入所有者权益的利得和损失金额的合计额。

4. "所有者投入和减少资本"项目

反映商业银行接受投资者投入形成的资本和减少的资本。

（1）"所有者投入资本"项目，反映商业银行接受投资者投入形成的实收资本（或股本）和资本溢价或股本溢价，并对应可列在"实收资本"和"资本公积"。

（2）"股份支付计入所有者权益的金额"项目，反映商业银行处于等待期中的权益结算股份支付当年计入资本公积的金额。

5. "利润分配"项目

反映商业银行当年按照规定提取的盈余公积金额、一般风险准备金额和对所有者（股东）分配的利润（股利）金额，并对应列在"盈余公积""一般风险准备"和"未分配利润"栏。

（1）"提取盈余公积"项目，反映商业银行按照规定提取的盈余公积。

（2）"一般风险准备"项目，反映商业银行按照规定提取的一般风险准备。

（3）"对所有者（股东）的分配"项目，反映对所有者（股东）分配的利润（股利）的金额。

6. "所有者权益内部结转"项目

反映商业银行构成所有者权益的组成部分之间的增减变动情况。

（1）"资本公积转增资本（股本）"项目，反映商业银行以资本公积转增资本或股本的金额。

（2）"盈余公积转增资本或股本"项目，反映商业银行以盈余公积转增资本或股本的金额。

（3）"盈余公积弥补亏损"项目，反映商业银行以盈余公积弥补亏损的金额。

第六节　财务报表附注及合并财务报表

财务报表附注是财务报表不可或缺的组成部分，指对财务报表中列示项目所作的进一步说明以及未能在这些报表中列示项目的说明等。

合并财务报表，是指反映母公司和其全部子公司形成的企业集团整体财务状况、经营成果和现金流量的财务报表。母公司，是指控制一个或一个以上主体（含企业、被投资单位中可分割的部分以及企业所控制的结构化主体等，下同）的主体。子公司是指被母公司控制的主体。

一、财务报表附注的作用

附注是会计报表的重要组成部分，是对会计报表的补充说明，它主要对会计报表不能包括的内容或者披露不详尽的内容，做进一步的解释和说明，从而有助于会计报表使用者理解和使用会计信息。会计报表使用者要了解商业银行的财务状况、经营成果、现金流量情况和所有者权益变动情况，应当全面阅读附注，附注相对于报表而言，同样具有重要作用。

二、附注应当披露的内容

此处附注表的披露仍以金融企业行业进行分别介绍。

（一）商业银行报表附注披露内容

附注应当披露企业的基本情况、财务报表的编制基础等事项，相关信息应当与资产负债表、利润表、现金流量表和所有者权益变动表等报表中列示的项目相互参照，并且应当按照一定的结构进行系统合理的排列和分类，有顺序地披露信息。通常情况下，附注应当按照下列顺序披露。

（二）商业银行报表附注披露内容

1. 商业银行的基本情况

（1）企业注册地、组织形式和总部地址。

（2）企业的业务性质主要经营活动，如企业所处的行业、所提供的主要产品或服务、客户的性质、销售策略、监管环境的性质等。

（3）母公司以及集团最终母公司的名称。

（4）财务报告的批准报出者和财务报告批准报出日。

2. 财务报表的编制基础

一般企业编制的财务报表都应该以会计主体、会计分期、持续经营和货币计量四项会计基本假设为基本前提。但是当企业鉴于某些特殊情况，编制的财务报表不能满足上述基本前提中某一个或者若干个，企业必须在财务报表附注（尾注）中作出详细说明。

3. 遵循企业会计准则的声明

商业银行应当声明编制的财务报表符合企业会计准则的要求，真实、完整地反映了商业银行的财务状况、经营成果和现金流量等有关信息，以此明确企业编制财务报表所依据的制度基础。

4. 重要会计政策和会计估计的说明

商业银行应当披露采用的重要会计政策和会计估计，不重要的会计政策和会计估计可以不披露。在披露重要会计政策和会计估计时，应当披露重要会计政策的确定依据和财务报表项目的计量基础，以及会计估计中所采用的关键假设和不确定因素。

5. 会计政策和会计估计变更以及差错更正的说明

商业银行应当按照《企业会计准则第 28 号——会计政策、会计估计变更和差错更正》及其应用指南的规定，披露会计政策和会计估计变更以及差错更正的有关情况。

6. 报表重要项目的说明

商业银行应当尽可能以列表形式披露报表重要项目的构成或当期增减变动情况。对报表重要项目的说明，应当按照资产负债表、利润表、现金流量表、所有者权益变动表及其项目列示的顺序，采用文字和数字描述相结合的方式进行披露。报表重要项目的明细金额合计，应当与报表项目金额衔接。

7. 或有事项

按照《企业会计准则第 13 号——或有事项》第十四条和第十五条的相关规定进行披露，对信贷承诺存在经营租赁承诺、资本支出承诺、证券承销及债券承兑承诺的，还应披露有关情况。

8. 资产负债表日后事项

每项重要的资产负债表日后非调整事项的性质、内容及其对财务状况和经营成果的影响。无法做出估计的，应当说明原因。

资产负债表日后，商业银行利润分配方案中拟分配的以及经审议批准宣告发放的股利或利润。

9. 关联方关系及其交易的说明

企业应在会计报表附注中披露关联方交易的总量及重大关联方交易的情况。

10. 风险管理

现行会计准则规定，企业应当披露与各类金融工具风险相关的定性和定量信息，以便财务报表使用者评估报告期末金融工具产生的风险的性质和程度，更好地评价企业所面临的风险敞口。相关风险包括信用风险、流动性风险、市场风险等。

（三）保险公司、证券公司报表附注披露内容

保险公司、证券公司应当按照规定披露附注信息，主要包括以下内容：保险（证券）公司的基本情况；财务报表的编制基础；遵循企业会计准则的声明；主要会计政策和会计估计；会计政策和会计估计变更以及差错更正的说明；报表重要项目的说明。

三、合并财务报表

金融企业在编制合并财务报表时至少应当包括合并资产负债表、合并利润表、合并现金流量表、合并所有者权益（或股东权益，下同）变动表及附注。企业集团中期期末编制合并财务报表的，至少应当包括合并资产负债表、合并利润表、合并现金流量表和附注。

依据现行"合并财务报表"准则，为加强风险管理，金融企业应遵循"侧重实体理论"编制合并会计报表，而对于合并报表的范围则更侧重于"实质性控制原则"，即母公司必须将其所有已能控制的子公司全部纳入合并范围，而不一定考虑其持有子公司的股权比例。此外，即使子公司的所有者权益为负数，只要是持续经营的，都应纳入合并报表的范围。

以商业银行为例，为进一步加强银行的并表管理，适应新形势下银行跨业跨境经营出现的新变化和新趋势，有效披露相关风险，2014 年 8 月中国银监会对 2008 年颁布的《银行并表监管指引（试行）》（以下简称"原《指引》"）进行全面修订，形成《商业银行并

表管理与监管指引（修订征求意见稿）》（以下简称"《征求意见稿》"）。《征求意见稿》包括总则、并表管理范围、业务协同、公司治理、全面风险管理、资本管理、集中度管理、内部交易管理、风险隔离、商业银行并表监管、附则等部分。

四、商业银行报表其他各种附注表格式①

（一）拆出资金的披露格式（见表14-12）

表14-12　拆出资金的披露格式

项　目	期末账面余额	年初账面余额
拆放其他银行		
拆放非银行金融机构		
减：贷款损失准备		
拆出资金账面价值		

（二）交易性金融资产（不含衍生金融资产）的披露格式（见表14-13）

表14-13　交易性金融资产（不含衍生金融资产）的披露格式

项　目	期末公允价值	年初公允价值
债　券		
基　金		
权益工具		
其　他		
合　计		

（三）买入返售金融资产的披露格式（见表14-14）

表14-14　买入返售金融资产的披露格式

项　目	期末账面余额	年初账面余额
证　券		
基　金		
贷　款		
其　他		

---

① 王允平．金融企业会计学［M］．北京：经济科学出版社，2011（4）：493—496.

续表

项　目	期末账面余额	年初账面余额
减：坏账准备		
买入返售金融资产账面价值		

（四）发放贷款和垫款的披露格式

1. 贷款和垫款（按个人和企业分布情况）的披露格式（见表14 – 15）

表 14 – 15　发放贷款和垫款的披露格式（按个人和企业分布情况）

项　目	期末账面余额	期初账面余额
个人贷款和垫款		
——信用卡		
——住房抵押		
——其他		
企业贷款和垫款		
——贷款		
——贴现		
——其他		
贷款和垫款总额		
减：贷款损失准备		
其中：单项计提数		
组合计提数		
贷款和垫款账面价值		

2. 贷款和垫款按担保方式分别情况的披露格式（见表14 – 16）

表 14 – 16　贷款和垫款按担保方式分别情况的披露格式

项　目	期末账面余额	期初账面余额
信用贷款		
保证贷款		
附担保物贷款		
其中：抵押贷款		

续表

项　目	期末账面余额	期初账面余额
质押贷款		
……		
贷款和垫款总额		
减：贷款损失准备		
其中：单项计提数		
组合计提数		
贷款和垫款账面价值		

（五）吸收存款的披露格式（见表 14 – 17）

表 14 – 17　吸收存款的披露格式

项　目	期末账面余额	期初账面余额
活期存款		
——公司		
定期存款（含通知存款）		
——公司		
其他存款（含汇出汇款、应解汇款等）		
合　计		

【课外思考 14 – 1】对比中国银监会颁布的原《指引》和《征求意见稿》，如何理解商业银行并表管理的修订内容？

【课外思考 14 – 2】金融企业绩效评价的方法有哪些？

实务训练

一、单项选择题

1. 编制资产负债表的理论依据是（　　）。

A. 资金来源 = 资金运用

B. 利润 = 收入 − 费用

C. 资产 = 负债 + 所有者权益

D. 借方金额 = 贷方金额

2. 资产负债表中的资产按其（　　）排列。

A. 相互对应关系　　　　　　　　　B. 流动性

C. 数字大小　　　　　　　　　　　D. 对银行的重要程度

3. 我国金融企业利润表提供的最终指标是（　　）。

A. 利润总额　　　　B. 经营业务利润　　　　C. 营业利润　　　　D. 净利润

4. 金融企业只根据各个账户的"期末余额"填列的会计报表是（　　）。

A. 利润表　　　　　　　　　　　　B. 资产负债表

C. 现金流量表　　　　　　　　　　D. 所有者权益变动表

5. 资产负债表中的各项数据应按银行本期总分类账户或明细分类账户中的（　　）直接填列或经过分析计算调整后填列。

A. 期初余额和发生额　　　　　　　B. 期末余额

C. 期末余额和发生额　　　　　　　D. 期初余额和期末余额

6. 利润表各项目的数据应按银行本期总分类账户的（　　）直接填列或经过计算后填列。

A. 期末余额　　　　　　　　　　　B. 期初余额和期末余额

C. 发生额和期末余额　　　　　　　D. 发生额

7. 不属于"经营活动的现金流量"的项目是（　　）。

A. 收回已于前期核销的贷款

B. 收到手续费

C. 处置固定资产、无形资产和其他长期资产所收回的现金净额

D. 同业存款净额

8. 所有者权益变动表应当全面反映一定时期（　　）变动情况。

A. 企业净资产　　　　B. 股东资产　　　　C. 投资者股份　　　　D. 所有者权益

9. 通过附注，使报表使用者能够了解企业不同时期、不同会计报表存在的差异，除了外界环境和企业经营管理的原因之外，很大程度上是因为企业采用了不同（　　）的缘故。

A. 会计政策　　　　B. 会计制度　　　　C. 会计方法　　　　D. 会计准则

二、多项选择题

1. 金融企业对外提供的会计报表包括（　　）。

A. 资产负债表　　　　B. 利润表　　　　C. 利润分配表

D. 现金流量表　　　　E. 所有者权益变动表

2. 金融企业中期报告和年度报告中应包括（　　）。

A. 资产负债表　　　　　　　　　　B. 利润表

C. 现金流量表　　　　　　　　　　D. 所有者权益变动表

E. 会计报表附注

3. 资产负债表中，根据某科目余额和若干科目有关明细分户账余额相加填列的项目有（　　）。

A. 现金及银行存款　　B. 联行存放款项　　　C. 存放联行款项

D. 短期存款　　　　　E. 短期贷款

三、判断题

1. "一年内到期的长期投资"项目，根据"长期投资"科目的"债券投资"有关明细科目的期末余额分析填列。（　　）

2. "净利润"项目，反映利润总额减去所得税后的余额。（　　）

3. 编制财务会计报告必须做到数字真实、计算正确、内容完整和报送及时。（　　）

4. "联行来账"和"联行往账"账户期末余额互相对转后贷方余额应填列在资产负债表的"存放联行款项"项目内。（　　）

5. "活期存款"账户的期末余额和"定期存款"明细账中一年期以下存款期末余额合计数应填列在资产负债表"短期存款"项目内。（　　）

6. 利润分配表中"本年实际"栏，应根据"利润分配"账户及其所属明细账户的数据分析填列。（　　）

7. 现金流量表正表部分是由经营活动产生的现金流量、投资活动产生的现金流量、筹资活动产生的现金流量和现金等价物净增加额组成。（　　）

8. 净利润在所有者权益变动表中，应当单独列示反映。（　　）

9. 金融企业只根据各个账户的"期末余额"填列的会计报表是资产负债表。（　　）

10. 金融企业只根据各个账户的"发生额"填列的会计报表是利润表。（　　）

四、业务题

目的：练习商业银行财务报表的编制。

资料①：

表1　　　　　　　　　　　　　　　　　　　　　　　　　　　　单位：万元

库存现金	26 000	31 000	活期存款	360 000	430 000
存放中央银行款项	340 000	410 000	活期储蓄存款	44 000	55 000
存放同业	3 400	5 600	财政性存款	6 700	8 600
拆放同业	370	860	同业存放	340	520
短期贷款	75 000	84 000	拆入资金	120	230
进出口押汇	320	540	向中央银行借款	110	240
应收利息	870	420	汇出汇款	360	640
其他应收款	34	41	应解汇款	210	430

---

① 王允平编写. 《金融企业会计学》作业练习及学习指南［M］. 北京：经济科学出版社，2012：302—303.

续表

坏账准备	2	3	应付利息	120	310
其他应收款净额	32	38	应付职工薪酬	1 800	2 100
贴现资产	760	890	应付债券	210	620
短期投资	250	640	应交税金	12	25
持有至到期投资	12	31	其他应付款	23	4
中长期贷款	5 400	8 300	定期存款	5 700	8 330
逾期贷款	580	430	定期储蓄存款	6 400	7 800
呆滞贷款	12	10	发行长期债券	2 500	3 200
呆账贷款	6	4	其他长期负债	120	210
贷款呆账准备	23	18			
可供出售金融资产	5 800	6 200			
长期股权投资	220	350	所有者权益	37 102	38 319
长期投资减值准备	11	14	实收资本	28 500	29 400
固定资产	7 000	7 600	资本公积	8 330	8 460
累计折旧	210	320	盈余公积	240	418
固定资产净值	6 790	7 280	其中：公益金	36	43
其他长期资产	39	54	未分配利润	32	41

表2 单位：万元

科目	上年	本年
营业收入	5 204	8 250
利息收入	2 497	3 560
金融企业往来收入	287	345
手续费及佣金收入	1 500	2 900
汇兑收益	600	980
其他营业收入	320	465
营业支出	6 741	7 896
利息支出	1 997	2 445
金融企业往来支出	225	312
手续费及佣金支出	530	675
营业费用	3 318	3 687
汇兑损失	231	167
其他营业支出	190	215
营业税金和附加	250	395
营业利润	−1 537	354
投资收益	2 137	3 015
营业外收入	180	230

续表

科目	上年	本年
营业外支出	190	215
利润总额	590	3 384
所得税	195	1 117
净利润	395	2 267

要求：根据表1、表2资料编制资产负债表和利润表。

参考文献

［1］王允平，关新红，李晓梅．金融企业会计［M］．北京：经济科学出版社，2011．

［2］李海波，刘学华．金融会计［M］．上海：立信会计出版社，2009．

［3］盛永志．金融公司会计［M］．上海：上海财经大学出版社，2010．

［4］孟艳琼．金融企业会计［M］．武汉：武汉理工大学出版社，2007．

［5］唐宴春．金融企业会计实训与实验［M］．北京：中国金融出版社，2006．

［6］中华人民共和国财政部．企业会计准则［M］．北京：经济科学出版社，2006．

［7］中华人民共和国财政部．企业会计准则——应用指南［M］．北京：中国财政经济出版社，2006．

［8］中华人民共和国财政部网站，www. mof. gov. cn.

［9］中国证券监督管理委员会网站，www. csrc. gov. cn.

［10］中国银行业监督管理委员会网站，www. cbrc. gov. cn.

［11］中国证券监督管理委员会网站，www. csrc. gov. cn.

［12］中国银行业监督管理委员会网站，www. cbrc. gov. cn.

［13］中国人民银行网站，www. pbc. gov. cn.

［14］中国保险监督管理委员会网站，www. circ. gov. cn.

［15］魏国雄．信贷风险管理［M］．北京：中国金融出版社，2008．

［16］王允平，丁汉莲．《金融企业会计学》作业练习及学习指南［M］．北京：经济科学出版社，2011．

［17］杨华．金融企业新会计准则应用与讲解［M］．北京：中国金融出版社，2007．

后　记

　　本书在修订过程中力求内容精准、结构合理、通俗易懂、与时俱进。再版图书由兰州文理学院何亚玲负责总纂和校对。第一章、第七章、第九章、第十章、第十一章、第十二章、第十三章及第十四章由何亚玲负责修订；第二章、第三章、第四章、第五章、第六章由王生荣负责修订；第八章由宫业兴负责修订。

　　本书在编写过程中，参考了近年出版的同类教材和相关资料，在此谨向有关作者表示最诚挚的谢意。

　　本书再版得到了经济管理出版社领导的支持和王光艳老师为出版本教材付出的辛勤劳动，在此深表谢意。